MAXI Annales 2019

100 SUJETS CORRIGÉS

3e

H0199067

Mathématiques
Carole Feugère
Gilles Mora

Physique-Chimie - SVT - Technologie
Nicolas Coppens
Olivier Doerler
Sébastien Guivarc'h
Laurent Lafond
Arnaud Lopin

Histoire-Géographie
Enseignement moral et civique
Laure Genet
Pascal Jézéquel
Grégoire Pralon

Français
Thomas Bouhours

Nathan

PRÉSENTATION

Ces ***Annales ABC du Brevet*** ont été conçues pour vous aider à préparer efficacement le ***Brevet 2019*** dans toutes les matières. Vous y trouverez les nouveaux sujets 2018 : celui de **France métropolitaine** et ceux des **centres étrangers** (Polynésie, Amérique du Nord...). Les corrigés sont rédigés par nos auteurs et conformes aux nouveaux programmes du collège qui sont entrés en application à la rentrée 2016. Vous pourrez ainsi vous entraîner sur des sujets conformes dans les conditions réelles de l'épreuve : c'est **la clé du succès**.

Les nouvelles épreuves du Brevet

→ **En juin 2019**, l'examen du Brevet est constitué de :
– **4 épreuves écrites** : Mathématiques, Physique-Chimie – SVT – Technologie, Français et Histoire-Géographie – Enseignement moral et civique;
– **1 épreuve orale.**

→ Nous proposons dans ce titre des sujets pour préparer les **épreuves écrites** dans les 4 matières et **5 sujets pour préparer l'oral**.

Un entraînement sur tout le programme

→ **Des sujets** sur toutes les matières du Brevet.

→ Les **sujets** sont **classés selon les notions et les thèmes** du programme.

→ **Les Infos-Brevet** : des dossiers complets dans chaque matière qui rassemblent des informations et des conseils pratiques pour bien aborder les nouvelles épreuves.

S'exercer pour le jour J

→ Chaque exercice est accompagné d'un **barème détaillé** et d'une **estimation du temps** imparti pour le résoudre.

→ **Des sujets complets** vous permettent de vous tester en conditions réelles.

Et en plus, une offre numérique innovante

- **Gratuitement** avec ce livre, **un abonnement au site abcbrevet.com** vous est offert. Vous y trouverez des exercices et des fiches de révisions, ainsi que des sujets d'annales.
- Grâce à l'**application gratuite Nathan live**, flashez les pages de votre ouvrage pour avoir accès à des exercices de révisions interactifs en direct et des audios pour les dictées.

(!) L'application nécessite une connexion Internet

COMMENT FAIRE ? C'EST FACILE !

1. Téléchargez l'application gratuite **Nathan live** disponible dans tous les stores sur votre smartphone ou votre tablette (Appstore, GooglePlay, Windows Store).
2. Ouvrez l'application. Flashez les pages de vos annales où ce logo apparaît en plaçant votre appareil au-dessus de la page.
3. Consultez les ressources !

En flashant cette page

- Des exercices interactifs sur tous les thèmes du programme.

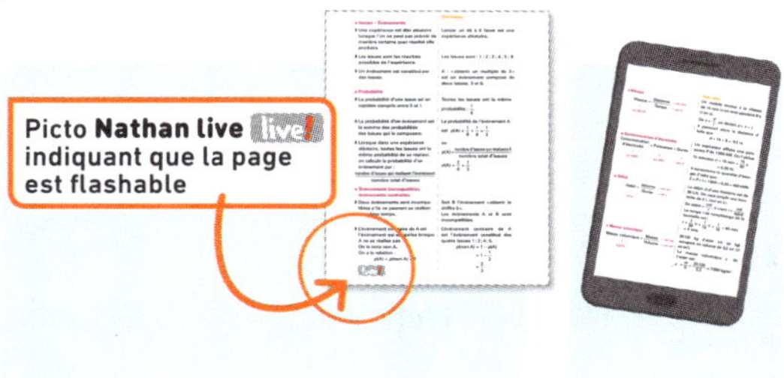

Couverture : Élise Launay **Cartes** : AFDEC - Légende Cartographie **Schémas** : COREDOC
Coordination éditoriale : Marion Gautier – Nolwenn Sauvaud
Fabrication : Camille Friquet **Mise en page** : Nord Compo
Conception graphique intérieur : Julie Lannes

Nathan 2018 - 25, avenue Pierre de Coubertin - 75013 Paris - ISBN 978-2-09-157369-4
Tous droits de reproduction et d'adaptation réservés pour tout pays

Mon planning de révisions

Ce planning propose une sélection de sujets variés dans toutes les matières pour vous aider à organiser vos révisions. N'hésitez pas à le personnaliser suivant vos objectifs !

	BREVET – 6 semaines	BREVET – 5 semaines	BREVET – 4 semai
Lun	GÉOGRAPHIE n° 8 EXERCICE 2 Aménager le territoire		SVT n° 10 EXERCICE L'organisation et l'évolution du mor
Mar		EMC n° 11 EXERCICE 3 La citoyenneté française	
Mer	FRANÇAIS n° 1 SUJET COMPLET Se chercher, se construire		TECHNOLOGIE n° 11 EXERCICE Le design, l'inno et la créativité
Jeu		FRANÇAIS n° 7 SUJET COMPLET Agir sur le monde	
Ven	MATHÉMATIQUES n° 3 SUJET COMPLET		
Sam		PHYSIQUE-CHIMIE n° 5 EXERCICE Les mouvements et l'organisation…	FRANÇAIS n° 3 SUJET COM Vivre en société
Dim	HISTOIRE n° 1 EXERCICE 2 La Première Guerre mondiale		ÉPREUVE ORA n° 1 EPI

semaines avant le BREVET !

ET – 3 semaines

MATHÉMATIQUES n° 1 SUJET COMPLET
FRANÇAIS n° 8 SUJET COMPLET Comprendre le monde
EMC n° 12 EXERCICE 3 La laïcité
GÉOGRAPHIE n° 10 EXERCICE 2 La France et l'Union européenne

BREVET – 2 semaines

Lun	
Mar	**PHYSIQUE-CHIMIE** n° 4 EXERCICE La constitution et les états…
Mer	**HISTOIRE** n° 6 EXERCICE 2 La Ve République
Jeu	
Ven	
Sam	**FRANÇAIS** n° 6 SUJET COMPLET Regarder le monde
Dim	**MATHÉMATIQUES** n° 5 SUJET COMPLET

BREVET – 1 semaine

Lun	**ÉPREUVE ORALE** n° 4 PARCOURS
Mar	
Mer	**SVT** n° 7 EXERCICE La Terre, la biodiversité, l'environnement et l'action humaine
Jeu	
Ven	**TECHNOLOGIE** n° 15 EXERCICE Réseau informatique
Sam	
Dim	

SOMMAIRE

Comment obtenir le brevet ?

Comment obtenir le Brevet ?

Le DNB (Diplôme National du Brevet)

- Le Brevet permet d'**évaluer les compétences** acquises par l'élève à l'issue du collège et du **cycle 4**.
- Le DNB s'obtient par les notes :

– du **contrôle continu** qui représente **400 points** :

- l'évaluation des huit composantes du socle commun de compétences, de connaissances et de culture entre désormais dans le calcul des points pour l'obtention du brevet.
- la maîtrise de chacune des huit composantes du socle commun est évaluée lors du dernier conseil de classe de 3e.

– de **l'examen final** qui représente **400 points** :

- 4 épreuves écrites : 300 points.
- 1 épreuve orale : 100 points.

- Pour être déclaré admis au diplôme national du Brevet, il faut cumuler un total de **400 points** sur un total de **800** (soit 10 sur 20).
- Des **mentions sont attribuées** selon le barème suivant :

– mention assez bien pour un total de points au moins égal à 480 sur 800.
– mention bien pour un total de points au moins égal à 560 sur 800.
– mention très bien pour un total au moins égal à 640 sur 800.

Qu'est-ce qui change avec les aménagements du Brevet ?

- Un système de notation revu.
- 4 épreuves écrites.
- L'histoire des arts à l'épreuve orale.

Les 4 épreuves écrites

Mathématiques	Français	Sciences	Histoire-Géo-EMC
100 points	100 points	50 points	50 points
2 heures	3 heures	1 heure	2 heures

L'épreuve orale

- D'une durée de 15 minutes, l'épreuve orale évalue votre capacité à exposer un projet et est notée sur 100 points.
- Vous devez présenter un projet, de votre choix, que vous avez étudié lors des EPI (Enseignements pratiques interdisciplinaires), d'un parcours éducatif (Avenir, Citoyen, Éducation culturelle et artistique) ou en histoire des arts.
- L'oral se déroule en deux temps :

– présentation du projet (5 min) ;

– questions du jury (10 min).

- Vous pouvez présenter le projet seul ou en groupe de 2 ou 3.

Infographie

Le contrôle continu

Évaluation des **huit composantes du socle commun** de connaissances, de compétences et de culture tout au long de l'année scolaire.

→ 400 points

dès avril

L'épreuve orale

Présentation d'un projet mené en histoire des arts ou dans le cadre d'un EPI ou de l'un des parcours éducatifs (Avenir, Citoyen, Éducation culturelle et artistique). L'exposé est suivi d'un entretien.

→ oral individuel : 100 points (15 min)

ou

→ oral collectif : 100 points (25 min)

fin juin

L'épreuve de Français

Travail sur un texte littéraire
Dictée
Rédaction

→ 100 points (3h)

L'épreuve de Mathématiques

Exercices, dont certains assortis de tableaux ou de schémas, et un exercice d'informatique.

→ 100 points (2h)

L'épreuve d'Histoire, Géographie et EMC

Analyse et compréhension de documents.

→ 50 points (2h)

L'épreuve de Sciences

- Physique-Chimie
- SVT
- Technologie

→ 50 points (1h)

début juillet

Publication des résultats du Brevet

septembre octobre

Cérémonie républicaine de remise des diplômes du Brevet

Diplôme et mentions

Admission au diplôme national du Brevet :
400 points sur 800 (soit 10 sur 20)

- **Mention assez bien** plus de 480 points
- **Mention bien** plus de 560 points
- **Mention très bien** plus de 640 points

SOMMAIRE

MATHÉMATIQUES

L'épreuve de Maths expliquée

Comment s'organise l'épreuve ?

- **Durée** : 2 heures.
- **Notation** : sur 100 points.
- Un ou plusieurs exercices portent sur une thématique commune (par exemple la sécurité routière).
- Les exercices peuvent prendre différentes formes : exercices à prise d'initiative, questionnaire à choix multiples...
- Ils peuvent s'appuyer sur des situations issues de la vie courante ou d'autres disciplines.

Top chrono !

Pour vous organiser efficacement, prévoyez environ :

- **5 minutes pour lire attentivement le sujet.** Cela vous permet de cibler les exercices avec lesquels vous êtes le plus à l'aise et de commencer par ceux-là ;
- **10 à 30 minutes par exercice**, selon sa longueur. Surveillez attentivement le temps qu'il vous reste. Ne vous éternisez pas sur une question ;
- **5 minutes pour vous relire** en fin d'épreuve : mettez en évidence les résultats, effacez les ratures, vérifiez l'orthographe...

Quel matériel pour cette épreuve ?

- **Le kit du bon géomètre** : compas, règle, équerre et rapporteur.
- **Votre calculatrice** (avec les piles chargées) : indispensable et irremplaçable !
- **Attention** : « *L'utilisation des téléphones portables et, plus largement, de tout appareil permettant des échanges ou la consultation d'informations, est interdite* » et ce, dans tous les examens. Aussi vous n'avez pas le droit d'utiliser votre téléphone pour effectuer des calculs ou pour consulter l'heure. Vous devrez veiller à le ranger éteint (pas même en veille ou en mode silencieux) dans votre sac, lui-même déposé à l'entrée ou au fond de la salle d'examen.

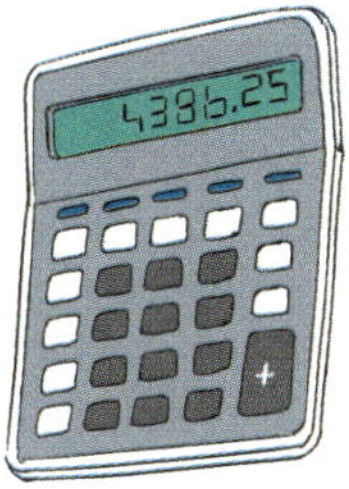

La méthode pour le Brevet

De l'organisation

Comment aborder votre sujet

- **Prenez le temps de lire l'intégralité du sujet** avant de vous lancer. Ainsi, vous prenez connaissance des thèmes abordés et réfléchissez aux exercices par lesquels vous débuterez.
- **Commencez** par les exercices avec lesquels vous êtes le plus à l'aise. En effet, vous pouvez traiter les exercices dans l'ordre de votre choix.
- **Gérez correctement votre temps.** Prévoyez de garder un peu de temps pour la relecture.

Au brouillon

- **Utilisez les feuilles de brouillon** pour faire certains **calculs**, tracer les **figures** ou les **constructions** de manière à apprécier la place nécessaire à la réalisation sur la copie.
- **Pour les QCM**, faites les calculs intégralement sur votre brouillon pour vous assurer de la bonne réponse. Pas de précipitation !

En bref

Commencez par les exercices que vous préférez, vous prendrez confiance en vous au début de l'épreuve et gagnerez tout de suite des points !

De la rigueur et de la cohérence

- **Énoncez clairement les théorèmes utilisés** sans négliger de vérifier les hypothèses. Par exemple, pour faire de la trigonométrie, assurez-vous de travailler dans un triangle rectangle ; pour utiliser le théorème de Thalès, vous devez avoir des droites parallèles.
- **En géométrie**, complétez les mesures données par l'énoncé sur la figure si elle est fournie dans le sujet ou bien dessinez-en une sur votre brouillon. Cela vous aidera dans votre réflexion.
- **Essayez de traiter les questions les unes après les autres** dans un même exercice. Si toutefois vous séchez sur une question, passez à la suite (en laissant un peu de place, quitte à y revenir plus tard éventuellement) en considérant le résultat comme démontré.

Astuce

Parfois, le résultat d'une question peut apparaître plus loin dans l'exercice (d'où encore l'intérêt de lire avec attention l'énoncé en entier).

- **Soyez cohérent dans vos réponses.**

→ Si l'on vous demande de montrer qu'un triangle est rectangle, c'est qu'il l'est ! Ne concluez pas qu'il n'est pas rectangle. Si tel est le cas, c'est qu'il y a une erreur quelque part… (si elle n'est pas dans l'énoncé, où est-elle d'après vous ?).

→ De même dans un QCM, si vos calculs ne mènent à aucune des réponses proposées, vous devez chercher votre erreur…

→ Si en calculant le prix d'un pain au chocolat par exemple, vous trouvez 256 €, interrogez-vous.

En bref

Les mathématiques sont une discipline scientifique qui requiert de la rigueur. Aussi, pensez à expliquer le plus clairement possible vos raisonnements.

Toutes les réponses doivent être justifiées, sauf si une indication contraire est donnée.

Pour chaque question, si le travail n'est pas terminé, laissez tout de même une trace de la recherche.

Elle sera prise en compte dans les notations

Du soin

- **Faites attention à l'orthographe.** Un théorème de *Phythagore* ou un théorème de *Talès* ne sont pas les bienvenus ! On leur préfère de très loin *Pythagore* et *Thalès*.
- **Évitez les ratures** qui nuisent à la lisibilité ou les « pâtés » de blanc correcteur.
- **Évitez le « je »** ou le **« nous »** dans la rédaction.
- **Soulignez ou encadrez vos résultats.** Et vérifiez par la même occasion que ce que vous avez mis en évidence répond bien à la question posée dans le sujet.

- **Notez bien les numéros des questions** quand vous traitez un exercice.

En bref

Les enseignants qui corrigent vos copies sont sensibles aux efforts faits pour rendre une copie soignée et agréable à lire. Prenez alors votre plus belle écriture et rendez un travail propre !

Le programme de Maths

Finalités et objectifs

Au collège, les mathématiques contribuent à entraîner les élèves à la pratique d'une démarche scientifique. L'objectif est de développer les capacités d'expérimentation et de raisonnement, d'imagination et d'analyse critique. La mise en œuvre du programme doit permettre de développer les six compétences majeures de l'activité mathématique : **chercher**, **modéliser**, **représenter**, **raisonner**, **calculer**, **communiquer**.

Partie 1 : Nombres et calculs

Attendus de fin de cycle :

- Utiliser les nombres pour comparer, calculer et résoudre des problèmes.
- Comprendre et utiliser les notions de divisibilité et de nombres premiers.
- Utiliser le calcul littéral.

Thèmes	Connaissances
Arithmétique	• Diviseurs, multiples. • Notions de nombres premiers. • Décomposition en produit de facteurs premiers. • Fractions irréductibles.
Écritures littérales	• Établir et utiliser une expression littérale. • Double distributivité. • Égalités remarquables. • Utiliser un calcul littéral pour prouver un résultat général, pour valider ou réfuter une conjecture.
Équations et inéquations du premier degré	• Résoudre une équation. • Propriétés des inégalités. • Résoudre une inéquation. • Résoudre des problèmes se ramenant au premier degré.

Partie 2 : Organisation et gestion de données, fonctions

Attendus de fin de cycle :

- Interpréter, représenter et traiter des données.
- Comprendre et utiliser des notions élémentaires de probabilités.
- Résoudre des problèmes de proportionnalité.
- Comprendre et utiliser la notion de fonction.

Thèmes	Connaissances
Notion de fonction	• Modéliser des phénomènes continus par une fonction. • Déterminer l'image d'un nombre. • Déterminer un antécédent d'un nombre.

Fonctions linéaires, fonctions affines	• Représenter une fonction linéaire ou une fonction affine. • Déterminer une fonction linéaire ou affine. • Fonctions linéaires et proportionnalité. • Résoudre un problème en utilisant une fonction linéaire ou affine.
Statistiques	• Moyenne, médiane, étendue. • Interpréter des caractéristiques de position ou de dispersion d'une série statistique.
Probabilités	• Notions de probabilités. • Calculer des probabilités dans un contexte simple.

Partie 3 : Grandeurs et mesures

Attendus de fin de cycle :

- Calculer avec des grandeurs mesurables ; exprimer les résultats dans les unités adaptées.
- Comprendre l'effet de quelques transformations sur des grandeurs géométriques.

Thèmes	Connaissances
Aires et volumes	• Calculer des aires et des volumes. • Étudier l'effet d'un agrandissement-réduction.
Grandeurs composées	• Étudier des grandeurs produits ou quotients (vitesse, débit, concentration, masse volumique...). • Changements d'unités.

Partie 4 : Espace et géométrie

Attendus de fin de cycle :

- Représenter l'espace.
- Utiliser les notions de géométrie plane pour démontrer.

Thèmes	Connaissances
Le théorème de Thalès	• Utiliser le théorème de Thalès pour calculer une longueur. • Réciproque du théorème de Thalès. • Homothéties. • Triangles semblables.
Trigonométrie	• Cosinus, sinus, tangente d'un angle aigu. • Calculer une longueur dans un triangle rectangle ou un angle.
Géométrie dans l'espace	• Se repérer dans l'espace. • Sections de solides.

Partie 5 : Algorithmique et programmation

Attendus de fin de cycle :

- Écrire, mettre au point et exécuter un programme simple.

Thèmes	Connaissances
Algorithmique et programmation	• Utilisation d'un nouveau type de variables. • Étude d'un algorithme. • Utilisation des boucles, des instructions conditionnelles.

Sujet 1 — France métropolitaine, juin 2018

100 pts — 2 heures

Exercice 1

10 min — 11 pts

Le gros globe de cristal est un trophée attribué au vainqueur de la Coupe du monde de ski. Ce trophée pèse 9 kg et mesure 46 cm de hauteur.

1 Le biathlète français Martin Fourcade a remporté le sixième gros globe de cristal de sa carrière en 2017 à Pyeongchang en Corée du Sud.
Donner approximativement la latitude et la longitude de ce lieu repéré sur la carte ci-dessous. **2 pts**

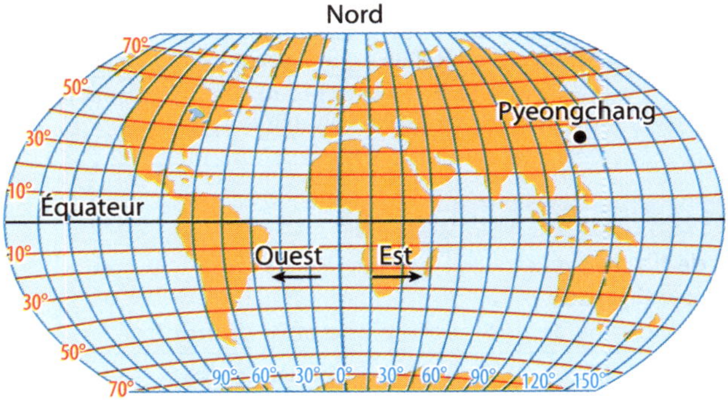

2 On considère que ce globe est composé d'un cylindre en cristal de diamètre 6 cm, surmonté d'une boule de cristal (voir schéma ci-contre).
Montrer qu'une valeur approchée du volume de la boule de ce trophée est de 6 371 cm^3. **3 pts**

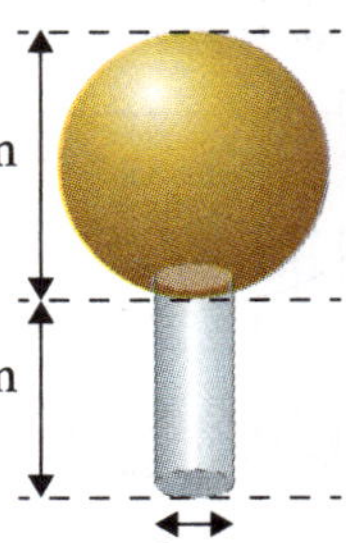

3 Marie affirme que le volume de la boule de cristal représente environ 90 % du volume total du trophée. A-t-elle raison ? **6 pts**

Rappels :

- Volume d'une boule de rayon R : $\mathcal{V} = \frac{4}{3}\pi R^3$.
- Volume d'un cylindre de rayon r et de hauteur h : $\mathcal{V} = \pi r^2 h$.

Exercice 2

15 min **14 pts**

Parmi les nombreux polluants de l'air, les particules fines sont régulièrement surveillées.
Les PM10 sont des particules fines dont le diamètre est inférieur à 0,01 mm.
En janvier 2017, les villes de Lyon et Grenoble ont connu un épisode de pollution aux particules fines. Voici des données concernant la période du 16 au 25 janvier 2017 :

Données statistiques sur les concentrations journalières en PM10 du 16 au 25 janvier 2017 à Lyon

Moyenne : 72,5 µg/m^3
Médiane : 83,5 µg/m^3
Concentration minimale : 22 µg/m^3
Concentration maximale : 107 µg/m^3

Source : http://www.air-rhonealpes.fr

Relevés des concentrations journalières en PM10 du 16 au 25 janvier 2017 à Grenoble

Date	Concentration PM10 en µg/m^3
16 janvier	32
17 janvier	39
18 janvier	52
19 janvier	57
20 janvier	78
21 janvier	63
22 janvier	60
23 janvier	82
24 janvier	82
25 janvier	89

1 Laquelle de ces deux villes a eu la plus forte concentration moyenne en PM10 entre le 16 et le 25 janvier ? **4 pts**

2 Calculer l'étendue des séries des relevés en PM10 à Lyon et à Grenoble. Laquelle de ces deux villes a eu l'étendue la plus importante ? Interpréter ce dernier résultat. **5 pts**

3 L'affirmation suivante est-elle exacte ? Justifier votre réponse.
« Du 16 au 25 janvier, le seuil d'alerte de 80 µg/m^3 par jour a été dépassé au moins 5 fois à Lyon. » **5 pts**

Exercice 3

15 min **12 pts**

Dans son lecteur audio, Théo a téléchargé 375 morceaux de musique. Parmi eux, il y a 125 morceaux de rap. Il appuie sur la touche « lecture aléatoire » qui lui permet d'écouter un morceau choisi au hasard parmi tous les morceaux disponibles.

1 Quelle est la probabilité qu'il écoute du rap ? **4 pts**

2 La probabilité qu'il écoute du rock est égale à $\frac{7}{15}$.

Combien Théo a-t-il de morceaux de rock dans son lecteur audio ? **4 pts**

3 Alice possède 40 % de morceaux de rock dans son lecteur audio.
Si Théo et Alice appuient tous les deux sur la touche « lecture aléatoire » de leur lecteur audio, lequel a le plus de chances d'écouter un morceau de rock ? **4 pts**

Exercice 4

15 min **14 pts**

La figure ci-dessous n'est pas représentée en vraie grandeur.
Les points C, B et E sont alignés.
Le triangle ABC est rectangle en A.
Le triangle BDC est rectangle en B.

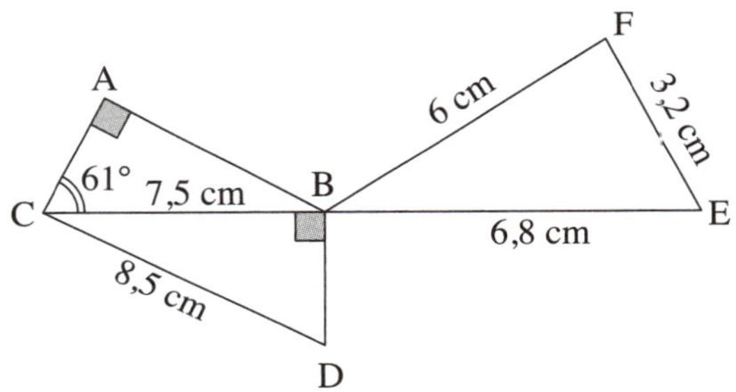

1 Montrer que la longueur BD est égale à 4 cm. **3 pts**

2 Montrer que les triangles CBD et BFE sont semblables. **3 pts**

3 Sophie affirme que l'angle $\widehat{BFE}$ est un angle droit. A-t-elle raison ? **3 pts**

4 Max affirme que l'angle $\widehat{ACD}$ est un angle droit. A-t-il raison ? **5 pts**

Exercice 5

20 min **16 pts**

Voici un programme de calcul.

- Choisir un nombre
- Multiplier ce nombre par 4
- Ajouter 8
- Multiplier le résultat par 2

1 Vérifier que si on choisit le nombre -1, ce programme donne 8 comme résultat final. **1 pt**

2 Le programme donne 30 comme résultat final, quel est le nombre choisi au départ ? **3 pts**

Dans la suite de l'exercice, on nomme x le nombre choisi au départ.

3 L'expression $A = 2(4x + 8)$ donne le résultat du programme de calcul précédent pour un nombre x donné.
On pose $B = (4 + x)^2 - x^2$.
Prouver que les expressions A et B sont égales pour toutes les valeurs de x. **4 pts**

4 Pour chacune des affirmations suivantes, indiquer si elle est vraie ou fausse. On rappelle que les réponses doivent être justifiées.

- **Affirmation 1** : Ce programme donne un résultat positif pour toutes les valeurs de x. **4 pts**
- **Affirmation 2** : Si le nombre x choisi est un nombre entier, le résultat obtenu est un multiple de 8. **4 pts**

Exercice 6

20 min **16 pts**

Les longueurs sont en pixels.
L'expression « s'orienter à 90 » signifie que l'on s'oriente vers la droite.
On donne le programme suivant :

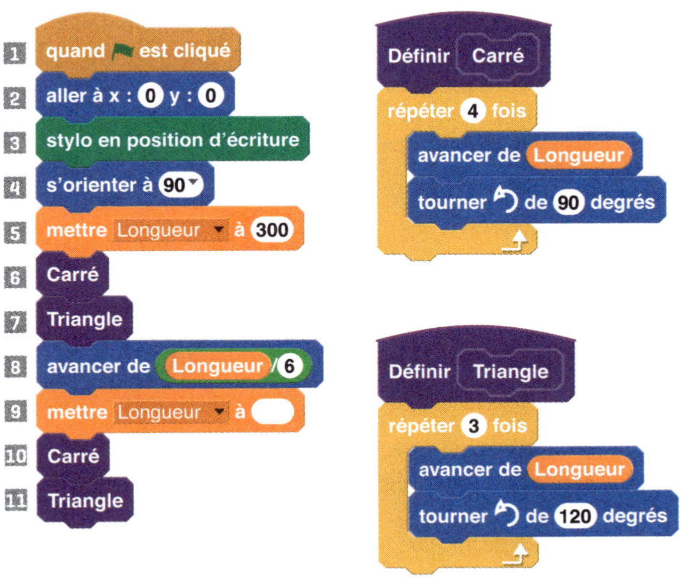

1 On prend comme échelle 1 cm pour 50 pixels.
a. Représenter la figure obtenue si le programme est exécuté jusqu'à la ligne 7 comprise. **6 pts**
b. Quelles sont les coordonnées du stylo après l'exécution de la ligne 8 ? **2 pts**

2 On exécute le programme complet et on obtient la figure ci-dessous qui possède un axe de symétrie vertical.

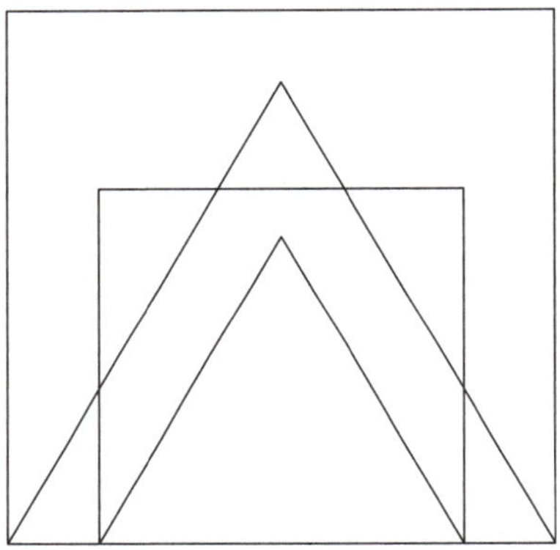

Recopier et compléter la ligne 9 du programme pour obtenir cette figure. **2 pts**

3 **a.** Parmi les transformations suivantes, translation, homothétie, rotation, symétrie axiale, quelle est la transformation géométrique qui permet d'obtenir le petit carré à partir du grand carré ?
Préciser le rapport de réduction. **3 pts**
b. Quel est le rapport des aires entre les deux carrés dessinés ? **3 pts**

Exercice 7

25 min **17 pts**

Le hand-spinner est une sorte de toupie plate qui tourne sur elle-même.
On donne au hand-spinner une vitesse de rotation initiale au temps $t = 0$, puis, au cours du temps, sa vitesse de rotation diminue jusqu'à l'arrêt complet du hand-spinner. Sa vitesse de rotation est alors égale à 0.
Grâce à un appareil de mesure, on a relevé la vitesse de rotation exprimée en nombre de tours par seconde.

Sur le graphique ci-dessous, on a représenté cette vitesse en fonction du temps exprimé en secondes :

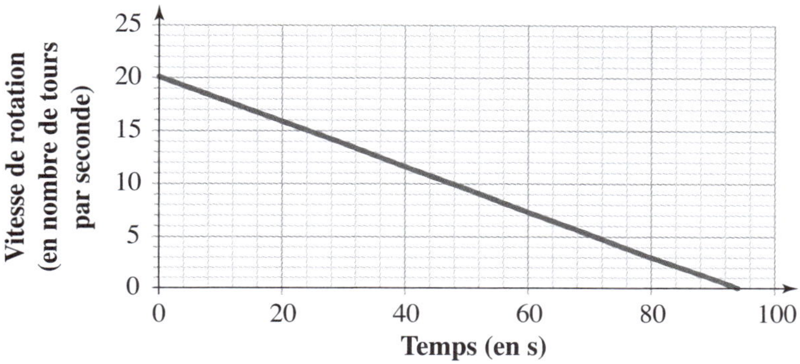

Inspiré de https://www.sciencesetavenir.fr/fondamental/combien-de-temps-peut-tourner-votre-hand-spinner_112808

1 Le temps et la vitesse de rotation du hand-spinner sont-ils proportionnels ? Justifier. **2 pts**

2 Par **lecture graphique,** répondre aux questions suivantes :

a. Quelle est la vitesse de rotation initiale du hand-spinner (en nombre de tours par seconde) ? **1 pt**

b. Quelle est la vitesse de rotation du hand-spinner (en nombre de tours par seconde) au bout d'1 minute et 20 secondes ? **2 pts**

c. Au bout de combien de temps le hand-spinner va-t-il s'arrêter ? **2 pts**

3 Pour calculer la vitesse de rotation du hand-spinner en fonction du temps t, notée $V(t)$, on utilise la fonction suivante :

$$V(t) = -0{,}214 \times t + V_{\text{initiale}}$$

- t est le temps (exprimé en s) qui s'est écoulé depuis le début de rotation du hand-spinner ;
- V_{initiale} est la vitesse de rotation à laquelle on a lancé le hand-spinner au départ.

a. On lance le hand-spinner à une vitesse initiale de 20 tours par seconde. Sa vitesse de rotation est donc donnée par la formule : $V(t) = -0{,}214 \times t + 20$. Calculer sa vitesse de rotation au bout de 30 s. **2 pts**

b. Au bout de combien de temps le hand-spinner va-t-il s'arrêter ? Justifier par un calcul. **4 pts**

c. Est-il vrai que, d'une manière générale, si l'on fait tourner le hand-spinner deux fois plus vite au départ, il tournera deux fois plus longtemps ? Justifier. **4 pts**

Sujet 1 Corrigé

Les clés pour réussir

Exercice 1

Révisez **La géométrie dans l'espace et les pourcentages**

- La latitude du point M est la mesure en degrés de l'angle α, suivie de l'indication Nord ou Sud.
- La longitude du point M est la mesure en degrés de l'angle β, suivie de l'indication Est ou Ouest.

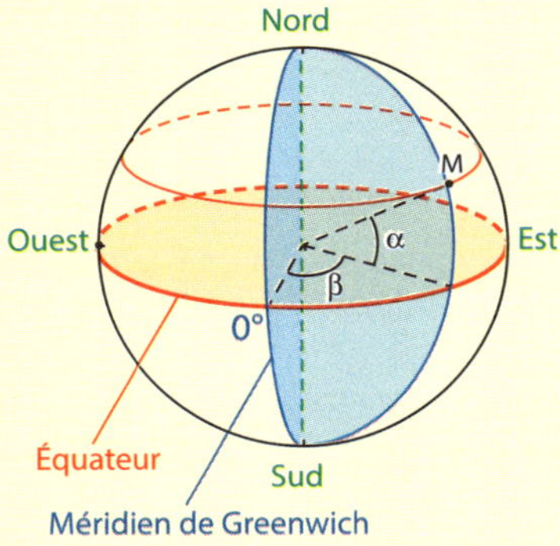

- Une proportion p d'un volume se calcule comme :

$$p = \frac{\text{volume partiel}}{\text{volume total}}$$

Les difficultés du sujet

1 Les mesures en degrés des latitudes et longitudes ne tombent pas exactement sur des graduations indiquées. La valeur centrale entre a et b est $\frac{a+b}{2}$.

2 Le volume d'une boule se calcule à partir du rayon r de la boule. $r = \text{diamètre} \div 2$.

3 Calculez d'abord le volume du cylindre de rayon r puis déduisez-en le volume total du trophée. Enfin, comparez le quotient $\frac{\text{volume boule}}{\text{volume total}}$ à 90 % = 0,9 pour déterminer si Marie a raison ou tort.

Exercice 2

Révisez **Les statistiques**

- Moyenne d'une série de valeurs = $\frac{\text{somme des valeurs}}{\text{nombre de valeurs}}$

- Étendue d'une série = valeur maximale – valeur minimale
- Dans une série, il y a autant de valeurs supérieures ou égales à la médiane que de valeurs inférieures ou égales.

Les difficultés du sujet

1 La concentration moyenne est donnée dans l'énoncé pour Lyon, alors qu'elle doit être calculée pour Grenoble.

3 Il s'agit d'interpréter concrètement la valeur de la concentration médiane à Lyon, sachant que cette concentration médiane dépasse le seuil d'alerte de 80 µg/m³.

Exercice 3

Révisez **Les probabilités**

- En situation d'équiprobabilité, une probabilité p se calcule avec la formule : $p = \dfrac{\text{nombre de cas favorables}}{\text{nombre de cas possibles}}$.
- proportion = $\dfrac{\text{effectif}}{\text{effectif total}}$

Les difficultés du sujet

2 $\dfrac{7}{15}$ correspond à la proportion de titres de rock dans le lecteur audio.

Exercice 4

Révisez **La géométrie dans le plan**

- Le théorème de Pythagore permet de calculer la longueur manquante dans un triangle rectangle, dont on connaît les deux autres longueurs.
- Deux triangles semblables ont leurs côtés deux à deux proportionnels, et leurs angles deux à deux de même mesure.
- Dans un triangle rectangle :

$\cos\widehat{x} = \dfrac{\text{côté adjacent à } \widehat{x}}{\text{hypoténuse}}$ $\sin\widehat{x} = \dfrac{\text{côté opposé à } \widehat{x}}{\text{hypoténuse}}$

$\tan\widehat{x} = \dfrac{\text{côté opposé à } \widehat{x}}{\text{côté adjacent à } \widehat{x}}$

Les difficultés du sujet

2 Dans les triangles CBD et BFE, calculez les trois quotients :
$\dfrac{\text{grand côté}}{\text{grand côté}}, \dfrac{\text{petit côté}}{\text{petit côté}}, \dfrac{3^e \text{ côté}}{3^e \text{ côté}}$.
La proportionnalité des côtés justifie les triangles semblables.

3 Pensez à utiliser la propriété selon laquelle deux triangles semblables ont des angles deux à deux égaux.
Le triangle BCD est rectangle en B, donc…

4 L'angle $\widehat{ACD}$ se décompose en $\widehat{ACB}$ et $\widehat{BCD}$.

La trigonométrie permet de calculer une mesure de $\widehat{BCD}$.

Exercice 5

Révisez **Les calculs numériques et littéraux**

- $(a + b)^2 = (a + b)(a + b) = a^2 + 2ab + b^2$
- Un nombre a est un multiple de b lorsqu'il s'écrit sous la forme $a = n \times b$ où n est un nombre entier.

Les difficultés du sujet

2 Remontez le programme de calcul en partant du résultat 30.

3 Utilisez la distributivité pour développer A et B. Vous devez obtenir deux expressions égales.

4 • Cherchez une valeur de x pour laquelle $2(4x + 8)$ est négatif.

• A peut être factorisée davantage encore en remarquant que $4x + 8$ admet pour facteur commun 4 de part et d'autre du signe +.

$2 \times 4 = 8$: un facteur 8 apparaît dans la forme factorisée de A.

Exercice 6

Révisez **L'algorithmique et les transformations**

- Une homothétie de rapport k ($k > 0$) est une transformation qui multiplie les distances par k et les aires par k^2.

Les difficultés du sujet

1 La figure de l'énoncé vous guide dans la construction attendue.

3 **a.** Une seule transformation géométrique est caractérisée par le rapport qui vaut $\dfrac{\text{côté du petit carré}}{\text{côté du grand carré}}$.

b. Le rapport cherché est $\dfrac{\text{aire du petit carré}}{\text{aire du grand carré}}$.

Exercice 7

Révisez **Les fonctions**

- Une situation de proportionnalité entre deux grandeurs est illustrée par une droite passant par l'origine du repère.
- L'équation $at + b = 0$ a pour solution $t = -\dfrac{b}{a}$.

Les difficultés du sujet

2 **a.** La vitesse initiale est celle obtenue pour $t = 0$ s.

c. Le hand-spinner est à l'arrêt quand sa vitesse de rotation est égale à 0 tour/s.

3 b. Vous êtes ramené à résoudre une équation du premier degré dans laquelle vous devez isoler *t*.

c. • La vitesse de rotation est $V(t) = -0{,}214\ t + V_{\text{initiale}}$.
Commencez par chercher pour quelle valeur de *t* on a : $V(t) = 0$.
Le calcul est très proche de celui fait en **3 b.**

• Puis résolvez à nouveau l'équation $V(t) = 0$ quand la vitesse initiale a doublé, soit quand $V(t) = -0{,}214\ t + 2\ V_{\text{initiale}}$.

• Comparez les deux valeurs de *t* ainsi obtenues.

Exercice 1

1 Lecture de coordonnées géographiques

Pyeongchang se situe approximativement :
– à une **latitude de 35° Nord** : en effet, la valeur centrale entre 30° et 40° est 35° ;
– à une **longitude de 128° Est** :
les méridiens sont gradués tous les 15°. Le point étudié se situe au milieu des méridiens de degrés 120 et 135.

Gagnez des points !

$$\frac{120 + 135}{2} = 127{,}5$$

soit environ 128.

2 Volume $\mathcal{V}$ de la boule du trophée

La boule du trophée a pour diamètre 23 cm, soit pour rayon :
$r = 23 \div 2 = 11{,}5$ cm.
Son volume $\mathcal{V}$ correspondant est :

$$\mathcal{V} = \frac{4}{3}\pi r^3$$

$$\mathcal{V} = \frac{4}{3} \times \pi \times 11{,}5^3$$

$$\mathcal{V} = \frac{12167\ \pi}{6}\ \text{cm}^3 \text{ (volume exact)}$$

$\mathcal{V} \approx 6\,371$ cm³ (valeur arrondie au cm³ près).

Une valeur approchée du volume de la boule de ce trophée est bien 6 371 cm³.

L'astuce du prof

Lisez attentivement l'énoncé. Les formules utilisées sont rappelées à la fin.

3 Étude de l'affirmation de Marie

• Le volume $\mathcal{V}'$ du cylindre portant la boule est :

$$\mathcal{V}' = \pi r^2 h$$

or $r = \dfrac{\text{diamètre}}{2} = \dfrac{6}{2} = 3$ cm

d'où $\mathcal{V}' = \pi \times 3^2 \times 23$.

$\mathcal{V}' = 207\pi$ cm³ (volume exact)

$\mathcal{V}' \approx 650$ cm³ (valeur arrondie au cm³ près)

Pensez-y !

Les formules proposées utilisent des rayons. L'énoncé donne des diamètres.

- Le trophée complet a pour volume :
$\mathcal{V}_{\text{trophée}} = \mathcal{V} + \mathcal{V}' = 6\,371 + 650 = 7\,021 \text{ cm}^3$.
- Le volume de la boule de cristal par rapport au trophée complet représente une proportion p :

$p = \dfrac{\mathcal{V}}{\mathcal{V}_{\text{trophée}}}$

$p = \dfrac{6371}{7021}$

$p \approx 0,907$

soit $p \approx 90,7\ \%$.

En conclusion, le volume de la boule de cristal représente bien environ 90 % du volume total du trophée : **l'affirmation de Marie est exacte.**

Rappel

Une proportion est un nombre compris entre 0 et 1, exprimé en % pour être plus représentatif.

Gagnez des points !

N'oubliez pas de conclure !

Exercice 2

1 Comparaison de concentrations moyennes en PM10

- À Lyon, la concentration moyenne en PM10 entre le 16 et le 25 janvier 2017 est de 72,5 µg/m³.
- À Grenoble, cette concentration est de :

$$\frac{32 + 39 + 52 + 57 + 78 + 63 + 60 + 82 + 82 + 89}{10} = 63,4\ \mu\text{g/m}^3.$$

Gagnez des points !

$$\text{moyenne} = \frac{\text{somme des 10 concentrations}}{10}$$

- 72,5 > 63,4.

Lyon a la plus forte concentration moyenne en PM10 entre le 16 et le 25 janvier.

2 Comparaison des étendues de concentration en PM10

- À Lyon, la concentration minimale est de 22 µg/m³ et la concentration maximale est de 107 µg/m³.
L'étendue correspondante est : $e_{\text{Lyon}} = 107 - 22 = 85\ \mu\text{g/m}^3$.
- À Grenoble, la concentration en PM10 varie entre 32 µg/m³ (le 16 janvier) et 89 µg/m³ (le 25 janvier).
L'étendue correspondante vaut : $e_{\text{Grenoble}} = 89 - 32 = 57\ \mu\text{g/m}^3$.
- 85 > 57 soit $e_{\text{Lyon}} > e_{\text{Grenoble}}$.
La ville de Lyon a l'étendue de concentration la plus importante en PM10.
- Interprétation du résultat :
C'est la ville de Lyon qui a connu les écarts les plus importants en concentration de PM10 entre le 16 et le 25 janvier 2017.

Remarque

Interpréter une étendue, c'est donner une explication concrète du résultat dans le contexte de l'exercice.

3 Étude du dépassement du seuil d'alerte à Lyon

La concentration médiane en PM10 à Lyon s'élève à 83,5 µg/m³ sur les 10 jours relevés. Cela signifie concrètement qu'au moins la moitié des concentrations relevées sont supérieures ou égales à la médiane. Ainsi, au moins 5 jours (sur 10 relevés) ont connu une concentration supérieure ou égale à 83,5 µg/m³.

Le seuil d'alerte étant fixé à 80 µg/m³, on peut conclure que le seuil d'alerte a été dépassé au moins 5 fois à Lyon : **l'affirmation proposée est exacte.**

> **Remarque**
> La médiane Me est aussi la valeur telle qu'au moins la moitié des valeurs sont inférieures ou égales à Me.

Exercice 3

1 Probabilité d'écouter du rap

Théo a 125 morceaux de rap parmi 375 morceaux de musique.

La probabilité p pour Théo d'écouter un morceau de rap est :

$$p = \frac{125}{375}$$

$$p = \frac{1}{3}.$$

> **Remarque**
> La lecture aléatoire justifie la situation d'équiprobabilité où les probabilités se calculent comme :
> $$p = \frac{\text{nombre de cas favorables}}{\text{nombre de cas possibles}}$$

2 Nombre de morceaux de rock

Sur 375 morceaux de musique, $\frac{7}{15}$ sont des morceaux de rock.

$$\frac{7}{15} \times 375 = 175.$$

Théo a 175 titres de rock dans son lecteur audio.

> **Gagnez des points !**
> effectif
> = proportion × effectif total

3 Comparaison de probabilités

- Alice possède 40 % de morceaux de rock dans son lecteur audio.

La probabilité p_1 qu'Alice écoute du rock est :

$$p_1 = \frac{40}{100} = 0,4.$$

- La probabilité pour Théo d'écouter du rock est :

$$p_2 = \frac{7}{15} \text{ (donnée de la question 2).}$$

$$p_2 \simeq 0,47.$$

- $p_1 < p_2$

Théo a plus de chances qu'Alice d'écouter un titre de rock.

> **Remarque**
> On écrit les deux probabilités sous forme décimale pour les comparer.

Exercice 4

1 Calcul de la longueur BD

Dans le triangle BCD rectangle en B, on applique le théorème de Pythagore :

$$BC^2 + BD^2 = CD^2$$

$7{,}5^2 + BD^2 = 8{,}5^2$
$BD^2 = 8{,}5^2 - 7{,}5^2$
$BD^2 = 16$
$BD = \sqrt{16}$ (BD > 0)
BD = 4 cm

La longueur BD est bien égale à 4 cm.

Gagnez des points !

Précisez le triangle dans lequel vous travaillez, surtout quand il y en a plusieurs sur la figure.

2 Triangles semblables

Dans un tableau, on met en correspondance les côtés de chaque triangle, par ordre décroissant de longueur par exemple.

Triangle CBD	CD = 8,5 cm	CB = 7,5 cm	BD = 4 cm
Triangle BFE	BE = 6,8 cm	BF = 6 cm	EF = 3,2 cm

$\dfrac{8{,}5}{6{,}8} = 1{,}25$; $\dfrac{7{,}5}{6} = 1{,}25$; $\dfrac{4}{3{,}2} = 1{,}25$.

Les côtés de ces deux triangles sont proportionnels avec comme coefficient 1,25 : **les triangles CBD et BFE sont donc semblables.**

Remarque

Le triangle CBD est un agrandissement du triangle BFE de coefficient 1,25.

Autre méthode

On peut aussi calculer les quotients inverses :

$\dfrac{6{,}8}{8{,}5} = 0{,}8$; $\dfrac{6}{7{,}5} = 0{,}8$; $\dfrac{3{,}2}{4} = 0{,}8$.

Les trois quotients sont égaux : les triangles CBD et BFE sont semblables.
Le triangle BFE est une réduction du triangle CBD de coefficient 0,8.

3 Étude de l'affirmation de Sophie

D'après la question 2, les triangles CBD et BFE sont semblables.
Ainsi, les angles de l'un sont égaux aux angles de l'autre : le triangle BCD possède un angle droit en B. Son angle associé dans le triangle BFE est l'angle $\widehat{BFE}$ (qui a donc même mesure).

On en déduit que l'angle $\widehat{BFE}$ est un angle droit : **l'affirmation de Sophie est alors exacte.**

Remarque

On a aussi $\widehat{BCD} = \widehat{FBE}$ et $\widehat{BCD} = \widehat{BEF}$.

Autre méthode

La réciproque du théorème de Pythagore permet également de montrer que le triangle BFE est rectangle en E (donc que $\widehat{BFE}$ est un angle droit).

En effet, $\begin{cases} BE^2 = 6,8^2 = 46,24 \\ BF^2 + FE^2 = 6^2 + 3,2^2 = 36 + 10,24 = 46,24 \end{cases}$

L'égalité $BE^2 = BF^2 + FE^2$ permet de conclure.

4 Étude de l'affirmation de Max

- Dans le triangle BCD rectangle en B, utilisons la trigonométrie.

$\cos\widehat{BCD} = \dfrac{\text{côté adjacent à } \widehat{BCD}}{\text{hypoténuse}} = \dfrac{CB}{CD} = \dfrac{7,5}{8,5}$

- À la calculatrice, on déduit :

$\widehat{BCD} = \cos^{-1}\left(\dfrac{7,5}{8,5}\right)$

$\widehat{BCD} = 28,1°$.

Gagnez des points !

Dans un triangle rectangle dont les longueurs des côtés sont connues, la trigonométrie permet de calculer les mesures des angles.

Autres méthodes

Comme on connaît les mesures des trois côtés du triangle BCD, on peut aussi utiliser le sinus ou la tangente.

- $\sin\widehat{BCD} = \dfrac{\text{côté opposé à } \widehat{BCD}}{\text{hypoténuse}} = \dfrac{BD}{CD} = \dfrac{4}{8,5}$.

D'où $\widehat{BCD} = \sin^{-1}\left(\dfrac{4}{8,5}\right)$, soit $\widehat{BCD} \simeq 28,1°$.

- $\tan\widehat{BCD} = \dfrac{\text{côté opposé à } \widehat{BCD}}{\text{côté adjacent à } \widehat{BCD}} = \dfrac{BD}{CB} = \dfrac{4}{7,5}$.

D'où $\widehat{BCD} = \tan^{-1}\left(\dfrac{4}{7,5}\right)$, soit $\widehat{BCD} \simeq 28,1°$.

- Revenons à l'angle étudié :

$\widehat{ACD} = \widehat{ACB} + \widehat{BCD} = 61 + 28,1 = 89,1°$

$\widehat{ACD} \neq 90°$

En conclusion, l'angle $\widehat{ACD}$ n'est pas un angle droit : **l'affirmation de Max est donc fausse.**

Exercice 5

1 Vérification d'un résultat

- On choisit le nombre – 1.
- Multiplions ce nombre par 4 : $-1 \times 4 = -4$.
- Ajoutons 8 : $-4 + 8 = 4$.
- Multiplions le résultat par 2 : $4 \times 2 = 8$.

Si on choisit le nombre – 1, ce programme donne bien 8 comme résultat final.

2 Calcul d'un nombre de départ connaissant le résultat

L'idée est de « remonter le programme à l'envers ».

- Le résultat est 30.
- Divisons le résultat par 2 : $30 \div 2 = 15$.
- Soustrayons 8 : $15 - 8 = 7$.
- Divisons ce nombre par 4 : $7 \div 4 = \frac{7}{4} = 1{,}75$.

Le nombre choisi au départ donnant 30 pour résultat final est 1,75.

Pensez-y !

L'opération « inverse » d'une addition est une soustraction ; l'opération « inverse » d'une multiplication est une division.

Vérification

$1{,}75 \times 4 = 7$

$7 + 8 = 15$

$15 \times 2 = 30$.

Quand on choisit 1,75 pour nombre de départ, le programme retourne bien 30 pour résultat.

3 Égalité de deux expressions

- $A = 2\,(4x + 8)$

  $= 2 \times 4x + 2 \times 8 = 8x + 16$

- $B = (4 + x)^2 - x^2$

  $= (4 + x) \times (4 + x) - x^2$

  $= 4 \times 4 + 4 \times x + x \times 4 + x \times x - x^2$

  $= 16 + 4x + 4x + \cancel{x^2} - \cancel{x^2} = 8x + 16$

Gagnez des points !

On développe les deux expressions et on montre qu'elles sont égales.

Autre méthode

On développe la première partie de B en utilisant l'identité remarquable $(a + b)^2 = a^2 + 2ab + b^2$ avec $a = 4$ et $b = x$.

$B = (4 + x)^2 - x^2 = 4^2 + 2 \times 4 \times x + x^2 - x^2 = 16 + 8x$

- A et B ont la même forme développée.

Ainsi, A et B sont égales pour toutes les valeurs de x.

Autre méthode

- $A = 2(4x + 8) = 2 \times (2 \times 2x + 2 \times 4) = 2 \times 2 \times (2x + 4) = 4(2x + 4)$
- $B = (4 + x)^2 - x^2$

On factorise B en utilisant l'identité remarquable $a^2 - b^2 = (a - b)(a + b)$ avec $a = 4 + x$ et $b = x$.

$B = (4 + \cancel{x} - \cancel{x})(4 + x + x) = 4(4 + 2x)$

- A et B ont même forme factorisée : A = B.

Méthode

Pour montrer que deux expressions sont égales pour toutes les valeurs de x, il faut montrer l'égalité des expressions littérales (avec les x).

En effet, ce n'est pas parce que deux expressions sont égales pour une valeur de x, qu'elles sont égales pour toutes les valeurs de x.

Ainsi, si vous calculez (par exemple) A et B pour $x = 1$:

$A = 2(4 \times 1 + 8) = 2 \times (4 + 8) = 2 \times 12 = 24$

$B = (4 + 1)^2 - 1^2 = 5^2 - 1^2 = 25 - 1 = 24$

Vous avez (seulement !) montré que A = B pour $x = 1$; mais ce raisonnement est incomplet et donc insuffisant.

4 Vrai – Faux

- **Étude de l'affirmation 1**

D'après la question 3, si x est le nombre choisi au départ, le programme retourne pour résultat $A = 2\,(4x + 8)$.

Pour $x = -5$: $A = 2\,(4 \times (-5) + 8) = 2 \times (-20 + 8) = 2 \times (-12) = -24$.

Pour $x = -5$, ce programme retourne pour résultat un nombre négatif (–24).

L'affirmation 1 est fausse.

Gagnez des points !

Pour prouver qu'une égalité est fausse, il suffit de trouver une valeur de x pour laquelle l'égalité n'est pas vérifiée. On parle de contre-exemple.

Autre méthode

Le nombre –5 n'est pas le seul nombre qui retourne un résultat négatif.

En effet, tous les nombres strictement inférieurs à –2 renvoient un résultat négatif.

Pour justifier cela, on résout l'inéquation :

$2(4x + 8) < 0$

$\div 2$

$4x + 8 < 0$

-8

$4x < -8$

$\div 4$

$x < -\dfrac{8}{4}$

$x < -2$

- **Étude de l'affirmation 2**

$A = 2\,(4x + 8)$

$A = 2\,(4 \times x + 4 \times 2)$ — on remarque le facteur commun 4

$A = 2 \times 4(x + 2)$ — on factorise $(4x + 8)$ par 4

$A = 8\,(x + 2)$ — on calcule 2×4

Si x est le nombre choisi au départ, le programme renvoie pour résultat A qui s'écrit aussi $8(x + 2)$.

Si le nombre x choisi est un nombre entier, $(x + 2)$ est aussi un nombre entier. Et par conséquent, le nombre $8 \times (x + 2)$ est un multiple de 8.

L'affirmation 2 est vraie.

> **L'astuce du prof**
> Un multiple de 8 s'écrit $8 \times k$ où k est un entier.

Exercice 6

1 a. Figure obtenue

– Initialement, le stylo est à l'origine du repère [aller à x : 0 y : 0].

– Là, le stylo trace un trait horizontal vers la droite [s'orienter à 90] de longueur 300. (donc 6 cm sur la figure).

– Grâce au bloc [carré], un carré de côté 300 est construit.

– Le bloc [Triangle] permet de construire un triangle équilatéral.

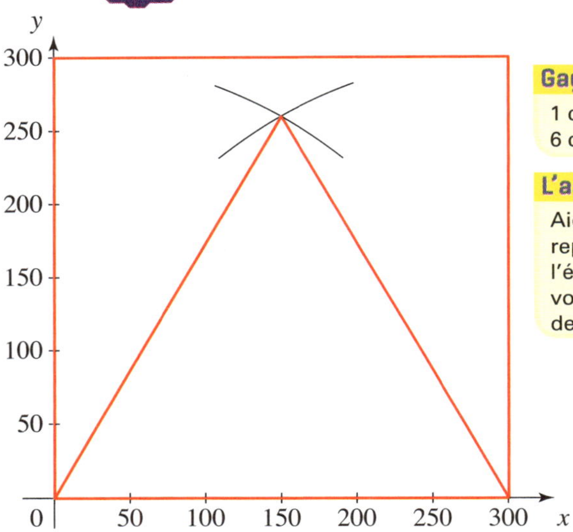

> **Gagnez des points !**
> 1 cm ↔ 50 pixels
> 6 cm ↔ 6×50 pixels

> **L'astuce du prof**
> Aidez-vous de la figure représentée dans l'énoncé pour vous faire une idée de la figure obtenue.

b. Position du stylo après la ligne 8

Une fois le triangle construit, le stylo est revenu à sa position initiale et orienté vers la droite, soit au point de coordonnées (0 ; 0). L'instruction [avancer de Longueur / 6] déplace le stylo de $300 \div 6 = 50$.

Après l'exécution de la ligne 8, les coordonnées du stylo sont donc (50 ; 0).

2 Ligne 9 à compléter

Pour compléter la ligne 9, il faut d'abord analyser la figure obtenue.
La donnée manquante correspond à la longueur du côté du carré vert ou du triangle équilatéral vert.

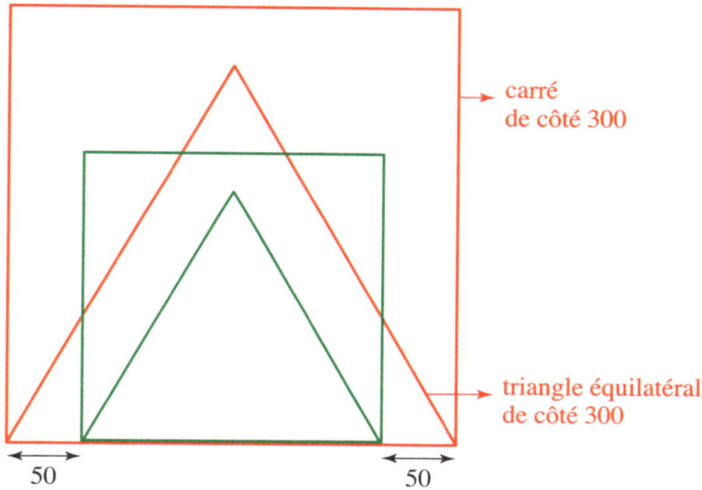

On en déduit que le côté vert a pour longueur 300 – 50 – 50 = 200.

D'où la ligne 9 : `mettre Longueur à 200`

3 a. Transformation donnant le petit carré

La transformation géométrique permettant d'obtenir le petit carré à partir du grand carré est une **homothétie de rapport** $\frac{\text{longueur du petit carré}}{\text{longueur du grand carré}} = \frac{200}{300} = \mathbf{\frac{2}{3}}$.

Remarque

Un rapport de réduction est un nombre compris entre 0 et 1.

Autres méthodes

On peut trouver la transformation cherchée en procédant par élimination.

- On cherche une transformation qui permet d'obtenir un petit carré à partir d'un grand carré.

On cherche donc une transformation qui ne conserve pas les distances. Or une translation, une rotation ou une symétrie axiale conservent les distances. La seule transformation qui ne conserve pas les distances est une homothétie.

- L'énoncé demande de préciser un rapport de réduction. La seule transformation à laquelle est associée un rapport (d'agrandissement ou de réduction) est l'homothétie.

b. Rapport des aires des carrés

Le rapport des aires entre les deux carrés dessinés est le nombre :

$$\frac{\text{Aire du carré vert}}{\text{Aire du carré rouge}}$$

On a donc : $\dfrac{200 \times 200}{300 \times 300} = \dfrac{40\,000}{90\,000} = \dfrac{4}{9}$

Autre méthode

Le petit carré s'obtient à partir du grand carré par une homothétie de rapport $k = \dfrac{2}{3}$.

Dans un agrandissement/réduction, quand les longueurs sont multipliées par k, les aires sont multipliées par k^2 :

$k^2 = \left(\dfrac{2}{3}\right)^2 = \dfrac{2^2}{3^2} = \dfrac{4}{9}$.

Exercice 7

1 Proportionnalité temps/vitesse de rotation

La vitesse de rotation du hand-spinner en fonction du temps est représentée par une droite ne passant pas par l'origine du repère.

Ainsi, temps et vitesse de rotation de hand-spinner ne sont pas proportionnels.

2 Lectures graphiques

a. Vitesse initiale

La vitesse de rotation initiale du hand-spinner est la vitesse lue pour $t = 0$ s ; elle est de **20 tours par seconde** (voir point rouge).

b. Vitesse au bout d'une minute et 20 secondes

1 min 20 s = 60 s + 20 s = 80 s.

Pour $t = 80$ s, on lit $v = 3$ tours/s (voir pointillés bleus).

Au bout d'une minute et 20 secondes, la vitesse du hand-spinner est de 3 tours par seconde.

L'astuce du prof

Tracez des pointillés pour vos lectures graphiques.

c. Arrêt du hand-spinner

On lit (voir point vert) $v = 0$ tours/s pour $t \approx 93$ s, soit 1 min 33 s.

Le hand-spinner s'arrête au bout d'une minute et 33 secondes.

Pensez-y !

93 s = 60 s + 33 s
= 1 min 33 s

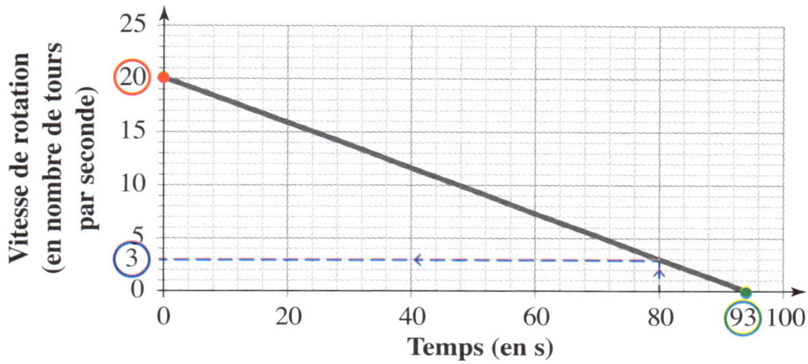

3 Calculs

a. Vitesse au bout de 30 s

Pour $t = 30$ s, on obtient :

$V(30) = -0,214 \times 30 + 20 = 13,58$.

Au bout de 30 secondes, la vitesse de rotation du hand-spinner est de 13,58 tours par seconde.

b. Arrêt du hand-spinner

Il s'agit de déterminer pour quelle valeur de t on obtient $V(t) = 0$.

Gagnez des points !
On résout une équation du premier degré.

$-0,214 \times t + 20 = 0$

on soustrait 20 de part et d'autre du =

$-0,214\, t = -20$

on isole t en divisant par $-0,214$

$$t = \frac{-20}{-0,214}$$

$t \simeq 93$ (résultat arrondi à l'unité).

Le hand-spinner s'arrête au bout de 93 secondes, soit au bout d'une minute et 33 secondes.

c. Étude d'une affirmation

- Quand on fait tourner le hand-spinner, sa vitesse de rotation est : $V(t) = -0,214\, t + V_{initiale}$.
- Le hand-spinner s'arrête quand :

$-0,214\, t + V_{initiale} = 0$

$-0,214\, t = -V_{initiale}$

$$t = \frac{-V_{initiale}}{-0,214}$$

$$t = \frac{V_{initiale}}{0,214}$$

L'astuce du prof
Les calculs sont identiques à ceux faits en 3b sauf qu'on remplace 20 par $V_{initiale}$.

Quand le hand-spinner a une vitesse initiale notée $V_{initiale}$, il s'arrête au bout d'un temps $t_{arrêt} = \frac{V_{initiale}}{0,214}$.

- Si l'on fait tourner le hand-spinner deux fois plus vite au départ, sa vitesse de rotation devient :

$V(t) = -0{,}214\,t + 2\,V_{\text{initiale}}$.

- Dans ce cas, il s'arrête quand :

$-0{,}214\,t + 2\,V_{\text{initiale}} = 0$

$-0{,}214\,t = -2\,V_{\text{initiale}}$

$$t = \frac{-2V_{\text{initiale}}}{-0{,}214}$$

$$t = 2 \times \underbrace{\frac{V_{\text{initiale}}}{0{,}214}}$$

$$t = 2 \times \quad t_{\text{arrêt}}$$

- En conclusion, quand la vitesse initiale de rotation du hand-spinner double (passant de V_{initiale} à $2 \times V_{\text{initiale}}$), alors le temps d'arrêt du hand-spinner double aussi (passant de $t_{\text{arrêt}}$ à $2 \times t_{\text{arrêt}}$).

Il est donc vrai de dire que **si l'on fait tourner le hand-spinner deux fois plus vite au départ, il tournera deux fois plus longtemps.**

Sujet 2 Amérique du Nord, juin 2018

100 pts 2 heures

Exercice 1

15 min 14 pts

Le tableau ci-dessous a été réalisé à l'aide d'un tableur.
Il indique le nombre d'abonnements Internet à haut débit et à très haut débit entre 2014 et 2016, sur réseau fixe, en France. (*Sources : Arcep et Statistica.*)

	A	B	C	D
1		**2014**	**2015**	**2016**
2	**Nombre d'abonnements Internet à haut débit (en millions)**	22,855	22,63	22,238
3	**Nombre d'abonnements Internet à très haut débit (en millions)**	3,113	4,237	5,446
4	**Total (en millions)**	25,968	26,867	27,684

1 Combien d'abonnements Internet à très haut débit, en millions, ont été comptabilisés pour l'année 2016 ? **2 pts**

2 Vérifier qu'en 2016, il y avait 817 000 abonnements Internet à haut débit et à très haut débit de plus qu'en 2015. **4 pts**

3 Quelle formule a-t-on pu saisir dans la cellule B4 avant de la recopier vers la droite, jusqu'à la cellule D4 ? **4 pts**

4 En 2015, seulement 5,3 % des abonnements Internet très haut débit utilisaient la fibre optique.
Quel nombre d'abonnements Internet à très haut débit cela représentait-il ? **4 pts**

Exercice 2

15 min 14 pts

La figure ci-contre n'est pas en vraie grandeur.
On donne les informations suivantes :

- Le triangle ADE a pour dimensions :
AD = 7 cm, AE = 4,2 cm et DE = 5,6 cm.
- F est le point de [AD] tel que AF = 2,5 cm.
- B est le point de [AD) et C est le point de [AE) tels que : AB = AC = 9 cm.
- La droite (FG) est parallèle à la droite (DE).

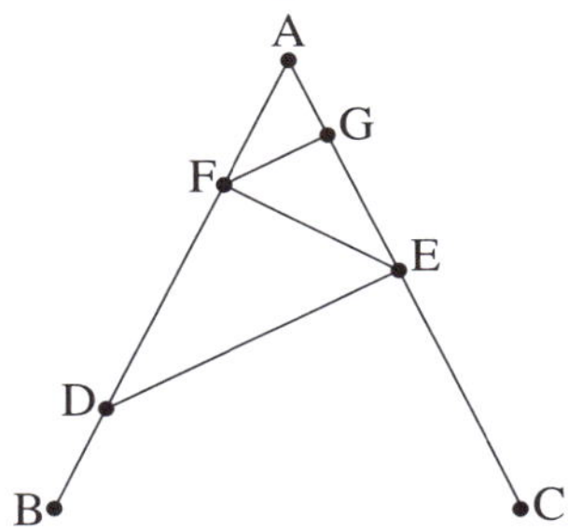

1 Réaliser une figure en vraie grandeur. **2 pts**

2 Prouver que ADE est un triangle rectangle en E. **6 pts**

3 Calculer la longueur FG. **6 pts**

Exercice 3

15 min **15 pts**

Deux urnes contiennent des boules numérotées indiscernables au toucher. Le schéma ci-contre représente le contenu de chacune des urnes.

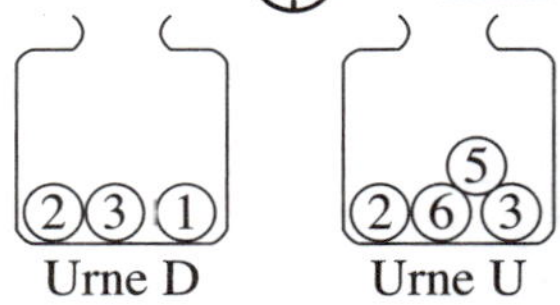

On forme un nombre entier à deux chiffres en tirant au hasard une boule dans chaque urne :

- le chiffre des dizaines est le numéro de la boule issue de l'urne D ;
- le chiffre des unités est le numéro de la boule issue de l'urne U.

Exemple : en tirant la boule ① de l'urne D et ensuite la boule ⑤ de l'urne U, on forme le nombre 15.

1 A-t-on plus de chance de former un nombre pair que de former un nombre impair ? **4 pts**

2 **a.** Sans justifier, indiquer les nombres premiers qu'on peut former lors de cette expérience. **3 pts**

b. Montrer que la probabilité de former un nombre premier est égale à $\frac{1}{6}$. **3 pts**

3 Définir un événement dont la probabilité de réalisation est égale à $\frac{1}{3}$. **5 pts**

Exercice 4

15 min **14 pts**

Dans cet exercice, aucune justification n'est attendue.

Simon travaille sur un programme. Voici des copies de son écran :

Script principal

Bloc carré

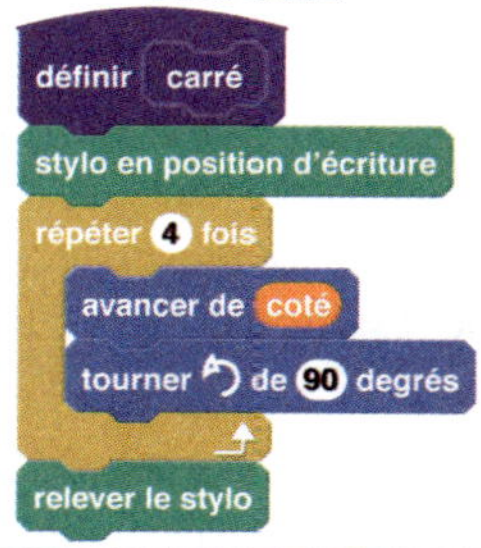

Information

L'instruction « s'orienter à 90 » signifie qu'on se dirige vers la droite.

1 Il obtient le dessin ci-contre.

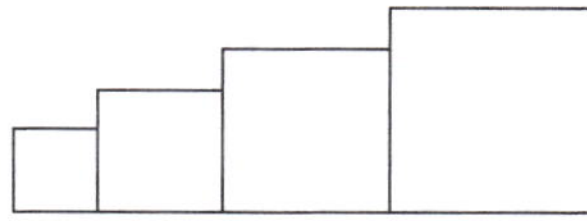

a. D'après le script principal, quelle est la longueur du côté du plus petit carré dessiné ? **2 pts**

b. D'après le script principal, quelle est la longueur du côté du plus grand carré dessiné ? **3 pts**

2 Dans le script principal, où peut-on insérer l'instruction `ajouter 2 à la taille du stylo` de façon à obtenir le dessin ci-contre ? **4 pts**

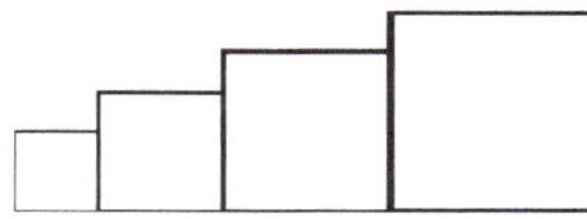

3 On modifie maintenant le script principal de la façon suivante :
Parmi les dessins ci-dessous, lequel obtient-on ? **5 pts**

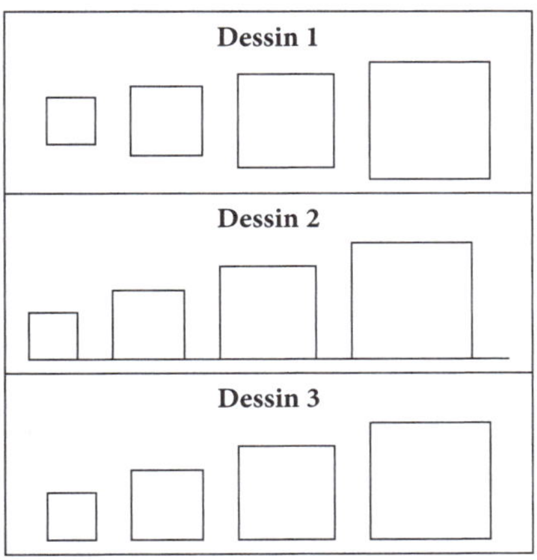

Pour rappel : le Bloc carré

Exercice 5

10 min **6 pts**

Gaspard travaille avec un logiciel de géométrie dynamique pour construire une frise. Il a construit un triangle ABC isocèle en C (motif ①), puis il a obtenu le losange ACBD (motif ②).

Voici des captures d'écran de son travail.

Motif ①	Motif ②
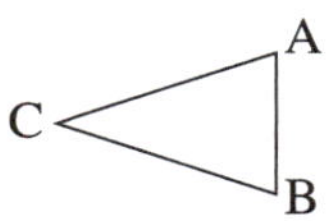	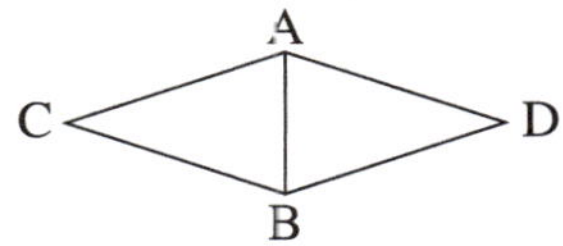

1 Préciser une transformation permettant de compléter le motif ① pour obtenir le motif ②. **3 pts**

2 Une fois le motif ② construit, Gaspard a appliqué à plusieurs reprises une translation. Il obtient ainsi la frise ci-dessous.

Préciser de quelle translation il s'agit. **3 pts**

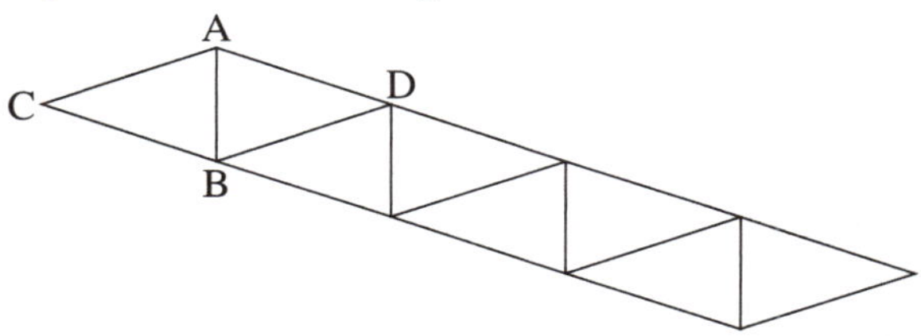

Exercice 6

20 min **16 pts**

On rappelle que toute trace de recherche, même incomplète, pourra être prise en compte dans l'évaluation.

Madame Martin souhaite réaliser une terrasse en béton en face de sa baie vitrée. Elle réalise le dessin ci-contre.

Pour faciliter l'écoulement des eaux de pluie, le sol de la terrasse doit être incliné.

La terrasse a la forme d'un prisme droit dont la base est le quadrilatère ABCD et la hauteur est le segment [CG].

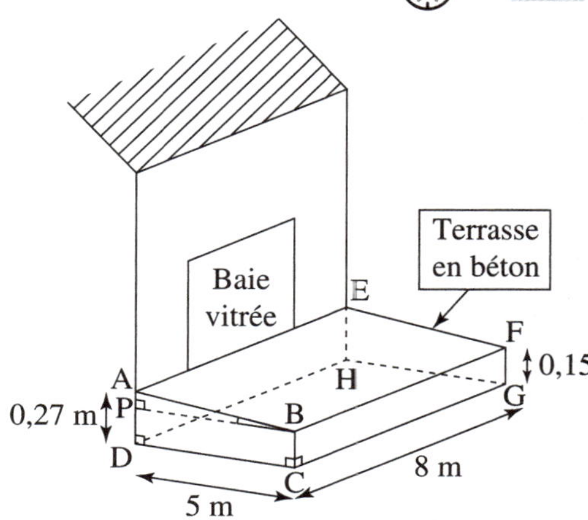

P est le point du segment [AD] tel que BCDP est un rectangle.

1 L'angle $\widehat{ABP}$ doit mesurer entre 1° et 1,5°.
Le projet de Madame Martin vérifie-t-il cette condition ? **6 pts**

2 Madame Martin souhaite se faire livrer le béton nécessaire à la réalisation de sa terrasse. Elle fait appel à une entreprise spécialisée.
À l'aide des informations ci-après, déterminer le montant de la facture établie par l'entreprise. **10 pts**

Information 1 Distance entre l'entreprise et la maison de Madame Martin : 23 km.
Information 2 – Formule du volume d'un prisme droit Volume d'un prisme droit = aire de la base du prisme × hauteur du prisme.
Information 3 – Conditions tarifaires de l'entreprise spécialisée • Prix du m^3 de béton : 95 €. • Capacité maximale du camion-toupie : 6 m^3. • Frais de livraison : 5 € par km parcouru par le camion-toupie. • L'entreprise facture les distances aller et retour (entreprise/lieu de livraison) parcourues par le camion-toupie.  © ADOBE STOCK PHOTO/nethuz

Exercice 7

20 min **15 pts**

Les trois questions suivantes sont indépendantes.

1 $A = 2x(x-1) - 4(x-1)$. Développer et réduire l'expression A. **5 pts**

2 Montrer que le nombre –5 est une solution de l'équation :

$$(2x+1) \times (x-2) = 63$$ **4 pts**

3 On considère la fonction f définie par $f(x) = -3x + 1{,}5$.

a. Parmi les graphiques ci-dessous, lequel représente la fonction f ? **2 pts**

b. Justifier votre choix. **4 pts**

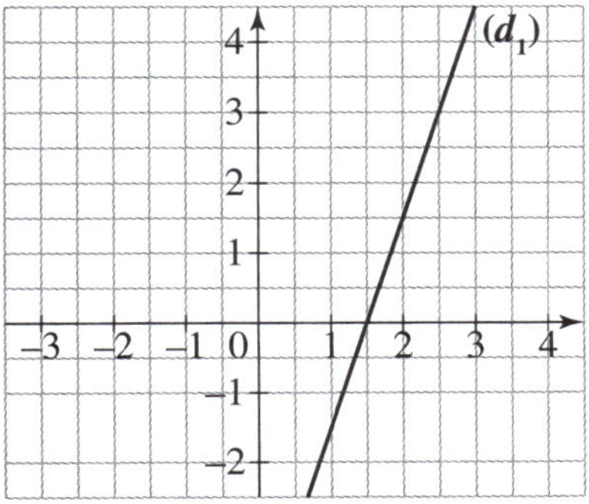

Graphique A

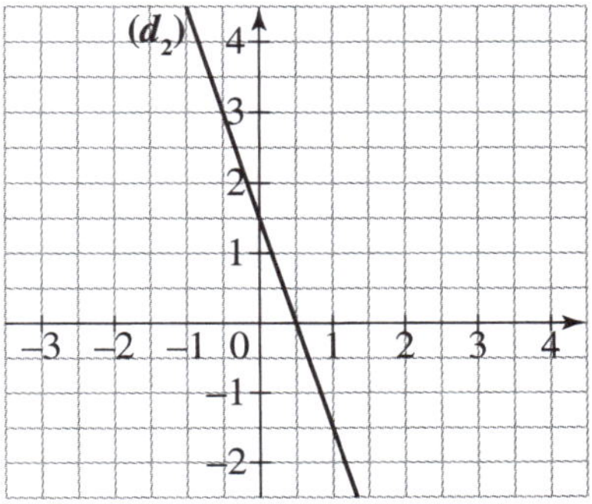

Graphique B

Exercice 8

10 min **6 pts**

On considère la fenêtre de téléchargement ci-dessous.

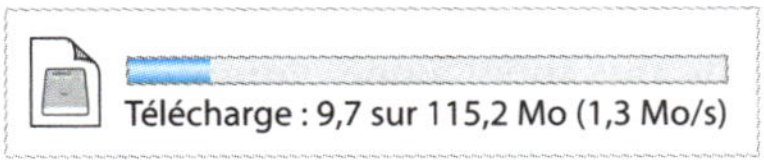

Si la vitesse de téléchargement reste constante, faudra-t-il plus d'une minute et vingt-cinq secondes pour que le téléchargement se termine ?

Sujet 2 Corrigé

Les clés pour réussir

Exercice 1

Révisez **Le tableur et les pourcentages**

- Prendre t % d'un nombre revient à le multiplier par $\frac{t}{100}$.
- Une formule dans un tableur est précédée par le signe « = ».

Les difficultés du sujet

2 et **4** Les données sont proposées en millions. Il s'agit de les transformer en unités, par exemple, 0,817 million = 817 000.

Exercice 2

Révisez **La géométrie dans le plan**

- La réciproque du théorème de Pythagore permet de montrer qu'un triangle est rectangle quand on connaît les longueurs de ses trois côtés.
- Si (MN)//(BC), d'après le théorème de Thalès :

$$\frac{AM}{AB} = \frac{AN}{AC} = \frac{MN}{BC}$$

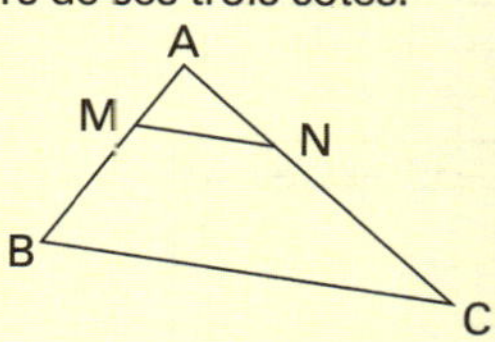

Les difficultés du sujet

2 et **3** Les données sont nombreuses. Complétez les mesures sur la figure, puis repérez les configurations-clés : un triangle dont on connaît les mesures des trois côtés et une configuration de Thalès.

Exercice 3

Révisez Les probabilités et l'arithmétique

- En situation d'équiprobabilité, une probabilité p se calcule avec la formule :

$$p = \frac{\text{nombre d'issues favorables}}{\text{nombre d'issues possibles}}$$

- Un nombre pair est un nombre qui a pour chiffre des unités 0 ; 2 ; 4 ; 6 ; 8.
- Un nombre premier est un nombre admettant exactement deux diviseurs : 1 et lui-même.

Les difficultés du sujet

1 C'est la composition de l'urne U qui détermine la parité du nombre formé.

3 On peut former 12 nombres avec les boules proposées. Il s'agit alors de définir un événement composé de 4 issues puisque $\frac{4}{12} = \frac{1}{3}$. Il y a plusieurs réponses possibles.

Exercice 4

Révisez Les algorithmes

Les difficultés du sujet

1 a. La réponse se trouve dans le script principal.

1 b. Ce programme construit 4 carrés dont chaque côté augmente de 20.

3 Procédez par élimination en comparant les trois dessins obtenus. Étudiez la valeur de y et le lever de stylo.

Exercice 5

Révisez Les transformations

Les difficultés du sujet

Deux translations permettent d'obtenir la frise proposée.

Exercice 6

Révisez La trigonométrie, les calculs numériques et les grandeurs composées

- Dans un triangle ABC rectangle en C :

$$\cos \widehat{B} = \frac{\text{côté adjacent à } \widehat{B}}{\text{hypoténuse}}$$

$$\sin \widehat{B} = \frac{\text{côté opposé à } \widehat{B}}{\text{hypoténuse}}$$

$$\tan \widehat{B} = \frac{\text{côté opposé à } \widehat{B}}{\text{côté adjacent à } \widehat{B}}$$

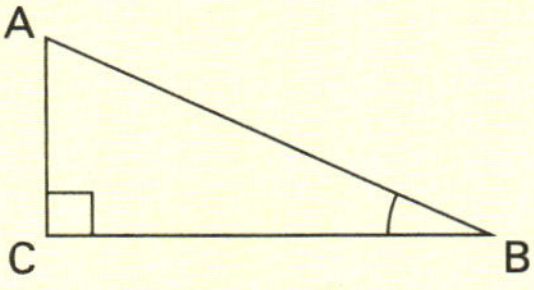

- Aire d'un trapèze = $\dfrac{(b+B)\times h}{2}$

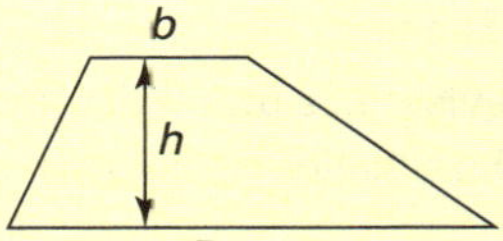

Les difficultés du sujet

1 En utilisant la touche $\tan^{-1}$ de la calculatrice, vous obtenez une mesure de l'angle cherché à partir de la valeur de sa tangente.

2 La difficulté de cette question réside dans la longueur des calculs à mener. Soyez méthodique et procédez par étape :

- Calculez le volume de la terrasse.
- Déduisez-en le montant de la facture de béton.
- En fonction du volume de béton nécessaire, déterminez le nombre de trajets aller-retour du camion-toupie.
- Calculez la distance à parcourir.
- Déduisez-en le montant des frais de transport.
- La somme du prix du béton et des frais de transport donnera le montant total de la facture.

Exercice 7

Révisez **Les calculs et les fonctions**

- Un nombre est solution d'une équation quand il vérifie l'égalité correspondant à cette équation.
- Une fonction affine $f(x) = ax + b$ est représentée graphiquement par une droite de coefficient directeur a et d'ordonnée à l'origine b.

Les difficultés du sujet

1 Soyez vigilant avec le signe « – » devant le facteur $(x - 1)$.

3 **b.** Le choix du graphique peut être justifié par un calcul d'image, l'ordonnée à l'origine, le coefficient directeur...

Exercice 8

Révisez **Les grandeurs composées**

$$\text{Vitesse de téléchargement} = \frac{\text{quantité de données chargées}}{\text{temps de téléchargement}}$$

Les difficultés du sujet

Déterminez la quantité de données qu'il reste à télécharger. Calculez le temps nécessaire à ce téléchargement, et comparez-le à 1 min 25 s.

Exercice 1

1 Lecture de données

Pour l'année 2016, **5,446 millions** d'abonnements Internet à très haut débit ont été comptabilisés (en case D3).

Remarque
5,446 millions = 5 446 000

2 Comparaison de données

En 2016, le nombre d'abonnements Internet à haut et très haut débit comptabilisés est de 27,684 millions contre 26,867 millions en 2015.
Cela correspond à une augmentation de :
27,684 – 26,867 = 0,817 million, soit 817 000 abonnements.
C'est le résultat annoncé.

Rappel
1 million = 1 000 000

3 Formule saisie dans la cellule B4

La cellule B4 contient la somme des nombres d'abonnements Internet contenus dans les cellules B2 et B3.
Ainsi, on entre en B4 :

= B2+B3 ou = SOMME(B2:B3)

L'astuce du prof
Pour déterminer la formule, on remplace les nombres par le nom de la cellule correspondante.

4 Nombre d'abonnements Internet à très haut débit utilisant la fibre optique

En 2015, 5,3 % des abonnements Internet à très haut débit (au nombre de 4,237 millions) utilisaient la fibre optique.

$\frac{5{,}3}{100} \times 4{,}237 = 0{,}224\ 561$ million

soit **224 561 utilisateurs**.

Remarque
On fait les calculs dans la même unité (en millions), puis on convertit le résultat.

Exercice 2

1 Construction en vraie grandeur

Programme de construction :

- Tracez un segment [AD] de longueur 7 cm.
- Avec un compas pointé en A, construisez un arc de cercle de rayon 4,2 cm. Avec un compas pointé en D, construisez un arc de cercle de rayon 5,6 cm. À l'intersection des deux arcs se trouve le point E.
- Placez F à 2,5 cm de A sur [AD) (au compas ou à la règle).
- Construisez B et C (au compas ou à la règle) à 9 cm de A sur [AD) et sur [AE).
- Tracez la droite (DE), puis la parallèle à (DE) passant par F : vous obtenez le point G situé sur le segment [AE].

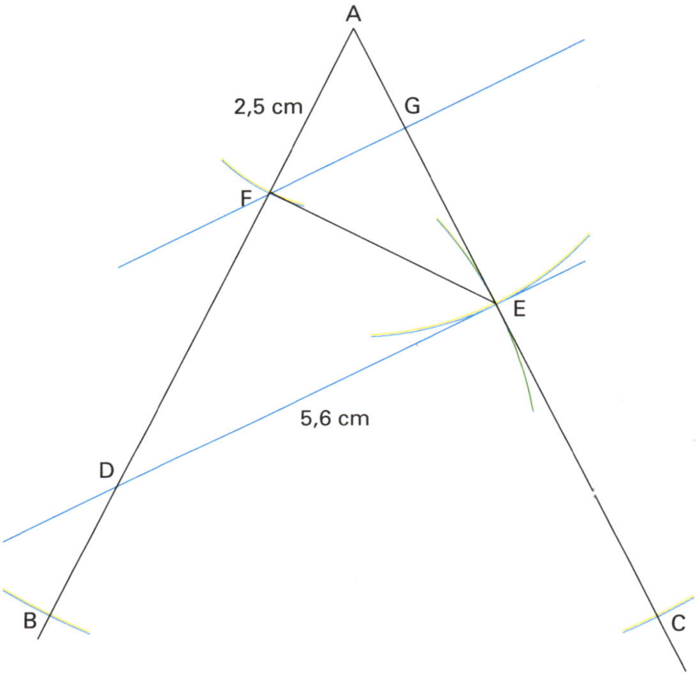

2 Nature du triangle ADE

Dans le triangle ADE où [AD] est le plus grand côté :

$AD^2 = 7^2 = 49$
$AE^2 + DE^2 = 4{,}2^2 + 5{,}6^2 = 17{,}64 + 31{,}36 = 49$

On déduit : $AD^2 = AE^2 + DE^2$.

D'après la réciproque du théorème de Pythagore, **le triangle ADE est rectangle en E.**

3 Calcul de la longueur FG

Les points A, F, D et les points A, G, E sont alignés dans cet ordre.
Les droites (FG) et (DE) sont parallèles.
D'après le théorème de Thalès :

$$\frac{AG}{AE} = \frac{AF}{AD} = \frac{FG}{DE}, \text{ soit } \frac{AG}{4{,}2} = \boxed{\frac{2{,}5}{7} = \frac{FG}{5{,}6}}.$$

Par produit en croix, on déduit de l'égalité encadrée : $7 \times FG = 2{,}5 \times 5{,}6$.

$FG = \dfrac{2{,}5 \times 5{,}6}{7} = \dfrac{14}{7}$ d'où **FG = 2 cm**.

Remarque

Avec l'égalité des deux premiers quotients, on aurait pu calculer la longueur AG.

L'astuce du prof

On peut vérifier sur la construction que la valeur calculée correspond.

Exercice 3

1 Comparaison de probabilités

L'urne des unités contient les 4 chiffres {2 ; 3 ; 5 ; 6}.

Ainsi, un nombre pair aura sa terminaison en 2 ou en 6.

La probabilité de former un nombre pair vaut alors : $\frac{2}{4} = \frac{1}{2} = 0,5$.

La probabilité de former un nombre impair (se terminant par 3 ou 5) est : $\frac{2}{4} = \frac{1}{2} = 0,5$.

Finalement, il y a **autant de chances de former un nombre pair qu'un nombre impair**.

Remarque

« Obtenir un nombre pair » et « obtenir un nombre impair » sont deux évènements contraires, dont la somme des probabilités vaut 1.

Autre méthode

On écrit la liste des 12 issues possibles. On dénombre 6 issues formant un nombre pair. La probabilité cherchée est donc $\frac{6}{12} = 0,5$.

2 a. Liste des nombres premiers que l'on peut former

Les seuls nombres premiers que l'on peut former avec pour chiffre des dizaines {1 ; 2 ; 3} et pour chiffre des unités {2 ; 3 ; 5 ; 6} sont **13 et 23**.

b. Probabilité de former un nombre premier

- Pour constituer un nombre, on choisit un chiffre des dizaines parmi 3 et un chiffre des unités parmi 4.
Il y a donc $3 \times 4 = 12$ nombres possibles.
- On peut former 2 nombres premiers.
La probabilité p de former un nombre premier est donc :

$$p = \frac{2}{12} = \frac{\cancel{2} \times 1}{\cancel{2} \times 6} = \frac{1}{6}.$$

On trouve bien le résultat annoncé.

Remarque

Un nombre est constitué de chiffres (de 0 à 9), comme un mot est constitué de lettres.

3 Évènement de probabilité $\frac{1}{3}$

- On peut former 12 nombres :
{12 ; 13 ; 15 ; 16 ; 22 ; 23 ; 25 ; 26 ; 32 ; 33 ; 35 ; 36}
- On cherche un évènement de probabilité :

$$p' = \frac{1}{3} = \frac{4}{12}$$

$$p' = \frac{\text{nombre de cas favorables}}{\text{nombre de cas possibles}} = \frac{\text{nombre de cas favorables}}{12}$$

On est donc ramené à chercher un évènement composé de 4 issues.
Il y en a plusieurs, par exemple :
– « obtenir un multiple de 3 » (12 ; 15 ; 33 ; 36) ;
– « obtenir un multiple de 4 » (12 ; 16 ; 32 ; 36) ;
– « obtenir un nombre commençant par un 1 » (ou un 2 ou un 3) ;
– « obtenir un nombre compris entre 14 et 24 »…

Exercice 4

1 a. Longueur du côté du plus petit carré

Dans le script principal, l'instruction `mettre côté à 40` indique que la longueur du carré est initialisée à **40**.

b. Longueur du côté du plus grand carré

Dans le script principal, l'instruction `ajouter à côté 20` est répétée 4 fois.
Les quatre carrés représentés ont pour côtés 40 ; 60 ; 80 ; 100.
La longueur du côté du plus grand carré est 100.

2 Ajout d'une instruction

- En étudiant le nouveau dessin obtenu, il apparaît qu'à chaque nouvelle construction, le trait est épaissi.
- Ainsi, on insère l'instruction `ajouter 2 à la taille du stylo` dans le script principal après l'instruction `carré`.

3 Dessin obtenu avec le nouveau script

- Dans le script principal, l'instruction `avancer de coté` est remplacée par `avancer de côté + 30`. Le reste est identique.
- Sur le dessin 1, l'ordonnée *y* est modifiée à chaque nouveau carré. Dans le script, il n'y a pas de modification de la valeur de *y* (qui reste donc égal à 0).
Le dessin 1 n'est donc pas celui obtenu avec le nouveau script.

L'astuce du prof
On compare les deux scripts pour comprendre la différence.

Gagnez des points !
Analysez les dessins obtenus et procédez par élimination pour trouver le dessin obtenu.

- Sur le dessin 2, le stylo reste en position d'écriture du début à la fin. Or le bloc carré, répété 4 fois, a pour dernière instruction `relever le stylo`. Le dessin 2 n'est donc pas celui obtenu avec le nouveau script.
- En conclusion, **le nouveau script permet de réaliser le dessin 3.**

Exercice 5

1 Transformation permettant d'obtenir le motif ②

Le motif ABD est le symétrique par rapport à la droite (AB) du motif ABC.
Le motif ② est obtenu à partir du motif ① par la **symétrie d'axe (AB)**.

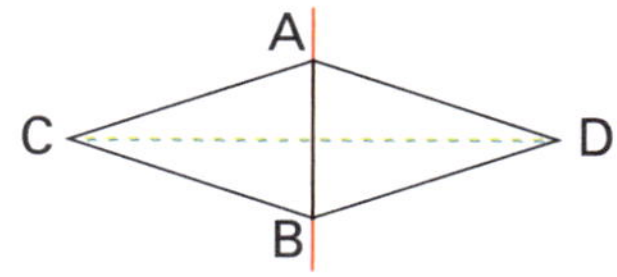

Remarque
La symétrie d'axe (AB) a le même rôle qu'un miroir.

2 Transformation permettant d'obtenir la frise

On repère sur la frise la répétition du motif ②.
Le motif vert est obtenu par « glissement » du motif ② de A vers D (ou de C vers B) ; de même, on obtient le motif bleu à partir du vert et le noir à partir du bleu.
La translation permettant d'obtenir la frise est donc la **translation transformant A en D (ou C en B)**.

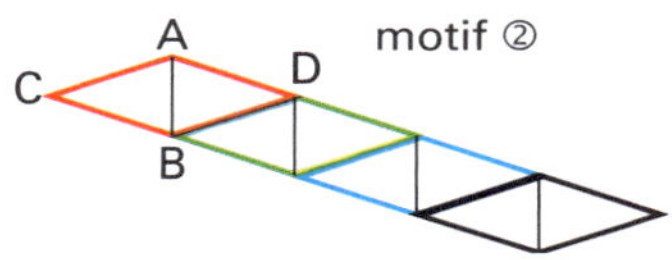

Remarque
La translation qui transforme A en D sera étudiée en seconde et notée « translation de vecteur $\overrightarrow{AD}$ ».

Exercice 6

1 Étude de la faisabilité du projet

Il s'agit de déterminer une mesure de l'angle $\widehat{ABP}$.

- **Justification d'égalité de longueurs**

Le quadrilatère BCDP étant un rectangle, on a :
FG = BC = PD = 0,15 m
BP = CD = 5 m

Vue de face

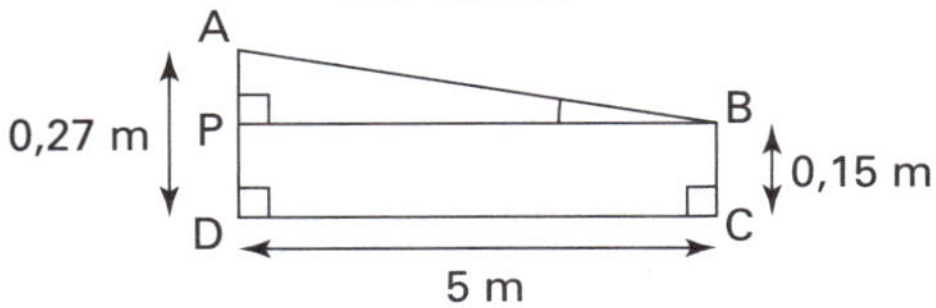

L'astuce du prof
Faites un croquis sur lequel vous reportez les longueurs connues.

- **Calcul de la longueur AP**

Le point P est situé sur le segment [AD], donc :
AP = AD – PD = 0,27 – 0,15
AP = 0,12 m

- **Calcul de la mesure de $\widehat{ABP}$**

Dans le triangle APB rectangle en P,

$$\tan \widehat{ABP} = \frac{\text{côté opposé à } \widehat{ABP}}{\text{côté adjacent à } \widehat{ABP}} = \frac{AP}{PB}$$

Gagnez des points !
Assurez-vous d'être dans un triangle rectangle pour utiliser la trigonométrie.

$\tan \widehat{ABP} = \dfrac{0{,}12}{5} = 0{,}024$

À la calculatrice, on déduit :

$\widehat{ABP} = \tan^{-1}(0{,}024)$

$\widehat{ABP} \simeq 1{,}37°$

Pensez-y !

Vérifiez que votre calculatrice est bien en mode degrés.

• En conclusion, l'angle $\widehat{ABP}$ est compris entre 1° et 1,5° : **le projet de Madame Martin vérifie la condition de bon écoulement des eaux de pluie.**

2 Calcul du montant de la facture

• **Volume *V* de béton nécessaire**

La quantité de béton nécessaire à la réalisation de la terrasse correspond au volume *V* d'un prisme droit de base ABCD et de hauteur CG.

V = aire de la base du prisme × hauteur du prisme (information 2)

$V = \mathcal{A}_{ABCD} \times CG$

On décompose le quadrilatère ABCD en un rectangle PBCD et un triangle APB :

$\mathcal{A}_{ABCD} = \mathcal{A}_{PBCD} + \mathcal{A}_{APB}$

$\mathcal{A}_{PBCD}$ = longueur × largeur = DC × BC = 5 × 0,15 = 0,75

$\mathcal{A}_{APB} = \dfrac{\text{base} \times \text{hauteur}}{2} = \dfrac{PB \times AP}{2} = \dfrac{5 \times 0{,}12}{2} = 0{,}3$

$\mathcal{A}_{ABCD} = 0{,}75 + 0{,}3 = 1{,}05 \text{ m}^2$

Autre méthode

Le quadrilatère ABCD est un trapèze d'aire :

$$\dfrac{(\text{petite base} + \text{grande base}) \times \text{hauteur}}{2}$$

$$\mathcal{A}_{ABCD} = \dfrac{(BC + AD) \times DC}{2} = \dfrac{(0{,}15 + 0{,}27) \times 5}{2} = 1{,}05 \text{ m}^2$$

On en déduit : $V = 1{,}05 \times 8 = 8{,}4 \text{ m}^3$.

8,4 m^3 de béton sont nécessaires pour la construction de la terrasse.

• **Prix du béton**

1 m^3 de béton coûte 95 € (information 3).

8,4 × 95 = 798.

Le béton est facturé 798 €.

• **Nombre de toupies de béton nécessaires**

La capacité maximale du camion-toupie est 6 m^3 (information 3).

Ayant besoin de 8,4 m^3 de béton, 2 toupies de béton seront nécessaires.

• **Distance parcourue par le camion-toupie**

L'entreprise facture les distances aller et retour parcourues par le camion-toupie (information 3).

L'entreprise se situe à 23 km du domicile de Madame Martin (information 1).

Sachant que le camion-toupie devra effectuer deux trajets, il parcourra :

$$(\underbrace{23 \times 2}_{\text{trajet aller-retour}}) \times \underbrace{2}_{\text{2 trajets}} = 92 \text{ km}$$

Gagnez des points !

Lisez attentivement l'énoncé, car il contient de nombreuses informations.

• **Frais de livraison**

1 km parcouru est facturé 5 € (information 3).

$92 \times 5 = 460$.

Les frais de livraison s'élèvent à 460 €.

• En conclusion, la facture de Madame Martin s'élève à :

prix du béton + frais de livraison

= 798 + 460 = **1 258 €**

Gagnez des points !

N'oubliez pas la conclusion.

Exercice 7

1 Développement et réduction

$A = 2x(x - 1) - 4(x - 1)$

$A = 2x \times x - 2x \times 1 - 4 \times x - 4 \times (-1)$

$A = 2x^2 - 2x - 4x + 4$

$\mathbf{A = 2x^2 - 6x + 4}$

Méthode

On applique la distributivité : $k(a - b) = ka - kb$.

2 Solution d'une équation

On calcule $(2x + 1) \times (x - 2)$ pour $x = -5$.

$(2 \times (-5) + 1) \times (-5 - 2)$

$= (-10 + 1) \times (-7) = (-9) \times (-7) = 63$

Le nombre –5 est donc solution de l'équation $(2x + 1) \times (x - 2) = 63$.

Méthode

Il suffit de remplacer x par –5 dans le produit et de vérifier si oui ou non on obtient 63.

3 a. Représentation graphique de la fonction *f*

Le **graphique B** représente la fonction *f*.

b. Justification

$f(x) = -3x + 1{,}5$.

f est une fonction affine représentée graphiquement par une droite dont l'ordonnée à l'origine est $f(0)$.

$f(0) = -3 \times 0 + 1{,}5 = 1{,}5$

La droite représentant *f* coupe donc l'axe vertical en 1,5 : c'est $\boldsymbol{d_2}$.

Remarques

• $f(1) = -3 \times 1 + 1{,}5 = -1{,}5$. La droite représentant *f* passe par le point de coordonnées (1 ; –1,5). d_1 et d_2 passent toutes deux par ce point. Aussi ce calcul ne permet-il pas de justifier notre choix.

• La droite d_1 représente la fonction $f(x) = 1{,}5x - 3$.

Autres méthodes

- **Avec le coefficient directeur de la droite**

On a $f(x) = -3x + 1{,}5$. La fonction f est représentée par une droite dont le coefficient directeur est -3. (C'est le « a » de $ax + b$.)

Pour d_1, on lit $a = 3$.

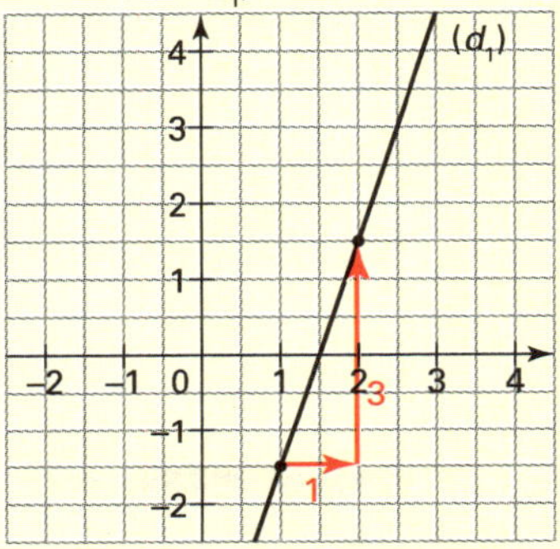

Pour d_2, on lit $a = -3$.

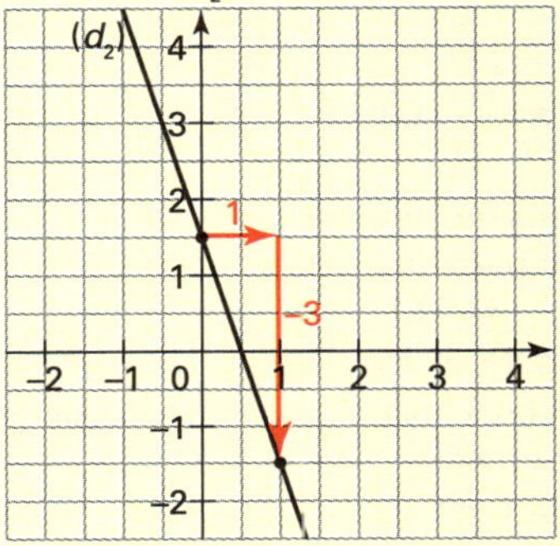

La fonction représentant f est donc d_2.

- **Avec un calcul d'image**

$f(x) = -3x + 1{,}5$.

Par exemple, on calcule $f(2) = -3 \times 2 + 1{,}5 = -4{,}5$. La droite représentant f passe donc par le point de coordonnées $(2 ; -4{,}5)$: c'est le cas pour d_2 ; mais pas pour d_1.

Exercice 8

- 9,7 Mo sont téléchargés sur un total de 115,2 Mo.

Restent à télécharger : $115{,}2 - 9{,}7 = 105{,}5$ Mo.

- La vitesse de téléchargement est de 1,3 Mo/s.

Le temps t de téléchargement de 105,5 Mo est donc de :

$$t = \frac{105{,}5}{1{,}3}$$

$t \approx 81$ s (temps arrondi à la seconde près)

- 81 s = 60 s + 21 s = 1 min 21 s.

Il faudra donc **moins d'une minute et vingt-cinq secondes** pour que le téléchargement se termine.

Gagnez des points !

Attention aux unités !

Autre méthode

1 min 25 s = (60 + 25) s = 85 s. En 85 s, on peut télécharger $85 \times 1{,}3 = 110{,}5$ Mo. Il reste 105,5 Mo à télécharger. $105{,}5 < 110{,}5$: le temps proposé est donc suffisant pour télécharger le reste des données.

Sujet 3 Pondichéry, mai 2018

100 pts 2 heures

MATHÉMATIQUES

Exercice 1

15 min **13 pts**

On considère un jeu composé d'un plateau tournant et d'une boule. Représenté ci-contre, ce plateau comporte 13 cases numérotées de 0 à 12.
On lance la boule sur le plateau. La boule finit par s'arrêter au hasard sur une case numérotée.
La boule a la même probabilité de s'arrêter sur chaque case.

1 Quelle est la probabilité que la boule s'arrête sur la case numérotée 8 ? 2 pts

2 Quelle est la probabilité que le numéro de la case sur laquelle la boule s'arrête soit un nombre impair ? 3 pts

3 Quelle est la probabilité que le numéro de la case sur laquelle la boule s'arrête soit un nombre premier ? 4 pts

4 Lors des deux derniers lancers, la boule s'est arrêtée à chaque fois sur la case numérotée 9. A-t-on maintenant plus de chances que la boule s'arrête sur la case numérotée 9 plutôt que sur la case numérotée 7 ? Argumenter à l'aide d'un calcul de probabilités. 4 pts

Exercice 2

15 min **9 pts**

Le pavage représenté sur la figure 1 ci-après est réalisé à partir d'un motif appelé pied-de-coq qui est présent sur de nombreux tissus utilisés pour la fabrication de vêtements.
Le motif pied-de-coq est représenté par le polygone ci-après (figure 2) qui peut être réalisé à l'aide d'un quadrillage régulier.

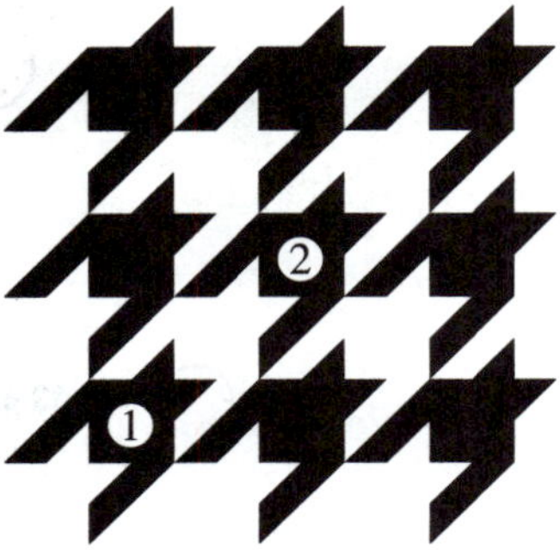

Figure 1

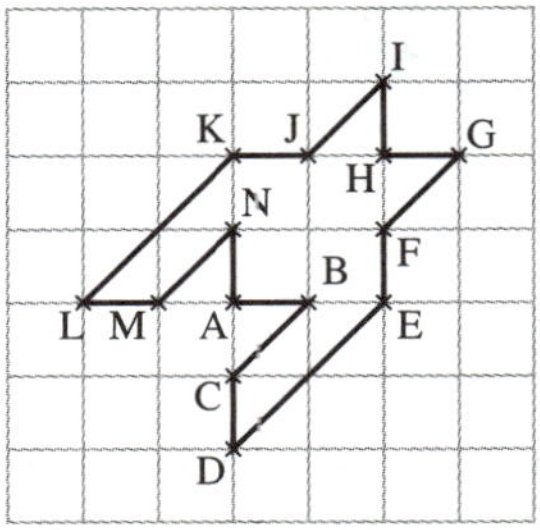

Figure 2

1 Sur la figure 1, quel type de transformation géométrique permet d'obtenir le motif 2 à partir du motif 1 ? **2 pts**

2 Dans cette question, on considère que : AB = 1 cm (figure 2).
Déterminer l'aire d'un motif pied-de-coq. **4 pts**

3 Marie affirme « si je divise par 2 les longueurs d'un motif, son aire sera aussi divisée par 2 ».
A-t-elle raison ? Expliquer pourquoi. **3 pts**

Exercice 3

10 min **9 pts**

Cet exercice est un QCM (questionnaire à choix multiples). Pour chacune des questions, quatre réponses sont proposées et une seule est exacte. Une réponse fausse ou absente n'enlève pas de point.

Pour chacune des trois questions, sélectionner la bonne réponse.

3 pts par question

	1	**2**	**3**
	$2{,}53 \times 10^{15} =$	La latitude de l'équateur est :	$\dfrac{\dfrac{2}{3}+\dfrac{5}{6}}{7} =$
Réponse A	2,530 000 000 000 000 00	0°	$\dfrac{3}{14}$
Réponse B	2 530 000 000 000 000	90° Est	$\dfrac{1}{9}$
Réponse C	253 000 000 000 000 000	90° Nord	0,214 285 714
Réponse D	37,95	90° Sud	0,111 111 111

Exercice 4

25 min **18 pts**

Programme A	**Programme B**
• Choisir un nombre • Soustraire 3 • Calculer le carré du résultat obtenu	• Choisir un nombre • Calculer le carré de ce nombre • Ajouter le triple du nombre de départ • Ajouter 7

1 Corinne choisit le nombre 1 et applique le programme A. Expliquer en détaillant les calculs que le résultat du programme de calcul est 4. **2 pts**

2 Tidjane choisit le nombre – 5 et applique le programme B. Quel résultat obtient-il ? **2 pts**

3 Lina souhaite regrouper le résultat de chaque programme à l'aide d'un tableur. Elle crée la feuille de calcul ci-dessous. Quelle formule, copiée ensuite à droite dans les cellules C3 à H3, a-t-elle saisie dans la cellule B3 ? **3 pts**

B2 =(B1-3)^2

	A	B	C	D	E	F	G	H
1	Nombre de départ	-3	-2	-1	0	1	2	3
2	Résultat du programme A	36	25	16	9	4	1	0
3	Résultat du programme B	7	5	5	7	11	17	25

4 Zoé cherche à trouver un nombre de départ pour lequel les deux programmes de calcul donnent le même résultat. Pour cela, elle appelle x le nombre choisi au départ et exprime le résultat de chaque programme de calcul en fonction de x.

a. Montrer que le résultat du programme A en fonction de x peut s'écrire sous forme développée et réduite : $x^2 - 6x + 9$. **4 pts**

b. Écrire le résultat du programme B en fonction de x. **2 pts**

c. Existe-t-il un nombre de départ pour lequel les deux programmes donnent le même résultat ? Si oui, lequel ? **5 pts**

Exercice 5

25 min **20 pts**

Dans tout l'exercice, l'unité de longueur est le mm.

On lance une fléchette sur une plaque carrée sur laquelle figure une cible circulaire (en gris sur la figure ci-après). Si la pointe de la fléchette est sur le bord de la cible, on considère que la cible n'est pas atteinte.

On considère que cette expérience est aléatoire et l'on s'intéresse à la probabilité que la fléchette atteigne la cible.

- La longueur du côté de la plaque carrée est 200.
- Le rayon de la cible est 100.
- La fléchette est représentée par le point F de coordonnées (x ; y) où x et y sont des nombres aléatoires compris entre – 100 et 100.

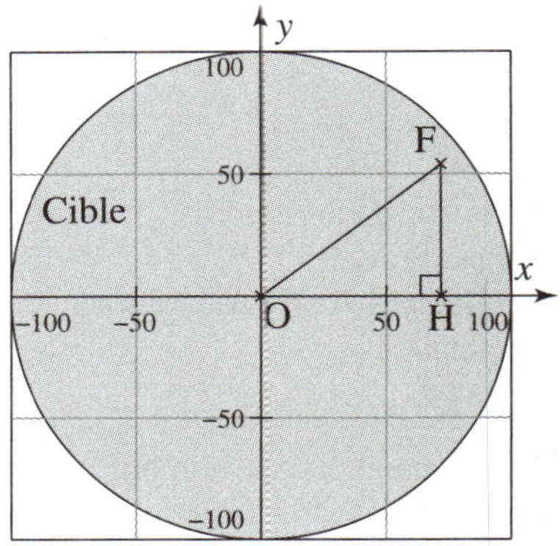

1 Dans l'exemple ci-dessus, la fléchette F est située au point de coordonnées (72 ; 54). **4 pts**
Montrer que la distance OF, entre la fléchette et l'origine du repère, est 90.

2 D'une façon générale, quel nombre ne doit pas dépasser la distance OF pour que la fléchette atteigne la cible ? **2 pts**

3 On réalise un programme qui simule plusieurs fois le lancer de cette fléchette sur la plaque carrée et qui compte le nombre de lancers atteignant la cible. Le programmeur a créé trois variables nommées **carré de OF**, **distance** et **score.**

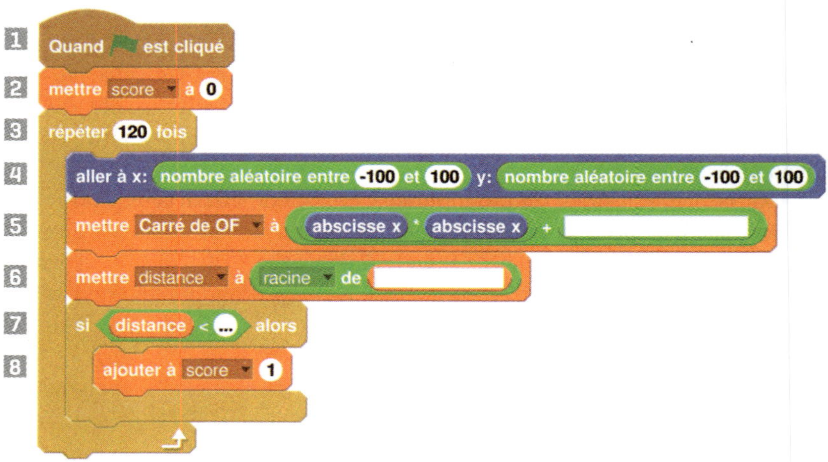

a. Lorsqu'on exécute ce programme, combien de lancers sont simulés ? **1 pt**

b. Quel est le rôle de la variable **score** ? **1 pt**

c. Compléter uniquement les lignes 5, 6 et 7 du programme afin qu'il fonctionne correctement. **6 pts**

d. Après une exécution du programme, la variable **score** est égale à 102. À quelle fréquence la cible a-t-elle été atteinte dans cette simulation ? Exprimer le résultat sous la forme d'une fraction irréductible. **2 pts**

4 On admet que la probabilité d'atteindre la cible est égale au quotient : aire de la cible divisée par aire de la plaque carrée. Donner une valeur approchée de cette probabilité au centième près. **4 pts**

Exercice 6

15 min **15 pts**

Chris fait une course à vélo tout terrain (VTT). Le graphique ci-dessous représente sa fréquence cardiaque (en battements par minute) en fonction du temps lors de la course.

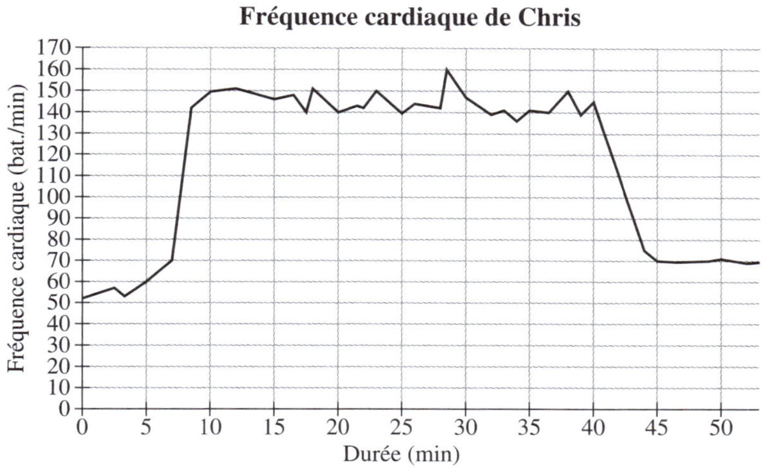

1 Quelle est la fréquence cardiaque de Chris au départ de sa course ? **1 pt**

2 Quel est le maximum de la fréquence cardiaque atteinte par Chris au cours de sa course ? **2 pts**

3 Chris est parti à 9 h 33 de chez lui et termine sa course à 10 h 26. Quelle a été la durée, en minutes, de sa course ? **2 pts**

4 Chris a parcouru 11 km lors de cette course. Montrer que sa vitesse moyenne est d'environ 12,5 km/h. **4 pts**

5 On appelle FCM (fréquence cardiaque maximale) la fréquence maximale que peut supporter l'organisme. Celle de Chris est FCM = 190 battements par minute. En effectuant des recherches sur des sites internet spécialisés, il a trouvé le tableau ci-après.

Effort	Léger	Soutenu	Tempo	Seuil anaérobie
Fréquence cardiaque mesurée	Inférieur à 70 % de la FCM	70 à 85 % de la FCM	85 à 92 % de la FCM	92 à 97 % de la FCM

Estimer la durée de la période pendant laquelle Chris a fourni un effort soutenu au cours de sa course. **6 pts**

Exercice 7

15 min **16 pts**

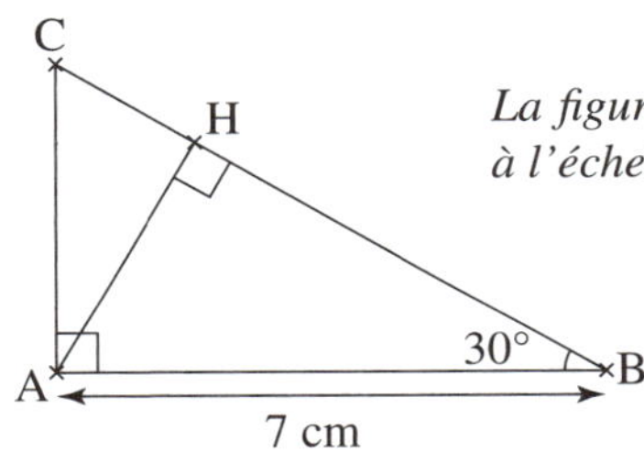

La figure ci-contre n'est pas à l'échelle.

On considère ci-dessus un triangle ABC rectangle en A tel que $\widehat{ABC} = 30°$ et AB = 7 cm. H est le pied de la hauteur issue de A.

1 Tracer la figure en vraie grandeur. Laisser les traits de construction apparents. **3 pts**

2 Démontrer que AH = 3,5 cm. **5 pts**

3 Démontrer que les triangles ABC et HAC sont semblables. **4 pts**

4 Déterminer le coefficient de réduction permettant de passer du triangle ABC au triangle HAC. **4 pts**

Sujet 3 Corrigé

Les clés pour réussir

Exercice 1

Révisez **Les probabilités**

Les difficultés du sujet

1 et **2** En situation d'équiprobabilité, une probabilité p se calcule avec la formule :

$$p = \frac{\text{nombre d'issues favorables}}{\text{nombre total d'issues}}$$

3 Un nombre premier est un nombre qui admet uniquement deux diviseurs distincts : 1 et lui-même.

4 • Dire que l'on a plus de chances que la boule s'arrête sur la case 9 plutôt que sur la case 7, c'est dire que la probabilité d'obtenir la case 9 est plus grande que celle d'obtenir la case 7.
• N'oubliez pas qu'à chaque lancer, la boule a la même probabilité de s'arrêter sur chaque case.

Exercice 2

Révisez **Les transformations**

• Dans un agrandissement ou une réduction, si les longueurs sont multipliées par k, les aires sont multipliées par k^2.
• L'aire d'un carré de côté c cm est c^2 cm^2.

Les difficultés du sujet

1 Le motif a simplement subi un glissement. Cette transformation porte un nom...

2 Comptez les carrés entiers et les demi-carrés.

3 C'est une réduction. Que se passe-t-il dans ce cas pour les aires ? Essayez sur un exemple simple, comme un carré : calculez l'aire d'un carré de côté 6 cm, puis celle d'un carré de côté 3 cm.

Exercice 3

Révisez **Le calcul numérique**

Les difficultés du sujet

3 Calculez d'abord la somme $\frac{2}{3} + \frac{5}{6}$ en écrivant les fractions au même dénominateur. Divisez ensuite le résultat par 7, c'est-à-dire multipliez-le par $\frac{1}{7}$.

Exercice 4

Révisez **Le calcul numérique et littéral**

Les difficultés du sujet

3 Dans la barre de saisie (en haut), il y a la formule pour le résultat du programme A (en B2). Prenez exemple...

4 **a.** Écrivez les différentes étapes en choisissant le nombre x comme nombre de départ. Vous obtenez un produit qu'il faut développer.
c. La réponse est donnée par la solution de l'équation :

Résultat du programme A = Résultat du programme B

Exercice 5

Révisez Les algorithmes et la programmation

- Si ABC est rectangle en A, d'après le théorème de Pythagore :

$$AB^2 + AC^2 = BC^2$$

- Fréquence d'une valeur = $\dfrac{\text{effectif de la valeur}}{\text{effectif total}}$.
- Aire d'un disque = $\pi \times \text{rayon}^2$.

Les difficultés du sujet

1 Le triangle OHF est rectangle et on connaît deux longueurs grâce aux coordonnées du point F.

3 Décomposez le programme de calcul. Vous ne pourrez répondre aux questions que si vous avez bien compris son fonctionnement et son intérêt. En particulier, identifiez le rôle de chacune des trois variables utilisées. Les premières questions peuvent vous aider.

4 Déterminez l'aire de la cible (c'est un disque) avec la formule ci-dessus, et l'aire de la plaque (c'est un carré), puis calculez le quotient.

Exercice 6

Révisez Le calcul numérique, les grandeurs composées et les pourcentages

- Vitesse (en km/h) = $\dfrac{\text{distance (en km)}}{\text{temps (en h)}}$
- Pour calculer t % d'une quantité q, on calcule le produit $\dfrac{t}{100} \times q$.

Les difficultés du sujet

1 et **2** Vous devez effectuer des lectures graphiques.
On obtient alors des valeurs approchées des valeurs demandées.

4 • Utilisez la formule ci-dessus. Faites attention aux unités.
• Commencez par calculer le nombre de kilomètres parcourus en une minute, puis transformez en km/h...

5 Calculez d'abord 70 % et 85 % de la FCM, puis lisez graphiquement pour quelles durées ces fréquences cardiaques sont atteintes.

Exercice 7

Révisez La géométrie plane

- $\cos\hat{B} = \dfrac{\text{côté adjacent à } \hat{B}}{\text{hypoténuse}} = \dfrac{AB}{BC}$
- $\sin\hat{B} = \dfrac{\text{côté opposé à } \hat{B}}{\text{hypoténuse}} = \dfrac{AC}{BC}$

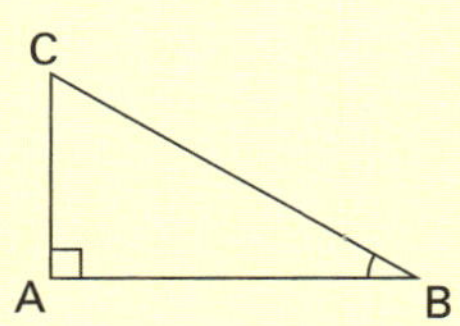

- $\tan\hat{B} = \dfrac{\text{côté opposé à } \hat{B}}{\text{côté adjacent à } \hat{B}} = \dfrac{AC}{AB}$
- Deux triangles sont semblables s'ils ont les mêmes angles.

Les difficultés du sujet

2 Citez le triangle dans lequel vous allez utiliser la trigonométrie.

3 Expliquez pourquoi ces deux triangles ont des angles de même mesure.

4 Vous trouverez ce coefficient de réduction (nombre compris entre 0 et 1) en effectuant un quotient.

Exercice 1

1 Probabilité que la boule s'arrête sur le 8

La boule a la même probabilité de s'arrêter sur chaque case. Ainsi, la probabilité que la boule s'arrête sur la case numérotée 8 est :

$$p_1 = \frac{\text{nombre de cases numérotées 8}}{\text{nombre total de cases}}$$

$$p_1 = \frac{1}{13}$$

Remarque

On parle de situation d'équiprobabilité.

La probabilité que la boule s'arrête sur le numéro 8 est $\frac{1}{13}$.

2 Probabilité que la boule s'arrête sur un numéro impair

$$p_2 = \frac{\text{nombre de cases avec un numéro impair}}{\text{nombre total de cases}}$$

Les numéros impairs sont : 1 ; 3 ; 5 ; 7 ; 9 et 11.
Il y a donc 6 cases avec un numéro impair.
Ainsi, $p_2 = \frac{6}{13}$.

La probabilité que la boule s'arrête sur un numéro impair est $\frac{6}{13}$.

3 Probabilité que la boule s'arrête sur un nombre premier

$$p_3 = \frac{\text{nombre de cases avec un nombre premier}}{\text{nombre total de cases}}$$

Les nombres premiers sont : 2 ; 3 ; 5 ; 7 et 11.
Il y a 5 cases avec un nombre premier.

Ainsi, $p_3 = \frac{5}{13}$.

Pensez-y !

1 n'est pas un nombre premier, car il n'a qu'un seul diviseur : lui-même.

La probabilité que la boule s'arrête sur un nombre premier est $\frac{5}{13}$.

4 Comparaison de probabilités

À chaque lancer, la probabilité d'obtenir le 9 est $\frac{1}{13}$ et la probabilité d'obtenir le 7 est également $\frac{1}{13}$.

La probabilité que la boule s'arrête sur la case 9 est égale à la probabilité que la boule s'arrête sur la case 7.

Remarque

Le fait que la boule s'est arrêtée 2 fois auparavant sur la case 9 ne change rien. Les lancers sont indépendants.

Exercice 2

1 Transformation géométrique

La figure ② est obtenue par glissement de la figure ①.

Il s'agit donc d'une translation qui permet d'obtenir le motif ② à partir du motif ①.

Remarque

Ce glissement est un déplacement caractérisé par un sens, une direction, une longueur.

2 Aire du motif

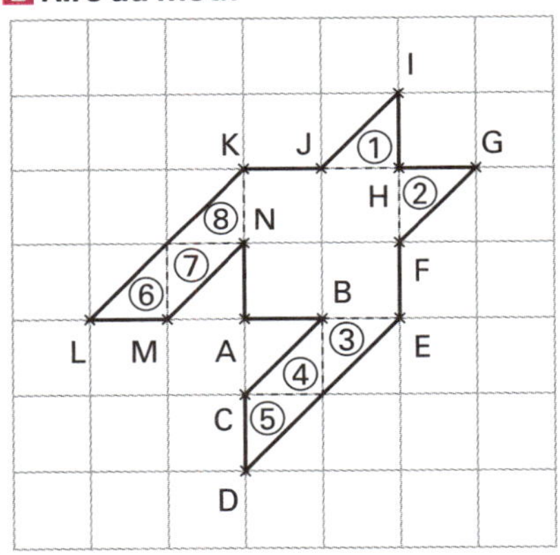

Le motif pied-de-coq est composé d'un carré (AEHK) et de 8 triangles rectangles isocèles (numérotés de 1 à 8 sur la figure) identiques.

- Le carré AEHK a une surface de 4 cm^2.
- Un triangle rectangle isocèle (comme HGF) a une surface de 0,5 cm^2 (la moitié de la surface d'un carré de 1 cm de côté).
- $4 + 8 \times 0,5 = 8$.

L'aire d'un motif pied-de-coq est 8 cm^2.

Remarque

AEHK est constitué de 4 carrés de 1 cm de côté.

3 Aire d'un motif dont on divise les longueurs par 2

Lorsque les longueurs d'une figure géométrique sont multipliées par k, la surface est multipliée par k^2.

Diviser par 2 revient à multiplier par $k = \frac{1}{2}$.

$$k^2 = \left(\frac{1}{2}\right)^2 = \frac{1}{2} \times \frac{1}{2} = \frac{1}{4}$$

Par conséquent, la surface est multipliée par $\frac{1}{4}$.

Multiplier par $\frac{1}{4}$ revient à diviser par 4, donc l'aire du motif sera divisée par 4.

Marie a donc tort.

Remarque

Retrouvez ce résultat à partir d'un exemple simple.
Un carré de 6 cm de côté a une aire de 36 cm^2.
Un carré de 3 cm de côté (donc en divisant par 2) a une aire de 9 cm^2.
On a $36 \div 4 = 9$.
Donc l'aire a bien été divisée par 4.

Exercice 3

1 Écriture scientifique d'un nombre

$$2{,}53 \times 10^{15} = 2\underbrace{530\,000\,000\,000\,000}_{15 \text{ chiffres}}$$

Remarque

On décale la virgule de 15 « crans » vers la droite.

Réponse B

2 Latitude de l'équateur

La latitude du point M est la mesure en degrés de l'angle $\widehat{MOL}$ suivie de l'indication Nord ou Sud.

La latitude de l'équateur est 0°.

Réponse A

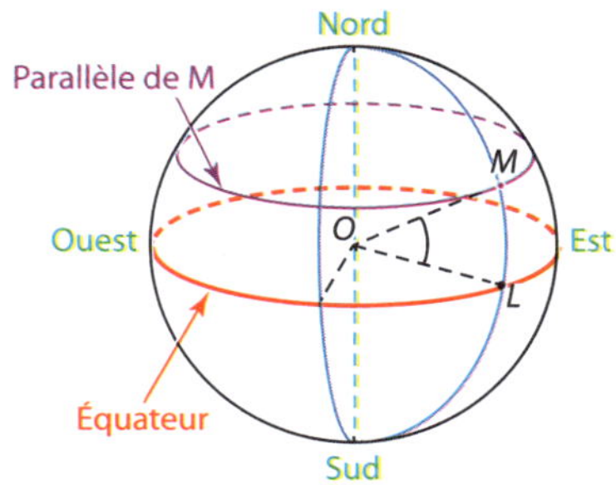

3 Calcul fractionnaire

$$\frac{\frac{2}{3}+\frac{5}{6}}{7} = \frac{\frac{4}{6}+\frac{5}{6}}{7}$$

$$= \frac{\frac{9}{6}}{7}$$

On simplifie $\frac{9}{6}$ par 3

$$= \frac{\frac{3}{2}}{7}$$

Diviser par 7 revient à multiplier par $\frac{1}{7}$

$$= \frac{3}{2} \times \frac{1}{7}$$

$$= \frac{3}{14}$$

Réponse A

Pensez-y !

Attention, la réponse 0,111 111 111 est une valeur approchée du résultat.

Exercice 4

1 Résultat du programme A avec le nombre 1

- Choisir un nombre : 1.
- Soustraire 3 : $1 - 3 = -2$.
- Calculer le carré du résultat obtenu : $(-2)^2 = 4$.

Le résultat obtenu en prenant 1 comme nombre de départ est 4.

2 Résultat du programme B avec le nombre – 5

- Choisir un nombre : – 5.
- Calculer le carré de ce nombre : $(-5)^2 = 25$.
- Ajouter le triple du nombre de départ : $25 + 3 \times (-5) = 25 - 15 = 10$.
- Ajouter 7 : $10 + 7 = 17$.

Le résultat obtenu en prenant – 5 comme nombre de départ est 17.

3 Formule dans la cellule B3

- On commence par élever au carré le nombre inscrit dans la cellule B1, soit `= B1 ^ 2` ou `= B1 * B1`.
- On ajoute le triple du nombre de départ : `= B1 ^ 2 + 3 * B1`
- On ajoute 7 : `= B1 ^ 2 + 3 * B1 + 7`

Ainsi, dans la cellule B3, Lina a saisi :

`= B1 ^ 2 + 3 * B1 + 7`

Pensez-y !
N'oubliez pas le signe = devant la formule.

4 a. Résultat du programme A avec le nombre x

- Choisir un nombre : x.
- Soustraire 3 : $x - 3$.
- Calculer le carré du résultat obtenu : $(x-3)^2$.

Le résultat du programme A en ayant choisi x comme nombre de départ est $(x-3)^2$.

On développe $(x-3)^2$:

$$\begin{aligned}(x-3)^2 &= (x-3)(x-3)\\ &= x^2 - 3x - 3x + 9\\ &= x^2 - 6x + 9\end{aligned}$$

Le résultat du programme A sous forme développée est $x^2 - 6x + 9$.

Autre méthode

Pour développer $(x - 3)^2$, on peut aussi utiliser l'égalité remarquable $(a+b)^2 = a^2 + 2ab + b^2$ avec $a = x$ et $b = 3$:

$$(x+3)^2 = x^2 + 2 \times x \times 3 + 3^2 = x^2 + 6x + 9$$

b. Résultat du programme B avec le nombre x

- Choisir un nombre : x.
- Calculer le carré de ce nombre : x^2.
- Ajouter le triple du nombre de départ : $x^2 + 3x$.
- Ajouter 7 : $x^2 + 3x + 7$.

Avec le programme B, le résultat en fonction de x est $x^2 + 3x + 7$.

c. Détermination d'un nombre donnant le même résultat

On cherche x tel que : $\underbrace{x^2 + 6x + 9}_{\text{Résultat avec le programme A}} = \underbrace{x^2 + 3x + 7}_{\text{Résultat avec le programme B}}$

$$x^2 - 6x + 9 = x^2 + 3x + 7$$

On retranche x^2

$$\cancel{x^2} - \cancel{x^2} - 6x + 9 = \cancel{x^2} - \cancel{x^2} + 3x + 7$$

$$-6x + 9 = 3x + 7$$

On retranche $3x$

$$-6x - 3x + 9 = \cancel{3x} - \cancel{3x} + 7$$

$$-9x + 9 = 7$$

On retranche 9

$$-9x + \cancel{9} - \cancel{9} = 7 - 9$$

$$-9x = -2$$

On divise par -9

$$\frac{-\cancel{9}x}{-\cancel{9}} = \frac{-2}{-9}$$

$$x = \frac{2}{9}$$

En choisissant $\frac{2}{9}$ comme nombre de départ, on obtient le même résultat avec les programmes A et B.

Vérification

On choisit $\frac{2}{9}$ comme nombre de départ.

- Avec le programme A, on obtient successivement :

$\frac{2}{9}$

$\frac{2}{9} - 3 = \frac{2}{9} - \frac{27}{9} = -\frac{25}{9}$

$\left(\frac{-25}{9}\right)^2 = \frac{625}{81}$

- Avec le programme B, on obtient successivement :

$\frac{2}{9}$

$\left(\frac{2}{9}\right)^2 = \frac{4}{81}$

$\frac{4}{81} + 3 \times \frac{2}{9} = \frac{4}{81} + \frac{6}{9} = \frac{4}{81} + \frac{54}{81} = \frac{58}{81}$

$\frac{58}{81} + 7 = \frac{58}{81} + \frac{567}{81} = \frac{625}{81}$

- Les deux programmes donnent bien le même résultat.

Exercice 5

1 Distance OF

Dans le triangle OHF rectangle en H :

$OH^2 + FH^2 = OF^2$

$72^2 + 54^2 = OF^2$

$OF^2 = 8\ 100$

$OF = \sqrt{8100}$

$OF = 90$.

La distance OF est 90 mm.

> **Remarque**
> La donnée des coordonnées du point F permet d'avoir les longueurs OH (abscisse de F) et FH (ordonnée de F).

2 Distance OF maximale

Pour que la fléchette atteigne la cible, il faut que la distance OF ne dépasse pas le rayon de la cible, c'est-à-dire **100 mm.**

3 a. Nombre de lancers simulés

Le nombre de lancers simulés est donné par l'instruction `répéter 120 fois`.

120 lancers sont donc simulés lorsqu'on exécute ce programme.

b. Rôle de la variable score

La variable score permet de compter le nombre de fois où la distance est inférieure à 100. Elle contient donc le **nombre de fois où la cible est atteinte sur les 120 lancers simulés.**

c. Programme complété

Le programme se décompose de la façon suivante :

Répéter 120 fois :

- placer aléatoirement un point de coordonnées $(x\ ;\ y)$ avec $-100 \leq x \leq 100$ et $-100 \leq y \leq 100$ (c'est le point F) ;
- calculer carré de $OF = x^2 + y^2$;

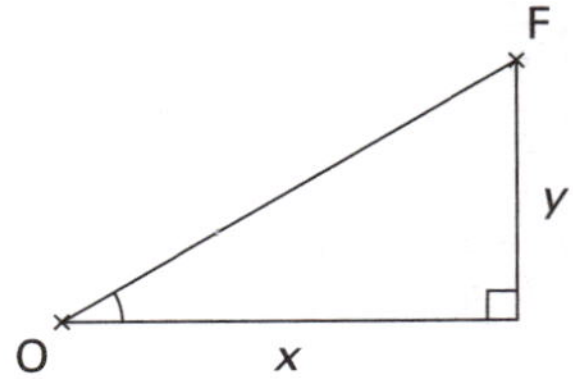

- calculer distance = $\sqrt{x^2 + y^2}$ (c'est la distance OF) ;
- si distance < 100 (si OF < 100, la fléchette atteint la cible), ajouter 1 à la variable SCORE (à chaque fois que la fléchette atteint la cible, la variable score augmente de 1).

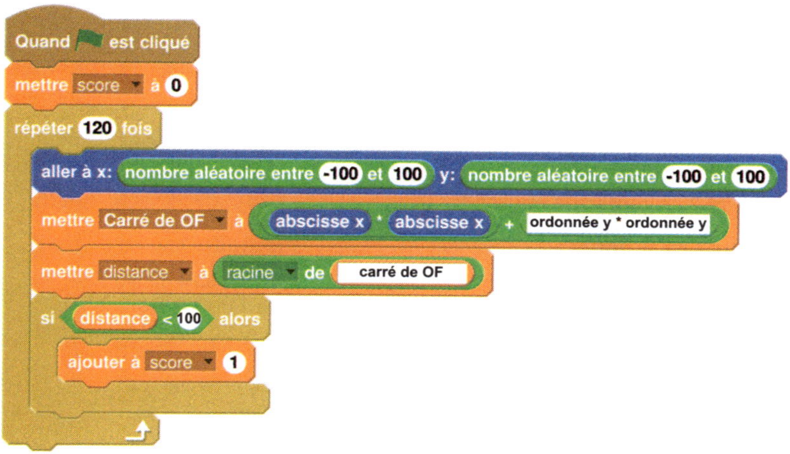

d. Calcul d'une fréquence

La variable score est égale à 102. Cela signifie que la cible a été atteinte 102 fois sur les 120 lancers.

Ainsi, la cible a été atteinte avec une fréquence égale à $\frac{102}{120}$.

$$\frac{102}{120} = \frac{\cancel{2} \times 51}{\cancel{2} \times 60} = \frac{51}{60} = \frac{\cancel{3} \times 17}{\cancel{3} \times 20} = \frac{17}{20}$$

La fréquence sous forme de fraction irréductible est $\frac{17}{20}$.

Méthode

Vous pouvez aussi décomposer 102 et 120 en produits de facteurs premiers : $102 = 2 \times 3 \times 17$ et $120 = 2 \times 3 \times 20$, puis simplifier.

4 Probabilité d'atteindre la cible

Aire de la cible : $\pi \times R^2 = \pi \times 100^2 = 10\,000\,\pi$

Aire de la plaque carrée : $200 \times 200 = 40\,000$

La probabilité d'atteindre la cible est : $\frac{10\,000\pi}{40\,000} = \frac{\pi}{4} \approx 0,79$

La probabilité d'atteindre la cible est d'environ 0,79.

Exercice 6

1 Fréquence cardiaque au départ de la course

Au début de la course, la **fréquence cardiaque de Chris est environ de 52 battements par minute** (voir graphique).

Méthode
On lit sur le graphique la fréquence cardiaque pour la durée de 0 min.

2 Maximum de la fréquence cardiaque

La fréquence maximale est environ **160 battements par minute** (voir graphique).
(Cette fréquence maximale est atteinte au bout de 28 minutes de course.)

Méthode
On lit l'ordonnée du point le plus haut sur la courbe.

3 Durée de la course

10 h 26 – 9 h 33 = 53 minutes
La course a duré 53 minutes.

Méthode
De 9 h 33 à 10 h 33, il y a 1 heure. Donc pour 10 h 26, il y a 7 minutes de moins, soit 53 minutes.

4 Vitesse moyenne

$v = \frac{d}{t}$

$v = \frac{11}{53}$ $\begin{matrix} \to \text{en km} \\ \to \text{en min} \end{matrix}$

$v \approx 0{,}208$

La vitesse moyenne de Chris est environ 0,208 km/min.
$0{,}208 \times 60 \approx 12{,}5$
La vitesse moyenne est donc d'environ 12,5 km/h.

Pensez-y !
Faites attention aux unités.

Remarque
Dans une heure, il y a 60 minutes.
0,208 km en 1 min, c'est 0,208 × 60 km en 1 heure.

Autre méthode

$53 \text{ min} = \frac{53}{60} \text{ h}$

$v = \frac{11}{\frac{53}{60}} \approx 12{,}5 \text{ km/h}.$

5 Durée de l'effort soutenu

70 % de 190 = 0,7 × 190 = 133
85 % de 190 = 0,85 × 190 = 161,5
L'effort est soutenu lorsque la fréquence cardiaque se situe entre 133 et 162 battements par minute.

Graphiquement, c'est entre 8 minutes et 41 minutes que la fréquence cardiaque se situe entre 133 et 162 battements par minute.

41 – 8 = 33.

Pendant 33 minutes, Chris a fourni un effort soutenu.

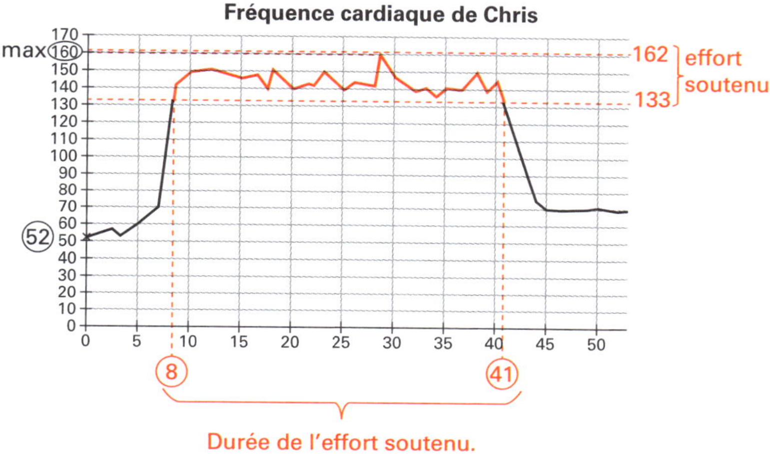

Exercice 7

1 Construction de la figure

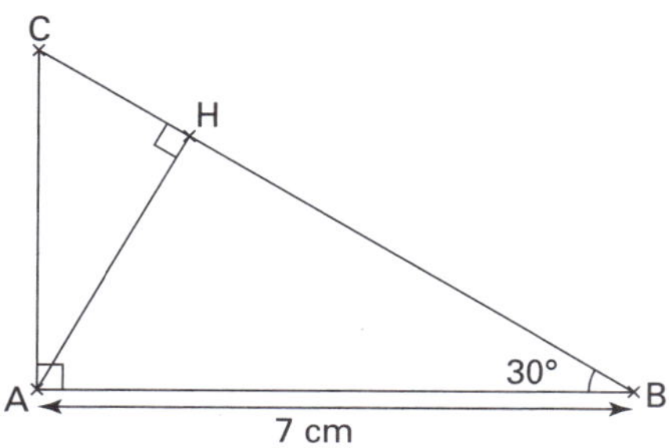

Programme de construction :

- Tracer un segment [AB] de 7 cm.
- À l'aide du rapporteur, tracer l'angle de 30°.
- En utilisant l'équerre, tracer la perpendiculaire à (AB) passant par A.
- Placer le point C puis toujours avec l'équerre, tracer la perpendiculaire à (BC) passant par A.
- Placer le point H.

2 Calcul de la longueur AH

Dans le triangle ABH rectangle en H :

$$\sin\widehat{B} = \frac{\text{côté opposé à } \widehat{B}}{\text{hypoténuse}}$$

$\sin 30° = \frac{AH}{7}$

Produit en croix

$AH = 7 \times \sin 30°$

$AH = 3{,}5$

On trouve bien le résultat annoncé : AH = 3,5 cm.

Remarque

Dans ce triangle, on connaît l'angle et l'hypoténuse, et on cherche le côté opposé. C'est donc le sinus qu'il faut choisir.

3 Triangles semblables

ABC et HAC ont l'angle $\widehat{C}$ en commun.

De plus, ces deux triangles sont rectangles. Ainsi, deux angles du triangle ABC sont égaux à deux angles du triangle HAC.

On en déduit que **les triangles ABC et HAC sont semblables.**

Pensez-y !

Si deux angles de l'un sont égaux à deux angles de l'autre, alors les troisièmes angles sont forcément égaux.

Remarque

Dans ABC, $\widehat{A} = 90°$, $\widehat{B} = 30°$ et $\widehat{C} = 60°$.
Dans AHC, $\widehat{A} = 30°$, $\widehat{H} = 90°$ et $\widehat{C} = 60°$.
Les triangles ABC et AHC ont leurs angles deux à deux égaux.

4 Coefficient de réduction

Le côté [AH] dans le triangle HAC et le côté [AB] dans le triangle ABC sont tous les deux les côtés adjacents de l'angle de 30°. Ils sont donc correspondants.

Le coefficient de réduction pour passer du triangle ABC au triangle HAC est donné par le quotient $\frac{AH}{AB} = \frac{3{,}5}{7} = 0{,}5$.

Le coefficient de réduction est donc 0,5.

Rappel

Si deux triangles sont semblables, alors l'un est une réduction de l'autre.

Remarque

Cela signifie que les longueurs du triangle HAC sont deux fois plus petites que celles du triangle ABC.

Sujet 4 Asie, juin 2017

100 pts — 2 heures

Exercice 1

10 min **8 pts**

Aux États-Unis, la température se mesure en degrés Fahrenheit (en °F). En France, elle se mesure en degrés Celsius (en °C).

Pour faire les conversions d'une unité à l'autre, on a utilisé un tableur.

Voici une copie de l'écran obtenu dessous.

	A	B
1	**Conversions**	
2	Températures en °C	Températures en °F
3	-5	23
4	0	32
5	5	41
6	10	50
7	15	59
8	20	68
9	25	77

1 Quelle température en °F correspond à une température de 20 °C ? 2 pts

2 Quelle température en °C correspond à une température de 41 °F ? 2 pts

3 Pour convertir la température de °C en °F, il faut multiplier la température en °C par 1,8 puis ajouter 32.
On a écrit une formule en B3, puis on l'a recopiée vers le bas.
Quelle formule a-t-on pu saisir dans la cellule B3 ? 4 pts

Exercice 2 — 10 min — **11 pts**

Dans une classe de 24 élèves, il y a 16 filles.

1 L'un des deux diagrammes ci-dessous peut-il représenter correctement la répartition des élèves de cette classe ? **6 pts**

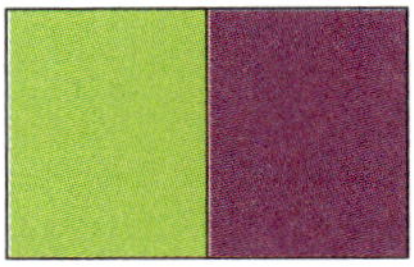

Diagramme 1

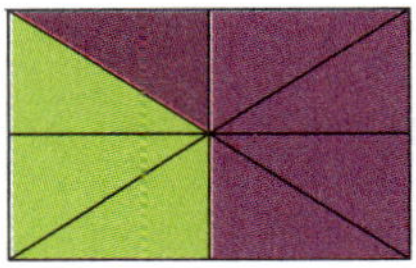

Diagramme 2

2 On a représenté la répartition des élèves de cette classe par un diagramme circulaire.
Écrire le calcul permettant de déterminer la mesure de l'angle du secteur qui représente les garçons. **5 pts**

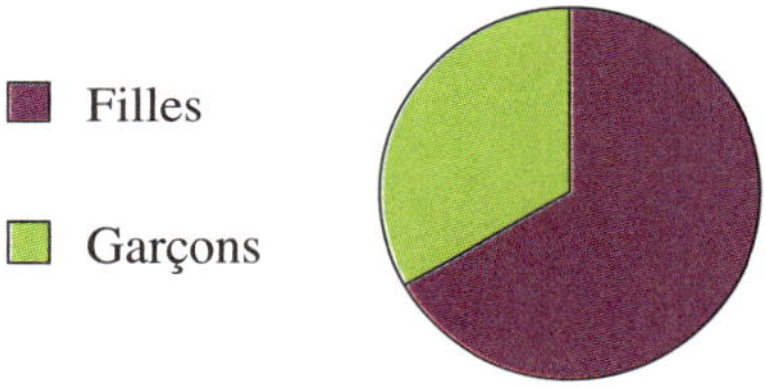

Exercice 3 — 20 min — **15 pts**

On considère la figure ci-dessous qui n'est pas représentée en vraie grandeur.
Les points A, B et E sont alignés, ainsi que les points C, B et D.

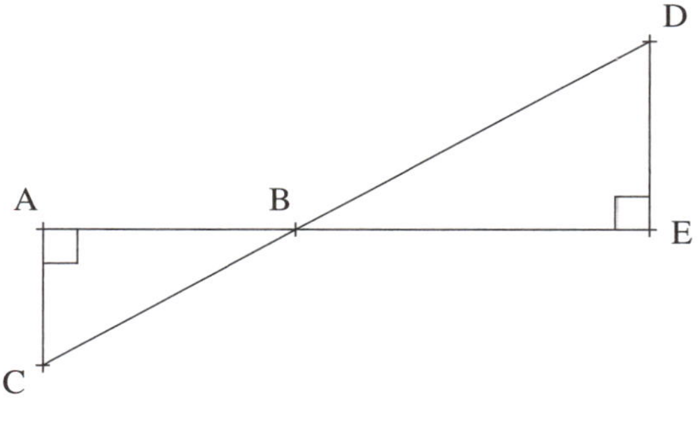

1 Dans chacun des cas suivants, indiquer la réponse qui correspond à la longueur du segment [AB] parmi les réponses proposées.
Aucune justification n'est attendue. **9 pts**

	Données	Réponse A	Réponse B	Réponse C
a. Cas 1	AC = 51 cm CB = 85 cm DE = 64 cm	68 cm	99,1 cm	67,7 cm
b. Cas 2	$\widehat{ACB} = 62°$ CB = 9 cm BE = 5 cm	Environ 10,2 cm	Environ 4,2 cm	Environ 7,9 cm
c. Cas 3	AC = 8 cm BE = 7 cm DE = 5 cm	11,2 cm	10,6 cm	4,3 cm

2 Pour l'un des trois cas uniquement, au choix, justifier la réponse en rédigeant. **6 pts**

Exercice 4

15 min **10 pts**

Margot a écrit le programme suivant. Il permet de dessiner avec trois touches du clavier.

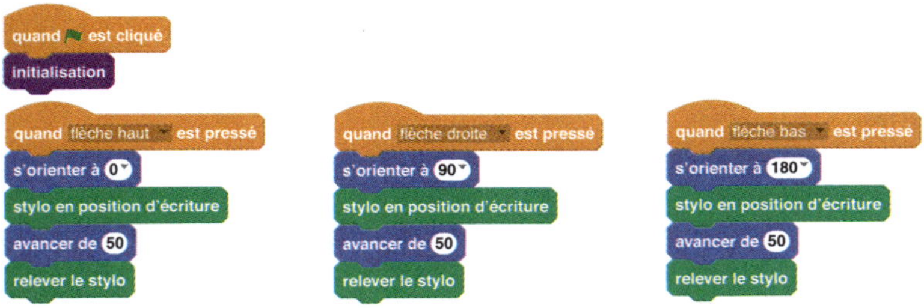

Pour information

Ce bloc efface le dessin précédent, positionne le crayon à gauche de l'écran et relève le stylo.

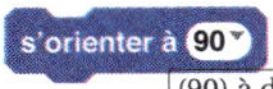

(90) à droite
(- 90) à gauche
(0) vers le haut
(180) vers le bas

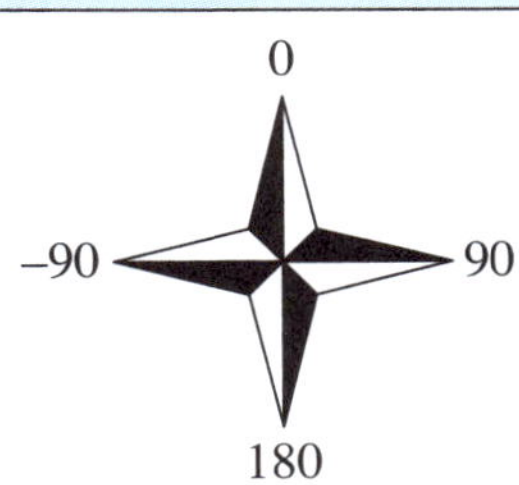

1 Parmi les trois dessins suivants, un seul ne pourra pas être réalisé avec ce programme. Lequel ? Expliquer. **5 pts**

Dessin 1

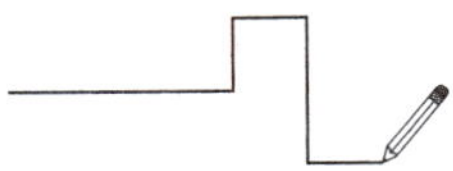

Dessin 2

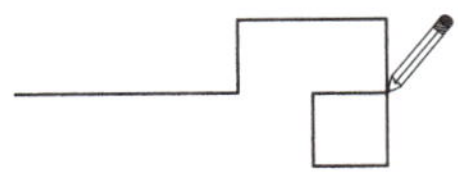

Dessin 3

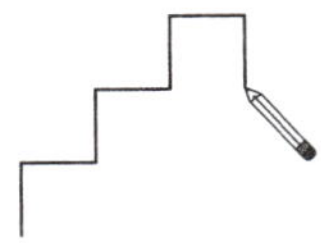

2 Julie a modifié le programme de Margot (voir ci-dessous). Que devient alors le dessin 3 avec le programme modifié par Julie ? **5 pts**

Programme modifié par Julie

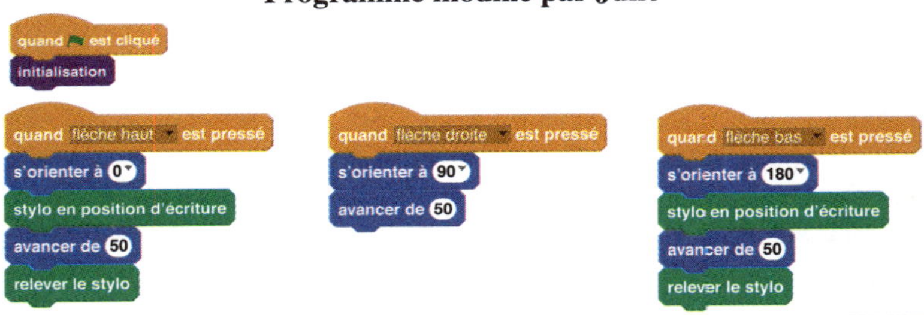

Exercice 5

20 min **18 pts**

Pour mesurer les précipitations, Météo France utilise deux sortes de pluviomètres :

– des pluviomètres à lecture directe ;

– des pluviomètres électroniques.

La mesure des précipitations s'exprime en millimètres. On donne ainsi la hauteur d'eau H qui est tombée en utilisant la formule :

$$H = \frac{V}{S}$$

où V est le volume d'eau tombée sur une surface S.

Pour H exprimée en mm, V est exprimé en mm^3 et S en mm^2.

1 Pluviomètres à lecture directe

Ces pluviomètres sont composés d'un cylindre de réception et d'un réservoir conique gradué.

a. Vérifier à l'aide de la formule que lorsqu'il est tombé 1 mm de pluie, cela correspond à 1 L d'eau tombée sur une surface de 1 m^2. **4 pts**

b. Un pluviomètre indique 10 mm de pluie. La surface qui reçoit la pluie est de 0,01 m^2.

Quel est le volume d'eau dans ce pluviomètre ? **4 pts**

2 Pluviomètres électroniques

Durant un épisode pluvieux, on a obtenu le graphique suivant grâce à un pluviomètre électronique :

Hauteur d'eau mesurée en fonction du temps écoulé

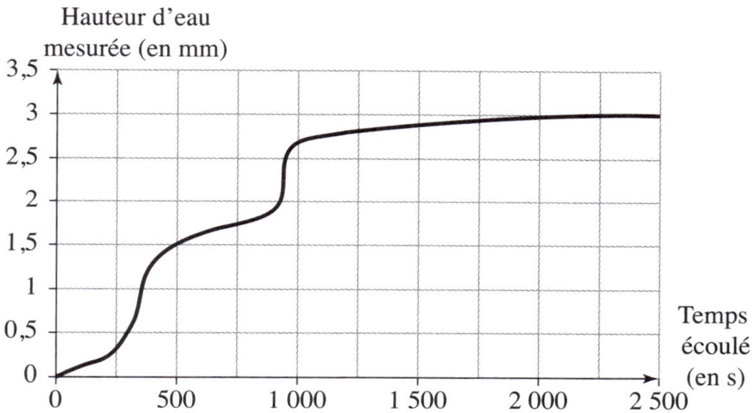

a. L'épisode pluvieux a commencé à 17 h 15.
Vers quelle heure la pluie s'est-elle arrêtée ? 4 pts

b. On qualifie les différents épisodes pluvieux de la façon suivante :

Type de pluie	Vitesse d'accumulation
Pluie faible	Jusqu'à 2,5 mm/h
Pluie modérée	Entre 2,6 et 7,5 mm/h
Pluie forte	Supérieure à 7,5 mm/h

À l'aide des informations données par le graphique et le tableau ci-dessus, cette pluie serait-elle qualifiée de faible, modérée ou forte ? 6 pts

Exercice 6

20 min 16 pts

Gaspard réalise des motifs avec des carreaux de mosaïque blancs et gris de la façon suivante :

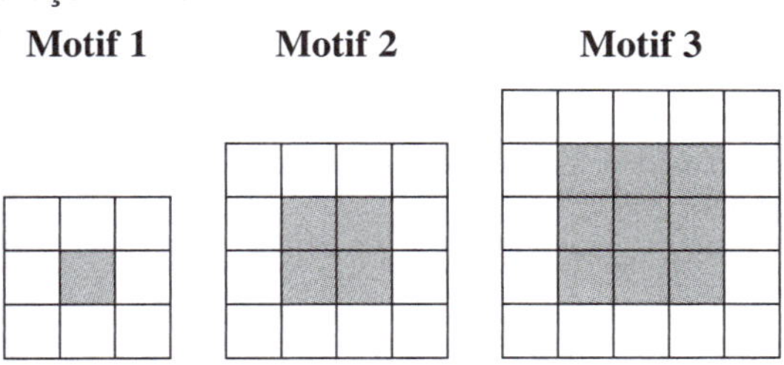

Gaspard forme un carré avec des carreaux gris, puis le borde avec des carreaux blancs.

1 Combien de carreaux blancs Gaspard va-t-il utiliser pour border le carré gris du **motif 4** (un carré ayant 4 carreaux gris de côté) ? **3 pts**

2 **a.** Justifier que Gaspard peut réaliser un motif de ce type en utilisant exactement 144 carreaux gris. **3 pts**
b. Combien de carreaux blancs utilisera-t-il alors pour border le carré gris obtenu ? **4 pts**

3 On appelle « motif n » le motif pour lequel on borde un carré de $\boldsymbol{n}$ carreaux gris de côté.
Trois élèves ont proposé chacun une expression pour calculer le nombre de carreaux blancs nécessaires pour réaliser le « motif n » : **6 pts**

- Expression n° 1 : $2 \times n + 2 \times (n + 2)$
- Expression n° 2 : $4 \times (n + 2)$
- Expression n° 3 : $4 \times (n + 2) - 4$

Une seule de ces trois expressions ne convient pas. Laquelle ?

Exercice 7

15 min **12 pts**

L'entraîneur d'un club d'athlétisme a relevé les performances de ses lanceuses de poids sur cinq lancers. Voici une partie des relevés qu'il a effectués (il manque trois performances pour une des lanceuses) :

		Lancers				
		n° 1	**n° 2**	**n° 3**	**n° 4**	**n° 5**
Performances (en mètres)	**Solenne**	17,8	17,9	18	19,9	17,4
	Rachida	17,9	17,6	18,5	18	19
	Sarah	18	?	19,5	?	?

On connaît des caractéristiques de la série d'une des lanceuses :

Caractéristiques des cinq lancers
Étendue : 2,5 m
Moyenne : 18,2 m
Médiane : 18 m

1 Expliquer pourquoi ces caractéristiques ne concernent ni les résultats de Solenne, ni ceux de Rachida. **6 pts**

2 Les caractéristiques données sont donc celles de Sarah. Son meilleur lancer est de 19,5 m.
Indiquer quels peuvent être les trois lancers manquants de Sarah. **6 pts**

Exercice 8

10 min **10 pts**

La figure ci-contre représente un solide constitué de l'assemblage de quatre cubes :
– trois cubes d'arête 2 cm ;
– un cube d'arête 4 cm.

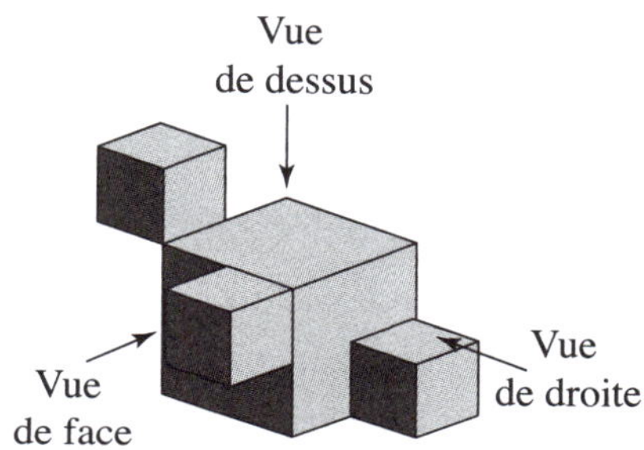

1 Quel est le volume de ce solide ? **4 pts**

2 On a dessiné ci-dessous deux vues de ce solide (elles ne sont pas en vraie grandeur).
Dessiner la **vue de droite** de ce solide **en vraie grandeur**. **6 pts**

Vue de face

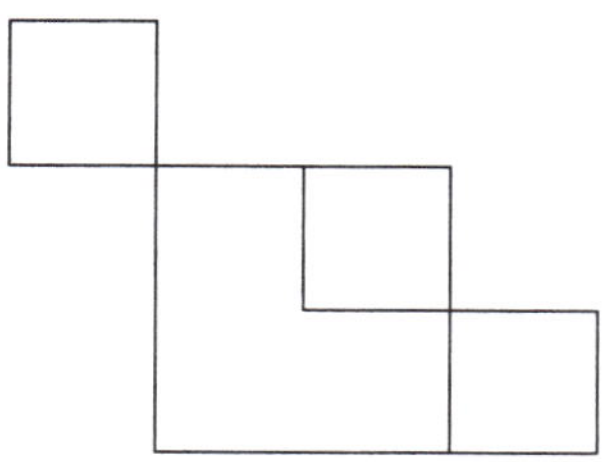

Vue de dessus

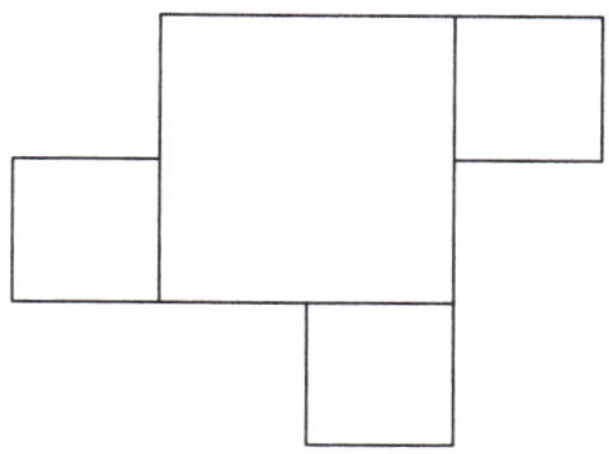

Sujet 4 Corrigé

Les clés pour réussir

Exercice 1

Révisez Le tableur

Les difficultés du sujet

3 N'oubliez pas le signe « = » devant la formule.

Exercice 2

Révisez Les proportions

- Une partie A d'un ensemble E représente une proportion p donnée par :

$$p = \frac{\text{nombre d'éléments de A}}{\text{nombre d'éléments de E}}$$

- Dans un diagramme circulaire, les angles et les effectifs sont proportionnels.

Les difficultés du sujet

1 Calculez la proportion de filles dans la classe. N'oubliez pas de simplifier cette fraction.

Comparez cette proportion avec celles lues sur les deux diagrammes.

2 Utilisez la proportionnalité entre les angles et les effectifs. Faites un tableau de proportionnalité.

Exercice 3

Révisez **La géométrie plane**

- Si ABC est rectangle en A, alors d'après le théorème de Pythagore :

$$AB^2 + AC^2 = BC^2$$

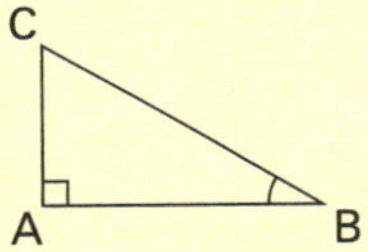

$$\cos \hat{B} = \frac{\text{côté adjacent à } \hat{B}}{\text{hypoténuse}} = \frac{AB}{BC}$$

$$\sin \hat{B} = \frac{\text{côté opposé à } \hat{B}}{\text{hypoténuse}} = \frac{AC}{BC}$$

$$\tan \hat{B} = \frac{\text{côté opposé à } \hat{B}}{\text{côté adjacent à } \hat{B}} = \frac{AC}{AB}$$

- Sur cette figure, si les droites (AB) et (MN) sont parallèles, d'après le théorème de Thalès :

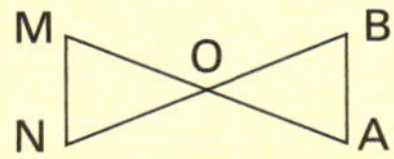

$$\frac{OA}{OM} = \frac{OB}{ON} = \frac{AB}{MN}$$

Les difficultés du sujet

- Suivant le cas que vous allez choisir, vous utiliserez l'une des connaissances rappelées ci-dessus.
- Faites un schéma pour visualiser la situation.
- Certaines données ne seront pas nécessaires pour obtenir la solution.

Exercice 4

Révisez **Algorithmique et programmation**

Les difficultés du sujet

Faites des petits schémas qui permettent de visualiser les trois programmes : flèche haut, flèche droite et flèche bas. Chacun des segments obtenus mesure 50. Attention à l'orientation des segments !

Par exemple, en appuyant 2 fois sur flèche haut, on obtient un segment de longueur 100 en partant vers le haut.

Exercice 5

Révisez **Les calculs avec une formule, les conversions et les lectures graphiques**

- **Tableau de conversion pour les volumes**

m^3			dm^3			cm^3			mm^3		

1 L = 1 dm^3

- **Tableau de conversion pour les aires**

m^2		dm^2		cm^2		mm^2	

- Si le tableau

x	y
z	t

est un tableau de proportionnalité, alors $x \times t = z \times y$.

Les difficultés du sujet

2 a. Lisez graphiquement à partir de combien de secondes la hauteur de pluie n'augmente plus (cela signifie que la pluie s'arrête).

b. • Calculez la vitesse d'accumulation à l'aide d'un tableau de proportionnalité.

- 1 h = 3 600 s.

Exercice 6

Les difficultés du sujet

1 Comptez le nombre de carreaux gris dans le motif 1, puis dans le motif 2, puis dans le motif 3, et déduisez-en le nombre de carreaux gris pour le motif 4.

Enfin, déterminez le nombre total de carreaux utilisés puis, par différence, le nombre de carreaux blancs.

2 144 est un carré parfait…

Déterminez le nombre de carreaux gris sur un côté du carré. Puis comptez le nombre de carreaux blancs utilisés pour border ce carré gris.

Attention à ne pas compter deux fois les carreaux en coin !

3 Plusieurs méthodes sont possibles, à vous de jouer !

Exercice 7

Révisez Les statistiques

- La moyenne se calcule en faisant la somme des valeurs et en divisant par le nombre de valeurs.
- La médiane est une valeur qui partage une série en deux groupes de même effectif.
- L'étendue est la différence entre la plus grande valeur de la série et la plus petite.

Les difficultés du sujet

1 Calculez étendue, moyenne et médiane des séries de Solenne et Rachida. L'une des caractéristiques ne correspond pas aux données. Attention, pour la médiane, écrivez les valeurs dans l'ordre croissant.

2 On peut facilement calculer la plus petite valeur de la série.

Exercice 8

Révisez Le volume et la vision dans l'espace

- Le volume d'un cube d'arête c est donné par c^3.

Les difficultés du sujet

1 Le solide est constitué d'un gros cube et de trois petits cubes. On connaît les longueurs des arêtes, donc on a tout ce qu'il faut.

2 Aidez-vous des vues de face et de dessous pour faire celle de droite.

Exercice 1

1 Température en °F

D'après le tableau, 20 °C correspondent à **68 °F**.

2 Température en °C

D'après le tableau, 41 °F correspondent à **5 °C**.

3 Formule dans la cellule B3

Dans la cellule B3 se trouve la température en °F.

On obtient celle-ci en multipliant par 1,8 la température en °C et en ajoutant 32.

Ainsi, dans la cellule B3, il faut saisir :

= 1,8 * A3 + 32

(A3 : température en °C)

Remarque

En recopiant vers le bas cette formule, dans la cellule B4, on obtient : = 1,8 * A4 + 32.

Exercice 2

1 Diagramme représentant la répartition des élèves

- Il y a 16 filles sur 24 élèves dans cette classe. La proportion de filles dans la classe est donc :

$$p = \frac{16}{24} = \frac{2}{3}$$

Pensez-y !
Simplifiez la fraction pour obtenir un résultat plus « parlant ».

Dans cette classe, $\frac{2}{3}$ des élèves sont des filles et donc $\frac{1}{3}$ des élèves sont des garçons.

- Sur le diagramme 1, la proportion des filles est $\frac{1}{2}$ (comme celle des garçons). Ce n'est donc pas le diagramme qui représente la situation.

- Sur le diagramme 2, la proportion des filles est $\frac{5}{8}$.

Or $\frac{5}{8} \neq \frac{2}{3}$, donc le diagramme 2 ne représente pas non plus la répartition des élèves.

- **Aucun des deux diagrammes ne représente correctement la répartition des élèves dans cette classe.**

Remarque
Sur les deux diagrammes, les secteurs sont identiques. Par exemple, le diagramme 2 est composé de 8 secteurs identiques.

2 Calcul d'un angle

Dans un diagramme circulaire, il y a proportionnalité entre la mesure de l'angle et l'effectif.

On a donc le tableau de proportionnalité suivant :

	Classe	Garçons
Angle (en degrés)	360	x
Effectif	24	8

Rappel
L'angle correspondant à l'effectif de la classe est 360°.

Remarque
Il y a 16 filles dans la classe, donc il y a : 24 – 16 = 8 garçons.

Par produit en croix, on obtient :
$8 \times 360 = 24 \times x$.

Le calcul permettant d'obtenir l'angle du secteur cherché est : $x = \mathbf{\frac{8 \times 360}{24}}$.

Il donne 120°.

Remarque
L'angle du secteur qui représente les filles est : 360 – 120 = 240°.

Autre méthode

Comme il y a $\frac{1}{3}$ de garçons dans cette classe, on trouve l'angle correspondant en calculant $\frac{1}{3}$ de 360 : $\frac{1}{3} \times 360 = 120$.

Exercice 3

1 et 2 Calculs de AB avec justifications

Les figures ne sont pas à l'échelle.

a. Cas n° 1

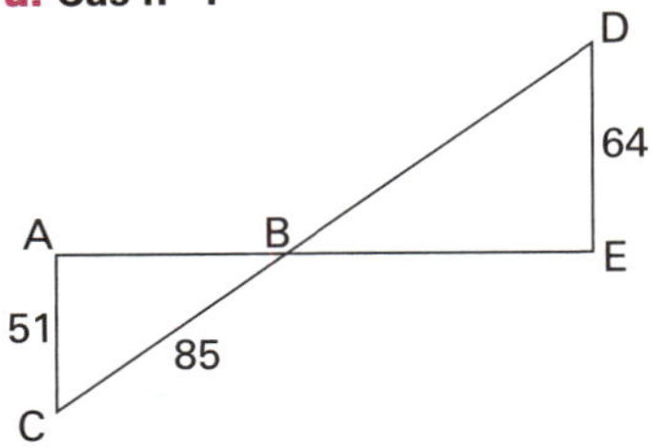

Gagnez des points !

Faites une figure pour chacun des cas et prenez le temps d'analyser la situation. En fonction des données, utilisez soit le théorème de Pythagore, soit la trigonométrie, soit le théorème de Thalès.

Dans ce cas, on connaît deux longueurs (AC et BC) dans le triangle ABC rectangle en A. On utilise donc le théorème de Pythagore pour calculer la longueur AB.

Remarque

La donnée de la longueur DE est inutile.

Dans le triangle ABC rectangle en A, d'après le théorème de Pythagore :

$AB^2 + AC^2 = BC^2$

$AB^2 + 51^2 = 85^2$

$AB^2 = 85^2 - 51^2$

$AB^2 = 4\ 624$

$AB = 68$ (car $AB > 0$)

Dans le cas n° 1, la longueur AB est 68 cm.

Réponse A

b. Cas n° 2

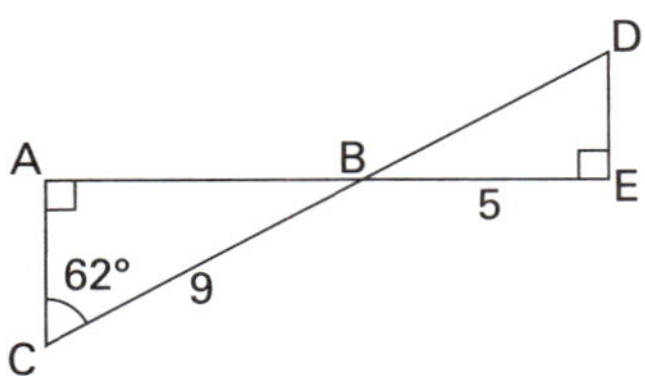

Remarque

Les informations inscrites sur cette figure doivent vous inciter à choisir la trigonométrie pour calculer la longueur AB.

Dans ce cas, on connaît l'angle $\widehat{ACB}$ et la longueur BC dans le triangle ABC rectangle en A. On utilise donc la trigonométrie pour calculer la longueur AB.

Remarque

Encore une fois, il y a une donnée « parasite » : la longueur BE.

Dans le triangle ABC rectangle en A, on connaît la mesure de l'angle $\widehat{ACB}$ et l'hypoténuse.

On cherche la longueur du côté opposé [AB], c'est donc le sinus de l'angle $\widehat{ACB}$ que l'on va utiliser.

$$\sin \widehat{ACB} = \frac{\text{côté opposé à } \widehat{ACB}}{\text{hypoténuse}}$$

$$\sin \widehat{ACB} = \frac{AB}{BC}$$

$$\sin 62^\circ = \frac{AB}{9}$$

produit en croix

$$AB = 9 \times \sin 62^\circ$$

$AB \approx 7{,}9$ cm (valeur arrondie au dixième)

Dans le cas n° 2, la longueur AB est d'environ 7,9 cm.

Réponse C

c. Cas n° 3

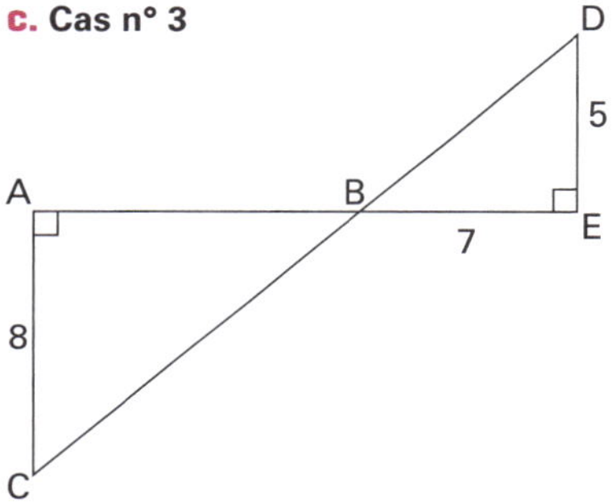

> **Remarque**
> Les informations inscrites sur cette figure doivent vous inciter à utiliser le théorème de Thalès pour calculer la longueur AB.

> **Remarque**
> On parle de configuration en « papillon ».

Les triangles ABC et BDE sont en configuration de Thalès. En effet, les droites (AC) et (DE) sont toutes les deux perpendiculaires à (AE). Elles sont donc parallèles.

D'après le théorème de Thalès :

$$\frac{BA}{BE} = \frac{BC}{BD} = \frac{AC}{DE}$$

$$\boxed{\frac{BA}{7}} = \frac{BC}{BD} = \boxed{\frac{8}{5}}$$

> **Rappel**
> Le point B est le sommet commun des triangles ABC et BDE. Aux numérateurs, on retrouve les longueurs du triangle ABC et aux dénominateurs, celles (correspondantes) du triangle BDE.

En utilisant l'égalité des deux quotients encadrés, on obtient :

$$\frac{BA}{7} = \frac{8}{5}$$

produit en croix

$$5 \times BA = 8 \times 7$$

$$BA = \frac{8 \times 7}{5}$$

$BA = 11{,}2$ cm

Dans le cas n° 3, la longueur AB est de 11,2 cm.

Réponse A

Exercice 4

Avant de commencer cet exercice, il est utile de visualiser les différentes commandes (flèche haut, flèche droite et flèche bas).

Visualisation

Cette commande dessine un segment de longueur 50 orienté vers le haut.

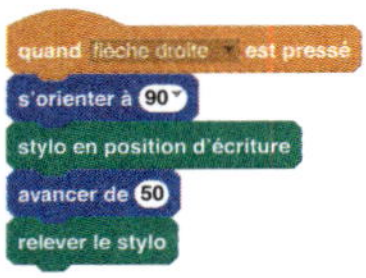

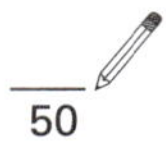

Cette commande dessine un segment de longueur 50 vers la droite.

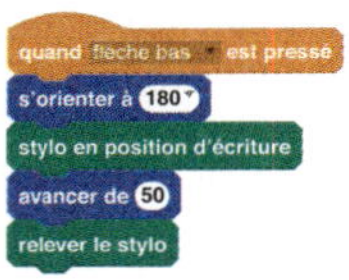

Cette commande dessine un segment de longueur 50 vers le bas.

1 Dessin ne pouvant pas être réalisé

Dessin 1

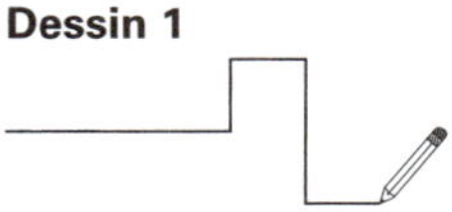

On obtient ce dessin par (dans l'ordre) :
- 3 flèches droite (→) ;
- 1 flèche haut (↑) ;
- 1 flèche droite (→) ;
- 2 flèches bas (↓) ;
- 1 flèche droite (→).

> **Gagnez des points !**
> Décomposez chaque dessin réalisé avec les trois commandes.

Dessin 2

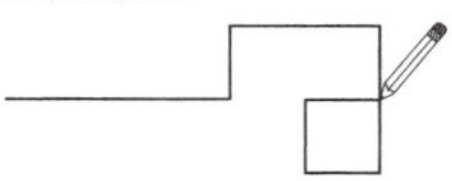

Il est impossible d'obtenir ce dessin, car l'orientation (–90) n'est pas programmée. On ne peut pas « retourner » vers la gauche.

Dessin 3

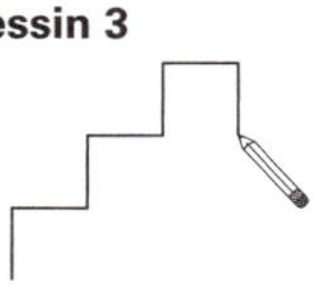

On obtient ce dessin par (dans l'ordre) :
- 1 flèche haut (↑) ;
- 1 flèche droite (→) ;
- 1 flèche haut (↑) ;
- 1 flèche droite (→) ;
- 1 flèche haut (↑) ;
- 1 flèche droite (→) ;
- 1 flèche bas (↓).

Seul le dessin 2 ne peut pas être obtenu avec ce programme (il manque la « définition » de la flèche gauche).

2 Dessin obtenu avec le programme modifié

Le changement se situe au niveau de la définition de « flèche droite ». Dans ce cas, le stylo n'écrit pas. On s'oriente bien à 90 (à droite), on avance de 50 sans écrire.
Ainsi, le dessin 3 s'obtient en effaçant les segments « orientés » vers la droite.
On obtient :

Gagnez des points !
Comparez les deux programmes pour trouver les différences.

Exercice 5

1 a. Calcul d'une hauteur d'eau

Dans la formule $H = \frac{V}{S}$, H est en mm, V en mm^3 et S en mm^2.

1 L = 1 dm^3 = 1 000 000 mm^3

dm³			cm³			mm³		
		1	0	0	0	0	0	0

3 colonnes à chaque unité

Rappel
Utilisez ce point de repère :
1 litre = 1 dm^3.

1 m^2 = 1 000 000 mm^2

m²		dm²		cm²		mm²	
	1	0	0	0	0	0	0

2 colonnes à chaque unité

Pensez-y !
Faites un tableau de conversion pour ne pas vous tromper.

1 litre d'eau tombée sur 1 m^2 correspond à une hauteur H telle que :

$$H = \frac{1\,000\,000}{1\,000\,000} = 1$$

Il est bien tombé 1 mm de pluie.

b. Volume d'eau dans le pluviomètre

$H = \dfrac{V}{S}$ avec $H = 10$ mm et $S = 0{,}01\ \text{m}^2 = 10\ 000\ \text{mm}^2$.

m^2		dm^2		cm^2		mm^2	
	0	0	1	0	0	0	0

Remarque

$100\ 000\ \text{mm}^3 = 100\ \text{cm}^3$
$= 0{,}1\ \text{dm}^3$
$= 0{,}1\ \text{L}$

On obtient l'égalité : $10 = \dfrac{V}{10\,000}$

$V = 10 \times 10\ 000$ ← produit en croix

$V = 100\ 000$

Le volume d'eau est 100 000 mm³.

2 a. Heure d'arrêt de la pluie

La courbe ne semble plus « monter » à partir de $T = 2\ 000$ s.

$2\ 000 = 33 \times 60 + 20$

Ainsi, **la pluie s'arrête** 33 minutes et 20 secondes après 17 h 15, soit **à 17 h 48** (à la minute près).

Pensez-y !

Faites la division euclidienne de 2 000 par 60 :
$2\ 000 \div 60 = 33$ (reste 20).

b. Qualification de la pluie étudiée

La hauteur d'eau mesurée lors de cet épisode pluvieux est 3 mm. Elle a été obtenue en 2 000 s.

En considérant que la hauteur d'eau est proportionnelle au temps de pluie, on obtient le tableau de proportionnalité suivant :

Temps (en s)	2 000	3 600
Hauteur d'eau (en mm)	3	x

Rappel

1 h = 3 600 s.

Dans un tableau de proportionnalité, les produits en croix sont égaux, donc :

$x \times 2\ 000 = 3 \times 3\ 600$

$x = \dfrac{3 \times 3600}{2000} = 5{,}4$

On peut considérer que la vitesse d'accumulation est de 5,4 mm/h.

D'après le tableau, **cela correspond à une pluie modérée.**

Exercice 6

1 Nombre de carreaux gris utilisés pour le motif 4

Numéro du motif	Nombre de carreaux gris utilisés	Nombre de carreaux au total	Nombre de carreaux blancs
1	$1 \times 1 = 1$	$3 \times 3 = 9$	$9 - 1 = 8$
2	$2 \times 2 = 4$	$4 \times 4 = 16$	$16 - 4 = 12$
3	$3 \times 3 = 9$	$5 \times 5 = 25$	$25 - 9 = 16$
4	$4 \times 4 = 16$	$6 \times 6 = 36$	$36 - 16 = 20$

Remarque
Vous pouvez faire des schémas.

Il y aura 20 carreaux blancs sur le motif 4.

Autre méthode

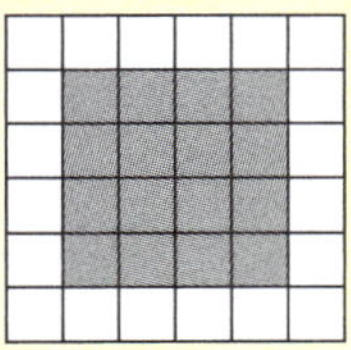

On réalise le croquis représentant la situation.
Pour le motif 4, on utilise 16 carreaux gris et 20 carreaux blancs.

2 a. Motif avec 144 carreaux gris

On remarque que $12 \times 12 = 144$.
Ainsi, pour le motif 12, **Gaspard utilisera 144 carreaux gris.**

Méthode
Avec votre calculatrice, $\sqrt{144} = 12$.

b. Nombre de carreaux blancs utilisés

Voici un petit schéma pour visualiser la situation :

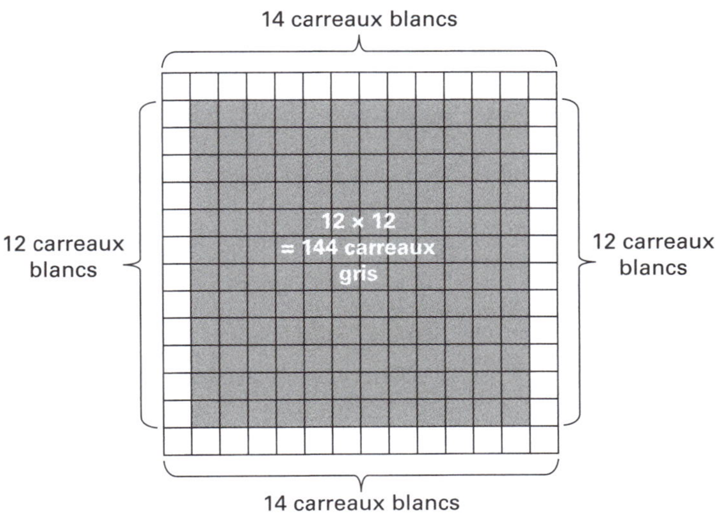

Le nombre de carreaux blancs est donné par :
$2 \times 14 + 2 \times 12 = 28 + 24 = 52$.
Il faudra 52 carreaux blancs pour border le carreau gris.

Piège à éviter

Attention de ne pas compter deux fois les carreaux blancs des coins.

3 Recherche d'une expression

Le motif *n* est obtenu en bordant de carrés blancs un carré de *n* carreaux gris de côté.

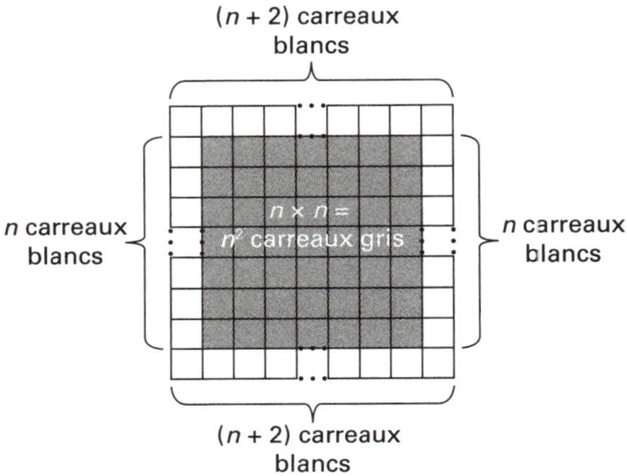

- Le nombre de carreaux blancs est donné par : $2 \times (n + 2) + 2 \times n$.
On retrouve l'expression n° 1.

L'écriture développée de cette expression est :

$$2n + 2 \times (n + 2) = 2n + 2n + 4$$
$$= 4n + 4$$

- L'écriture développée de l'expression n° 2 est :

$$4 \times (n + 2) = 4n + 8$$

Cette expression est différente de l'expression n° 1, elle ne permet pas de calculer le nombre de carreaux blancs.

- L'écriture développée de l'expression n° 3 est :

$$4 \times (n + 2) - 4 = 4n + 8 - 4$$
$$= 4n + 4$$

Cette expression permet également de déterminer le nombre de carreaux qu'il faut utiliser.

L'expression qui ne convient pas est l'expression n° 2.

Remarque

Cette expression résulte du calcul suivant :

$$\underbrace{4 \times (n + 2)}_{\text{sur chaque côté, il y a } (n+2) \text{ carrés blancs}} - \underbrace{4}_{\text{carreaux comptés deux fois sur les coins}}$$

Autres méthodes

- **Méthode 1**

En développant les trois expressions, on remarque qu'il y en a deux identiques. Donc l'expression différente est celle qui ne convient pas.

- **Méthode 2**

En remplaçant n par 2 (dans le motif 2), il y a 12 carreaux blancs.
Avec l'expression n° 1, on obtient :
$2 \times 2 + 2 \times (2 + 2) = 4 + 2 \times 4 = 12$
Avec l'expression n° 2, on obtient :
$4 \times (2 + 2) = 4 \times 4 = 16 \neq 12$
Avec l'expression n° 3, on obtient :
$4 \times (2 + 2) - 4 = 4 \times 4 - 4 = 12$
C'est donc la deuxième expression qui ne convient pas.

Exercice 7

Rappel

Pour la médiane, on range les valeurs par ordre croissant.

1 Explications

- **Pour les résultats de Solenne :**

Étendue : 19,9 – 17,4 = 2,5.

Moyenne : $\dfrac{17{,}8 + 17{,}9 + 18 + 19{,}9 + 17{,}4}{5} = 18{,}2$

Médiane : $\underbrace{17{,}4\,;17{,}8}_{\text{2 valeurs}}\,;\boxed{17{,}9}\,;\underbrace{18\,;19{,}9}_{\text{2 valeurs}}$

↓

Médiane = 17,9

L'étendue et la moyenne correspondent à celles proposées, mais pas la médiane.

Donc les caractéristiques proposées ne sont pas celles des résultats de Solenne.

- **Pour les résultats de Rachida :**

Étendue : $19 - 17{,}6 = 1{,}4 \neq 2{,}5$

Moyenne : $\dfrac{17{,}9 + 17{,}6 + 18{,}5 + 18 + 19}{5} = 18{,}2$

Médiane : $17{,}6\,;17{,}9\,;\boxed{18}\,;18{,}5\,;19$

↓

Médiane = 18

Remarque

En remarquant que l'étendue est différente, vous pouvez conclure.

La moyenne et la médiane correspondent à celles proposées, mais pas l'étendue.

Donc les caractéristiques proposées ne sont pas celles des résultats de Rachida.

2 Valeurs possibles des trois lancers manquants

- L'étendue est 2,5 et la plus grande valeur est 19,5. On en déduit que la plus petite valeur est donnée par 19,5 – 2,5 = 17.

Une des valeurs manquantes est 17.

- Notons ℓ_1 et ℓ_2 les deux autres valeurs manquantes.

On obtient, grâce au calcul de la moyenne, l'égalité :

$$\frac{18 + 17 + 19{,}5 + \ell_1 + \ell_2}{5} = 18{,}2$$

$$\begin{aligned} 18 + 17 + 19{,}5 + \ell_1 + \ell_2 &= 5 \times 18{,}2 \\ 54{,}5 + \ell_1 + \ell_2 &= 91 \\ \ell_1 + \ell_2 &= 91 - 54{,}5 \\ \ell_1 + \ell_2 &= 36{,}5 \end{aligned}$$

Pour avoir une médiane égale à 18, on doit avoir (en rangeant dans l'ordre croissant) : 17 ; ℓ_1 ; 18 ; ℓ_2 ; 19,5.

↓ Médiane (18)

Les solutions ℓ_1 et ℓ_2 sont telles que $\ell_1 + \ell_2 = 36{,}5$ avec $17 \leq \ell_1 \leq 18$ et $18 \leq \ell_2 \leq 19{,}5$.

Par exemple :

- $\ell_1 = 17{,}5$ et $\ell_2 = 19$;
- $\ell_1 = 17{,}9$ et $\ell_2 = 18{,}6$;
- $\ell_1 = 18$ et $\ell_2 = 18{,}5$...

Remarque

Il y a une infinité de valeurs possibles pour ℓ_1 et ℓ_2.

Exercice 8

1 Volume du solide

Le solide est composé d'un cube d'arête 4 cm et de 3 cubes d'arête 2 cm.

$4^3 = 64$ donc le volume du gros cube est 64 cm^3.

$2^3 = 8$ donc le volume d'un petit cube est 8 cm^3.

$64 + 3 \times 8 = 64 + 24 = 88$.

Le volume du solide est 88 cm^3.

2 Représentation de la vue de droite

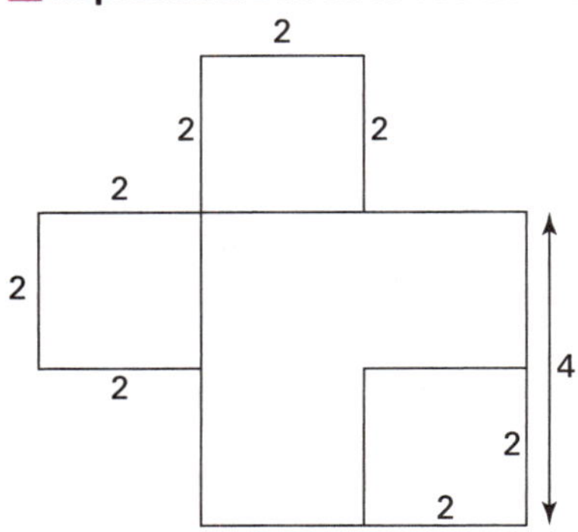

L'astuce du prof

Imaginez que vous êtes placé sur le côté droit du solide et dessinez ce que vous voyez.

Sujet 5

France métropolitaine, juin 2017

100 pts 2 heures

Exercice 1

10 min **8 pts**

Dans une urne contenant des boules vertes et des boules bleues, on tire au hasard une boule et on regarde sa couleur. On replace ensuite la boule dans l'urne et on mélange les boules.
La probabilité d'obtenir une boule verte est $\frac{2}{5}$.

1 Expliquer pourquoi la probabilité d'obtenir une boule bleue est égale à $\frac{3}{5}$. **2 pts**

2 Paul a effectué 6 tirages et a obtenu une boule verte à chaque fois.
Au 7e tirage, aura-t-il plus de chances d'obtenir une boule bleue qu'une boule verte ? **2 pts**

3 Déterminer le nombre de boules bleues dans cette urne sachant qu'il y a 8 boules vertes. **4 pts**

Exercice 2

15 min **12 pts**

On donne le programme suivant qui permet de tracer plusieurs triangles équilatéraux de tailles différentes.
Ce programme comporte une variable nommée « **côté** ». Les longueurs sont données en pixels.
On rappelle que l'instruction `s'orienter à 90` signifie que l'on se dirige vers la droite.

1 Quelles sont les coordonnées du point de départ du tracé ? **2 pts**

2 Combien de triangles sont dessinés par le script ? **2 pts**

3 **a.** Quelle est la longueur (en pixels) du côté du deuxième triangle tracé ? **2 pts**

Numéros d'instruction	Script	Le bloc triangle
1	Quand 🏴 est cliqué	définir triangle
2	effacer tout	stylo en position écriture
3	aller à x: −200 y: −100	répéter 3 fois
4	s'orienter à 90	avancer de côté
5	Mettre côté à 100	tourner ↺ de 120 degrés
6	répéter 5 fois	relever le stylo
7	triangle	
8	avancer de côté	
9	Ajouter à côté −20	

b. Tracer à main levée l'allure de la figure obtenue quand on exécute ce script. **4 pts**

4 On modifie le script initial pour obtenir la figure ci-dessous.
Indiquer le numéro d'une instruction du script **après laquelle** on peut placer l'instruction tourner ↺ de 60 degrés pour obtenir cette nouvelle figure. **2 pts**

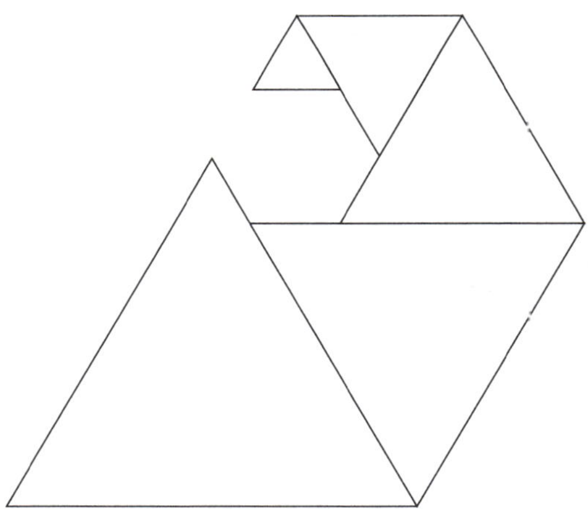

Exercice 3

10 min **8 pts**

Un condensateur est un composant électronique qui permet de stocker de l'énergie électrique pour la restituer plus tard.
Le graphique ci-après montre l'évolution de la tension mesurée aux bornes d'un condensateur en fonction du temps lorsqu'il est en charge.

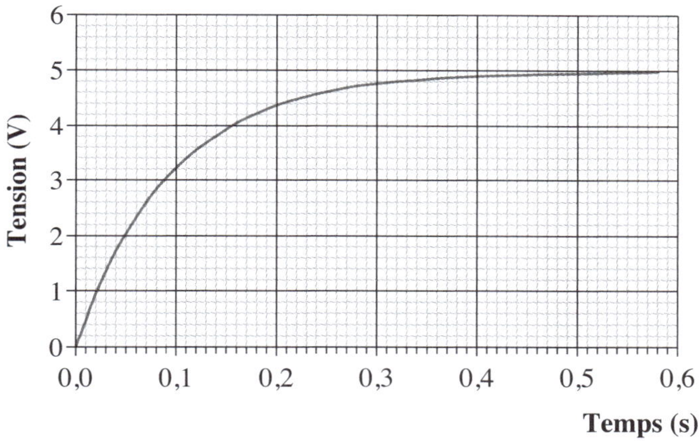

1 S'agit-il d'une situation de proportionnalité ? Justifier. **2 pts**

2 Quelle est la tension mesurée au bout de 0,2 s ? **2 pts**

3 Au bout de combien de temps la tension aux bornes du condensateur aura-t-elle atteint 60 % de la tension maximale qui est estimée à 5 V ? **4 pts**

Exercice 4

25 min **19 pts**

Les panneaux photovoltaïques permettent de produire de l'électricité à partir du rayonnement solaire. Une unité courante pour mesurer l'énergie électrique est le kilowattheure, abrégé en kWh.

1 Le plus souvent, l'électricité produite n'est pas utilisée directement, mais vendue pour être distribuée dans le réseau électrique collectif. Le prix d'achat du kWh, donné en **centimes d'euro**, dépend du type d'installation et de sa puissance totale, ainsi que de la date d'installation des panneaux photovoltaïques. Ce prix d'achat du kWh est donné dans le tableau ci-après.
En mai 2015, on installe une centrale solaire du type B, d'une puissance de 28 kW.
Vérifier que le prix d'achat de 31 420 kWh est d'environ 4 383 €. **3 pts**

Tarifs d'un kWh en centimes d'euro

		Date d'installation			
Type d'installation	**Puissance totale**	**Du 01/01/15 au 31/03/15**	**Du 01/04/15 au 30/06/15**	**Du 01/07/15 au 30/09/15**	**Du 01/10/15 au 31/12/15**
Type A	0 à 9 kW	26,57	26,17	25,78	25,39
Type B	0 à 36 kW	13,46	13,95	14,7	14,4
	36 à 100 kW	12,79	13,25	13,96	13,68

Source : http://www.developpement-durable.gouv.fr

2 Une personne souhaite installer des panneaux photovoltaïques sur la partie du toit de sa maison orientée au sud. Cette partie est grisée sur la figure ci-contre. Elle est appelée pan sud du toit.
La production d'électricité des panneaux solaires dépend de l'inclinaison du toit.
Déterminer, au degré près, l'angle $\widehat{ABC}$ que forme ce pan sud du toit avec l'horizontale. **4 pts**

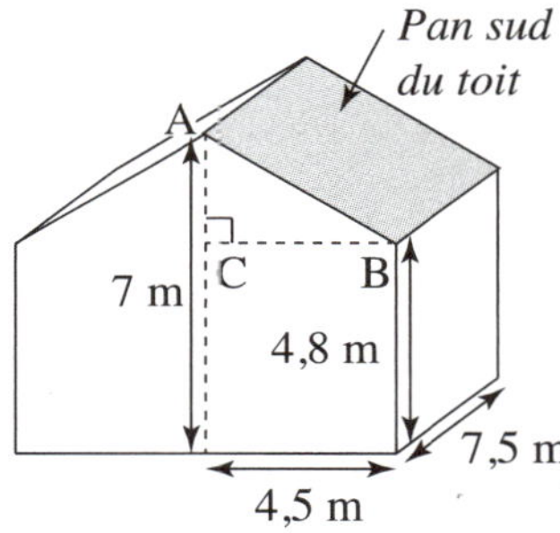

3 **a.** Montrer que la longueur AB est environ égale à 5 m. **3 pts**
b. Les panneaux photovoltaïques ont la forme d'un carré de 1 m de côté.
Le propriétaire prévoit d'installer 20 panneaux.
Quel pourcentage de la surface totale du pan sud du toit sera alors couvert par les panneaux solaires ? On donnera une valeur approchée du résultat à 1 % près. **4 pts**
c. La notice d'installation indique que les panneaux doivent être accolés les uns aux autres et qu'une bordure d'au moins 30 cm de large doit être laissée libre pour le système de fixation tout autour de l'ensemble des panneaux.
Le propriétaire peut-il installer les 20 panneaux prévus ? **5 pts**

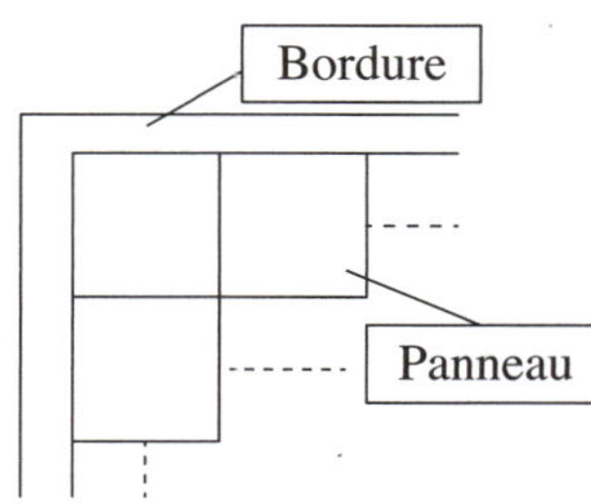

Exercice 5

25 min **20 pts**

1 Lors des Jeux Olympiques de Rio en 2016, la Danoise Pernille Blume a remporté le 50 m nage libre en 24,07 secondes.
A-t-elle nagé plus rapidement qu'une personne qui se déplace en marchant vite, c'est-à-dire à 6 km/h ? **4 pts**

2 On donne l'expression $E = (3x + 8)^2 - 64$.

a. Développer E. **4 pts**

b. Montrer que E peut s'écrire sous forme factorisée : $3x(3x + 16)$. **3 pts**

c. Résoudre l'équation $(3x + 8)^2 - 64 = 0$. **5 pts**

3 La distance d de freinage d'un véhicule dépend de sa vitesse et de l'état de la route.
On peut la calculer à l'aide de la formule suivante :

$$d = k \times V^2$$

avec :
– d la distance de freinage en m ;
– V la vitesse du véhicule en m/s ;
– k le coefficient dépendant de l'état de la route ($k = 0{,}14$ sur route mouillée, $k = 0{,}08$ sur route sèche).
Quelle est la vitesse d'un véhicule dont la distance de freinage sur route mouillée est égale à 15 m ? **4 pts**

Exercice 6

20 min **19 pts**

Doc. 1 Le surpoids

Le surpoids est devenu un problème majeur de santé, celui-ci prédispose à beaucoup de maladies et diminue l'espérance de vie.
L'indice le plus couramment utilisé est celui de masse corporelle (IMC).

Doc. 2 Calcul de l'IMC

L'IMC est une grandeur internationale permettant de déterminer la corpulence d'une personne adulte entre 18 ans et 65 ans.

Il se calcule avec la formule suivante :

$$\text{IMC} = \frac{\text{masse}}{\text{taille}^2}$$

avec « masse » en kg et « taille » en m.

Normes :
- $18{,}5 \leq \text{IMC} < 25$ corpulence normale ;
- $25 \leq \text{IMC} < 30$ surpoids ;
- $\text{IMC} \geq 30$ obésité.

1 Dans une entreprise, lors d'une visite médicale, un médecin calcule l'IMC de six des employés. Il utilise pour cela une feuille de tableur dont voici un extrait :

	A	B	C	D	E	F	G
1	Taille (en m)	1,69	1,72	1,75	1,78	1,86	1,88
2	Masse (en kg)	72	85	74	70	115	85
3	IMC (*)	25,2	28,7	24,2	22,1	33,2	24,0
4	(*) valeur approchée au dixième						

a. Combien d'employés sont en situation de surpoids ou d'obésité dans cette entreprise ? **2 pts**

b. Laquelle de ces formules a-t-on écrite dans la cellule B3, puis recopiée à droite, pour calculer l'IMC ?
Recopier la formule correcte. **3 pts**

= 72/1.69^2	= B1 / (B2 * B2)	= B2 / (B1 * B1)	= $B2 / ($B1 * $B1)

2 Le médecin a fait le bilan de l'IMC de chacun des 41 employés de cette entreprise. Il a reporté les informations recueillies dans le tableau suivant dans lequel les IMC ont été arrondis à l'unité près.

IMC	20	22	23	24	25	29	30	33	Total
Effectif	9	12	6	8	2	1	1	2	41

a. Calculer une valeur approchée, arrondie à l'entier près, de l'IMC moyen des employés de cette entreprise. **4 pts**

b. Quel est l'IMC médian ? Interpréter ce résultat. **5 pts**

c. On lit sur certains magazines : « On estime qu'au moins 5 % de la population mondiale est en surpoids ou est obèse ». Est-ce le cas pour les employés de cette entreprise ? **5 pts**

Exercice 7

15 min **14 pts**

Léo a ramassé des fraises pour faire de la confiture.

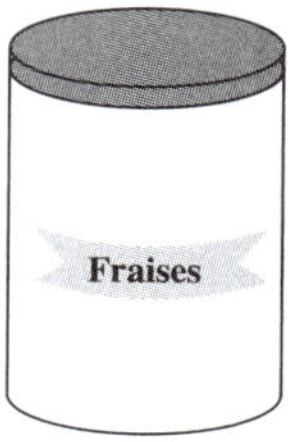

1 Il utilise les proportions de sa grand-mère : 700 g de sucre pour 1 kg de fraises.
Il a ramassé 1,8 kg de fraises. De quelle quantité de sucre a-t-il besoin ? **2 pts**

2 Après cuisson, Léo a obtenu 2,7 litres de confiture.
Il verse la confiture dans des pots cylindriques de 6 cm de diamètre et de 12 cm de haut, qu'il remplit jusqu'à 1 cm du bord supérieur.
Combien pourra-t-il remplir de pots ? **6 pts**

Rappels :

- 1 litre = 1 000 cm^3 ;
- volume d'un cylindre = $\pi \times R^2 \times h$.

3 Il colle ensuite sur ses pots une étiquette rectangulaire de fond blanc qui recouvre toute la surface latérale du pot.

a. Montrer que la longueur de l'étiquette est d'environ 18,8 cm. **3 pts**

b. Dessiner l'étiquette à l'échelle $\frac{1}{3}$. **3 pts**

Sujet 5 Corrigé

Les clés pour réussir

Exercice 1

Révisez **Les probabilités**

- Deux événements contraires A et B sont tels que $p(A) + p(B) = 1$.
- En situation d'équiprobabilité, une probabilité p se calcule avec la formule :

$$p = \frac{\text{nombre de cas favorables}}{\text{nombre de cas possibles}}$$

Les difficultés du sujet

1 Obtenir une boule verte et obtenir une boule bleue sont deux événements contraires dont la somme des probabilités vaut 1.

2 À chaque tirage, les conditions sont identiques et ainsi, les nombres de boules vertes et bleues restent les mêmes, comme les probabilités.

3 Nombre de boules et probabilités sont deux nombres proportionnels. Un tableau de proportionnalité permet de calculer le nombre de boules bleues.

Exercice 2

Révisez **Les algorithmes et la programmation**

Les difficultés du sujet

1 et **2** Les réponses sont notées dans le script.

3 b. Chaque bloc triangle trace un triangle équilatéral dont la dimension du côté diminue.

4 Identifiez une rotation de 60° entre chaque triangle sur le croquis proposé. Le script trace un triangle, effectue une rotation de la direction d'écriture, puis trace un nouveau triangle…

Exercice 3

Révisez **Les lectures graphiques et la proportionnalité**

- Une situation de proportionnalité entre deux grandeurs s'illustre graphiquement par une droite passant par l'origine du repère.
- Prendre t % d'un nombre, c'est le multiplier par $\frac{t}{100}$.

Les difficultés du sujet

1 Deux critères sont à vérifier : la courbe passe-t-elle par l'origine du repère ? la courbe est-elle une droite ?

3 Commencez par calculer la tension correspondant à 60 % de 5 V. Puis utilisez des pointillés pour lire le temps associé à cette tension en abscisses.

Exercice 4

Révisez **Les calculs numériques et la géométrie dans le plan**

- Dans un triangle rectangle :

$$\cos \hat{x} = \frac{\text{côté adjacent à } \hat{x}}{\text{hypoténuse}} \qquad \sin \hat{x} = \frac{\text{côté opposé à } \hat{x}}{\text{hypoténuse}}$$

$$\tan \hat{x} = \frac{\text{côté opposé à } \hat{x}}{\text{côté adjacent à } \hat{x}}$$

- Le théorème de Pythagore permet de calculer la longueur manquante dans un triangle rectangle dont on connaît déjà deux longueurs.

Les difficultés du sujet

1 • Le tableau contient de nombreuses informations. Trouvez d'abord la colonne des tarifs à partir de la date d'installation de la centrale solaire. Le type de la centrale et sa puissance vous permettent d'obtenir le prix d'achat d'1 kWh.

• Faites attention, les prix proposés sont en centimes d'euro !

3 **a.** Le théorème de Pythagore ou la trigonométrie permettent de calculer AB.

b. • Calculez la surface de panneaux solaires, puis la surface du pan sud du toit (qui est un rectangle).

• Le pourcentage cherché est : $\frac{\text{surface des panneaux}}{\text{surface du pan sud}}$.

c. Il s'agit de bien visualiser la situation en faisant un croquis sur lequel vous portez toutes les mesures utiles. Reste à y placer des carrés de côté 1 m.

Exercice 5

Révisez **La vitesse, le développement-factorisation et les équations**

- Vitesse $= \frac{\text{distance parcourue}}{\text{temps de parcours}}$
- $(a + b)^2 = a^2 + 2ab + b^2$
- $a^2 - b^2 = (a - b)(a + b)$
- Un produit $A \times B$ est nul si et seulement si $A = 0$ ou $B = 0$.

Les difficultés du sujet

1 Il s'agit de comparer deux vitesses qu'il faut mettre dans la même unité, le km/h par exemple.

2 **a.** $(3x)^2 = 3x \times 3x = 9x^2$

b. $(3x+8)^2 - 64 = (3x+8)^2 - 8^2$. On peut reconnaître l'identité remarquable $a^2 - b^2$ qui se factorise en $(a - b)(a + b)$ avec $a = 3x + 8$ et $b = 8$.

c. Utilisez la question **2** pour vous ramener à une équation produit-nul.

3 Calculez d'abord V^2, puis déduisez-en V grâce à $\boxed{\sqrt{\ }}$.

Exercice 6

Révisez **Le tableur, le calcul numérique et les pourcentages**

- Dans le cas de valeurs regroupées dans un tableau comme ci-contre, la moyenne m est :

$\boldsymbol{x_i}$	x_1	x_2	...	x_p
$\boldsymbol{n_i}$	n_1	n_2	...	n_p

$$m = \frac{n_1x_1 + n_2x_2 + .. + n_px_p}{n_1 + n_2 + .. + n_p}$$

- Dans une série ordonnée dans le sens croissant à effectif impair, la médiane Me est le terme « du milieu ».
- Proportion $= \dfrac{\text{effectif}}{\text{effectif total}}$

Les difficultés du sujet

2 **a.** Mettez des parenthèses dans votre calcul quand vous l'effectuez sur votre calculatrice.

b. Commencez par écrire la liste des IMC, autant de fois que leur effectif : 20 20 20 20 20 20 20 20 20 22 22…

Puis déterminez le terme central.

3 Comparez la proportion obtenue avec 5 % et concluez.

Exercice 7

Révisez **La proportionnalité, les volumes et la réduction**

- Périmètre disque $= 2 \times \pi \times$ rayon
- Dans une réduction de rapport k, les longueurs sont multipliées par k.

Les difficultés du sujet

2 Procédez en plusieurs étapes : calculez le volume de confiture dans un pot. Après avoir converti le volume de confiture en cm³, calculez combien de pots complets peuvent être remplis.

3 **a.** La longueur cherchée est le périmètre du cercle de rayon R associé au cylindre.

b. Il s'agit de construire le rectangle correspondant à l'étiquette dont les dimensions ont été multipliées par $\dfrac{1}{3}$.

Exercice 1

1 Probabilité d'obtenir une boule bleue

L'urne contient des boules vertes et des boules bleues. Les événements B « obtenir une boule bleue » et V « obtenir une boule verte » sont deux événements contraires.

$p(\text{B}) + p(\text{V}) = 1$

$p(\text{B}) + \frac{2}{5} = 1$

$p(\text{B}) = 1 - \frac{2}{5} = \frac{5}{5} - \frac{2}{5}$

D'où le résultat : $\boldsymbol{p(\text{B}) = \frac{3}{5}}$.

Rappel
La somme des probabilités de deux événements contraires vaut 1.

Remarque
On dit aussi V = non B.

2 Probabilité d'obtenir une boule verte au 7e tirage

À chaque tirage, on replace la boule tirée dans l'urne et on mélange les boules : les conditions de tirage restent donc à chaque fois identiques.

Ainsi, au 7e tirage (comme à n'importe quel tirage) : $p(\text{V}) = \frac{2}{5}$ et $p(\text{B}) = \frac{3}{5}$, soit $p(\text{B}) > p(\text{V})$.

Paul a plus de chances d'obtenir une boule bleue qu'une boule verte.

3 Calcul du nombre de boules bleues

Dans l'urne, il y a 8 boules vertes, et on sait que $p(\text{V}) = \frac{2}{5}$.

Il s'agit alors de déterminer le nombre de boules bleues sachant que $p(\text{B}) = \frac{3}{5}$.

Remarque
On est en situation d'équiprobabilité, car les boules sont tirées au hasard.

On peut utiliser un tableau de proportionnalité puisque probabilité et nombre de boules sont proportionnels.

	Couleur verte	Couleur bleue
Nombre de boules	8	x
Probabilité	$\frac{2}{5}$	$\frac{3}{5}$

Par égalité des produits en croix :

$x \times \frac{2}{5} = 8 \times \frac{3}{5}$

$\frac{2}{5}x = \frac{24}{5}$ — On multiplie par 5 chacun des membres

$2x = 24$

$x = 24 \div 2$

$x = 12$

En conclusion, l'urne contient 12 boules bleues.

Autre méthode

$p(V) = \frac{2}{5} = \frac{\text{nombre de boules vertes}}{\text{nombre total de boules}}$

Soit x le nombre total de boules. Il y a 8 boules vertes.

On obtient l'égalité : $\frac{2}{5} = \frac{8}{x}$.

D'où : $2 \times x = 8 \times 5$

$2x = 40$

$x = 40 \div 2 = 20$

L'urne compte un total de 20 boules, dont 8 boules vertes.
Il y a donc 20 – 8 = 12 boules bleues.

Exercice 2

1 Coordonnées du point de départ du tracé

Les coordonnées du point de départ du tracé se lisent à la 3e ligne d'instruction du script : **(–200 ; –100)**.

2 Nombre de triangles dessinés par le script

Selon la ligne 6 du script, il faut répéter 5 fois l'instruction « bloc triangle ».
Ainsi, **ce script dessine 5 triangles**.

Remarque

L'instruction « répéter 5 fois » constitue une boucle.

3 a. Longueur du côté du deuxième triangle

- Initialement, le côté du triangle est mis à 100 pixels (ligne 5).
- Un premier triangle est construit grâce à la première application du « bloc triangle ».
- Puis la longueur du côté est modifiée (ligne 9) : côté – 20, soit 100 – 20 = 80.
- Le deuxième triangle est alors construit.

Le côté du deuxième triangle tracé mesure 80 pixels.

b. Figure obtenue à l'exécution du script

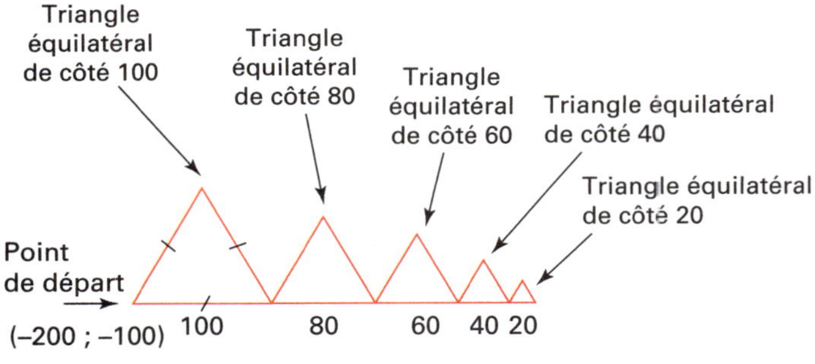

4 Instruction à modifier

Chaque nouveau triangle est construit après que le crayon ait effectué une rotation de 60°.

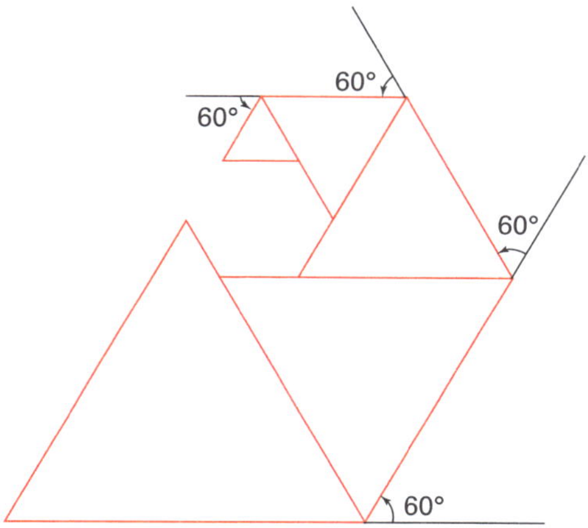

Aussi, **on place l'instruction** tourner ↺ de 60 degrés **après l'instruction n° 8 ou après l'instruction n° 9.**

Exercice 3

1 Étude de proportionnalité

Une situation de proportionnalité entre deux grandeurs s'illustre graphiquement par une droite passant par l'origine du repère.
La courbe proposée passe par l'origine du repère mais n'est pas une droite. **Elle n'illustre donc pas une situation de proportionnalité.**

2 Mesure de tension

Sur le graphique, pour $t = 0{,}2$ s, **on lit une tension associée d'environ 4,4 V** (voir pointillés verts).

> **Pensez-y !**
> Aucune justification n'est demandée. Écrivez une phrase pour répondre.

3 Temps d'accès à 60 % de la tension maximale

- La tension maximale est estimée à 5 V.

60 % de la tension maximale correspond à $\frac{60}{100} \times 5 = 0{,}6 \times 5 = 3$ V.

- Sur le graphique, une tension de 3 V (voir pointillés roses) correspond à $t = 0{,}09$ s.

La tension aux bornes du condensateur aura atteint 60 % de la tension maximale au bout de 0,09 s.

> **L'astuce du prof**
> On trace la droite horizontale $y = 3$ et on lit la valeur de t correspondante.

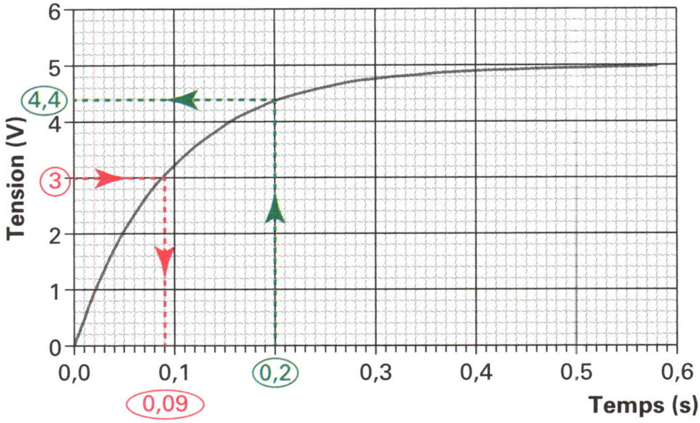

Exercice 4

1 Vérification du prix d'achat de l'électricité

- L'installation étudiée a été faite en mai 2015, donc dans la période du 01/04/15 au 30/06/15.
- C'est une installation de type B d'une puissance totale de 28 kW : le prix d'achat d'un kWh est donc de 13,95 centimes d'euro.
- Le prix d'achat de 31 420 kWh est alors : 31 420 × 13,95 = 438 309 centimes d'euro, soit 4 383,09 €.

Le prix d'achat de 31 420 kWh est bien d'environ 4 383 €.

Pensez-y !
1 € = 100 centimes d'euro.

2 Calcul de l'angle formé par le pan sud du toit

Il s'agit de déterminer la mesure de l'angle $\widehat{ABC}$ dans le triangle ABC.

AC = 7 – 4,8 = 2,2

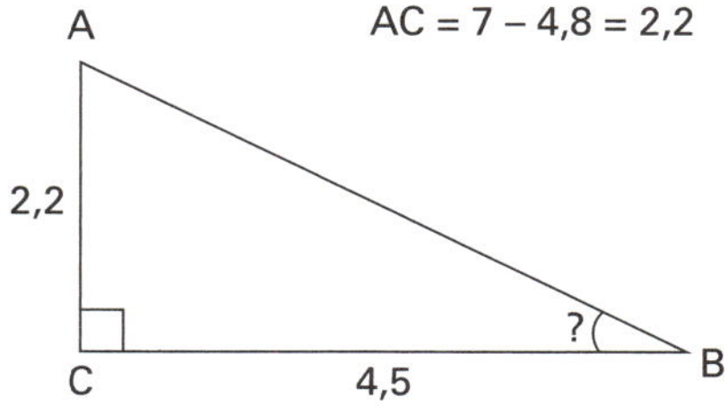

Gagnez des points !
Construisez un croquis sur lequel vous portez toutes les informations données par l'énoncé.

Dans le triangle ABC rectangle en C, on utilise la trigonométrie.

$$\tan \widehat{ABC} = \frac{\text{côté opposé à } \widehat{ABC}}{\text{côté adjacent à } \widehat{ABC}} = \frac{AC}{BC} = \frac{2,2}{4,5}.$$

À la calculatrice, on déduit :

$\widehat{ABC} = \tan^{-1}\left(\frac{2,2}{4,5}\right)$

$\widehat{ABC} \approx 26°$ (valeur arrondie au degré près).

Pensez-y !
Assurez-vous que votre calculatrice est en mode degrés.

3 a. Calcul de la longueur AB

Dans le triangle ABC rectangle en C, on applique le théorème de Pythagore :

$AB^2 = AC^2 + BC^2$

$AB^2 = 2,2^2 + 4,5^2$

$AB^2 = 4,84 + 20,25$

$AB^2 = 25,09$

AB est une longueur (donc AB > 0), d'où $AB = \sqrt{25,09}$.

Ainsi, AB ≈ 5 m (valeur approchée).

La longueur AB est bien environ égale à 5 m.

Gagnez des points !
Le théorème de Pythagore nécessite de travailler dans un triangle rectangle.

Remarque
Deux nombres ont leur carré égal à 25,09 : $\sqrt{25,09}$ et $-\sqrt{25,09}$. Ici, la seconde valeur est exclue.

Autre méthode

- Comme on a calculé $\widehat{ABC}$ dans la question 2, on peut aussi utiliser la trigonométrie dans le triangle ABC rectangle en C.

$\cos\widehat{ABC} = \frac{\text{côté adjacent}}{\text{hypoténuse}} = \frac{BC}{AB}$ ou $\sin\widehat{ABC} = \frac{\text{côté opposé}}{\text{hypoténuse}} = \frac{AC}{AB}$

$\cos 26° = \frac{4,5}{AB}$

Par produit en croix :

$AB \times \cos 26° = 4,5$

$AB = \frac{4,5}{\cos 26°}$

$AB \approx 5$

$\sin 26° = \frac{2,2}{AB}$

Par produit en croix :

$AB \times \sin 26° = 2,2$

$AB = \frac{2,2}{\sin 26°}$

$AB \approx 5$

- Cette méthode présente toutefois deux inconvénients :
– 26° est déjà une valeur approchée de $\widehat{ABC}$;
– il faut être certain du résultat obtenu en 2 pour le réinvestir dans la question suivante.

b. Occupation de la surface du pan sud du toit par les panneaux solaires

- Un panneau photovoltaïque a la forme d'un carré de 1 m de côté.
Sa surface est donc de $1 \times 1 = 1$ m².

- Le propriétaire prévoit d'installer 20 panneaux. Cela correspond à une surface de $20 \times 1 = 20$ m².

- Le pan sud du toit a la forme d'un rectangle de longueur 7,5 m et de largeur AB ≈ 5 m.
Sa surface est donc : $7,5 \times 5 = 37,5$ m².

● La proportion p du pan sud du toit occupée par ces panneaux photovoltaïques est :

$$p = \frac{\text{surface des panneaux}}{\text{surface du pan sud}} = \frac{20}{37,5}$$

$p \approx 0,53$ soit 53 % (résultat arrondi à 1 % près).
Environ 53 % du pan sud du toit est occupé par des panneaux photovoltaïques.

Rappel
Une proportion est un nombre compris entre 0 et 1, exprimé en % pour être plus représentatif.

c. Étude de la faisabilité de l'installation

● Schéma du pan sud du toit

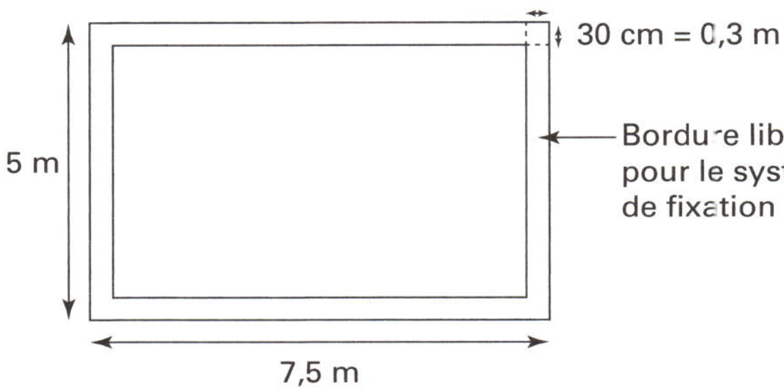

● Ainsi, les dimensions du rectangle disponible pour la pose des panneaux accolés sont :
$7,5 - 2 \times 0,3 = 6,9$ m de longueur
$5 - 2 \times 0,3 = 4,4$ m de largeur

● Sur une longueur de 6,9 m, on peut poser 6 panneaux carrés de 1 m de côté.
Sur une largeur de 4,4 m, on peut poser 4 panneaux carrés de 1 m de côté.
On peut donc poser un maximum de $6 \times 4 = 24$ panneaux.

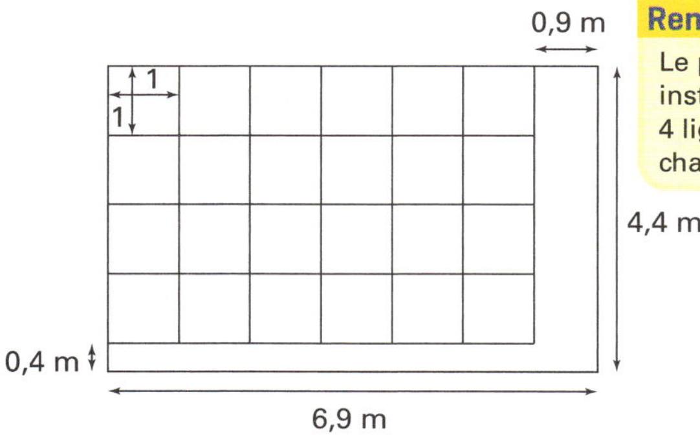

Remarque
Le propriétaire peut installer au maximum 4 lignes de 6 panneaux chacune.

En conclusion, le propriétaire peut installer les 20 panneaux prévus.

Exercice 5

1 Comparaison de vitesses

- Calculons la vitesse v de nage de Pernille Blume en kilomètres par heure.

50 m = 0,05 km

$$24{,}07 \text{ s} = 24{,}07 \times \frac{1}{60} \text{ min} = \frac{24{,}07}{60} \text{ min}$$

$$= \frac{24{,}07}{60} \times \frac{1}{60} \text{ h} = \frac{24{,}07}{3\,600} \text{ h}$$

$$v = \frac{d}{t} = \frac{0{,}05}{\left(\frac{24{,}07}{3\,600}\right)} = 0{,}05 \times \frac{3\,600}{24{,}07}$$

$v \approx 7{,}48$ km/h

$v > 6$ km/h

En conclusion, Pernille Blume a nagé plus rapidement qu'une personne se déplaçant en marchant vite.

Pensez-y !

$1 \text{ s} = \frac{1}{60} \text{ min.}$

$1 \text{ min} = \frac{1}{60} \text{ h.}$

Rappel

$$\text{Vitesse} = \frac{\text{distance parcourue}}{\text{temps de parcours}}$$

Autres méthodes

- **Calcul de la vitesse**

La vitesse v de Pernille Blume en $\text{m} \cdot \text{s}^{-1}$ est :

$$v' = \frac{50}{24{,}07}$$

$v' \approx 2{,}08$ m/s

En 1 s, elle parcourt environ 2,08 m.

Donc en 1 h (1 h = 3 600 s), elle parcourt $3\,600 \times 2{,}08 \approx 7\,488$ m, soit environ 7,49 km.

Sa vitesse est donc de 7,49 km par heure.

- **Comparaison avec la vitesse du marcheur**

On compare les deux vitesses en m/s.

La vitesse v du marcheur est $v = 6$ km/h.

6 km = 6 000 m et 1 h = 60 × 60 s = 3 600 s.

$v = \frac{6\,000}{3\,600}$ m/s soit $v \approx 1{,}67$ m/s.

La vitesse de la nageuse est $v' = \frac{50}{24{,}07}$ m/s, soit $v' \approx 2{,}08$ m/s.

$v' > v$: la nageuse est plus rapide que le marcheur.

2 a. Développement de E

$E = (3x + 8)^2 - 64.$

L'expression $(3x + 8)^2$ est une identité remarquable de la forme $(a + b)^2$ avec $a = 3x$ et $b = 8$ qui se développe en $a^2 + 2ab + b^2$.

$E = (3x)^2 + 2 \times 3x \times 8 + 8^2 - 64$

$E = 9x^2 + 48x + \cancel{64} - \cancel{64}$

$\mathbf{E = 9x^2 + 48x}$

Gagnez des points !

$(3x)^2 = 3x \times 3x = 9x^2$.

b. Factorisation de E

$E = (3x + 8)^2 - 64$

$E = \underbrace{(3x + 8)^2}_{a^2} \underbrace{- 8^2}_{- b^2}$

E est de la forme $a^2 - b^2$ avec $a = 3x + 8$ et $b = 8$ qui se factorise en $(a - b)(a + b)$:

$E = [\underbrace{(3x + \cancel{8})}_{[a} \underbrace{- \cancel{8}]}_{- b]} \; [\underbrace{(3x + 8)}_{[a} \underbrace{+ 8]}_{+ b]}$

$E = (3x + \cancel{8 - 8})(3x + 8 + 8)$

La forme factorisée de E est : $E = (3x)(3x + 16)$.

Rappel

Factoriser E, c'est transformer E en un produit de deux facteurs.

Autres méthodes

- **Méthode 1**

On part de la forme développée de $E = 9x^2 + 48x$ que l'on factorise.

On identifie le facteur commun $3x$ de part et d'autre du signe +.

$E = \underline{3x} \times 3x + \underline{3x} \times 16$

$E = \underline{3x}\,(3x + 16)$.

- **Méthode 2**

On développe : $3x\,(3x + 16) = 3x \times 3x + 3x \times 16 = 9x^2 + 48x$.

Or d'après la question **2 a.** : $E = 9x^2 + 48x$.

On en déduit alors : $E = 3x\,(3x + 16)$.

Ces deux autres méthodes sont efficaces, mais ont pour inconvénient d'utiliser le résultat de la question précédente. Aussi faut-il être sûr de soi !

c. Résolution d'équation

$(3x + 8)^2 - 64 = 0$

En utilisant le résultat de la question **2 b.**, on est ramené à :

$3x\,(3x + 16) = 0$.

C'est une équation produit-nul.

$3x = 0$ ou $3x + 16 = 0$

$x = \frac{0}{3}$ $3x = -16$

$x = 0$ $x = -\frac{16}{3}$.

L'équation a pour solutions les nombres 0 et $-\frac{16}{3}$.

Rappel

Dans une équation produit-nul type $A \times B = 0$, $A = 0$ ou $B = 0$.

Remarque

Il ne faut pas donner de valeur approchée de x pour solution de l'équation.

Autre méthode

$(3x+8)^2 - 64 = 0$

$(3x+8)^2 = 64$

Deux nombres ont leur carré qui vaut 64 : les nombres 8 et –8.

$3x + 8 = 8$ ou $3x + 8 = -8$

$3x = 8 - 8$ $\quad$ $3x = -8 - 8$

$3x = 0$ $\quad$ $3x = -16$

$x = \frac{0}{3} = 0$ $\quad$ $x = -\frac{16}{3}$

Les solutions de l'équation sont 0 et $-\frac{16}{3}$.

3 Calcul de vitesse sur route mouillée

On utilise la formule :

$$d = k \times V^2$$

avec $\begin{cases} d = 15 \text{ m} \\ k = 0{,}14 \end{cases}$ (k, coefficient correspondant à une route mouillée)

$15 = 0{,}14 \times V^2$

$V^2 = \frac{15}{0{,}14}$

$V^2 \approx 107{,}14$

D'où $V \approx \sqrt{107{,}14}$ (car $V > 0$)

$V \approx 10{,}35$

Un véhicule mettant 15 m à s'arrêter sur route mouillée roulait à environ 10,35 m/s.

Remarque

L'équation $V^2 = 107{,}14$ admet deux solutions : $\sqrt{107{,}14}$ et $-\sqrt{107{,}14}$. Comme $V > 0$, la seconde solution ne répond pas à notre exercice.

Remarque

$10{,}35 \text{ m/s} = 10{,}35 \times 3{,}6 \text{ km/h}$
$\approx 37 \text{ km/h}$.

Exercice 6

1 a. Lecture de données dans le tableur

Les employés en situation de surpoids ou d'obésité dans cette entreprise sont ceux dont l'IMC dépasse 25 (d'après le *document 2*).

Ils sont au nombre de 3.

b. Formule écrite dans la cellule B3

En B3 figure l'IMC de l'employé dont la taille est notée en B1 et la masse en B2.

$\text{IMC} = \frac{\text{masse}}{\text{taille}^2}$.

La formule correcte est donc :

= B2/(B1 * B1)

L'astuce du prof

Pour déterminer la bonne formule, on remplace les nombres par le contenu de la cellule correspondante.

Étude des autres propositions

- La formule = 72/1,69^2 donne le bon résultat 25,2. Mais comme il n'y a pas de référence à une cellule, par recopie vers la droite, le résultat sera toujours égal à 25,2.
- La formule = B1/(B2 * B2) fait pour l'employé le calcul : $\dfrac{\text{taille}}{\text{masse} \times \text{masse}}$. Cela ne correspond pas à l'IMC.
- La formule = $B2/($B1 * $B1) n'est pas correcte, car chaque $ placé devant la lettre B fixe la colonne B. Et donc un étirement vers la droite ne permettra pas de passer « à la colonne suivante » (pour faire le calcul C2/(C1 * C1), puis D2/(D1 * D1)...).

2 a. Calcul de l'IMC moyen

L'IMC moyen des 41 employés de cette entreprise est :

$$IMC_{moyen} = \frac{9 \times 20 + 12 \times 22 + 6 \times 23 + 8 \times 24 + 2 \times 25 + 1 \times 29 + 1 \times 30 + 2 \times 33}{41}$$

$$IMC_{moyen} = \frac{949}{41}$$

$\mathbf{IMC_{moyen}} \approx \mathbf{23}$ (résultat arrondi à l'entier le plus proche).

b. Calcul de l'IMC médian

- L'entreprise compte 41 employés, un nombre impair.

Dans la série des 41 IMC, l'IMC médian est donc le terme central, le 21e terme.

Gagnez des points !

Dans une série à n termes, avec n impair, la médiane est le $\frac{n+1}{2}$ème terme.

20 termes — médiane — 20 termes

20 20 … 20 | 22 … (22) | 23 … 23 | … 30 33 33

9 termes du 1er au 9e terme | 12 termes du 10e au 21e terme | 6 termes du 22e au 27e terme

Ainsi, $\mathbf{IMC_{médian}}$ = 22.

- Interprétation du résultat :

Au moins 50 % des employés de l'entreprise ont un IMC supérieur ou égal à 22 (ou inférieur ou égal à 22).

c. Comparaison de proportions

- Parmi les 41 employés de l'entreprise, 2 + 1 + 1 + 2 = 6 sont en surpoids ou obèses (c'est-à-dire qu'ils ont un IMC ≥ 25).

Cela correspond à une proportion de : $\frac{6}{41} \approx 0,146$ soit 14,6 %.

• Selon certains magazines, au moins 5 % de la population mondiale est en surpoids.
14,6 % > 5 %.
Les employés de cette entreprise vérifient cette affirmation.

Exercice 7

1 Calcul de la quantité de sucre nécessaire

Pour 1 kg de fraises, il faut 700 g de sucre.
En respectant ces proportions, pour 1,8 kg de fraises, il faut $1{,}8 \times 700 = 1\,260$ g de sucre.
Léo a besoin de 1 260 g, soit 1,26 kg de sucre.

2 Calcul du nombre de pots de confiture

• Schéma d'un pot de confiture :

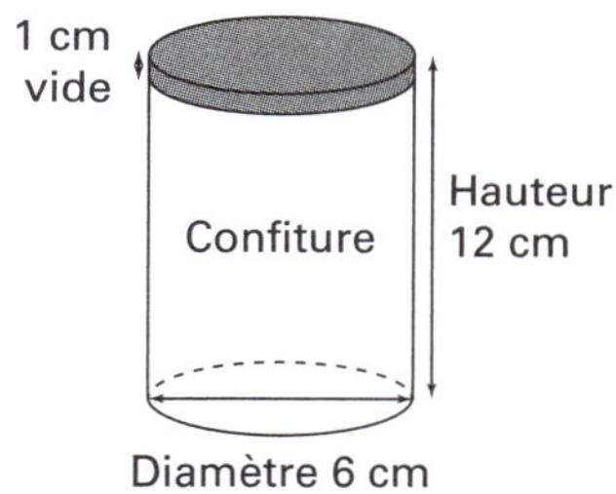

• Le volume ϑ de confiture contenu dans un pot est celui d'un cylindre de rayon $R = \frac{\text{diamètre}}{2} = \frac{6}{2} = 3$ cm et de hauteur h celle du pot moins un centimètre, soit $h = 12 - 1 = 11$ cm.
$\vartheta = \pi \times 3^2 \times 11$
$\vartheta = 99\,\pi$ cm³ (volume exact)
$\vartheta \approx 311$ cm³ (volume arrondi au cm³ près).

• Léo a obtenu 2,7 L de confiture.
2,7 L = 2,7 dm³ = 2 700 cm³.

• On déduit le nombre de pots de confiture à remplir.
$2\,700 \div 311 \approx 8{,}7$.
Léo pourra remplir complètement 8 pots, et le 9e pot ne sera pas complètement rempli.

> **Gagnez des points !**
> $\vartheta_{\text{cylindre}} = \pi r^2 h$.

> **Rappel**
> 1 L = 1 dm³ = 1 000 cm³.

> **Pensez-y !**
> Le nombre de pots est un entier.

3 a. Calcul de la longueur de l'étiquette

L'étiquette du pot recouvre toute la surface latérale du cylindre. Elle a la forme d'un rectangle de longueur correspondant au périmètre du cercle de base du cylindre.

$L = 2 \times \pi \times \text{rayon}$
$L = 2 \times \pi \times 3$
$L = 6\pi$ (valeur exacte)
$L \approx 18{,}8$.
La longueur de l'étiquette est bien d'environ 18,8 cm.

Rappel
Périmètre d'un cercle $= 2 \times \pi \times \text{rayon}$.

b. Étiquette à l'échelle $\frac{1}{3}$

- L'étiquette a la forme d'un rectangle de longueur $L \approx 18{,}8$ cm et de largeur ℓ correspondant à la hauteur du pot, soit 12 cm.
- Dans une réduction de rapport $\frac{1}{3}$, les longueurs sont multipliées par $\frac{1}{3}$.

$L_{\text{réduit}} = L \times \frac{1}{3} = 18{,}8 \times \frac{1}{3}$ soit $L_{\text{réduit}} \approx 6{,}3$ cm.

$\ell_{\text{réduit}} = \ell \times \frac{1}{3} = 12 \times \frac{1}{3} = 4$ cm.

- Réduction à l'échelle $\frac{1}{3}$ de l'étiquette :

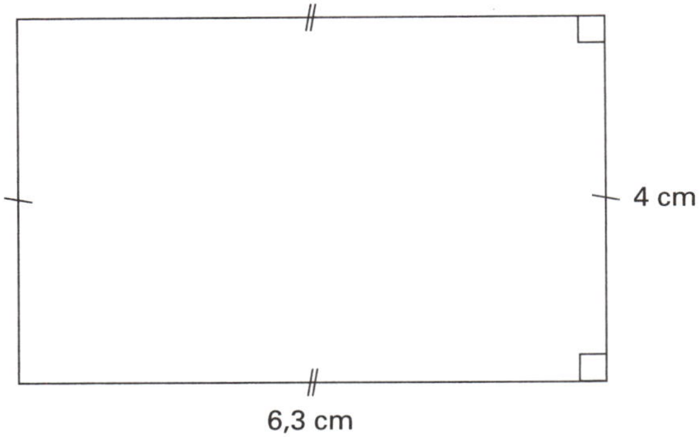

SOMMAIRE

INFOS-BREVET

SE CHERCHER, SE CONSTRUIRE

VIVRE EN SOCIÉTÉ, PARTICIPER À LA SOCIÉTÉ

REGARDER LE MONDE, INVENTER DES MONDES

AGIR SUR LE MONDE

COMPRENDRE LE MONDE

L'épreuve de Français expliquée

La nouvelle épreuve du brevet

• L'épreuve de Français se compose de deux parties obligatoires :
– **une première partie,** d'une durée **d'1 h 10**, évalue votre capacité à comprendre, analyser et interpréter des documents et des œuvres qu'ils soient littéraires ou artistiques.
– **une seconde partie,** d'une durée d'**1 h 50**, évalue principalement votre maîtrise de la langue (orthographe) et votre capacité à rédiger un texte long (rédaction).

• Le sujet comporte **un corpus d'un texte** qui peut être accompagné d'un document iconographique (photo, affiche, schéma, œuvre d'art, etc).

Comment s'organise l'épreuve de Français ?

• **Durée :** l'épreuve dure en tout **3 heures**, et se divise en **deux parties** séparées par une pause.

• **Notation :** la notation globale est sur **100 points**. Dans la première partie, les questions liées au texte littéraire sont notées sur **50 points**. La seconde partie est évaluée sur **50 points** : la dictée est notée sur 10 points et la rédaction sur 40 points.

• **L'épreuve** comporte quatre types de sujets différents expliqués dans le tableau ci-dessous :

Grammaire et compétences linguistiques	Compréhension et compétences d'interprétation	Dictée	Rédaction
Questions sur des points de langue précis et exercice de réécriture.	Questions sur l'interprétation du texte.	Extraite le plus souvent de la même œuvre que celle du texte d'étude ou dont le thème est semblable.	Choix entre **un sujet d'imagination** et **un sujet de réflexion** en lien avec le texte étudié.

Quels sont les critères d'évaluation de ma copie de Brevet ?

• On attend de vous que vous soyez capable de :
– **rédiger entièrement** vos réponses en reprenant des éléments de la question ;
– **faire figurer les citations** du texte entre guillemets ;
– **respecter les consignes** et veiller à ne pas faire de **faute d'orthographe** (jusqu'à 4 points peuvent être retirés).

• **Dans la réécriture**, les fautes de copie et les modifications non demandées sont sanctionnées.

• **Dans la dictée**, on vous retirera :
– **1 point** par faute grammaticale (homophones, accords, conjugaison) ;
– **0,5 point** par faute lexicale ;
– **0,5 point** par accent (à hauteur de 2 points).

La méthode pour le Brevet

Les questions 1 h 10

Lire le texte et les questions

- **Lisez d'abord le paratexte** (nom de l'auteur, titre du livre, année de publication, introduction figurant en italique avant l'extrait qui fournit des informations sur le contexte et parfois le type de texte à analyser) afin de comprendre de quoi il s'agit. Parfois, une question peut demander de s'y référer pour justifier la réponse.

Remarques

- Les copies et les feuilles de brouillon vous sont fournies.
- Aucun document n'est autorisé.

- **Lisez le texte lentement** une première fois pour en comprendre le sens général (narrateur, personnages, lieu, époque, thème).
- **Procédez à une relecture** afin de mieux le mémoriser, dégager sa structure, saisir les images, l'implicite ou simplement ce qui aurait pu échapper à la première lecture.
- **Soyez attentif(ve) aux questions en deux parties.**

Soigner les réponses et la copie

- **Développez et approfondissez les réponses sur 1,5 ou 2 points.**
- **Apportez d'abord une explication,** puis justifiez à l'aide du texte : recopier seulement des mots du texte ne constitue pas une explication.
- **Prélevez uniquement les mots ou groupes de mots essentiels à la justification** et non des passages entiers. Chacun d'entre eux doit figurer entre guillemets.

Conseil

Vous pouvez utilisez le signe [...] pour éviter de recopier une phrase en entier. Veillez cependant à ce que les mots qui justifient la réponse figurent bien sur la copie.

- **Notez le numéro de la question** et les subdivisions (a., b., c.) quand il y en a. Aérez votre copie en sautant des lignes entre les questions.
- Si les deux dernières questions portent sur un document iconographique joint au texte, **réfléchissez aux points communs et aux différences entre les documents.**

Les questions les plus fréquentes

- **En vocabulaire,** les questions portent souvent sur : les synonymes et les antonymes ; la décomposition d'un mot en radical, préfixe et suffixe ; le champ lexical ; la définition d'un mot ; les figures de style (surtout la métaphore, la comparaison et la personnification).
- **En grammaire,** les questions portent souvent sur : les types et formes de phrases ; les natures et les fonctions grammaticales ; les temps du mode indicatif et leurs valeurs (surtout l'imparfait, le passé simple, le présent) ; le rapport logique entre les propositions (une prédilection pour la cause et la conséquence) ; le passage de la coordination à la subordination (et inversement) ; les discours direct et indirect ; le point de vue du narrateur.

La réécriture

- **Montrez-vous méthodique** afin de ne pas oublier certaines transformations en cours de copie. Si deux modifications sont demandées, procédez d'abord à la première, puis à la seconde.
- **Demandez-vous quels mots sont touchés** par la transformation et soulignez-les d'abord dans l'extrait à modifier.
- **Soyez attentif(ve)** en recopiant le reste du texte.
- À la fin de la réécriture, les copies sont ramassées. Il est donc impossible de revenir sur le travail effectué.

Les différents types de réécriture

- **Le changement de genre** → Faites attention aux adjectifs qualificatifs, aux pronoms et déterminants possessifs, aux participes passés.
- **Le changement de nombre** → Faites attention à la terminaison des verbes, des adjectifs qualificatifs et participes passés et aux déterminants possessifs et pronoms.
- **Le passage d'un temps simple à un temps composé** → Faites attention à la terminaison des participes passés selon l'auxiliaire employé.
- **Le passage du discours direct au discours indirect (ou l'inverse)** → Faites attention à la ponctuation, aux déterminants possessifs et aux pronoms, aux temps verbaux et aux indications de temps et de lieu.

La dictée 20 min

Comment se déroule la dictée ?

Elle se déroule en **trois temps** :
1. une première lecture expressive ;
2. la dictée effective du texte, par groupes de mots cohérents, avec les liaisons obligatoires et la ponctuation ;
3. une relecture de l'ensemble, sans ponctuation.

Attention : à partir de l'étape 3, il ne sera répondu à aucune de vos questions.

- **Écoutez** attentivement la lecture du texte pour en comprendre le sens.
- **Écrivez sans vous arrêter sur l'orthographe d'un mot** afin de ne pas perdre le rythme de la dictée et repérez les liaisons effectuées par le lecteur.
- **Suivez la relecture** pour vérifier que vous n'avez oublié aucun mot.
- **Relisez soigneusement** votre copie par étapes. Vérifiez :

– d'abord **l'orthographe grammaticale** :
les homophones : « a » / « à », « ou » / « où », « et » / « est », « mes » / « mais », « se » / « ce » ;
les verbes : a-t-il un sujet ? est-il conjugué ? est-ce lui qui est conjugué ou un auxiliaire ? est-ce une action ou un état ? quel est le féminin du participe passé ?) ;
les accords : déterminant/nom, adjectif qualificatif ou participe passé/nom ;
– puis **l'orthographe lexicale** : certains préfixes doublent la consonne ; chercher un mot de la même famille peut renseigner sur la consonne finale ; dégager le radical peut aider à écrire le mot.

> **Conseil**
> **Écrivez lisiblement** : tout doute du correcteur est compté comme une erreur.

La rédaction 1 h 30

Comment aborder la rédaction ?

- Pour ce travail d'écriture, vous devez **choisir un sujet** entre les deux.
- **Lisez avec beaucoup d'attention le sujet choisi,** ainsi que les consignes d'écriture qui le suivent.
- **Vérifiez le sens des mots incompris** dans le dictionnaire.

> **Conseil**
> Les sujets de rédaction s'appuient sur le texte distribué au cours de la première partie de l'épreuve : laissez-le sur la table afin de vous y reporter si nécessaire.

Le sujet d'imagination

- **Notez à quelle personne le devoir doit être rédigé** (première ou troisième personne).
- **Notez également le plan** si le sujet le précise (parties, paragraphes). S'il n'est pas indiqué, c'est à vous d'en construire un.

> **Conseil**
> **Organisez vos idées** au brouillon et rédigez directement au propre.

- **Relevez la forme que doit prendre le devoir** (lettre, journal intime, récit et dialogue, récit et description, suite de texte...) et **listez ses caractéristiques** afin de ne pas oublier de les appliquer.
- **Dégagez ensuite le contenu** : quel est le thème ? De quels personnages s'agit-il ? Quelles sont les circonstances ? Des sentiments doivent-ils être exprimés ?

Remarque

Un dictionnaire sur support papier est autorisé.

- **Vérifiez que toutes les contraintes ont été respectées,** une fois le brouillon terminé.
- **Vérifiez la construction des phrases et l'orthographe,** veillez à supprimer les répétitions.

Le sujet de réflexion

- **Soulignez les mots-clés** du sujet et **notez le thème.**
- **Construisez un plan** selon le type de sujet : demande-t-il les avantages et les inconvénients ? Les causes et les conséquences ? Une explication et un commentaire ? Votre avis personnel ?
- **Rédigez entièrement au brouillon l'introduction et la conclusion :**

– l'introduction amène le sujet et le situe dans un contexte ; elle présente ensuite le sujet, puis le plan ;
– la conclusion résume l'argumentation qui a été présentée et se termine par une phrase d'ouverture, toujours en rapport avec le sujet traité, qui élargit la réflexion.

- **Organisez le devoir** en parties distinctes et en paragraphes (saut de ligne, retour à la ligne).
- **Reliez les paragraphes et les arguments entre eux** à l'aide d'indicateurs logiques (ensuite, ainsi, en effet...).

Le programme

Attention !

- Les indications qui suivent sont conformes au texte du *Bulletin Officiel* de l'Éducation nationale du 26 novembre 2015. Les nouveaux programmes sont entrés en vigueur à la rentrée 2016.
- La **réforme du collège** a mis en place un enseignement par cycles.
- Le **cycle 4** correspond aux **trois classes du collège** : 5e, 4e et 3e.
- **En Français**, il y a un programme pour chaque niveau du collège.

Les 5 thèmes du programme

Entrée du cycle 4	Thème étudié en classe de 3e
Se chercher, se construire	Se raconter, se représenter
Vivre en société, participer à la société	Dénoncer les travers de la société
Regarder le monde, inventer des mondes	Visions poétiques du monde
Agir sur le monde	Agir dans la cité : individu et pouvoir
Questionnements complémentaires	Progrès et rêves scientifiques

→ Chaque entrée du cycle 4 est approfondie dans chaque niveau du cycle.

Sujet 1

3 heures

Michel Tremblay, *Bonbons assortis*

Centres étrangers, juin 2018

FRANÇAIS

Travail sur le texte littéraire et sur l'image

1 h 10 **50 pts**

Document A Texte littéraire

Il ouvrit toute grande la porte ; une trombe d'eau tiède nous submergea d'un seul coup et je me dis ça y est, c'est là qu'on meurt ! Dehors, c'était chaud, humide, l'orage battait son plein, des éclairs jaillissaient presque sans cesse et le tonnerre semblait tomber un peu partout en provoquant des échos horrifiants. Ça sentait fort quelque chose que j'ignorais encore être de l'ozone, les arbres étaient secoués de bourrasques de pluie, le monde entier était mouillé et la colère du ciel tombait sur nous en vagues enragées et destructrices. Comme si la nature s'était vengée de quelque chose que je ne saisissais pas encore.

« R'garde si c'est beau, Michel ! R'garde ça si c'est beau ! »

Beau ?

Mais c'était la fin du monde !

J'étais tellement terrifié que j'étais convaincu que j'allais d'une seconde à l'autre faire pipi sur la bedaine naissante de mon père.

Il s'assit sur la chaise à bascule de sa mère, me retourna dans ses bras, m'installa sur ses genoux.

« Garde pas les yeux fermés comme ça… Ouvre-les. Pis regarde ça… »

Il se releva aussitôt que j'eus les yeux ouverts et s'approcha de la rambarde du balcon contre laquelle il s'appuya. Il se pencha même un peu au-dessus du vide.

Ça non plus, les arbres, les escaliers extérieurs, les balcons voisins, la rue, je n'avais jamais vu ça d'aussi haut et, au lieu d'avoir peur, les pieds battants au-dessus du gouffre et la tête sous la pluie, je connus un des plus agréables vertiges de mon enfance.

La pluie nous tombait dessus, les éclairs éclataient, suivis du tonnerre qu'on prétendait si dangereux, les arbres étaient secoués par un vent violent et produisaient un bruissement qui aurait dû me terroriser, mais plus rien ne semblait dangereux parce que j'étais à vingt pieds du sol, dans les bras de mon père qui, par la seule force de sa volonté, faisait en sorte que rien ne m'arrive !

Rien ne pouvait m'arriver !

Protégé contre tout mal, rendu invincible par la présence de mon père qui affrontait la tempête au lieu de se cacher, j'étais l'enfant le plus heureux du monde.

Michel Tremblay, « Sturm and Drang »[1] dans *Bonbons assortis*, Léméac/Actes Sud 2012.

1. « Sturm and Drang » : ce titre signifie tempête et passion.

Document B Image

Enée, Anchise et Ascagne, Le Bernin, 1618-1619, sculpture en marbre, Rome.

(Enée porte son père Anchise, âgé et souffrant, sur son épaule. Derrière lui, se trouve son fils Ascagne. Ils fuient la ville de Troie, assiégée et incendiée.)

Les réponses aux questions doivent être entièrement rédigées.

Grammaire et compétences linguistiques → corrigé p. 126

1 « Beau ? / Mais c'était la fin du monde ! » (lignes 11 et 12)

a. Quels sont les deux types de phrases employés ? **1 pt**

b. Quels sentiments sont ainsi exprimés ? **1 pt**

2 a. Quel est le niveau de langue utilisé dans le dialogue ? Relevez deux exemples et expliquez en quoi ils relèvent de ce niveau de langue. **2 pts**

b. Comment expliquez-vous l'emploi de ce niveau de langue par le père ? **1 pt**

3 « [...] plus rien ne me semblait dangereux parce que j'étais à vingt pieds du sol, dans les bras de mon père [...] » (lignes 29 et 30)

a. Identifiez le connecteur logique et donnez sa classe grammaticale. **2 pts**

b. Quel rapport logique exprime ce connecteur ? **1 pt**

c. Quelle conjonction de coordination exprime le même rapport logique ? **1 pt**

4 « Invincible » (ligne 33)

a. Analysez la composition de ce mot. **1 pt**

b. Expliquez son sens. **1 pt**

c. Donnez sa classe grammaticale. **1 pt**

5 « La pluie nous tombait dessus, les éclairs éclataient, suivis du tonnerre qu'on prétendait si dangereux, les arbres étaient secoués par un vent violent et produisaient un bruissement [...] » (lignes 26 à 28)

Réécrivez ce passage au passé composé. **10 pts**

Compréhension et compétences d'interprétation → corrigé p. 127

1 Qu'avez-vous compris de ce texte ? **2 pts**

2 Quel est le point de vue adopté dans ce texte ? Justifiez votre réponse avec au moins trois indices. **4 pts**

3 a. Dans le premier paragraphe, relevez deux figures de style que vous nommerez. **2 pts**

b. À partir de cette réponse, comment le narrateur raconte-t-il l'orage ? **2 pts**

4 a. Quels sont les sentiments successifs ressentis par l'enfant ? **2 pts**

b. Comment expliquez-vous cette succession ? **2 pts**

5 Dans ce récit, quel est le rôle du père ? Expliquez. **4 pts**

6 Selon vous, pour quelles raisons le narrateur décide-t-il de raconter cet épisode ? Vous vous appuierez précisément sur le texte. **4 pts**

7 Quelles ressemblances et quelles différences percevez-vous entre la sculpture et le texte ? Appuyez-vous entre autres sur la disposition des personnages. **6 pts**

Dictée → corrigé p. 129

20 min **10 pts**

› Écoutez la dictée sur le site abcbrevet.com.

Consignes :
– On dictera le texte à haute voix à plusieurs reprises.
– On inscrira au tableau de manière lisible par l'ensemble des candidats le titre de l'œuvre et le nom de l'auteur ainsi que les mots **Robertine** et **hockey**.

Rédaction

1 h 30 **40 pts**

Vous traiterez au choix un des deux sujets de rédaction suivants :

Sujet d'imagination → corrigé p. 130

› Racontez un épisode heureux de votre enfance lors duquel un adulte a joué un rôle déterminant.

Vous insisterez sur la succession des sentiments éprouvés. Vous évoquerez la leçon que vous en avez tirée.

Sujet de réflexion → corrigé p. 131

› Comment concevez-vous le rôle des parents dans l'éducation de leurs enfants ?

Vous répondrez à cette question en développant plusieurs arguments.

Sujet 1 Corrigé

Grammaire et compétences linguistiques → énoncé p. 125

Les clés pour réussir

1 On distingue quatre types de phrases : **déclaratives, interrogatives, injonctives** (ou **impératives**) et **exclamatives**.

2 **a.** et **b.** On appelle **niveaux de langue** les **différentes manières de s'exprimer** selon la situation des interlocuteurs et leurs rapports. Il existe trois niveaux de langue : **familier, courant** et **soutenu**. Un niveau de langue permet de **caractériser des personnages** (âge, milieu social...) ou de jouer sur la **tonalité du texte** (humoristique, solennelle...).

3 **a.**, **b.** et **c.** Les **connecteurs** (ou **indicateurs**) **logiques** sont les mots ou expressions qui permettent d'**établir un lien logique entre deux propositions** ou deux paragraphes. Les liens les plus marqués sont la **cause**, la **conséquence** et l'**opposition** ; ils sont exprimés notamment grâce aux **conjonctions de subordination** (parce que, si bien que, alors que...) ou de **coordination** (car, donc, mais...).

4 **a.** Analyser la composition d'un mot c'est trouver son **radical**, son **préfixe** et son **suffixe**. **Attention**, les trois éléments ne sont pas toujours présents.

FRANÇAIS

1 **a.** Les phrases employées sont de type interrogatif et exclamatif. On les reconnaît aux signes de ponctuation utilisés : point d'interrogation et point d'exclamation.

b. Ces phrases traduisent la surprise et la peur du narrateur.

2 Le dialogue est rédigé dans un niveau de langue familier. Plusieurs exemples sont caractéristiques de ce registre de langage : « R'garde » fait l'élision d'une lettre comme pour reproduire une tournure orale et familière ; « Garde pas les yeux fermés comme ça » est marqué par l'absence du premier élément de négation « ne ».

3 **a.** Le connecteur logique est la conjonction de subordination « parce que ».

b. Ce connecteur permet d'établir un lien de cause entre les deux propositions.

c. Ce connecteur pourrait être remplacé par la conjonction de coordination « car » qui exprime également la cause.

4 **a.** Le mot « invincible » est composé du préfixe « in- », du radical « vinc- » et du suffixe « -ible ».

b. Le préfixe « in- » indique le contraire, le radical est issu du verbe vaincre, et le suffixe « -ible » indique la possibilité. Ce mot signifie donc « qui ne peut être vaincu ».

c. Ce mot est un adjectif qualificatif.

5 La pluie nous <u>est tombée</u> dessus, les éclairs <u>ont éclaté</u>, suivis du tonnerre qu'on <u>a prétendu</u> si dangereux, les arbres <u>ont été secoués</u> par un vent violent et <u>ont produit</u> un bruissement. »

Compréhension et compétences d'interprétation

→ *énoncé p. 125*

Les clés pour réussir

1 Cette première question très ouverte peut être déstabilisante, il suffit en fait de **résumer l'intention de l'auteur** du texte : pourquoi a-t-il écrit ce texte et que raconte-t-il ?

2 Pour trouver le point de vue narratif d'un texte, **il faut se demander « qui voit » la scène**. Il existe trois points de vue : **omniscient** (le narrateur voit tout et sait tout), **interne** (le narrateur ne voit et dit que ce que voit et dit le personnage), **externe** (le narrateur raconte l'histoire comme si elle était filmée, il ne connaît pas les pensées des personnages).

3 **a.** On appelle **figures de style** des **façons de parler ou d'écrire pour attirer l'attention du destinataire, rendre le texte plus expressif et plus imagé** en ne se contentant pas d'un usage informatif de la langue.

1 Ce texte évoque un souvenir d'enfance pendant un orage. Le narrateur exprime ce qu'il a ressenti alors et comment la présence de son père a fait évoluer ses impressions.

2 Ce texte adopte un point de vue interne. Les pronoms de la première personne renvoient au narrateur « je, mon... » ; il s'agit d'un souvenir autobiographique où l'auteur livre à la fois ce qu'il a ressenti dans l'enfance et ce qu'il en pense aujourd'hui « Ça sentait fort quelque chose que j'ignorais encore être de l'ozone » (ll. 5-6) ; et l'on ne connaît que les sentiments du narrateur « j'étais l'enfant le plus heureux du monde » (ll. 34-35).

3 **a.** Les figures de style présentes dans le premier paragraphe sont la métaphore « une trombe d'eau tiède nous submergea » (l. 1), l'hyperbole « c'est là qu'on meurt ! » (l. 2), « le monde entier était mouillé » (l. 7), et la personnification « la colère du ciel » (l. 7), « vagues enragées (l. 8), « Comme si la nature s'était vengée » (ll. 8-9).

b. Ces figures de style produisent deux effets : non seulement elles exagèrent et amplifient l'orage pour le transformer en déluge de fin du monde, mais aussi elles le personnifient, lui donnent vie, et l'orage devient ainsi un monstre inquiétant doué de sentiments humains (colère, vengeance).

4 **a.** L'enfant ressent d'abord de la peur « J'étais tellement terrifié » (l. 13). Il est ensuite pris d'un sentiment trouble entre la peur et le plaisir « je connus un des plus agréables vertiges » (ll. 24-25). Enfin, le bonheur finit par l'emporter sur tout le reste « j'étais l'enfant le plus heureux du monde » (ll. 34-35).

b. L'évolution des sentiments de l'enfant est liée à la présence rassurante de son père qui ne craint pas l'orage et qui communique son courage à son fils « rendu invincible par la présence de mon père qui affrontait la tempête au lieu de se cacher » (ll. 34-35).

5 Dans cet extrait, le père aide l'enfant à découvrir le monde, à le voir autrement et à repousser ses peurs « R'garde ça si c'est beau ! » (l. 10). Son attitude sereine offre une protection à l'enfant qui s'abandonne à lui en toute confiance « plus rien ne me semblait dangereux [...] dans les bras de mon père » (ll. 29-30).

6 Le narrateur décide de raconter cet épisode pour montrer l'importance du rôle protecteur de son père dans son éducation « mon père qui, par la seule force de sa volonté, faisait en sorte que rien ne m'arrive ! » (ll. 30-31). De plus, il veut montrer, comme souvent dans les récits autobiographiques, qu'il a changé, et que plusieurs aspects de sa vie d'adulte sont liés à cet épisode « ça sentait fort quelque chose que j'ignorais encore être de l'ozone » (ll. 5-6), « quelque chose que je ne saisissais pas encore. » (l. 9) l'adverbe « encore » répété montre qu'il a acquis depuis de nouvelles connaissances.

7 La sculpture du Bernin montre un épisode très important de la mythologie : la fuite deTroie par Énée qui va aller fonder Rome. On y voit trois générations : Énée qui porte son père Anchise, et Ascagne qui le suit. On retrouve le modèle du père sur lequel le fils règle ses pas et derrière lequel il se protège, mais la position est inversée par rapport au texte : ici c'est le fils qui porte le père pour le protéger. La présence des trois générations de haut en bas sur la sculpture insiste aussi sur la transmission des parents aux enfants.

FRANÇAIS

Dictée → *énoncé p. 126*

Les clés pour réussir

Bien conjuguer

- Le **conditionnel présent** : il se forme sur le **radical du futur** auquel on ajoute les **terminaisons de l'imparfait** (exemple : crier → futur : il criera ; conditionnel présent → il crierait).

Ne pas confondre

- on n'avait pas/ on avait : il faut être attentif à l'ensemble de la phrase pour **savoir s'il y a une négation ou pas**.

Bien orthographier

- « plusieurs » : ne pas oublier le « s ».
- « printemps » prend toujours un « s ».
- « semblable » : attention au son « -ble » qui est répété.

Les mots difficiles

- **désobligeant, e** : adj., peu aimable.

On n'avait pourtant rien annoncé de particulier pour cette nuit-là, à part une belle pluie d'août qui viendrait enfin dissiper cette horrible et collante humidité que nous avions eue à endurer sans relâche plusieurs semaines de suite. Un front froid s'avançait [...]. Toute la maisonnée s'était préparée à cette pluie en soupirs de satisfaction et remarques désobligeantes pour le maudit été trop chaud, trop long, trop collant. Ma grand-mère prétendait soudain détester l'été, ma tante Robertine rêvait au mois d'octobre, mes frères parlaient déjà de hockey. Six mois plus tard, aux premiers frémissements du printemps, ils proféreraient des horreurs semblables au sujet de l'hiver.

Michel Tremblay, « Sturm and drang », *Bonbons assortis*, Léméac/Actes Sud, 2012.

On notera au tableau : Robertine et hockey.

Travail d'écriture – Sujet d'imagination → énoncé p. 126

Les clés pour réussir

On vous demande le récit d'un souvenir heureux faisant intervenir un adulte. Pensez à respecter les points suivants :

L'introduction pour présenter le souvenir

Précisez les circonstances de votre récit (où ? quand ? avec qui ?...).

Le récit d'un souvenir heureux

L'anecdote peut être liée au quotidien, elle n'a pas besoin d'être exceptionnelle. Vous n'êtes pas non plus obligé de raconter un souvenir réel, mais il faut qu'il soit vraisemblable.

Sentiments

Plusieurs sentiments doivent être évoqués, ils peuvent évoluer au cours du récit.

La conclusion

Elle montre la leçon tirée de l'épisode.

Méthode

Pour vous aider, nous vous avons indiqué en couleur les parties de la rédaction qui répondent aux consignes.

Récit du souvenir avec l'adulte Sentiments Leçon

Je me souviens très bien de ces vacances passées chez mes grands-parents lorsque j'étais petite, ces vacances où papy m'a dit que je pourrais l'aider à planter les pommes de terre dans le jardin avec lui. Cette proposition me transporta de joie : une mission de « grand » à laquelle j'allais pouvoir participer. J'imaginais qu'on allait pouvoir planter des milliers de pommes de terre puis les revendre et ainsi gagner beaucoup d'argent ! Quelle bonne nouvelle ! J'étais tellement excitée qu'au moment d'aller au lit, il m'a été difficile de m'endormir !

Le lendemain, au petit matin, papy m'attendait pour planter ces fameuses pommes de terre ! J'étais prête : habillée avec des vieux tee-shirt à son odeur, un vieux jean pour ne pas me salir, les bottes pour être dans le jardin... J'étais la plus heureuse des petites filles !

J'arrivai dans le jardin, il fallait commencer par préparer le terrain, désherber, retourner la terre... C'était fatigant mais j'attendais ce jour avec impatience et je voulais faire la grande donc pas question de me plaindre ! Puis, enfin, on a planté les patates « germées » dans la terre. Je les trouvais amusantes avec leurs petites cornes, elles ressemblaient à des rhinocéros ! Papy m'a quand même expliqué que c'était ces « petites cornes » qui permettaient de faire un pied de patates mais moi je croyais qu'il me racontait des bêtises : il me parlait de « pied » or je savais bien que les pommes de terres ne marchaient pas !!! Quel farceur ce papy !

Puis il m'expliqua que ça suffisait pour cette première journée et que je reviendrai les « butter » dans quinze jours. « Butter les patates ? Mais pourquoi papy ? On les a plantées ensemble on ne va pas les tuer quand même ? » m'exclamai-je. Il sourit puis m'expliqua que cela consistait seulement à les mettre en terre dans des petits « tas » lorsqu'elles auraient grandies. J'étais rassurée mais un peu déçue car il allait falloir attendre longtemps avant de pouvoir les récolter et les manger...

Ce jour-là, mon grand-père m'apprit qu'avant de pouvoir arriver à quelque chose qui nous tient à cœur il faut savoir faire preuve de patience et ça je le vois tous les jours dans chaque chose que je fais, chaque tâche que je veux accomplir.

Travail d'écriture – Sujet de réflexion → *énoncé p. 126*

Les clés pour réussir

L'introduction

- Annoncez le thème de l'éducation parentale, par exemple à l'aide d'une citation.
- **Présentez le sujet** : reprenez la question posée par le sujet.
- Annoncez clairement votre **plan**.

Le développement

- Ce sujet invite clairement à développer plusieurs arguments (au moins trois) qui expliquent **le rôle des parents dans l'éducation de leurs enfants** ; vous pourrez explorer entre autres, les pistes suivantes :
  - protection ;
  - bienveillance ;
  - découverte du monde ;
  - éducation à la vie en société ;
  - modèle...
- Pensez **à illustrer vos arguments avec des exemples** tirés de votre expérience personnelle, de vos lectures ou de films que vous connaissez.

La conclusion

- Précisez votre avis.
- **Terminez avec une phrase d'ouverture** pour élargir la question en restant sur le même thème.

Méthode

Pour vous aider, nous vous avons indiqué en couleur les parties de la rédaction qui répondent aux consignes.

Indicateurs logiques Arguments Exemples

« Pères et mères sont les architectes de l'éducation » déclarait déjà Plaute dans une comédie latine du IIe s. av. J.-C. La question du rôle des parents dans l'éducation de leurs enfants est ancienne et sans cesse renouvelée avec les évolutions de la société. Nous proposerons ici plusieurs arguments pour expliquer ce rôle.

En premier lieu, les parents se doivent d'apporter à leurs enfants une bienveillance et une attention qui les aident à se construire, à avoir une estime d'eux-mêmes qui leur permettra de grandir dans de bonnes conditions et de s'épanouir. Ainsi le roman *Le Sagouin*, de François Mauriac, illustre les désastres causés par la cruauté d'une mère qui répète sans cesse à son fils : « Tu es vilain, sale et bête », comment être épanoui dans ces conditions ?

De plus, l'amour apporté par les parents aux enfants prend la forme d'encouragements, de réprimandes ou de conseils sur leur façon d'aborder les épreuves de la vie auxquelles ils sont confrontés. Les reproches des parents seront d'autant plus efficaces et auront d'autant plus de valeur s'ils sont motivés par l'amour parental et la volonté d'éduquer correctement ses enfants. L'exemple de la mère de Romain Gary dans *La Promesse de l'Aube* montre à quel point les conseils qu'elle lui donne – même après sa mort – sont importants et deviennent des exhortations qui le poussent toujours vers la réussite.

Enfin, comme on le voit avec la statue d'Ascagne qui pose ses pieds dans les pas de son père, les parents jouent un rôle de modèle qui est primordial pour aider les enfants à découvrir le monde et à construire leurs relations sociales. Par exemple, dans *Les cahiers d'Esther*, la bande dessinée de Riad Sattouf, on peut voir l'attachement et l'admiration que porte la jeune Esther à ses parents. Cela lui permet de s'y référer lorsqu'elle est en difficultés en dehors de chez elle ou bien de s'opposer librement à eux pour mieux se construire. La présence constante de ses parents lui offre cette double possibilité de s'identifier à eux ou de les critiquer, ce qui est essentiel dans la construction de sa personnalité.

Pour conclure, les parents sont donc des acteurs essentiels de l'éducation des enfants, et le regard qu'ils portent sur eux détermine indéniablement leurs réussites ou leurs échecs. Cependant, l'éducation des enfants ne se fait pas que dans le cercle familial et les relations avec les pairs, avec les enseignants, avec le monde qui les entoure sont aussi un sujet essentiel de la construction des individus.

Sujet 2 Benoît Duteurtre, *Livre pour adultes*

3 heures

Amérique du Nord, juin 2018

FRANÇAIS

Travail sur le texte littéraire et sur l'image

1 h 10 50 pts

Document A Texte littéraire

Le narrateur évoque avec nostalgie les paysages féériques des campagnes et le grenier à foin dans lequel il jouait enfant. Ce monde est menacé de disparition…

C'est seulement au cinéma qu'on retrouve, aujourd'hui, la magie de ces paysages où les demeures semblent faites des mêmes pierres et du même bois que la montagne. Les fabricants d'effets qui font rêver les enfants – dans la saga du *Hobbit* ou *Le Seigneur des anneaux* – montrent un certain génie pour recréer ces maisons de chaume ou de torchis[1], ces sols en terre battue où s'ébattent les poules, les oies, les canards et les cochons, ces tonneaux pleins de choux, ces garde-manger pleins de jambons et de bonnes bouteilles. Or ce monde fait pour enchanter la jeunesse du XXIe siècle n'est pas un produit de la fantaisie hollywoodienne. C'est la simple reproduction, un peu stylisée, d'un mode de vie disparu tout récemment, quoique les enfants n'en aient plus la moindre notion depuis que la normalisation économique, administrative et sécuritaire – qui est l'étape ultime de la modernité – étend partout son empire sans faille. Sauf en certains points reculés comme cette ferme où les fromages mûrissent toujours sur leurs égouttoirs ; où le ruisseau sort de la montagne pour s'écouler dans un bac en grès près de l'étable ; où les poules grimpent sur le tas de fumier grassement étalé qui se soucie peu de répondre aux critères de fabrication et de stockage du compost[2].

Rien, toutefois, n'égale pour moi la poésie du grenier à foin, ce grenier du rêve où je grimpe parfois, comme lorsque j'étais enfant, dans les fermes proches du Moulin. Compressé à grands coups de fourche sous la charpente, le fourrage passait l'hiver sans se dessécher dans cet immense espace obscur où il formait des monticules, des tours et des châteaux parfumés prêts pour accueillir nos jeux. J'ai toujours aimé gravir l'escalier de bois, puis franchir la trappe qui permet d'accéder à ce royaume enchanté. Les brindilles s'accrochent aux planches, aux poutres, aux solives[3], sous les toiles d'araignée. À côté des monticules d'herbe encore verte et de fleurs des champs traînent quelques vieux chariots, quelques râteaux à foin édentés, quelques journaux jaunis d'avant 1940. Et peut-être ces greniers me font-ils tant rêver parce qu'ils évoquent les secrets de la mémoire, un mystère niché tout là-haut, sous le crâne, où s'accrochent des millions de lambeaux de souvenirs, comme ces brindilles sous le toit de la maison.

Il me semble en tout cas que ce mode de vie méritait tout notre intérêt, tel un bien précieux ; que l'État et les communes auraient pu soutenir un modèle de recyclage et de production très ancien, au lieu d'encourager sa disparition. Aujourd'hui plus encore, quand la mondialisation des échanges impose partout une circulation frénétique[4], cette agriculture locale pourrait constituer un idéal prometteur. Rien n'y fait.

1. *Torchis* : mélange de terre grasse et de paille ou de foin, utilisé dans la construction d'un mur.
2. *Compost* : mélange de terre, de fumier et de résidus utilisé comme engrais.
3. *Solives* : pièces de charpente placées en appui sur les murs ou sur les poutres pour soutenir un plancher.
4. *Frénétique* : exaltée, ardente, folle.

Benoît Duteurtre, *Livre pour adultes*, 2016.

Document B **Image**

Photographie de Raymond Depardon,
village de Sainte-Eulalie de Cernon (Aveyron), 1992.

Les réponses aux questions doivent être entièrement rédigées.

Grammaire et compétences linguistiques → corrigé p. 137

1 « Aujourd'hui plus encore, quand la mondialisation des échanges impose partout une circulation frénétique, cette agriculture locale pourrait constituer un idéal prometteur. » (lignes 38 à 40)

Identifiez le temps du verbe souligné et précisez sa valeur dans cette phrase. **3 pts**

2 « Compressé à grands coups de fourche sous la charpente, le fourrage passait l'hiver sans se dessécher dans cet immense espace obscur où il formait des monticules, des tours et des châteaux parfumés prêts pour accueillir nos jeux. » (lignes 22 à 25)

Réécrivez l'extrait ci-dessus en mettant le groupe souligné au pluriel. Vous ferez toutes les modifications nécessaires. **10 pts**

3 « Rien, toutefois, n'égale pour moi la poésie du grenier à foin » (ligne 20). Relevez le verbe dans la proposition ci-dessus et indiquez quel est son sujet. **3 pts**

4 « Les brindilles s'accrochent aux planches, aux poutres, aux solives, sous les toiles d'araignée. » (lignes 32 à 33)

Dans cette phrase, relevez un complément de verbe puis un complément de phrase. **4 pts**

Compréhension et compétences d'interprétation → corrigé p. 138

1 Pourquoi le « grenier à foin », évoqué au début du second paragraphe (ligne 20), est-il si important pour le narrateur ? **5 pts**

2 Dans le premier paragraphe (lignes 1 à 19), relevez trois éléments qui caractérisent ce « mode de vie disparu » dont parle le narrateur et justifiez votre choix. **4 pts**

3 « le fourrage passait l'hiver sans se dessécher dans cet immense espace obscur où il formait des monticules, *des tours et des châteaux parfumés prêts pour accueillir nos jeux.* » (lignes 23 à 25)

a. Quelle est la figure de style utilisée dans le passage en italique ? Quel est l'effet produit ? **4 pts**

b. Citez d'autres expressions du paragraphe (lignes 20 à 34) qui développent cette image. **3 pts**

4 « Il me semble en tout cas que ce mode de vie méritait tout notre intérêt, tel un bien précieux » (lignes 35 et 36).

Selon vous, en quoi « ce mode de vie » évoqué dans le texte peut-il, en effet, constituer « un bien précieux » ? **7 pts**

5 En quoi la photographie et le texte proposent-ils une vision de la campagne comme « un royaume enchanté » ? **7 pts**

Dictée → *corrigé p. 139*

20 min **10 pts**

› Écoutez la dictée sur le site abcbrevet.com.

Consignes :

– On dictera le texte à haute voix à plusieurs reprises.
– On inscrira au tableau de manière lisible par l'ensemble des candidats le titre de l'œuvre et le nom de l'auteur, ainsi que **« 1960 »**.

Dictée aménagée → *corrigé p. 140*

20 min **10 pts**

Vous compléterez ce texte avec un des mots proposés au-dessus de chaque ligne en écoutant le texte lu par le professeur.

dent
dans
d'en

Au temps de ma petite enfance, …………………. les années 1960, les

avais
avait
avaient

villageois de mon âge ………………… encore un air farouche et sauvage.

perdues
perdu
perdue

Ils vivaient dans ces fermes …………………… et fréquentaient la classe

où / rendait
ou / rendaient
houx / rendais

unique de l'école communale ………., l'hiver, ils se …………… à pied

court
cours
courre

dans la neige. Au ……………… des années suivantes, en pleine période de « croissance », les routes se sont élargies, les supermarchés se sont implantés, le téléphone et la télévision sont

arriver / on
arrivés / ont
arrivées / ons

……………… dans la vallée. Les enfants ………. grandi et trouvé des emplois en ville. Certains sont devenus ouvriers, d'autres ingénieurs.

dépéri	leur
dépérit	leurs
dépéris	leurre

Les exploitations agricoles ont .... avec .... vieux parents.

Benoît Duteurtre, *Livre pour adultes*, 2016.

Rédaction

1 h 30 **40 pts**

Vous traiterez au choix un des deux sujets de rédaction suivants :

Sujet d'imagination → *corrigé p. 140*

› Comme Benoît Duteurtre, vous retournez dans un lieu qui a marqué votre enfance.

Vous décrirez les transformations qui ont modifié cet endroit et les souvenirs qui surgissent alors. Vous insisterez sur les sentiments et les sensations associés à ces souvenirs.

Votre texte mêlera récit et description.

Sujet de réflexion → *corrigé p. 142*

› Aux yeux du narrateur, rien « n'égale la poésie du grenier à foin ».

Pensez-vous que l'on puisse trouver aussi de la poésie et du mystère dans les grandes villes modernes ?

Vous répondrez à cette question en vous appuyant sur vos connaissances, vos lectures et votre culture personnelle.

Sujet 2 Corrigé

Grammaire et compétences linguistiques → *énoncé p. 135*

Les clés pour réussir

1 Le **conditionnel** présent se forme sur le **radical du futur** auquel on ajoute les **terminaisons de l'imparfait**. Il ne faut pas le confondre avec le futur. Il peut exprimer l'**hypothèse**, l'**atténuation**, le **souhait**, la **supposition** ou la **crainte**.

3 Un sujet peut appartenir à différentes classes grammaticales : nom, pronom, infinitif... Pour le trouver, on pose la question **« qui est-ce qui ? »** juste avant le verbe.

4 Un **complément de verbe** complète un verbe, il ne peut être **ni déplacé ni supprimé**, sa fonction est souvent complément d'objet (C.O.D. ou C.O.I.). Un **complément de phrase** indique les circonstances dans lesquelles se déroule l'action, il **peut être déplacé ou supprimé**, sa fonction est souvent **complément circonstanciel**.

1 Le verbe « pourrait » est conjugué au conditionnel présent. Sa valeur est l'hypothèse : il suggère une solution d'utilisation du modèle de l'agriculture locale.

2 « Compressés à grands coups de fourche sous la charpente, les fourrages passaient l'hiver sans se dessécher dans cet immense espace obscur où ils formaient des monticules, des tours et des châteaux parfumés prêts pour accueillir nos jeux. »

3 Dans cette proposition, le verbe est « égale », son sujet est le pronom indéfini « Rien ».

4 Cette phrase contient trois compléments de verbe : « aux planches, aux poutres, aux solives » et un complément de phrase : « sous les toiles d'araignée ».

Compréhension et compétences d'interprétation → *énoncé p. 135*

Les clés pour réussir

1 Cherchez dans le deuxième paragraphe tous les éléments qui montrent l'**attachement du narrateur à ce grenier**. N'hésitez pas à utiliser de la couleur pour surligner les passages importants.

3 **a.** et **b.** Les principales figures de style qui font naître des images sont la **comparaison**, la **métaphore** et la **personnification**.

4 Cette question demande une **réponse développée** dans laquelle **vous exprimerez votre avis personnel** en vous appuyant sur des **citations précises du texte**.

1 Le grenier à foin est très important pour le narrateur car il lui rappelle son enfance et les jeux qui y étaient associés : « comme lorsque j'étais enfant » (l. 21), « pour accueillir nos jeux » (l. 25). Le grenier est pour lui un monde de rêves « ce grenier du rêve » (ll. 20-21) et de mystères qui invite à l'exploration et fait revivre des souvenirs de l'enfance « un mystère [...] où s'accrochent des millions de lambeaux de souvenirs » (ll. 32-34).

2 Les trois éléments qui caractérisent le « mode de vie disparu » sont rassemblés dans la ferme dont il parle : « où les fromages mûrissent toujours sur leurs égouttoirs » (l. 15) évoque la qualité d'une alimentation saine et artisanale ; « où le ruisseau sort de la montagne pour s'écouler dans un bac en grès près de l'étable » (ll. 15-17) montre l'utilisation simple et logique d'un élément naturel pour abreuver les animaux ; « où les poules grimpent sur le tas de fumier » (l. 17) : ce dernier élément se moque gentiment de l'appellation « compost » utilisée par les citadins pour désigner le tas de fumier d'une ferme.

3 **a.** La figure de style utilisée ici est une métaphore. Elle associe le foin au monde féerique de l'enfance avec des « tours et des châteaux parfumés » (ll. 24-25).

b. La paragraphe s'ouvre sur l'expression « ce grenier du rêve » (ll. 20-21). On trouve ensuite une autre métaphore « ce royaume enchanté » (l. 27), ainsi qu'une personnification de la maison « sous le crâne » (l. 33) qui compare les brindilles aux souvenirs de l'enfance « des millions de lambeaux de souvenirs, comme ces brindilles » (ll. 33-34).

4 Le mode de vie paysan que regrette le narrateur est en effet un bien précieux car il respecte à la fois les hommes et la nature. On y prend le temps de laisser « mûrir les fromages » et l'on sait tirer profit des ressources naturelles comme le ruisseau qui jouxte la ferme. De plus, comme le dit l'auteur, c'est « un modèle de recyclage et de production » (l. 37) qui pourrait apporter des bénéfices dans nos sociétés car tout est utilisé : l'herbe fauchée devient la nourriture des animaux, et les différents déchets viennent enrichir le sol des cultures. Enfin, c'est une « agriculture locale » (ll. 39-40) qui vient s'opposer à une mondialisation souvent coûteuse et polluante.

5 Le texte présente une campagne féerique qui offre des possibilités multiples de jeux et de rêves aux enfants comme « ce grenier du rêve » (ll. 20-21) dont on franchit « la trappe » (l. 26) pour s'inventer un autre monde. On retrouve cette vision idyllique de la campagne sur la photographie en noir et blanc de R. Depardon prise dans le département rural de l'Aveyron. On y voit en effet deux enfants qui jouent sur des bottes de pailles à l'abri d'un vieux bâtiment de pierres. La toiture forme un triangle protecteur au-dessus des enfants et peut apparaître comme la porte d'entrée d'un « royaume enchanté » tapis dans l'ombre de l'arrière-plan et qui invite les enfants à l'aventure et au jeu.

Dictée → *énoncé p. 136*

Les clés pour réussir

Bien accorder

- Les **participes passés employés sans auxiliaires** s'accordent comme des adjectifs.

Ne pas confondre

- cours/cour/court : « **le cours** » a plusieurs sens plus ou moins liés à l'idée d'écoulement, de course ; « **la cour** » désigne un espace ou une assemblée ; « **court** » est un adjectif ou le verbe courir à la troisième personne du singulier.
- où/ou : **« où »** est un pronom relatif qui indique le lieu ; **« ou »** est une conjonction de coordination que l'on peut remplacer par « ou bien ».

Bien orthographier

- « villageois » : ne pas oublier le « e ».
- « temps » prend toujours un « s ».

Les mots difficiles

- **farouche** : synonyme de sauvage.

Au temps de ma petite enfance, dans les années 1960, les villageois de mon âge avaient encore un air farouche et sauvage. Ils vivaient dans ces fermes perdues et fréquentaient la classe unique de l'école communale où, l'hiver, ils se rendaient à pied dans la neige. Au cours des années suivantes, en pleine période de « croissance », les routes se sont élargies, les supermarchés se sont implantés, le téléphone et la télévision sont arrivés dans la vallée. Les enfants ont grandi et trouvé des emplois en ville. Certains sont devenus ouvriers, d'autres ingénieurs. Les exploitations agricoles ont dépéri avec leurs vieux parents.

Benoît Duteurtre, *Livre pour adultes*, 2016.

Travail d'écriture – Sujet d'imagination → *énoncé p. 137*

Les clés pour réussir

- Ce sujet mêle écriture autobiographique et description. Il nécessitera une organisation particulière pour tenir compte de ces deux contraintes.

L'introduction pour présenter le souvenir

- Précisez les circonstances qui vous entraînent dans ce lieu.

Le discours descriptif

- Pensez à utiliser les **marques du discours descriptif** : expansions du nom variées, attributs du sujet, indicateurs de lieu (*en haut, à côté, devant, dans le ciel, à l'ombre...*).

Le récit des souvenirs liés au lieu

- Anecdotes heureuses ou malheureuses qui permettront d'évoquer ce que vous ressentez (*joie, peine, nostalgie, regrets*...).

Sentiments et sensations

- Variez les **verbes de perception** en pensant bien que vous avez cinq sens (*percevoir, sentir, entendre, distinguer*...).

La conclusion

- Elle doit marquer la distance par rapport au souvenir.

Méthode

Pour vous aider, nous vous avons indiqué en couleur les parties de la rédaction qui répondent aux consignes.

|...| Description Narration Sensations et sentiments Transformations

Je n'avais jamais repassé la porte de cette épicerie depuis l'été de mes sept ans, que j'avais passé en vacances chez mes grands-parents dans ce petit village de la Sarthe. J'en gardais des souvenirs mêlés de joie et d'appréhension. C'est à l'occasion d'un week-end familial - « une cousinade » – que l'on me demanda d'aller à l'épicerie pour acheter un pot de moutarde manquant.

Sept ans après, je retrouvais sans soucis le chemin de l'épicerie bordé de chèvrefeuilles odorants, longeant le vieux lavoir dans lequel s'agitaient quelques carpes débonnaires. Mais quelle ne fut pas ma surprise lorsque j'arrivais devant le magasin : une enseigne lumineuse semblable à toutes celles que j'avais l'habitude de voir en ville m'accueillit à la place de l'ancienne vitrine de bois peint devant laquelle trônaient fièrement quelques étals de fruits et légumes appétissants. J'allais pousser la porte, lorsque celle-ci s'ouvrit automatiquement à mon approche : bienfait de la modernité servant ma paresse ! Une épicière souriante habillée d'un uniforme arborant le logo franchisé d'une grande enseigne m'accueillit d'un grand bonjour commercial. C'est alors que me revint en tête l'image de Mme C., l'ancienne épicière, de ce que tout le monde appelait alors « Le Boui-Boui ». Sa blouse impeccablement repassée, ses mains sur les hanches et son parfum d'eau de Cologne qui se mêlait aux effluves d'épices, de poissons séchés et de fromages frais qui embaumaient les lieux. Il n'y avait alors pas de panneau « servez-vous », devant les produits, elle attendait que l'on fasse son choix et nous servait, toujours un peu plus généreusement que demandé, les denrées commandées. Un jour, j'avais esquissé le geste de me servir seul une barquette de fraises appétissantes, mais un claquement de langue et un regard sévère m'avaient rapidement remis en place, et Mme C. avait choisi pour moi la barquette idoine, me laissant honteux d'avoir voulu outrepasser mes droits !

J'étais perdu dans mes pensées, figé au milieu du magasin, quand la vendeuse s'approcha de moi et intriguée me lança un « Je peux vous aider ? » Je revins à la réalité et bafouillais : « Euh... je ... oui... est-ce que je pourrais avoir un pot de moutarde s'il vous plaît ? ». Surprise d'une demande aussi incongrue, la vendeuse esquissa juste un geste de la main « C'est par là ! ». Je me décidais alors à faire preuve d'autonomie et à aller chercher moi-même l'objet convoité.

Sur le chemin du retour, je pris le temps de savourer vraiment l'odeur du chèvrefeuille et de jouer un moment avec les carpes, qui semblaient échapper aux prises du temps et restaient fidèles à ma mémoire.

Travail d'écriture – Sujet de réflexion → énoncé p. 137

L'introduction

Les clés pour réussir

- Annoncez le thème de la **poésie urbaine**.
- **Présentez le sujet** : reprenez la question posée par le sujet.
- Annoncez clairement votre **plan**.

Le développement

- Ce sujet vous demande de donner votre avis et vous laisse donc le **choix entre deux plans** : soit **développer au moins trois arguments** pour montrer la présence de la poésie et du mystère au sein des villes modernes, soit **proposer un plan en deux parties** : l'une sur la poésie de la campagne, l'autre sur celle de la ville. L'aspect poétique de la campagne étant déjà largement développé par l'auteur, il semble préférable d'opter pour la première solution.
- Vous pourrez évoquer :

– l'**urbanisme** qui cherche à transformer le visage habituel des villes ;
– la **poésie urbaine** qui apparaît dès le XIXe siècle ;
– l'**art contemporain** qui trouve en ville un nouveau lieu d'expression ;
– la **ville**, lieu d'intrigues policières....

La conclusion

- Précisez votre avis.
- **Terminez avec une phrase d'ouverture** pour élargir la question en restant sur le même thème.

Méthode

Pour vous aider, nous vous avons indiqué en couleur les parties de la rédaction qui répondent aux consignes.

Indicateurs logiques Arguments |...| Exemples

Dès la seconde moitié du XIXe siècle, avec les changements de sociétés apportés par la révolution industrielle, les artistes ont commencé à accorder une place importante à la modernité et en premier lieu à la ville. Benoît Duteurtre est attaché dans son texte à « la poésie du grenier à foin », mais l'on peut aussi s'interroger sur la place de la poésie et du mystère dans les grandes villes modernes. Nous proposerons ici plusieurs illustrations de cette importance de la poésie dans les environnements urbains.

En premier lieu, les poètes vont trouver dans les villes un nouveau décor urbain qui va nourrir leur imaginaire. Abandonnant un moment les espaces ruraux bucoliques, les poètes vont investir les villes comme décor privilégié de l'amour. Jacques Prévert par exemple, l'illustre dans de nombreux poèmes comme « Le jardin » qui évoque « la petite seconde d'éternité » d'un couple qui s'embrasse « Au parc Montsouris à Paris ».

De plus, les grandes villes, de par leur démesure, leurs nouveautés et leur concentration de population sont des lieux pleins de mystères propices à des intrigues policières. Ainsi, dans son roman *Les mystères de Paris*, Eugène Sue fait parcourir à ses héros les recoins de Paris pour en décrire les lieux types et évoquer le Paris caché des ouvriers ou des criminels, qui ne le sont pas toujours autant qu'ils le semblent.

Enfin, la poésie et le mystère que renferment les villes sont aussi l'occasion pour les auteurs de proposer des réflexions sur notre société et sur ses injustices sociales. Les artistes peuvent parfois s'emparer de la ville pour la rendre plus vivable par leur talent poétique. Ils transforment ainsi le regard des lecteurs sur leur propre environnement. C'est notamment le cas de certains slameurs comme le poète Rouda qui dans son slam « Rappeur de gouttière », évoque les toits de Paris la nuit avec beaucoup de poésie : « Sur les toits de tôle, la nuit se fend d'éclairs d'étoiles ». Le métal, le béton et le verre, matériaux des cités, deviennent alors matériaux poétiques.

Le mystère et la poésie n'appartiennent donc pas à un univers spécifique qu'il soit urbain ou rural. La nature même du travail des poètes ou des écrivains ne serait-elle pas justement de transformer le décor qui les entoure et d'en faire un objet artistique ?

FRANÇAIS

Sujet 3 Gustave Flaubert, *Madame Bovary*

3 heures

Centres étrangers, juin 2017

Travail sur le texte littéraire et sur l'image

1 h 10 **50 pts**

Document A Texte littéraire

Emma Bovary est l'épouse de Charles, un homme avec lequel elle n'est pas heureuse. Déçue par sa vie monotone, elle rêve de mener une vie mondaine comme les princesses ou les actrices des romans et des magazines qu'elle lit.

Comment était-ce, Paris ? Quel nom démesuré ! Elle se le répétait à demi-voix, pour se faire plaisir ; il sonnait à ses oreilles comme un bourdon de cathédrale ; il flamboyait à ses yeux jusque sur l'étiquette de ses pots de pommade. […]

Elle s'acheta un plan de Paris, et, du bout de son doigt, sur la carte, elle faisait des courses dans la capitale. Elle remontait les boulevards, s'arrêtant à chaque angle, entre les lignes des rues, devant les carrés blancs qui figurent les maisons. Les yeux fatigués, à la fin, elle fermait ses paupières, et elle voyait dans les ténèbres se tordre au vent des becs de gaz[1], avec des marche-pieds de calèches, qui se déployaient à grand fracas devant le péristyle des théâtres.

Elle s'abonna à la *Corbeille*, journal des femmes, et au *Sylphe des Salons*. Elle dévorait, sans en rien passer, tous les comptes rendus de premières représentations, de courses et de soirées, s'intéressait au début d'une chanteuse, à l'ouverture d'un magasin. Elle savait les modes nouvelles, l'adresse des bons tailleurs, les jours de Bois ou d'Opéra. Elle étudia, dans Eugène Sue, des descriptions d'ameublements ; elle lut Balzac et George Sand[2], y cherchant des assouvissements[3] imaginaires pour ses convoitises personnelles. À table même, elle apportait son livre, et elle tournait les feuillets, pendant que Charles mangeait en lui parlant. […]

Paris, plus vaste que l'Océan, miroitait donc aux yeux d'Emma dans une atmosphère vermeille. La vie nombreuse qui s'agitait en ce tumulte[4] y était cependant divisée par parties, classée en tableaux distincts. Emma n'en apercevait que deux ou trois qui lui cachaient tous les autres et représentaient à eux seuls l'humanité complète. Le monde des ambassadeurs marchait sur des parquets luisants, dans des salons lambrissés de miroirs, autour de tables ovales couvertes d'un tapis de velours à crépines d'or[5]. Il y avait là des robes à queue, de grands mystères, des angoisses dissimulées sous des sourires. [...] Dans les cabinets de restaurants où l'on soupe après minuit, riait, à la clarté des bougies, la foule bigarrée des gens de lettres et des actrices. Ils étaient, ceux-là, prodigues[6] comme des rois, pleins d'ambitions idéales et de délires fantastiques. C'était une existence au-dessus des autres, entre ciel et terre, dans les orages, quelque chose de sublime.

Gustave Flaubert, *Madame Bovary*, 1857.

---

1. *Becs de gaz* : éclairage public au XIXe siècle.
2. *Eugène Sue, Balzac, George Sand* : romanciers célèbres du XIXe siècle qui ont décrit Paris.
3. *Assouvissements* : satisfactions.
4. *Tumulte* : foule débordante d'énergie.
5. Flaubert décrit ici des intérieurs très luxueux.
6. *Prodigues* : dépensiers.

Document B Image

Publicité pour la marque Chanel, 1982.

Les réponses aux questions doivent être entièrement rédigées.

Grammaire et compétences linguistiques → corrigé p. 147

1 « Miroitait » (l. 22) :

a. Trouvez un mot de la même famille. **1 pt**

b. Par quel synonyme pourriez-vous remplacer le mot « miroitait » dans la phrase ? **1 pt**

c. Comment interprétez-vous le choix du verbe « miroitait » ? **4 pts**

2 Réécrivez ce passage en remplaçant « elle » par « je ». Vous ferez toutes les transformations nécessaires.

« Elle étudia, dans Eugène Sue, des descriptions d'ameublements ; elle lut Balzac et George Sand, y cherchant des assouvissements imaginaires pour ses convoitises personnelles. À table même, elle apportait son livre, [...] tournait les feuillets, pendant que Charles mangeait en lui parlant. » **10 pts**

Compréhension et compétences d'interprétation → corrigé p. 148

1 Emma s'est-elle déjà rendue à Paris ? Justifiez votre réponse. **4 pts**

2 Que ressent Emma pour Paris ?

- de la crainte ;
- de la fascination ;
- de la curiosité.

a. Recopiez la bonne réponse sur votre copie. **2 pts**

b. Justifiez votre choix en citant au moins deux éléments du texte. **4 pts**

3 Quel est le quotidien d'Emma ? Vous vous appuierez sur le texte pour justifier votre réponse. **4 pts**

4 D'après le dernier paragraphe, quelle vie Emma rêve-t-elle de vivre ? **4 pts**

5 Quel travers de la société Flaubert dénonce-t-il dans ce texte ? **4 pts**

6 Selon vous, cette critique est-elle encore d'actualité ? **4 pts**

7 Commentez la façon dont cette femme tient le tableau de *La Joconde*. **2 pts**

8 En vous appuyant sur le document iconographique et sur le texte, dites quelle image de la femme française est ici véhiculée. **6 pts**

Dictée → corrigé p. 149

20 min **10 pts**

› Écoutez la dictée sur le site abcbrevet.com.

Consignes :

– On dictera le texte à haute voix à plusieurs reprises.

– On inscrira au tableau de manière lisible par l'ensemble des candidats le titre de l'œuvre, le nom de l'auteur et le prénom **Bérénice**.

Rédaction 1 h 30 **40 pts**

Vous traiterez au choix un des deux sujets de rédaction suivants :

Sujet d'imagination → corrigé p. 150

› Vous êtes journaliste et vous devez rédiger un article invitant à découvrir un lieu qui vous semble digne d'intérêt. Dans votre texte, vous présenterez les atouts géographiques et culturels de cet endroit.
Votre travail fera au moins deux pages (soit une cinquantaine de lignes).
Vous veillerez à ne pas signer votre article.

Sujet de réflexion → corrigé p. 152

« Il y avait là des robes à queue, de grands mystères, des angoisses dissimulées sous des sourires. » (l. 31-32).

› Pourquoi, selon vous, la vie des stars et des personnes célèbres fascine-t-elle toujours autant ?

Vous répondrez à cette question dans un développement argumenté et organisé en vous appuyant sur votre expérience, vos lectures, votre culture personnelle et les connaissances acquises dans l'ensemble des disciplines.

Votre travail fera au moins deux pages (soit une cinquantaine de lignes).

Sujet 3 Corrigé

Grammaire et compétences linguistiques → énoncé p. 146

Les clés pour réussir

1 Une famille de mots se compose de tous les mots **issus du même radical** (ex. : lent, lenteur, ralentir, etc.). Attention, parfois l'orthographe du radical varie (ex. : mer, marée, maritime, amerrir, etc.).

2 • **On vous demande** de passer de la troisième personne du singulier à la première personne du singulier.

• **Vous devez modifier :**
– deux verbes au passé simple et deux verbes à l'imparfait ;
– deux déterminants possessifs ;
– un pronom personnel complément.

• **Attention** aux fautes de copie sur les noms propres, elles seront sanctionnées.

1 **a.** « Miroir » est un mot de la même famille que le verbe « miroitait ». Il apparaît dans le texte à la ligne 29.

b. Le mot « miroitait » pourrait être remplacé par « brillait ». (« Étincelait » ; « éblouissait » ; « resplendissait » sont d'autres synonymes possibles.)
c. Ce verbe prend ici plusieurs significations. Il évoque d'abord une ville brillante, éblouissante et attirante pour Emma, mais aussi une ville inaccessible, un rêve que l'on fait « miroiter » à ses yeux. Enfin, cette image de la ville n'est que le reflet de la réalité : Emma s'y voit comme dans un miroir, ce n'est donc pas sa véritable vie.

2 **J'étudiai**, dans Eugène Sue, des descriptions d'ameublements ; **je lus** Balzac et George Sand, y cherchant des assouvissements imaginaires pour **mes** convoitises personnelles. À table même, **j'apportais mon** livre, [...] **tournais** les feuillets, pendant que Charles mangeait en **me** parlant.

Compréhension et compétences d'interprétation → énoncé p. 146

Les clés pour réussir

2 b. Cette question trouve sa justification dans le **premier paragraphe**. N'hésitez pas à évoquer **une figure de style** pour justifier votre réponse : même si ce n'est pas explicitement demandé, ce sera valorisé par le correcteur.

5 et **6** Les textes littéraires expriment souvent une **critique sociale**, c'est-à-dire qu'ils dénoncent certains travers de la société pour faire réfléchir ou réagir les lecteurs. Pour faire le lien avec l'actualité, pensez à mettre en parallèle des éléments du texte comme les journaux et le développement des médias aujourd'hui.

8 Cette question vous demande de faire le **lien** entre les éléments du texte et ceux de l'image. Pensez à commenter aussi l'évolution de l'image des femmes entre le tableau de Léonard de Vinci et la publicité Chanel.

1 Emma ne s'est certainement jamais rendue à Paris, comme le montre la phrase interrogative qui ouvre le texte « Comment était-ce Paris ? » (l. 1). C'est pour cela aussi qu'elle essaie d'en apprendre plus sur la capitale en achetant un plan : « Elle s'acheta un plan de Paris » (l. 5).

2 a. Emma ressent de la fascination pour Paris.
b. Le nom même de Paris semble « démesuré » (l. 1) à Emma. Lorsqu'elle l'entend, il l'entraîne dans une rêverie qui perturbe même ses sensations habituelles comme le montrent la comparaison et la métaphore « il sonnait à ses oreilles comme un bourdon de cathédrale ; il flamboyait à ses yeux ».

3 Le quotidien d'Emma semble ennuyeux : elle passe son temps à lire des magazines féminins : « journal des femmes » (l. 12) pour vivre par procuration la vie des personnes connues. Elle se réfugie dans une vie imaginaire, « y cherchant des assouvissements imaginaires » (l. 18-19) pour échapper à son quotidien y compris pendant les repas avec son mari : « À table même, elle apportait son livre, et elle tournait les feuillets, pendant que Charles mangeait en lui parlant. » (l. 19-21).

4 Emma rêve d'une vie luxueuse dans la haute société parisienne : « Le monde des ambassadeurs marchait sur des parquets luisants, dans des salons lambrissés de miroirs » (l. 27). Elle rêve de cette vie « sublime » (l. 36) pour partager les soirées mondaines « des gens de lettres et des actrices » (l. 33).

5 Dans ce texte, Flaubert dénonce le mode de vie des personnes issues des classes sociales les plus élevées qui vivent dans un monde de luxe basé sur des apparences et « des angoisses dissimulées sous des sourires » (l. 31). À travers Emma, il critique également l'attitude des personnes toujours envieuses de ce mode de vie, et qui finissent par ne pas vivre réellement mais par s'enfermer dans une frustration permanente à cause de ce luxe auquel elles n'ont pas accès.

6 Cette critique est toujours d'actualité, et elle est même de plus en plus vive avec le développement des médias qui permettent de suivre, presque en temps réel, la vie des stars ou des personnes les plus riches, pour les admirer ou les jalouser. Les magazines d'Emma existent toujours et sont même dépassés par les réseaux sociaux sur lesquels de nombreuses personnes passent leur temps à rêver de la vie des autres en oubliant parfois de vivre la leur.

7 Sur cette publicité pour la marque Chanel, la femme tient le tableau de *La Joconde* de manière nonchalante et désinvolte, comme s'il s'agissait d'un simple sac à main ou d'un objet quotidien de peu d'importance.

8 La publicité Chanel véhicule l'image de la femme française élégante, chic et citadine (on voit une ville en arrière-plan, certainement Paris) qui est autonome et active : elle est en mouvement et appelle en taxi. Elle représente ce dont rêve Emma dans le texte : « les modes nouvelles, l'adresse des bons tailleurs » (l. 16) et les jolies tenues : « robes à queue » (l. 30). *La Joconde* est dépassée : femme sage, posée, les bras croisés, comme Emma elle appartient à un univers contemplatif qui n'est pas celui de la femme parisienne : elle est reléguée au second plan comme un objet de peu d'importance, ou un simple accessoire de mode.

Dictée → énoncé p. 146

Les clés pour réussir

Bien conjuguer

- Le **conditionnel présent** : il se forme à partir de l'infinitif du verbe avec les terminaisons -ais/-ais/-ait/-ions/-iez/-aient. Attention les verbes en « -eler » et « -eter » s'écrivent avec deux « l » ou deux « t ».

Bien accorder

- Les adjectifs et participes passés féminins éloignés du nom : « pures », « ravie ».

Ne pas confondre

- **« voie »/« voix »/« vois-voit »** : **« voie »** est un nom féminin qui désigne une route ou une rue ; **« voix »** désigne les sons vocaux et vient du latin *vox*, il termine donc toujours par un « x » ; **« vois-voit »** est le verbe « voir » à la 2e et 3e personne du singulier au présent.

Les mots difficiles

- **perspective** : détacher chaque syllabe pour ne pas oublier de lettre.
- **désœuvrée** : bien orthographier le « œ », en pensant au radical « œuvre ».

Brusquement la ville s'ouvrait sur une perspective, et Bérénice sortait de cet univers qui l'effrayait et l'attirait [...]. Que c'est beau, Paris ! Là même où les voies sont droites, et pures, que de tournants... Nulle part à la campagne, le paysage ne change si vite ; nulle part, même dans les Alpes ou sur les bords de la mer ; il n'y a de si forts aliments pour le rêve d'une jeune femme désœuvrée, et ravie de l'être, et libre, libre de penser à sa guise, sans se surveiller, sans craindre de trahir sur son visage le fond de son cœur, de laisser échapper une phrase qu'elle regretterait parce qu'elle aurait fait du mal à quelqu'un...

Louis Aragon, *Aurélien*, 1945.

Travail d'écriture – Sujet d'imagination → énoncé p. 147

Les clés pour réussir

La situation d'énonciation

- **L'émetteur** est clairement identifié par le sujet : vous devez vous mettre dans la peau d'un journaliste et donc vous exprimer à la première personne.
- Les destinataires ne sont pas définis : à vous de choisir s'il s'agit d'un journal grand public ou à destination d'un public plus jeune.
- On vous précise **dans quel but est écrit l'article** : il s'agit de présenter un lieu digne d'intérêt sur les plans géographiques et culturels : votre texte mêlera donc de la description et des éléments argumentatifs pour inciter les lecteurs à aller voir ce lieu.
- Le lieu doit être « digne d'intérêt » et présenter des « atouts géographiques et culturels ».

La présentation de l'article

- Il faut donner un **titre** qui doit être bref et inviter à lire la suite. Pour cela, on privilégie les phrases nominales et pourquoi pas, les jeux de mots ou les figures de style (antithèse, métaphore...) : *Un heureux accident, Une étrange rentrée, La faim du monde...*
- L'article doit être organisé en **paragraphes courts** qui contiennent chacun une idée principale : on peut commencer par une description générale, poursuivre par une présentation des atouts culturels et terminer par une analyse ou un point de vue (explication ou argumentation). Vous pouvez souligner cette structure en mettant des sous-titres, voire en présentant votre texte en **deux colonnes**, comme dans un « vrai » journal.
- Insérez des **paroles rapportées** entre guillemets, à la manière des interviews, votre texte sera bien plus vivant, et les personnes décrites prendront vie.
- Pensez enfin à **signer** votre article, avec par exemple les initiales de l'auteur du texte de départ (surtout pas les vôtres, votre copie doit rester anonyme !), et à **nommer le journal**.

Méthode

Pour vous aider, nous vous avons indiqué en couleur les parties de la rédaction qui répondent aux consignes.

Présentation d'un article	Paroles rapportées	Atouts géographiques	Atouts culturels

Objectif Neptune

Le voyageur qui passe le panneau Arromanches-les-Bains tombe immédiatement sur un char Sherman M4 fièrement dressé devant la plage : étrange contraste entre ce nom de cité balnéaire et son passé historique. Cette petite bourgade des côtes normandes, située à quelques kilomètres seulement au nord de la plaine de Caen témoigne en effet de la plus grande opération militaire amphibie du XXe siècle : l'opération Neptune, nom de code du débarquement allié en Normandie dans la nuit du 5 au 6 juin 1944.

Les villas résidentielles du front de mer, qui accueillaient la bourgeoisie depuis la belle époque des bains de mer, offrent aujourd'hui une vue imprenable sur les vestiges du port artificiel Mulberry destiné à faire débarquer le matériel et les hommes en France, sans attendre la prise d'un véritable port en eaux profondes comme celui de Cherbourg, trop bien défendu par les forces allemandes.

Arromanches renaît de ses cendres

Yvette, âgée de 9 ans au moment du débarquement se souvient : « Aujourd'hui, on ne voit que quelques caissons sur la plage et au large, mais il faut imaginer le fourmillement qu'il y avait à l'époque : c'était un véritable port, les voitures, les camions, les chars semblaient rouler sur l'eau ! Des milliers d'hommes débarquaient ici pour aller libérer la France ! » En effet, d'énormes caissons flottants en béton armé, baptisés Phoenix, avaient été remorqués depuis l'Angleterre pour être coulés devant Arromanches et constituer un réseau de brise-lames reliés par des ponts. Ils permettaient le débarquement des hommes et du matériel depuis les bateaux restés au large.

Une plongée dans l'histoire

Éric, un plongeur amateur local fait le récit d'une plongée au pied d'un de ces caissons « On est toujours impressionné quand on s'immerge devant Arromanches : à 20 mètres sous la surface de la mer, c'est un enchevêtrement de métal et de blocs de bétons qui abritent désormais la vie sous-marine. On trouve de tout dans ces eaux troubles : chars, obus… il y a même une épave qui contient encore des caisses de whisky destinées aux soldats ! » Une séquence pleine d'émotion quand on revient du large en voyant se dessiner au loin les falaises de la meurtrière pointe du Hoc…

Aujourd'hui, le soleil brille et réchauffe le sable, quelques enfants jouent sur la plage et des curieux de tous pays visitent le Musée du débarquement. Arromanches-les-Bains continue ainsi de faire vivre l'Histoire et les plaisirs estivaux.

A. Nonyme, *Les Nouvelles de l'Ouest*

Travail d'écriture – Sujet de réflexion → *énoncé p. 147*

Les clés pour réussir

L'introduction

- Introduisez le sujet : vous pouvez présenter le thème à partir d'une **citation du texte** ou de **l'abondance de médias** sur ce sujet.
- Présentez le sujet : reprenez la **question** posée par le sujet.
- Annoncez clairement votre **plan**.

Le développement

- La question posée appelle un développement en deux ou trois parties où vous exposerez plusieurs réponses à la question posée. Attention, **il ne s'agit pas de peser les avantages et les inconvénients de la vie des stars**, ce serait un hors-sujet.

La conclusion

- Résumez **en d'autres termes** votre argumentation en précisant votre **avis**.
- Terminez avec **une phrase d'ouverture**, en émettant par exemple une critique sur cet engouement pour la vie des personnes célèbres.

Méthode

Pour vous aider, nous vous avons indiqué en couleur les parties de la rédaction qui répondent aux consignes.

Indicateurs logiques   Arguments |...| Exemples

« C'était une existence au-dessus des autres [...] quelque chose de sublime. » Cette réflexion d'Emma Bovary trouve bien des échos dans nos médias qui présentent à longueur de journée la vie des personnes célèbres auprès d'un public nombreux. On peut se demander pour quelles raisons la vie des stars et des personnes célèbres fascine autant. Nous verrons d'abord qu'elle est entourée d'un mystère qui attire, puis nous montrerons comment elle engendre du rêve avant de considérer qu'elle correspond à un désir de reconnaissance.

Tout d'abord, ce qui nous fascine dans la vie des stars, c'est le mystère dont elle est entourée. Comme le dit Emma, les « grands mystères » qui entourent les personnes célèbres ont le goût de l'interdit qui attire toujours. C'est ce qui fait le succès de la presse *people* qui présente chaque semaine des *scoops*, parfois contradictoires, alimentant le mythe des célébrités. Cependant, il y a souvent une différence entre cette vie supposée et la réalité, comme on l'apprend régulièrement avec des suicides de stars dont les vies semblent bien loin de l'idéal que l'on imaginait.

Par ailleurs, les célébrités évoluent dans un monde de luxe et de richesse qui est propice au rêve : tout y est beau, brillant et lumineux. On envie ce mode de vie où tout semble simple et abondant. C'est ce que l'on voit dans un film comme *Le diable s'habille en Prada*, avec Meryl Streep, où les personnages évoluent dans le monde de la mode qui place au-dessus de tout le luxe et l'apparence.

Enfin, la vie des célébrités fascine car elle attire : chacun rêve de la gloire dont sont entourées les stars. De nombreuses personnes éprouvent en effet ce désir de reconnaissance. C'est ce qui fait le succès des émissions de téléréalité ou des concours comme *The Voice* par exemple : le rêve d'être reconnu devient possible et accessible très rapidement et chacun peut s'identifier aux nouvelles stars qui percent les écrans.

Pour conclure, il semble naturel d'être attiré par la vie des célébrités que ce soit par envie et jalousie pour le luxe et la richesse qui les accompagne ou par un désir profond de reconnaissance personnelle. Cependant, cette fascination doit être mesurée pour ne pas devenir une entrave ou une obsession qui empêcherait d'avancer dans sa propre vie.

Sujet 4

3 heures

Alice Ferney, *Cherchez la femme*

D'après Amérique du Nord, juin 2017

Travail sur le texte littéraire et sur l'image

1 h 10 50 pts

FRANÇAIS

Document A Texte littéraire

En 1958, Nina, lycéenne de 16 ans et fille de mineur, et Vladimir, jeune ingénieur des Mines de 26 ans, se sont rencontrés à l'orchestre. Le jeune homme est tombé amoureux de la jeune fille et lui a proposé de l'épouser. Face à cette proposition, Nina confie son impatience à sa grand-mère.

– Pourquoi es-tu si pressée ? demanda Sacha sans cacher son étonnement.

Elle était stupéfaite de l'évidence qui s'était faite chez sa petite-fille et tout de même, si forte fût-elle, l'aveu de Nina lui faisait battre le cœur plus vite.

– Je ne sais pas, dit Nina (elle osait même dire je ne sais pas !). C'est comme ça. Il faut avancer dans la vie, saisir l'occasion qui se présente. Tu ne crois pas ?

– Et le lycée, Douchka[1]. As-tu pensé au lycée ?

Sacha Javorsky quittait le champ du grand amour pour revenir aux choses sérieuses.

– Oui, dit Nina, bien sûr. Je continuerai à aller au lycée comme aujourd'hui.

– Tu ne sais pas qu'un homme dans une maison exige beaucoup de sa femme, dit Sacha Javorsky avec un air d'être sûre de ce qu'elle avançait. Tu n'auras plus le temps d'étudier !

– Vladimir ne m'empêchera pas d'étudier, souffla Nina.

Ce ton amolli et romantique eut le don d'agacer Sacha. Elle n'avait pas élevé sa petit-fille pour en faire une gourde qui s'en laisse conter par le premier garçon venu.

– Ça, ma fille, nous en reparlerons ! dit-elle avec ironie.

Puis elle récita son couplet désenchanté : les hommes, ça met les pieds sous la table et les chemises en boule au linge sale, et ça croit que les lapins naissent découpés, farcis et grillés !

Nina ne disait rien. Qu'y avait-il à répondre ? D'ailleurs sa grand-mère n'attendait pas de réponse. Elle n'avait pas fini de parler.

– Ton Vladimir, poursuivit la grand-mère, il a vingt-six ans et un métier. Des centaines de gens sont sous ses ordres. Ton père y est ! L'ingénieur ! Il va te commander celui-là…

– Il ne me commandera pas, répliqua Nina sur un ton décidé.

– Alors vous vous bagarrerez. Et crois-moi ce sera dur. Une femme ne fait pas le poids.

La vieille dame s'interrompit à dessein, préservant un effet d'annonce. Puis elle acheva :

– Sauf si elle a un métier. Et un salaire ! Travaille Nina. Étudie le plus longtemps possible et gagne ta vie. Ne dépends jamais d'un homme ! Écoute ce que te dit ta grand-mère.

– J'écoute, dit Nina.

Alice Ferney, *Cherchez la femme*, 2013.

---

1. *Douchka* : petit nom affectueux en russe signifiant « ma douce ».

Document B **Image**

Sérigraphie de Barbara Kruger, commande du ministère de la Culture, Bicentenaire de la Révolution française, 1989.
Barbara Kruger est une artiste contemporaine qui a été engagée dans la revendication des droits des femmes aux États-Unis.

Les réponses aux questions doivent être entièrement rédigées.

Compréhension et compétences d'interprétation → corrigé p. 158

1 Quelle est la relation qui lie Nina et Sacha ? Quel a été le rôle précis de Sacha dans l'éducation de Nina ? **4 pts**

2 Lignes 1 à 19 : nommez les deux sentiments successifs éprouvés par la grand-mère. Quelle attitude de Nina provoque chez elle ce changement de sentiment ? Justifiez votre réponse par une expression du texte. **6 pts**

3 Quel personnage féminin domine la conversation ? D'après vous, pourquoi se donne-t-elle le droit de parler ainsi ? **6 pts**

4 Selon Sacha, que risque-t-il de se passer après le mariage de Nina et Vladimir ? Vous répondrez dans un paragraphe détaillé en vous appuyant sur des citations précises du texte. **8 pts**

5 Comment l'image et le texte évoquent-ils, chacun à leur manière, le pouvoir que le savoir procure aux femmes ? **6 pts**

Grammaire et compétences linguistiques → corrigé p. 159

1 « désenchanté », ligne 21. Donnez la classe grammaticale de ce mot. Expliquez sa formation puis son sens dans le texte. **6 pts**

2 Lignes 34 à 36, quel est le mode principalement employé dans les propos de la grand-mère ? Justifiez son emploi. **4 pts**

3 Réécrivez ces quatre phrases en remplaçant « Nina » par « les filles » et « grand-mère » par « grands-parents ». Vous ferez toutes les modifications nécessaires.
« Travaille, Nina. Étudie le plus longtemps possible et gagne ta vie. Ne dépends jamais d'un homme ! Écoute ce que te dit ta grand-mère. » **10 pts**

Dictée → corrigé p. 160

20 min **10 pts**

› Écoutez la dictée sur le site abcbrevet.com.

Consignes :
– On dictera le texte à haute voix à plusieurs reprises.
– On inscrira au tableau de manière lisible par l'ensemble des candidats le titre de l'œuvre et le nom de l'auteur.

Rédaction

1 h 30 **40 pts**

Vous traiterez au choix l'un des deux sujets suivants :

Sujet d'imagination → corrigé p. 161

› La jeune fille annonce sa décision finale à Vladimir. Elle a pris en compte les remarques de sa grand-mère pour choisir ou non de se marier.

Imaginez le dialogue des deux jeunes gens et les réactions qu'il suscite. Votre rédaction sera d'une longueur minimale d'une soixantaine de lignes (300 mots environ) et mêlera dialogue et narration.

Sujet de réflexion → *corrigé p. 163*

› Pensez-vous, comme la grand-mère de Nina, qu'avoir un métier soit synonyme de liberté et de pouvoir ?
Votre rédaction sera d'une longueur minimale d'une soixantaine de lignes (300 mots environ).

Sujet 4 Corrigé

Compréhension et compétences d'interprétation → *énoncé p. 157*

Les clés pour réussir

4 Cette question demande à être développée : appuyez-vous sur l'ensemble du texte en faisant des **citations précises** (courtes et bien repérées) prises dans les propos de la grand-mère (Sacha).

5 Cette question demande de bien observer dans le texte et dans l'image le rapport des femmes au savoir et au pouvoir. Observez attentivement des détails de l'image et appuyez-vous sur des citations précises du texte pour répondre. Ne négligez pas les informations apportées par le paratexte.

1 Nina et Sacha ont une relation familiale : Nina est la petite-fille de Sacha : « chez sa petite fille » (l. 3). Cette relation semble très affective et pleine de complicité puisque Nina se confie à sa grand-mère qui s'adresse à elle en l'appelant « Douchka » (l. 8), un surnom affectueux. Sacha a certainement élevé Nina, comme c'est indiqué l. 17 : « Elle n'avait pas élevé sa petite-fille pour en faire une gourde. »

2 Les sentiments successifs éprouvés par la grand-mère sont l'étonnement : « son étonnement » (l. 2), « stupéfaite » (l. 3), puis l'agacement : « agacer Sacha » (l. 17). Ce changement de sentiment est provoqué par le « ton amolli et romantique » (l. 17) de Nina qui, amoureuse, ne semble pas percevoir la réalité décrite par sa grand-mère.

3 Cette conversation est clairement dominée par la grand-mère qui développe un argumentaire maîtrisé face à sa petite-fille : « la vieille dame s'interrompit à dessein, préservant un effet d'annonce » (l. 32). Elle se donne le droit de parler ainsi car non seulement elle a participé à l'éducation de Nina, mais aussi car son expérience lui permet d'avoir conscience des inégalités entre les hommes et les femmes. Elle ne veut pas que sa petite-fille en soit victime.

4 Sacha veut montrer à sa petite-fille l'injustice de la position des femmes après le mariage : elles sont contraintes à rester à la maison pour s'occuper des tâches domestiques : « un homme dans une maison exige beaucoup de sa femme » (l. 13). Elle souligne le fait que les hommes s'installent rapidement dans une position où la femme est à leur service : « Les hommes, ça met les pieds sous la table et les chemises en boule au linge sale » (l. 21). Enfin, elle lui explique que si elle n'est pas « obéissante » ils vont se disputer : « vous vous bagarrerez » (l. 30) et que le seul moyen pour avoir une légitimité dans la conversation sera pour elle d'être indépendante grâce à « un métier » et « un salaire » (l. 34).

5 La sérigraphie de Barbara Kruger montre un visage de femme stéréotypé, comme on peut en voir sur les affiches de magazines, mais il est divisé en deux pour nous laisser voir une autre « face », une sorte de radiographie qui invite à regarder derrière les apparences. Le slogan qui est posé sur cette image indique que le savoir apporte le pouvoir. D'ailleurs, le mot « savoir » est placé sur la tête de la femme et le mot « pouvoir » vers sa bouche, comme pour indiquer qu'elle va pouvoir s'exprimer grâce à son savoir. Enfin, cette affiche a été commandée pour le bicentenaire de la Révolution française et n'est pas sans évoquer la figure de Marianne, symbole de la République française et de sa devise qui invite à l'égalité, ici celle entre les femmes et les hommes. Dans le texte, dont l'action se déroule en 1958, les femmes n'ont pas encore beaucoup de droits en France, et elles n'ont pas le même accès au savoir et au pouvoir que les hommes. Sacha le souligne très bien dans sa dernière prise de parole « Étudie le plus longtemps possible et gagne ta vie. Ne dépends jamais d'un homme ! » (l. 35).

Grammaire et compétences linguistiques → énoncé p. 157

Les clés pour réussir

1 Pour expliquer la formation d'un mot, il faut rechercher s'il est composé d'un **préfixe**, d'un **radical** et d'un **suffixe**. Attention les trois éléments ne sont pas toujours présents.

2 Les modes sont les grandes catégories à l'intérieur desquelles on conjugue les verbes. Il existe **sept modes** : indicatif, subjonctif, impératif, conditionnel, infinitif, participe et gérondif. Comme les temps, les modes peuvent avoir une valeur particulière (fait réel, souhait, doute, ordre, défense…).

3 • **On vous demande** de passer du singulier au pluriel. Il ne faut pas oublier le second changement : remplacer « grand-mère » par « grands-parents ».

• **Vous devez modifier** :

– les verbes ;

– deux déterminants possessifs et un pronom personnel.

• **Attention,** il y a un sujet inversé.

1 Le mot « désenchanté » est un adjectif (participe passé employé comme adjectif). Il est composé du préfixe privatif « dés- » et du radical « enchanté ». Il signifie « être désabusé, avoir perdu ses illusions ». Le préfixe marque en effet l'opposition à l'aspect « enchanteur » de la relation amoureuse.

2 Le mode verbal principalement utilisé dans ce passage est l'impératif : « Travaille » ; « étudie » ; « gagne » ; « dépends » ; « écoute ». Il permet d'exprimer un ordre ou une défense lorsqu'il est encadré par une négation (« ne dépends jamais »).

3 **Travaillez** les filles. **Étudiez** le plus longtemps possible et **gagnez votre** vie. **Ne dépendez** jamais d'un homme ! **Écoutez** ce que **vous disent vos** grands-parents.

Dictée → *énoncé p. 157*

Les clés pour réussir

Bien conjuguer

- Le **passé simple** : les terminaisons des verbes du premier groupe : -ai/-as/-a/-âmes/-âtes/-èrent ou des autres groupes -s/-s/-t/-^mes/-^tes/-rent.
- L'**imparfait** a des terminaisons très régulières : -ais/-ais/-ait/-ions/-iez/-aient.

Bien accorder

- « **Tout/tous** » : c'est un déterminant, il s'accorde donc avec le mot qui suit (« tout **le** » / « tous **les** »)

Ne pas confondre

- « **on/ont** » : « **on** » pronom personnel et « **ont** » 3e personne du pluriel du verbe « avoir » (= « avaient »).

Bien orthographier

- « **elle en avait** » : attention à la liaison, ne pas ajouter de « n' » après « en »

Les mots difficiles

- **« entrain »** : ce nom s'écrit en un seul mot et désigne la bonne humeur, la vivacité pour accomplir une tâche.
- **« s'excuser »** : ne pas oublier le « c » après le « x ».

Pas un seul petit mot ! Il ne vint pas lui rendre visite. Il fut absent aux deux répétitions, le mardi d'abord, puis le vendredi, sans s'excuser ni prévenir, ce qui n'était jamais arrivé. Les musiciens de l'orchestre demandaient des nouvelles à Nina. Elle n'en avait pas. Tout le monde vit qu'elle dansait et chantait sans entrain. Ses résultats scolaires chutèrent d'un coup. Le cartable était jeté par terre sans être ouvert. Elle n'avait pas la tête à son travail ! Elle découvrait la place que tient dans la vie un amour, celui qu'on trouve autant que celui qu'on perd ou croit perdre.

Alice Ferney, *Cherchez la femme*, Actes Sud, 2013.

Travail d'écriture – Sujet d'imaginaton → *énoncé p. 157*

Les clés pour réussir

La situation de communication

- Il faut prendre en compte **le texte initial**, c'est-à-dire les remarques de la grand-mère qui vont influencer la décision de Nina.
- Pensez à utiliser le vocabulaire des **sentiments** pour exprimer les réactions des deux interlocuteurs.
- Pour ne pas paraître artificiel un passage narratif précisera **les circonstances** (*Qui ? Où ? Quand ? Pourquoi ?*) qui amènent ce dialogue.
- Le dialogue doit **faire avancer l'action et développer les caractéristiques des interlocuteurs** : la façon de parler, comme les idées échangées permettront au lecteur de mieux les connaître.
- Le dialogue ne doit pas se poursuivre trop longtemps, il faut l'interrompre par **des passages narratifs** pour analyser les réactions des personnages et continuer le récit en laissant la parole au narrateur.

La présentation du dialogue

- Après la dernière phrase du paragraphe il faut : mettre **deux points** (:), **aller à la ligne, ouvrir des guillemets** («) et **mettre un tiret** (–). Ensuite, à chaque fois que quelqu'un intervient dans le dialogue, vous devez aller à la ligne et mettre un tiret. Les guillemets ne seront fermés qu'à la fin du dialogue.
- Les arguments des personnages peuvent se répondre (argument du premier personnage/contre-argument du deuxième...).
- Pensez à **varier les verbes introducteurs** : s'exclamer, demander, répondre, chuchoter, murmurer...

Méthode

Pour vous aider, nous vous avons indiqué en couleur les parties de la rédaction qui répondent aux consignes.

Narration   Dialogue   Éléments du texte initial   Sentiments

Nina avançait d'un pas hésitant dans les allées du jardin public, elle avait beau être sûre des sentiments de Vladimir, les propos de sa grand-mère avaient semé en elle un doute qui la rongeait. Elle tournait les phrases dans sa tête quand elle sentit deux mains se poser sur ses épaules :

« – Tu ne m'échapperas pas ! lui chuchota Vladimir dans le creux de l'oreille.

– Je n'en avais pas l'intention ! Je suis contente de te retrouver si tôt, je voulais te parler.

– Tu as l'air sérieuse... rien de grave au moins ?

– Non... rien, c'est juste que... j'ai beaucoup réfléchi à ta demande...

– Et ?

– Et, évidemment je suis d'accord, je veux t'épouser !

Vladimir la souleva et la fit tourner autour de lui.

– Seulement... j'aimerais finir mes études avant, ajouta-t-elle le souffle un peu coupé quand il l'eut reposée.

– Mais... pourquoi ? Pourquoi attendre et pourquoi te fatiguer à étudier, j'ai une très bonne situation tu sais ! reprit Vladimir, incrédule.

– Oui bien sûr, mais ce n'est pas la question, les études me plaisent et je voudrais vraiment apprendre un métier moi aussi.

– Un métier ? Mais tu n'en as pas besoin, ne t'inquiète pas de ce genre de choses, je pourrai très largement subvenir aux besoins de toute la famille ! En douterais-tu ? s'étonna Vladimir, un peu agacé.

– Ce n'est pas le problème, renchérit Nina, qui comprenait de mieux en mieux les paroles de sa grand-mère au fur et à mesure que la conversation avançait. Ce que je veux, moi, c'est étudier, comme toi tu l'as fait, et devenir peut-être à mon tour ingénieure !

Vladimir partit d'un grand éclat de rire :

– Ingénieur ! Tu me fais marcher ! Tu sais bien que ça n'existe pas une femme ingénieure ! Il arrêta de rire, lui passa un bras sur l'épaule, puis reprit d'une voix presque paternelle :

– Tu es jeune, je crois que tu ne comprends pas bien. Si tu le souhaites, bien sûr que tu peux terminer ton lycée, et si c'est ton envie, je pourrais ensuite demander à l'administration de la mine de te confier quelques petits travaux de secrétariat, pour te distraire un peu, mais je peux te l'assurer : tu comprendras vite que ce n'est pas là ta place, et que tu seras bien mieux à t'occuper de ta maison !

Nina se dégagea des bras de Vladimir et répondit avec gravité :

– Tu as raison... ce n'est pas là ma place. »

Travail d'écriture – Sujet de réflexion → *énoncé p. 158*

Les clés pour réussir

L'introduction

- Introduisez le sujet : vous pouvez partir des **définitions usuelles** d'un **métier**, de **la liberté** et du **pouvoir**, les trois mots-clés du sujet.
- Présentez le sujet : reprenez la **question** posée par le sujet.
- Annoncez clairement votre **plan**.

Le développement

- La question posée appelle un développement en **deux parties** : l'une où vous partagerez le point de vue de la grand-mère et l'autre où vous présenterez des arguments contraires. Pensez à **terminer** votre devoir **par la partie à laquelle vous croyez le plus**, vous serez plus convaincant(e).
- Dans chaque partie vous présenterez au moins **deux arguments** et **deux exemples**.

La conclusion

- **Résumez en d'autres termes** votre argumentation en précisant votre avis.
- Terminez avec une **phrase d'ouverture**, en évoquant par exemple le nécessaire travail sur l'orientation pour qu'un métier devienne aussi source de plaisir.

Méthode

Pour vous aider, nous vous avons indiqué en couleur les parties de la rédaction qui répondent aux consignes.

Indicateurs logiques — Arguments — |…| Exemples

L'exercice d'un métier est souvent associé aux termes de contraintes et de pénibilité. Cependant, nous nous demanderons si, comme le pense la grand-mère de Nina, un métier peut aussi être synonyme de liberté et de pouvoir. Nous répondrons à cette question en montrant d'abord les aspects négatifs de la pratique d'une profession, avant d'en souligner les avantages.

Avant tout, avoir un métier est dicté par la nécessité de subvenir à ses besoins. Le travail est donc synonyme de contraintes et d'efforts dans un simple but de survie humaine. Ainsi, si l'on observe les mineurs décrits par Émile Zola dans *Germinal*, on ressent bien qu'ils sont esclaves de leur métier et que pour eux la liberté se situerait dans l'absence de travail.

De plus, la pratique d'un métier nous soumet généralement à l'autorité d'un chef, d'un patron qui va exercer son pouvoir sur nous pour que l'on soit efficace et « rentable ». Ce sont les dérives que dénonce par exemple Charlie Chaplin dans son film *Les Temps modernes*, où l'on voit un ouvrier soumis à l'autorité de son patron et même de sa machine. Il perd sa liberté, voire son humanité, en cherchant à suivre les cadences imposées dans son métier.

Cependant, avoir un métier est aussi synonyme de liberté et de pouvoir car cela nous permet d'obtenir une réelle indépendance financière qui est une condition pour participer à la société de façon active. Le travail, comme l'écrivait déjà Voltaire dans *Candide* « éloigne de nous trois grand maux : l'ennui, le vice et le besoin » En effet, grâce à notre profession, nous pouvons non seulement subvenir à nos besoins, mais aussi échanger, avoir une vie sociale, et ne pas être tentés par exemple par la délinquance.

Enfin, la liberté et le pouvoir qu'apporte un métier sont aussi et surtout liés à la valeur créatrice du travail qui permet un épanouissement personnel par la satisfaction du travail accompli. Les travailleurs, quelles que soient leurs professions, recherchent la récompense de leurs efforts dans le résultat de leur travail : un malade soigné, un meuble bien réalisé, un mur bien monté... C'est ce qu'écrivait Eugène Guillevic dans son poème « Le menuisier » : « Tu chantais, menuisier / En assemblant l'armoire », évoquant le plaisir de l'artisan.

Il apparaît donc que l'exercice d'un métier même s'il est lié au travail et à des contraintes nous permet bien de gagner notre liberté et d'exercer un certain pouvoir. La difficulté majeure reste certainement de choisir un métier qui corresponde à nos aspirations pour que la pénibilité ne prenne pas le pas sur le plaisir.

Sujet 5 Jules Renard, *Histoires naturelles*

3 heures

Asie, juin 2017

Travail sur le texte littéraire et sur l'image

1 h 10 50 pts

FRANÇAIS

Document A Texte littéraire

Le chasseur d'images

Il saute du lit de bon matin, et ne part que si son esprit est net, son cœur pur et son corps léger comme un vêtement d'été. Il n'emporte point de provisions. Il boira l'air frais en route et reniflera les odeurs salubres[1]. Il laisse ses armes à la maison et se contente d'ouvrir les yeux. Les yeux servent de filets où les images s'emprisonnent d'elles-mêmes.

La première qu'il fait captive est celle du chemin qui montre ses os, cailloux polis, et ses ornières[2], veines crevées, entre deux haies riches de prunelles et de mûres.

Il prend ensuite l'image de la rivière. Elle blanchit aux coudes et dort sous la caresse des saules. Elle miroite quand un poisson tourne le ventre, comme si on jetait une pièce d'argent, et, dès que tombe une pluie fine, la rivière a la chair de poule.

Il lève l'image des blés mobiles, des luzernes[3] appétissantes et des prairies ourlées[4] de ruisseaux. Il saisit au passage le vol d'une alouette ou d'un chardonneret. Puis il entre au bois. Il ne se savait pas doué de sens si délicats. Vite imprégné de parfums, il ne perd aucune sourde rumeur, et, pour qu'il communique avec les arbres, ses nerfs se lient aux nervures des feuilles.

Bientôt, vibrant jusqu'au malaise, il perçoit trop, il fermente, il a peur, quitte le bois et suit de loin les paysans mouleurs regagnant le village.

Dehors, il fixe un moment, au point que son œil éclate, le soleil qui se couche et dévêt sur l'horizon ses lumineux habits, ses nuages répandus pêle-mêle.

Enfin, rentré chez lui, la tête pleine, il éteint sa lampe et longuement, avant de s'endormir, il se plaît à compter ses images.

Dociles, elles renaissent au gré du souvenir. Chacune d'elles en éveille une autre, et sans cesse leur troupe phosphorescente s'accroît de nouvelles venues, comme des perdrix poursuivies et divisées tout le jour chantent le soir, à l'abri du danger, et se rappellent aux creux des sillons.

Jules Renard, *Histoires naturelles*, Gallimard, 1896.

1. *Salubres* : saines.
2. *Ornières* : traces dans le sol.
3. *Luzernes* : plantes à fleurs violettes.
4. *Ourlées* : bordées.

Document B **Image**

Jirô Taniguchi, *L'Homme qui marche*, 1992.

Les réponses aux questions doivent être entièrement rédigées.

Grammaire et compétences linguistiques → corrigé p. 168

1 « Il lève l'image des blés mobiles, des luzernes appétissantes […] » (l. 13). Quelle est la classe grammaticale des mots soulignés ? **2 pts**

2 Quel est le temps dominant dans le texte ? Quel effet son emploi produit-il ? **4 pts**

3 Réécrivez ces trois phrases en utilisant l'imparfait et en remplaçant « il » par « nous ». Vous ferez toutes les modifications nécessaires.
« Il n'emporta point de provisions. Il boira l'air frais en route et reniflera les odeurs salubres. Il laisse ses armes à la maison et se contente d'ouvrir les yeux. » **10 pts**

Compréhension et compétences d'interprétation → corrigé p. 168

1 « Il laisse ses armes à la maison et se contente d'ouvrir les yeux. » (l. 3-4) Comment cette phrase nous permet-elle de mieux comprendre le titre du texte ? **6 pts**

2 **a.** Quels sont les différents sens sollicités lors de cette balade ? Citez le texte pour justifier votre réponse. **4 pts**
b. Quels sentiments provoquent-ils chez le personnage tout au long du texte ? Relevez des éléments du texte pour justifier votre réponse. **4 pts**

3 Comment la nature est-elle rendue vivante ? Citez le texte pour justifier votre réponse. **4 pts**

4 Pensez-vous que le chasseur reste maître de ses images ? Vous développerez votre réponse en vous appuyant précisément sur le texte. **8 pts**

5 D'après vous, quelle phrase du texte pourrait être le titre de cette planche de bande dessinée ? Justifiez votre choix en confrontant des éléments du texte et de l'image. **8 pts**

Dictée → corrigé p. 170

20 min **10 pts**

› Écoutez la dictée sur le site abcbrevet.com.

Consignes :

– On dictera le texte à haute voix à plusieurs reprises.

– On inscrira au tableau de manière lisible par l'ensemble des candidats le titre de l'œuvre, le nom de l'auteur, ainsi que les deux prénoms **Paul** et **Étienne.**

Rédaction

1 h 30 **40 pts**

Vous traiterez au choix un des deux sujets de rédaction suivants :

Sujet d'imagination → corrigé p. 171

› Le lendemain, le chasseur d'images se rend en ville et déambule au gré de ses envies. À la manière de Jules Renard, vous raconterez sa balade en insistant sur les sensations et les sentiments de ce personnage.
Votre rédaction sera d'une longueur minimale d'une soixantaine de lignes (300 mots environ).

Sujet de réflexion → corrigé p. 172

› Pourquoi « chasser » des images ? Vous répondrez à cette question en prenant appui sur vos pratiques personnelles et sur votre culture littéraire et artistique. Votre rédaction sera d'une longueur minimale d'une soixantaine de lignes (300 mots environ).

Sujet 5 Corrigé

Grammaire et compétences linguistiques → énoncé p. 166

Les clés pour réussir

1 Il existe cinq classes grammaticales de mots variables : les verbes, les noms, les adjectifs, les déterminants et les pronoms.

3 • **On vous demande** de mettre les verbes à l'imparfait et de passer du singulier au pluriel en remplaçant « il » par « nous ».

• **Vous devez modifier** :
- les pronoms personnels ;
- la conjugaison des verbes ;
- un déterminant possessif.

1 Les deux mots soulignés sont des adjectifs qualificatifs épithètes.

2 Le temps dominant est le présent de l'indicatif : « il saute » (l. 1), « il lève » (l. 3), « il fixe » (l. 21). On a l'impression de participer à la balade avec le personnage, on découvre les images en même temps que lui, c'est du présent de narration.

3 **Nous n'emportions** point de provisions. **Nous buvions** l'air frais en route et **reniflions** les odeurs salubres. **Nous laissions nos** armes à la maison et **nous contentions** d'ouvrir les yeux.

Compréhension et compétences d'interprétation → énoncé p. 167

Les clés pour réussir

2 **a.** Pour ce type de questions, **listez** les cinq sens, **puis observez** dans le texte lesquels sont présents.
b. Une sensation est le résultat d'une **perception** par l'un des cinq sens, un sentiment est le résultat d'une **émotion**.

3 Cette question vous demande de trouver une **figure de style**. Les plus fréquentes sont la comparaison, la métaphore, la personnification et l'énumération.

5 La bande dessinée utilise un vocabulaire spécifique : **une case ou une vignette** est un **cadre** contenant une image ; **une bande** est une **suite de cases** sur une ligne ; **une planche** est une **page** de bande dessinée.

1 Le titre associe les thèmes de la chasse et des images, on retrouve ces deux thèmes mêlés dans la phrase : la chasse avec le mot « armes » et les images avec le mot « les yeux ». Il s'agit donc d'une chasse au sens figuré : ce qu'il prendra dans ses « filets » (l. 5) ce seront uniquement des images.

2 a. Les cinq sens du personnage vont être sollicités pendant cette balade :
1. le goût : « il boira l'air frais » (l. 3) ;
2. l'odorat : « reniflera les odeurs salubres » (l. 3) et « parfums » (l. 16) ;
3. la vue : « ouvrir les yeux » (l. 4) et le mot « image » répété plusieurs fois dans le texte ;
4. l'ouïe « sourde rumeur » (l. 16-17) ;
5. le toucher « ses nerfs se lient aux nervures des feuilles » (l. 17-18).

b. Les sentiments qu'éprouve le personnage évoluent au cours de la balade : il a d'abord un sentiment de légèreté physique et morale : « son cœur pur et son corps léger » (l. 1), puis un sentiment de plénitude lorsqu'il a collecté plusieurs images : « imprégné » (l. 16), ensuite il ressent de la peur : « il a peur » (l. 19) comme s'il avait trop de sensations et enfin, au retour, il est satisfait et heureux : « il se plaît » (l. 25).

3 La nature est rendue vivante grâce aux différentes personnifications qui lui attribuent des caractéristiques humaines :
– « chemin qui montre ses os [...] veines crevées » (l. 6) ;
– la rivière « blanchit aux coudes et dort [...] a la chair de poule » (l. 9) ;
– le soleil « dévêt sur l'horizon ses lumineux habits » (l. 22).

4 Au départ, le chasseur est maître des images, il les prend au piège : « les yeux servent de filets » (l. 4), mais très vite il est submergé par l'abondance d'images et de sensations qu'elles font naître « vibrant jusqu'au malaise, il perçoit trop » (l. 19). À la fin, les images semblent plus calmes « dociles » (l. 26), mais elles restent autonomes pour décider de revenir dans la tête du chasseur : « chacune d'elles en éveille une autre » (l. 26-27).

5 Une phrase du texte qui pourrait servir de titre à cette planche de bande dessinée est « les yeux servent de filets où les images s'emprisonnent d'elles-mêmes » (l. 4). La bande dessinée fait en effet alterner les cases avec le regard de l'homme et celles avec ce qu'il voit : les vignettes 4 et 5 font ainsi écho à « se contente d'ouvrir les yeux » (l. 4) ou « il fixe un moment, au point que son œil éclate » (l. 21). La communion avec la nature est aussi très présente dès la première case qui pourrait illustrer la phrase du texte : « ses nerfs se lient aux nervures des feuilles » (l. 17-18).

FRANÇAIS

Dictée → *énoncé p. 167*

Les clés pour réussir

Bien conjuguer

- Le **passé simple** à la première personne du pluriel : -âmes/-îmes/-ûmes/-înmes.

Bien accorder

- L'adjectif de couleur « bleu » : ne pas oublier le « e » et/ou le « s » au féminin et au pluriel.
- Les participes passés employés comme adjectifs.

Ne pas confondre

- **« s'en » et « sans »** → « s'en » se rencontre devant un verbe pronominal (« se » + verbe). « Sans » est une préposition qui indique le manque, la privation, elle est le contraire de « avec ».
- **« ou » et « où »** → « ou » est la conjonction de coordination, elle peut être remplacée par « ou bien ». « Où » est un pronom relatif qui indique un lieu.
- **« mur » et « mûr »** → « mur » est un nom masculin qui désigne une construction. « Mûr » est un adjectif qui indique qu'un fruit est arrivé à maturité.

Bien orthographier

- Les chiffres s'écrivent en lettres.
- Attention à bien écrire les sons « euil » et « eil » dans les mots « cueillir » et « vieil ».

Les mots difficiles

- **« exalter »** signifie « élever très haut ».
- **« gaieté »** peut s'écrire de trois manières différentes : « gaieté » / « gaîté » / « gaité », mais attention, il n'y a jamais de « e » à la fin.

À deux heures, nous repartîmes en expédition, accompagnés de Paul, spécialiste de l'extraction des escargots cachés dans les trous des vieux murs, ou des souches d'olivier. Nous travaillâmes sans arrêt, pendant trois heures, à entasser des provisions, pour faire face à la ruine prochaine. Nous repartîmes vers six heures, chargés d'amandes, d'escargots, de prunelles des bois, de belles prunes bleues volées chez maître Étienne, et d'une musette d'abricots presque mûrs, cueillis sur un très vieil arbre qui s'obstinait, depuis cinquante ans, fleurir dans les ruines solitaires d'une ferme abandonnée.

Marcel Pagnol, *Le Château de ma mère*, De Fallois, 1958.

Travail d'écriture – Sujet d'imagination → énoncé p. 167

Les clés pour réussir

La situation de communication

- Il s'agit d'une suite de texte essentiellement **descriptive** : vous devez garder le **même narrateur** et le **même temps verbal**.
- Le lieu est précisé, il ne s'agit plus de la campagne, mais de la **ville**, pensez notamment aux textes étudiés sur ce thème en 4e.

L'organisation de la description

- Vous devez donc écrire « à la manière de » Jules Renard : c'est-à-dire en gardant la même structure de texte que lui : un point de départ, un paragraphe par nouvelle image, un point d'arrivée.
- C'est une description en mouvement : le lecteur découvrira la scène en même temps que l'observateur grâce aux connecteurs spatio-temporels (« en haut », « à côté », « devant », « d'abord », « puis », « ensuite »...)
- Insistez sur les sensations et les sentiments éprouvés par le personnage face à chaque image « récoltée ».

Méthode

Pour vous aider, nous vous avons indiqué en couleur les parties de la rédaction qui répondent aux consignes.

Images de la ville Connecteurs spatio-temporels Sentiments Sensations

C'est une fin d'après-midi orageuse : une chaleur moite a pesé toute la journée et l'averse salvatrice vient de tomber. Le chasseur d'images sait que c'est l'heure parfaite pour déambuler dans la ville. La ville fraîchement arrosée par une pluie d'orage.

Dès les premiers pas sur le bitume chaud et humide, il flaire l'odeur caractéristique de la pluie qui s'évapore du macadam. Il ferme les yeux, les rouvre, et les fumerolles qui remontent de la route s'évanouissent dans son regard. Une première image, familière et rassurante.

Il descend la rue, croise quelques passants qui se décident à quitter leur maison, hésitants... la pluie a-t-elle vraiment cessé ? Des pleurs lui font lever la tête vers une fenêtre entrouverte, « à l'espagnolette » comme disait sa mère, c'est un bébé. Les pleurs se font plus insistants, puis s'arrêtent brusquement. Une silhouette passe devant la fenêtre, le bébé dans les bras. Il sourit, apaisé lui aussi.

Il tourne à droite, dans une ruelle, la dernière rue pavée de la ville. L'eau s'écoule rapidement entre les vieux pavés. Ce sont des méandres, des lagons, une cascade : un vieux mégot est entraîné comme un radeau de survie sur ce torrent infernal, le chasseur le suit du regard jusqu'à le perdre de vue, il a sombré dans le caniveau.

Un long muret court vers la gauche, machinalement il pose sa main dessus et avance. Comme un enfant. Il retrouve cette sensation râpeuse du ciment sous la paume de sa main. Il avance ainsi, guidé par cette rampe de béton. Soudain, il doit s'arrêter, un chat est posé sur le muret. Ils échangent un regard. De chasseur, il se sent devenir chassé. Étrange sentiment. Il change de trottoir.

Et puis, il a faim, d'abord, il ne sait pas pourquoi, mais l'air qui pénètre son nez finit par le renseigner : il est derrière la rue des restaurants. Les fumées des hottes s'échappent et lui apportent des odeurs mêlées de friture et de viandes saisies sur le feu. Il tend l'oreille et croit entendre quelques bruits de vaisselles heurtées, l'agitation de la cuisine avant le service. Il imagine l'assiette, les frites dorées, le magret fumant, la touche rouge du quartier de tomate posé sur la feuille de salade... il salive, il est temps de rentrer.

Sur le chemin du retour, il décide de s'arrêter au milieu de la grand-place. Il ferme les yeux un instant et se nourrit des images rencontrées. Elles se mêlent aux bruits de la ville et l'enivrent. Il n'a plus faim, il est rassasié d'images et de sensations.

Travail d'écriture – Sujet de réflexion → *énoncé p. 168*

Les clés pour réussir

L'introduction

- **Introduisez le sujet** : vous pouvez faire référence au texte étudié et au sens moderne de l'expression « chasseur d'images ».
- **Présentez le sujet** : reprenez la question posée par le sujet.
- Annoncez clairement votre **plan**.

Le développement

- La question posée appelle un développement en plusieurs parties qui énumèrent les raisons qui poussent certaines personnes à « chasser » des images. Les raisons peuvent être :
  – le besoin de nourrir son **imaginaire** ;
  – la volonté de **garder des souvenirs** ;
  – le **plaisir esthétique**.
- **Dans chaque partie**, vous sélectionnerez **un exemple pertinent et précis** en ayant soin de les **varier** comme vous le demande le sujet : « en prenant appui sur vos pratiques personnelles, et sur votre culture littéraire et artistique ».

La conclusion

- Résumez en d'autres termes votre argumentation en précisant votre avis.
- Terminez avec une phrase d'ouverture, en évoquant par exemple les différents moyens de conservation et de diffusion des images aujourd'hui.

Méthode

Pour vous aider, nous vous avons indiqué en couleur les parties de la rédaction qui répondent aux consignes.

Indicateurs logiques — Arguments — |...| Exemples

Les « chasseurs d'images », qu'ils soient de simples promeneurs esthètes comme dans le texte ou des photographes – suivant le sens moderne de l'expression –, sont toujours aussi nombreux aujourd'hui. Quelles raisons les poussent ainsi à chasser des images ? Nous proposerons trois réponses en évoquant d'abord le besoin de nourrir l'imagination, puis la volonté de garder des souvenirs et enfin le plaisir esthétique de la contemplation des images.

Premièrement, les images sont la racine étymologique et la source de notre imagination. C'est-à-dire de notre capacité à nous fabriquer des images mentales et à les faire vivre dans notre esprit. Par exemple, le poète Charles Baudelaire, au XIXe siècle, dans son *Invitation au voyage*, évoque les images qui entraînent son esprit vers la rêverie : « Vois sur ces canaux / Dormir ces vaisseaux ». Les images sont si nettes pour lui, qu'elles peuvent aussi nourrir l'imaginaire du lecteur et deviennent un trait d'union pour une invitation à l'évasion.

La deuxième raison qui peut pousser à « chasser des images » est le besoin de garder des souvenirs, d'aider la mémoire grâce à des supports matériels qui vont fixer des instants de vie à partir desquels renaîtront durablement des souvenirs imagés. Ainsi, les nombreuses photographies de vacances, d'événements mémorables d'une vie, voire même les *selfies* pour immortaliser une visite à la tour Eiffel ou en retenant la tour de Pise sont autant d'aide-mémoire qui non seulement fixent une image, mais aussi aident à en faire revivre d'autres.

Enfin, les chasseurs d'images sont aussi les nombreux artistes, photographes ou peintres, qui s'attachent à retenir par leur art un instant de beauté, de vie, des sensations fugaces. Citons l'exemple de Paul Gauguin qui su fixer sur ses toiles les couleurs et l'atmosphère de Tahiti en y associant les personnes qu'il rencontrait, comme dans son tableau *Nave Nave Mahana* (en français : *Jour délicieux*) qui met en scène des jeunes Tahitiennes et un enfant qui s'adonnent à la cueillette de fruits dans un décor paradisiaque.

Pour conclure, il apparaît donc que les chasseurs d'images peuvent avoir différentes motivations qui se rejoignent sur une idée commune : le partage, que ce soit avec un lecteur, un spectateur potentiel ou avec l'entourage proche. Se poserait alors aujourd'hui la question, avec la multiplication des moyens de conservations des images, et notamment le numérique, de savoir lesquels se prêtent le mieux à ce véritable partage.

Sujet 6 Jean Giono, *Les Vraies Richesses*

3 heures

France métropolitaine, juin 2017

FRANÇAIS

Travail sur le texte littéraire et sur l'image

1 h 10 50 pts

Document A Texte littéraire

Giono a décidé de vivre à la campagne, au plus près de la nature. Néanmoins, il va parfois à Paris. Il évoque ici son expérience de la ville.

Quand le soir vient, je monte du côté de Belleville[1]. À l'angle de la rue de Belleville et de la rue déserte, blême et tordue, dans laquelle se trouve *La Bellevilloise*[2], je connais un petit restaurant où je prends mon repas du soir. Je vais à pied. Je me sens tout dépaysé par la dureté du trottoir et le balancement des hanches qu'il faut avoir pour éviter ceux qui vous frôlent. Je marche vite et je dépasse les gens qui vont dans ma direction ; mais quand je les ai dépassés, je ne sais plus que faire, ni pourquoi je les ai dépassés, car c'est exactement la même foule, la même gêne, les mêmes gens toujours à dépasser sans jamais trouver devant moi d'espaces libres. Alors, je romps mon pas et je reste nonchalant[3] dans la foule. Mais ce qui vient d'elle à moi n'est pas sympathique. Je suis en présence d'une anonyme création des forces déséquilibrées de l'homme. Cette foule n'est emportée par rien d'unanime. Elle est un conglomérat de mille soucis, de peines, de joies, de fatigues, de désirs extrêmement personnels. Ce n'est pas un corps organisé, c'est un entassement, il ne peut y avoir aucune amitié entre elle, collective, et moi. Il ne peut y avoir d'amitié qu'entre des parties d'elle-même et moi, des morceaux de cette foule, des hommes ou des femmes. Mais alors, j'ai avantage à les rencontrer seuls et cette foule est là seulement pour me gêner. Le premier geste qu'on aurait si on rencontrait un ami serait de le tirer de là jusqu'à la rive, jusqu'à la terrasse du café, l'encoignure de la porte, pour avoir enfin la joie de véritablement le rencontrer.

[…]

De tous ces gens-là qui m'entourent, m'emportent, me heurtent et me poussent, de cette foule parisienne qui coule, me contenant sur les trottoirs devant *La Samaritaine*[4], combien seraient capables de recommencer les gestes essentiels de la vie s'ils se trouvaient demain à l'aube dans un monde nu ?

Qui saurait orienter son foyer en plein air et faire du feu ?

Qui saurait reconnaître et trier parmi les plantes vénéneuses les nourricières comme l'épinard sauvage, la carotte sauvage, le navet des montagnes, le chou des pâturages ?

Qui saurait tisser l'étoffe ?

Qui saurait trouver les sucs pour faire le cuir ?

Qui saurait écorcher un chevreau ?

Qui saurait tanner la peau ?

Qui saurait vivre ?

Ah ! c'est maintenant que le mot désigne enfin la chose ! Je vois ce qu'ils savent faire : ils savent prendre l'autobus et le métro. Ils savent arrêter un taxi, traverser une rue, commander un garçon de café ; ils le font là tout autour de moi avec une aisance qui me déconcerte et m'effraie.

---

1. *Belleville* : quartier parisien dans l'Est de la ville.
2. *La Bellevilloise* : coopérative ouvrière qui permettait aux ouvriers d'acheter des produits de consommation moins chers. C'est aussi en 1936 un lieu culturel très connu.
3. *Nonchalant* : lent et indifférent.
4. *La Samaritaine* : grand magasin parisien, fondé en 1870.

Jean Giono, *Les Vraies Richesses*, Grasset & Fasquelle, 1937.

Document B Image

Jean-Pierre Stora, *Allées piétonnières*, 1995, lavis encre de Chine, 64 × 50.

Les réponses aux questions doivent être entièrement rédigées.

Compréhension et compétences d'interprétation → corrigé p. 179

1 En vous appuyant sur le premier paragraphe, expliquez la formule du narrateur « Je me sens tout dépaysé » (ligne 4). **4 pts**

2 Dans le dernier paragraphe, pourquoi le narrateur est-il déconcerté et effrayé (lignes 42 à 45) ? Justifiez votre réponse en vous appuyant sur le texte. **4 pts**

3 Ce texte est extrait d'un livre intitulé *Les Vraies Richesses*. Quelles sont, selon vous, les « vraies richesses » auxquelles pense l'auteur ? Rédigez une réponse construite et argumentée. **8 pts**

4 Que ressentez-vous en regardant l'œuvre de Jean-Pierre Stora (document B) ? Expliquez votre réponse. **4 pts**

5 Cette œuvre (document B) peut-elle illustrer la manière dont le narrateur perçoit la foule dans le texte de Jean Giono (document A) ? Développez votre réponse. **4 pts**

Grammaire et compétences linguistiques → corrigé p. 180

1 **a.** Quel est ici le sens du mot « entassement » (ligne 16) ?
Trouvez un synonyme de ce nom dans les lignes qui précèdent.
b. « Elle est [...] personnels. » (lignes 14-15) : quel est le procédé d'écriture utilisé dans cette phrase ?
c. En vous appuyant sur vos deux réponses précédentes, expliquez comment le narrateur perçoit la foule. **8 pts**

2 Ligne 34 à ligne 40 :
a. Quelles remarques pouvez-vous faire sur la disposition et les procédés d'écriture dans ce passage ? Trois remarques au moins sont attendues.
b. Quel est, selon vous, l'effet recherché par le narrateur dans ce passage ? Développez votre réponse. **8 pts**

3 Réécrivez le passage ci-dessous en remplaçant « je » par « nous » et en mettant les verbes conjugués à l'imparfait.
« Je connais un petit restaurant où je prends mon repas du soir. Je vais à pied. Je me sens tout dépaysé par la dureté du trottoir et le balancement des hanches qu'il faut avoir pour éviter ceux qui vous frôlent. » **10 pts**

Dictée → corrigé p. 181

20 min **10 pts**

› Écoutez la dictée sur le site abcbrevet.com.

Consignes :

– On dictera le texte à haute voix à plusieurs reprises.
– On inscrira au tableau de manière lisible par l'ensemble des candidats le titre de l'œuvre et le nom de l'auteur.

Rédaction

1 h 30 **40 pts**

Vous traiterez au choix un des deux sujets de rédaction suivants :

Sujet d'imagination → corrigé p. 182

› Vous vous sentez, vous aussi, « dépaysé(e) » en arrivant dans une ville. Racontez cette expérience. Vous décrivez les lieux que vous découvrez, vous évoquez vos impressions et vos émotions.
Vous ne signerez pas votre texte de votre nom.
Votre rédaction sera d'une longueur minimale d'une soixantaine de lignes (300 mots environ).

Sujet de réflexion → corrigé p. 183

› Pensez-vous comme Jean Giono que la ville soit un lieu hostile ?
Vous proposerez une réflexion organisée et argumentée en vous appuyant sur vos lectures et vos connaissances personnelles.
Votre rédaction sera d'une longueur minimale d'une soixantaine de lignes (300 mots environ).

Sujet 6 Corrigé

Compréhension et compétences d'interprétation → énoncé p. 177

Les clés pour réussir

4 On attend une réponse personnelle et argumentée évoquant clairement **un ressenti, des émotions, des comparaisons, des expériences**.

1 La formule « Je me sens tout dépaysé » montre à quel point le narrateur se sent en marge de la foule de ses contemporains. Il est gêné par le nombre : « sans jamais trouver d'espace libre » (l. 9) ; « cette foule est là seulement pour me gêner » (l. 20) ; mais aussi par l'anonymat qui y règne : « anonyme » (l. 12). De plus, il ressent de l'antipathie de la part de la foule : « n'est pas sympathique » (l. 12).

2 Le narrateur prend conscience que les êtres humains se sont très bien adaptés au mode de vie urbain : il est troublé par l'aisance de leurs gestes quotidiens « prendre l'autobus et le métro » (l. 42) par contraste avec les gestes qu'ils ne savent plus faire. Cette aisance l'effraie car elle sous-entend l'incapacité à réaliser les gestes essentiels : « Qui saurait vivre ? » (l. 40).

3 Selon l'auteur, les vraies richesses sont les sentiments qui relient les êtres humains : la sympathie et l'amitié. Ces relations ne peuvent se tisser que dans des relations individuelles avec l'autre qui permettent d'avoir « la joie de véritablement le rencontrer » (l. 22). Un retour à la nature est nécessaire pour l'être humain s'il veut profiter de ces vraies richesses, il doit se comporter comme s'il devait vivre à nouveau dans « un monde nu » (l. 30).

4 Cette œuvre de J.-P. Stora fait ressentir un certain malaise : toutes les lignes diagonales créent des points de fuite vers l'extérieur de l'image. Il n'y a pas de début et pas de fin, comme si les personnages étaient en perpétuel mouvement vers… nulle part, et en venant d'on ne sait où.

5 L'œuvre et le texte présentent plusieurs points communs dans la représentation de la foule : ces « allées piétonnières » parallèles et séparées par des murs donnent l'impression que les gens se croisent ou se dépassent sans se voir comme chez Giono : « je marche vite et je dépasse les gens

FRANÇAIS

qui vont dans ma direction » (l. 6). De plus, les corps sur l'image ne sont que des ombres, des silhouettes sans visages, « anonymes » comme dans le texte de Giono (l. 12). Enfin, on voit que sur l'image il n'y a aucune rencontre entre les personnes, ce que regrette également l'auteur.

Grammaire et compétences linguistiques → *énoncé p. 178*

Les clés pour réussir

1 a. Pensez à utiliser le **radical** du mot pour expliquer son sens. Un synonyme est un mot qui a presque le même sens, mais qui n'appartient pas à la même famille (pas le même radical).

b. Une accumulation ou énumération consiste à énoncer une série plus ou moins longue de termes ou groupes de mots de même catégorie. C'est une figure d'**insistance**.

2 a. et **b.** Les procédés d'écriture sont les écarts par rapport à l'usage habituel de la langue. Ici, on est proche d'un **univers poétique**, on peut donc faire des remarques sur : la disposition en vers, les anaphores, la forme des phrases, le mode verbal utilisé...

3 • **On vous demande** de mettre les verbes à l'imparfait et de passer du singulier au pluriel en remplaçant « je » par « nous ».

• **Vous devez modifier :**

– les pronoms personnels et réfléchis ;

– la conjugaison des verbes ;

– un accord de participe passé ;

– un déterminant possessif.

1 a. Le mot « entassement » signifie une accumulation d'éléments, il est formé sur le radical « tas ». Ici, il s'agit d'un « tas » d'êtres humains qui forment une foule disparate. Le synonyme est « conglomérat » (l. 14).

b. Le procédé d'écriture est une énumération (ou accumulation) : l'auteur énumère les éléments qui constituent la foule.

c. Le narrateur perçoit donc la foule comme un assemblage d'éléments disparates sans unité, sans harmonie. Il ressent aussi de l'hostilité et de l'antipathie de la part de cette foule qui empêche toute possibilité de rencontre et d'amitié.

2 a. Ce passage s'apparente à un poème par sa mise en page : il y a un retour à la ligne pour chaque phrase comme s'il s'agissait de vers. De plus on remarque une anaphore, c'est-à-dire une répétition en début de phrase : « Qui saurait ». Enfin, toutes les phrases sont des questions rédigées au conditionnel.

b. Le narrateur cherche à surprendre et à impliquer son lecteur par les interrogations oratoires (fausses questions). Chacun est ainsi amené à s'interroger sur ses propres pratiques. De plus, l'anaphore suivie d'un verbe d'action à l'infinitif insiste sur ce point : quelle est la nature de nos compétences réelles ?

3 **Nous connaissions** un petit restaurant où **nous prenions notre (ou nos)** repas du soir. **Nous allions** à pied. **Nous nous sentions** tout **dépaysés** par la dureté du trottoir et le balancement des hanches qu'il **fallait** avoir pour éviter ceux qui vous **(ou nous) frôlaient**.

Dictée

→ *énoncé p. 178*

Les clés pour réussir

Bien conjuguer

- Le **passé simple** à la première personne du pluriel : -âmes/-îmes/-ûmes/-înmes.

Bien accorder

- **Les participes passés** employés comme adjectifs.

Ne pas confondre

- **« et »** et **« est »** → « et » est une conjonction de coordination, on peut la remplacer par « et puis ». « Est » est la troisième personne du singulier du verbe « être », on peut mettre le verbe au passé : « était ».

Bien orthographier

- **« enflammé »** vient du radical « flamme », bien penser aux deux « m ».
- **« en bas »** s'écrit en deux mots.

Les mots-clés

- **sournois** : penser au « s » final (féminin « sournoise »).
- **mystérieusement** : penser au « y », comme dans le radical « mystère ».

De temps en temps, je m'arrête, je tourne la tête et je regarde vers le bas de la rue où Paris s'entasse : des foyers éclatants et des taches de ténèbres piquetées de points d'or. Des flammes blanches ou rouges flambent d'en bas comme d'une vallée nocturne où s'est arrêtée la caravane des nomades. Et le bruit : bruit de fleuve ou de foule. Mais les flammes sont fausses et froides comme celles de l'enfer. En bas, dans un de ces parages sombres est ma rue du Dragon, mon hôtel du Dragon. Quel ordre sournois, le soir déjà lointain de ma première arrivée, m'a fait mystérieusement choisir cette rue, cet hôtel au nom dévorant et enflammé ?

Il me serait facile, d'ici, d'imaginer le monstre aux écailles de feu.

Jean Giono, *Les Vraies Richesses*, Grasset & Fasquelle, 1937.

FRANÇAIS

Travail d'écriture – Sujet d'imagination → énoncé p. 178

Les clés pour réussir

Le sujet

- On attend un récit, **de type narratif,** qui contienne une **description** des lieux et l'expression des **impressions et des émotions** du narrateur.
- Il n'est pas obligatoire de raconter une expérience réelle et vécue, vous pouvez évoquer **toute découverte d'un espace urbain quel qu'il soit, réel ou imaginaire**.
- Pensez à vous appuyer sur votre connaissance de **textes liés à la ville** (programme de 4e : « La ville, lieu de tous les possibles »).

Le récit à la première personne

- Le récit devra être rédigé **à la première personne**, comme un texte autobiographique, même si vous n'avez jamais été confronté(e) à l'expérience de la découverte d'une nouvelle ville.
- Pour enrichir le récit de votre expérience, vous veillerez à insérer les éléments suivants :

– des **descriptions précises** ou des **portraits** pour que le lecteur puisse imaginer les objets, lieux, personnages de votre souvenir ;

– des réflexions sur vos **sensations** et vos **sentiments**, pour cela pensez à utiliser un lexique approprié : « je sentais », « j'observais », « j'écoutais », « j'éprouvais », « il me semblait que », « j'avais l'impression de »... toutes ces tournures montreront que vous menez une introspection, c'est-à-dire que vous portez un **regard sur vous-même** ;

– une évocation de vos **émotions** et de vos réflexions, en insistant sur ce qui les a déclenchées : « J'étais véritablement ému(e) parce que... » ; « C'était la première fois que... » ; « Je ressentais de la colère car... » ; « J'aurais aimé alors... »

Méthode

Pour vous aider, nous vous avons indiqué en couleur les parties de la rédaction qui répondent aux consignes.

Description | Narration à la première personne | Émotions

Enfin ! J'y suis ! Je sors de la gare Saint Lazare et je foule enfin le macadam parisien si souvent rêvé. L'arrivée en train m'a semblé interminable : j'apercevais çà et là entre deux tours la silhouette fascinante de la tour Eiffel et les eaux de la Seine. Le train ralentissait mais ne s'arrêtait jamais, comme s'il se jouait de mon impatience. J'avais l'impression d'attendre un gâteau derrière la vitrine d'une pâtisserie.

Je fais quelques pas devant la gare, les gens savent où ils vont, ils ont le pas décidé et je cherche à les imiter, mais je dois m'arrêter pour m'orienter. Mon objectif est simple : la tour Eiffel ! Je lève les yeux pour me repérer… de hautes façades barrent mon regard. Les habitations me volent le ciel et m'empêchent de trouver ma direction. Un plan est affiché sur un grand panneau : je suis sauvé ! « Vous êtes ici » : Belle indication ! Un point rouge perdu au milieu d'un entrelac de lignes matérialisant des bus, des routes, des métros… Je suis ici. Un peu désemparé, je m'engage dans une rue que semblent suivre de nombreux piétons : le troupeau doit bien savoir où aller lui ! Sans m'en rendre compte, je descends dans le métro. L'odeur est particulière, des courants d'air semblent guider mes pas. Je suis le mouvement.

Après quelques déambulations hasardeuses, un wagon me happe. Je suis un peu sonné, mais quelques noms rassurants s'affichent bientôt sur les murs des stations de métro : Roosevelt – Iena – Trocadéro… À la faveur d'un mouvement de foule, je quitte la rame. Je parviens à remonter des escaliers et c'est un éblouissement : le soleil m'accueille en m'obligeant à plisser les yeux : j'ai retrouvé le ciel ! La foule est toujours aussi dense, mais semble moins pressée et agitée qu'à la sortie de la gare. Les gens se parlent, se sourient, les terrasses s'animent. Imperceptiblement, le flot humain avance vers une esplanade, il serait malvenu de contrarier le mouvement, et c'est finalement un sentiment agréable de se laisser porter par ses semblables : nous sommes tous comme animés du même désir.

Je m'arrête un instant pour savourer ce plaisir, cette agitation sans nervosité. Je ferme les yeux, prends une grande inspiration : je respire la ville, je respire Paris. Je rouvre lentement les yeux et elle est là, grande Dame, fidèle au rendez-vous, elle porte son ombre presque jusqu'à moi pour me guider : la tour Eiffel !

Travail d'écriture – Sujet de réflexion → *énoncé p. 179*

Les clés pour réussir

L'introduction

- **Introduisez le sujet** : vous pouvez faire référence au texte étudié ou à l'opposition ville/campagne.
- **Présentez le sujet** : reprenez la question posée par le sujet.
- Annoncez clairement votre **plan**.

Le développement

- Vous pouvez **opter pour une réponse positive** (la ville est un lieu hostile), pour une réponse **négative** (la ville est un lieu d'accueil ouvert) **ou pour un plan contradictoire** (la ville a des aspects positifs et négatifs).

FRANÇAIS

- Dans tous les cas, on attend un devoir construit clairement, avec des paragraphes bien mis en page, une introduction et une conclusion.
- L'apport d'exemples issus de la culture littéraire et artistique est valorisé.

La conclusion

- **Résumez en d'autres termes** votre argumentation en précisant votre avis.
- **Terminez avec une phrase d'ouverture**, pour élargir la question en restant sur le même thème.

Méthode

Pour vous aider, nous vous avons indiqué en couleur les parties de la rédaction qui répondent aux consignes.

Indicateurs logiques   Arguments |...| Exemples

Dans son texte extrait de *Les Vraies Richesses*, J. Giono dresse le tableau d'une ville effrayante. On peut se demander si la ville est effectivement un lieu hostile. Nous verrons dans une première partie que les villes présentent bien des aspects inquiétants, puis nous essaierons de montrer qu'elles savent aussi se montrer accueillantes.

En premier lieu, les villes, par leur concentration de population, concentrent aussi les problèmes. Les citadins se plaignent en effet souvent de l'insécurité ou de l'insalubrité qui sont liées à la vie urbaine. Ainsi, Faïza Guène, dans son roman *Du Rêve pour les oufs*, décrit les problèmes des jeunes dans une banlieue parisienne, qui sont confrontés à la drogue, au chômage et à la délinquance.

Par ailleurs, la ville est souvent associée à l'agitation, au bruit ou à la foule anonyme que décrit Giono. L'espace urbain devient donc hostile à cause d'une forme de surpopulation qui nuit à la tranquillité des habitants. Ce phénomène n'est pas récent puisque Boileau par exemple soulignait déjà cet inconvénient au XVIIe siècle dans sa satire sur « les embarras de Paris ».

Pourtant, malgré ces inconvénients, les villes attirent toujours plus de monde, ce qui s'explique aussi par la proximité et la diversité des offres culturelles ou sportives qu'elles proposent. Ainsi, la ville de Paris permet à ses habitants de pouvoir sortir tous les jours pour visiter des expositions, aller au cinéma, au théâtre, alors que cette offre est bien plus limitée à la campagne.

Enfin, le brassage de population dans les villes est une occasion de s'ouvrir aux autres et d'échanger. Les différences sont bien mieux acceptées. Par exemple dans son roman *La Fée carabine*, Daniel Pennac décrit les échanges chaleureux entre les habitants de tous âges et de toutes origines dans le quartier de Belleville à Paris.

En définitive, le lieu de vie importe sans doute bien moins que l'état d'esprit des habitants : si l'on veut rencontrer les autres, il faut être ouvert et aller vers eux, que ce soit à la ville ou à la campagne.

Sujet 7 Marcel Aymé, *Uranus*

3 heures

France métropolitaine, juin 2018

FRANÇAIS

Travail sur le texte littéraire et sur l'image

1 h 10 50 pts

Document A Texte littéraire

La scène se déroule, après la Seconde Guerre mondiale, dans la ville de Blémont qui a subi d'importantes destructions.

Léopold s'assura que la troisième était au complet. Ils étaient douze élèves, quatre filles et huit garçons qui tournaient le dos au comptoir. Tandis que le professeur gagnait sa place au fond de la salle, le patron alla retirer le bec de cane[1] à la porte d'entrée afin de s'assurer contre toute intrusion. Revenu à son zinc[2], il but encore un coup de vin blanc et s'assit sur un tabouret. En face de lui le professeur Didier s'était installé à sa table sous une réclame d'apéritif accrochée au mur. Il ouvrit un cahier, jeta un coup d'œil sur la classe de troisième et dit :

– Hautemain, récitez.

Léopold se pencha sur son siège pour voir l'élève Hautemain que lui dissimulait la poutre étayant le plafond. La voix un peu hésitante, Hautemain commença :

Seigneur, que faites-vous, et que dira la Grèce ?
Faut-il qu'un si grand cœur montre tant de faiblesse ?[3]

– Asseyez-vous, dit le professeur lorsque Hautemain eut fini. Quinze.

Il notait avec indulgence. Estimant que la plupart de ces enfants vivaient et travaillaient dans des conditions pénibles, il voulait les encourager et souhaitait que l'école, autant que possible, leur offrît les sourires que leur refusait trop souvent une existence troublée. À son zinc, Léopold suivait la récitation des écoliers en remuant les lèvres et avalait anxieusement sa salive lorsqu'il sentait hésiter ou trébucher la mémoire du récitant. Son grand regret, qu'il n'oserait jamais confier à M. Didier, était de ne participer à ces exercices qu'en simple témoin. Léopold eût aimé réciter, lui aussi :

Captive, toujours triste, importune à moi-même,
Pouvez-vous souhaiter qu'Andromaque vous aime ?[3]

Malgré la timidité et le respect que lui inspirait Andromaque, il lui semblait qu'il eût trouvé les accents propres à émouvoir le jeune guerrier. Il se plaisait à imaginer sa voix, tout amenuisée par la mélancolie et s'échappant du zinc comme une vapeur de deuil et de tendresse.

– Les cahiers de préparation, dit le professeur Didier.

Les élèves ayant étalé leurs cahiers, il alla de table en table s'assurer qu'ils avaient exécuté le travail portant sur un autre passage d'*Andromaque*. Pendant qu'il regagnait sa place, Léopold se versa un verre de blanc.

– Mademoiselle Odette Lepreux, lisez le texte. [...]

Odette se mit à lire d'une voix claire, encore enfantine, où tremblaient des perles d'eau fraîche :

Où fuyez-vous, Madame ?
N'est-ce point à vos yeux un spectacle assez doux
Que la veuve d'Hector pleurante à vos genoux ?[4]

Sur ces paroles d'Andromaque, la patronne, venant de sa cuisine, pénétra discrètement dans l'enceinte du zinc. Comme elle s'approchait du cafetier, elle eut la stupéfaction de voir les larmes ruisseler sur ses joues cramoisies et interrogea :

– Qu'est-ce que t'as ?

– Laisse-moi, murmura Léopold. Tu peux pas comprendre. [...]

Odette Lepreux poursuivait sa lecture :

Par une main cruelle hélas ! J'ai vu percer
Le seul où mes regards prétendaient s'adresser.[4]

La patronne considérait cet homme étrange, son mari, auquel ses reproches et ses prières n'avaient jamais réussi, en trente ans de vie commune, à tirer seulement une larme. Ne revenant pas de son étonnement, elle oublia une minute ce qu'elle était venue lui dire.

Marcel Aymé, *Uranus*, 1948.

---

1. bec de cane : élément de serrurerie qui permet de fermer une porte de l'intérieur sans utiliser de clé.

2. zinc : comptoir de bar.

3. Le texte en italique renvoie à des extraits de la tragédie *Andromaque* de Jean Racine (1667). Après la prise de Troie, Andromaque, veuve d'Hector, devient la prisonnière de Pyrrhus, qui tombe amoureux d'elle. Dans ces deux passages, Andromaque s'adresse à Pyrrhus pour le convaincre de renoncer à cet amour.

4. Dans ces extraits, Andromaque s'adresse à Hermione qui devait épouser Pyrrhus. Hermione considère donc Andromaque comme une rivale. Andromaque lui déclare qu'elle n'aime que son mari, Hector, mort transpercé par une épée.

Document B Image

Photogramme tiré du film *Uranus* réalisé par Claude Berri, 1990.

Les réponses aux questions doivent être entièrement rédigées.

Compréhension et compétences d'interprétation → corrigé p. 189

1 Où se déroule la scène ? Qui est Léopold ? Pourquoi la situation présentée peut-elle surprendre ? Justifiez votre réponse. **4 pts**

2 Lignes 10 à 24 : Comment se manifeste l'intérêt de Léopold pour le cours du professeur Didier ? Développez votre réponse en vous appuyant sur trois éléments significatifs. **6 pts**

3 Lignes 24 à 30 : Quels liens Léopold établit-il avec le personnage tragique d'Andromaque ? Comment l'expliquez-vous ? Développez votre réponse. **6 pts**

4 Lignes 37 à 45 : Que ressent Léopold quand Odette lit l'extrait d'*Andromaque* ? Justifiez votre réponse en vous appuyant sur une image que vous analyserez. **6 pts**

5 **a.** Par quelles oppositions la scène du film reproduite ci-dessus cherche-t-elle à faire rire le spectateur ? Donnez trois éléments de réponse. **6 pts**
b. Qu'est-ce qui peut relever également du comique dans la fin du texte (lignes 43 à 54) ? **4 pts**

Grammaire et compétences linguistiques → corrigé p. 191

1 L'une des phrases suivantes contient une proposition subordonnée relative et l'autre une proposition subordonnée complétive :
« *Léopold s'assura que la troisième était au complet.* » (ligne 1)

« Léopold se pencha sur son siège pour voir l'élève Hautemain que lui dissimulait la poutre étayant le plafond. » (lignes 10-11)

a. Trouvez dans quelle phrase se trouve la proposition subordonnée relative. Recopiez-la sur votre copie. **1 pt**

b. Trouvez dans quelle phrase se trouve la proposition subordonnée complétive. Recopiez-la sur votre copie. **1 pt**

c. Expliquez comment vous avez pu différencier chacune de ces deux propositions. **3 pts**

2 Voici deux phrases au discours direct dont le verbe introducteur est au présent :

Andromaque demande à Pyrrhus : « Seigneur, que faites-vous, et que dira la Grèce ? »

Andromaque déclare à Hermione : « J'ai vu percer le seul où mes regards prétendaient s'adresser. »

Sur votre copie, réécrivez ces deux phrases au discours indirect en mettant le verbe introducteur au passé simple. Vous ferez toutes les modifications nécessaires. **10 pts**

3 *« La patronne considérait cet homme étrange, son mari, auquel ses reproches et ses prières n'avaient jamais réussi, en trente ans de vie commune, à tirer seulement une larme. »* (lignes 51 à 53)

a. Donnez un synonyme de l'adjectif « étrange ». **1 pt**

b. L'adjectif « étrange » vient du latin « extraneus » qui signifiait « qui n'est pas de la famille, étranger ». Comment ce sens premier peut-il enrichir le sens de cet adjectif dans le texte ? **2 pts**

Dictée → corrigé p. 192 20 min **10 pts**

› Écoutez la dictée sur le site abcbrevet.com.

Consignes :

– On dictera le texte à haute voix à plusieurs reprises.

– On indiquera qu'il convient d'écrire tous les chiffres en lettres.

– On inscrira au tableau de manière lisible par l'ensemble des candidats : **Blémont, Saint-Euloge, Progrès**, D'après Marcel Aymé, *Uranus*, 1948.

Rédaction 1 h 30 **40 pts**

Vous traiterez au choix l'un des deux sujets suivants :

Sujet d'imagination → corrigé p. 193

« – Laisse-moi, murmura Léopold. Tu peux pas comprendre. » À la fin du cours, c'est à M. Didier, le professeur de français, que Léopold se confie sur son grand regret de n'avoir pu poursuivre ses études et découvrir des œuvres littéraires.

› Racontez la scène et imaginez leur conversation en insistant sur les raisons que donne Léopold et sur les émotions qu'il éprouve.

Sujet de réflexion → corrigé p. 195

› Vous avez lu en classe ou par vous-même de nombreuses œuvres littéraires dans leur intégralité ou par extraits. Vous expliquerez ce que vous ont apporté ces lectures et vous direz pour quelles raisons il est toujours important de lire aujourd'hui.

Sujet 7 Corrigé

Compréhension et compétences d'interprétation → énoncé p. 187

Les clés pour réussir

1 Pensez au **contexte** indiqué par le **paratexte** « la ville de Blémont qui a subi d'importantes destructions ». L'école a donc sûrement été détruite.

3 On attend au moins deux liens, illustrés de citations du texte et expliqués. Les lignes sont clairement indiquées.

4 **Attention**, « une image » est une figure de style qui s'adresse à l'imagination du lecteur : métaphore, comparaison, hyperbole... Il ne s'agit pas du photogramme qui accompagne le texte.

5 **a.** et **b.** L'humour naît souvent du décalage entre deux personnages, deux situations, deux façons de parler... Soyez donc attentifs sur l'image comme dans la fin du texte aux jeux d'opposition et de décalage.

1 La scène se déroule dans un café de Blémont, tenu par Léopold, le « *cafetier* » (l. 44). La situation peut surprendre parce que le cours de français se déroule dans un bar transformé en salle de classe en raison des destructions occasionnées par la guerre : « *Le professeur Didier s'était installé à sa table sous une réclame d'apéritif accrochée au mur.* » (ll. 6-7)

2 L'intérêt de Léopold pour le cours du professeur Didier se manifeste de plusieurs façons :

– Sa posture physique montre sa curiosité : *« se pencha sur son siège pour voir l'élève (l. 10) » ; « suivait la récitation des écoliers » (l. 20).*

– Son implication dans le cours le conduit à éprouver de l'empathie pour les récitants : « *en remuant les lèvres* » (l. 20) ; « *avalait anxieusement sa salive* » (l. 21).

– L'émotion qu'il ressent montre son désir de participer à la classe : « *Léopold eût aimé réciter* » (l. 24) et révèle une frustration : « *son grand regret [...] en simple témoin* » (ll. 22-23).

3 Léopold admire le personnage d'Andromaque : *« Malgré la timidité et le respect que lui inspirait Andromaque » (l. 27).* Il va même jusqu'à s'identifier à elle : *« il lui semblait qu'il eût trouvé les accents propres à émouvoir le jeune guerrier. » (ll. 27-29).* Enfin, il s'imagine en train de jouer le rôle d'Andromaque : *« Il se plaisait à imaginer sa voix » (l. 29).* Léopold est sensible à la fois à la beauté des vers et au pathétique de la situation. L'émotion provoquée par le texte littéraire lui permet de s'échapper de son quotidien.

4 Léopold est touché par la lecture d'Odette, par son innocence, par sa voix. La voix de cette élève symbolise en effet la beauté, la pureté, la fraîcheur, la jeunesse : *« claire », « enfantine », « perles d'eau fraîche »* (ll. 37-38).
On relève la métaphore « *où tremblaient des perles d'eau fraîche* » (ll. 37-38) qui assimile les mots récités à des gouttes d'eau. Cette image met en évidence l'émotion de Léopold quand il entend la voix cristalline de la jeune fille. Le « *tremblement* » peut marquer à la fois l'émotion de la jeune fille, le caractère précieux et fragile de cette beauté et la communication de cette émotion à Léopold. De plus, on peut voir un lien entre « *les perles d'eau fraîche* » (l. 38) et « *les larmes* » (l. 44) car Léopold est sensible à la détresse d'Andromaque *(« la veuve d'Hector pleurante à vos genoux »*, (l. 41).

5 **a.** Sur ce photogramme, le rire naît de l'opposition marquée entre les deux personnages :
– le contraste de postures entre le mari en train de déclamer avec emphase et sa femme occupée à éplucher les pommes de terre ;
– le jeu des regards entre le déclamateur enthousiaste qui regarde vers le ciel et l'air désabusé et dubitatif de la ménagère qui regarde son « ouvrage » en esquissant une moue réprobatrice ;
– le décalage entre l'univers du café transformé ici en espace théâtral par la posture de Léopold ;
Tous ces éléments tendent à tourner le personnage de Léopold en dérision : il est en décalage avec son environnement.

b. La fin du texte met aussi en évidence le décalage entre Léopold et son épouse :
– le passage brutal de la récitation d'une grande tragédie à la réalité du bar : « *Sur ces paroles d'Andromaque, la patronne, venant de sa cuisine* » (l. 42) ;
– l'opposition entre le langage soutenu de la tragédie classique et l'emploi par le couple de tournures familières : « *Qu'est-ce que t'as ?* » (l. 46).
– l'incompréhension de la femme devant l'émotion de son mari peut être aussi source de comique : cet homme insensible depuis trente ans envers sa femme, s'émeut jusqu'aux larmes à la lecture d'un texte littéraire.

Grammaire et compétences linguistiques → *énoncé p. 187*

Les clés pour réussir

1 • La **proposition subordonnée relative complète un nom, on peut la supprimer** et elle est introduite par un **pronom relatif** (qui, que, quoi, dont, où, lequel…) qui remplace un nom appelé **antécédent**.
La **proposition subordonnée complétive complète un verbe, on ne peut ni la supprimer ni la déplacer** et elle est introduite par la **conjonction de subordination « que »**.

2 • Dans le passage du **discours direct** au **discours indirect**, il faut être attentif à plusieurs éléments :
– le temps des verbes ;
– la suppression de la ponctuation expressive (!?), des guillemets et des tirets ;
– les changements de pronoms personnels (je, tu, elle, ma, ton → il, elle, sa, son, ses, leur…) ;
– la transformation des adverbes (demain, hier… → le lendemain, la veille…).

3 Un **synonyme** est un mot de même sens et de même catégorie grammaticale. Pensez bien à proposer ici un adjectif.

1 a. La proposition subordonnée relative est : « que lui dissimulait la poutre étayant le plafond. »
b. La proposition subordonnée complétive est : « que la troisième était au complet »
c. La proposition subordonnée relative est introduite par le pronom relatif « que », elle est l'expansion du nom antécédent « l'élève Hautemain », et donne une information sur ce nom : elle complète le nom. Elle peut être supprimée. La proposition complétive est un groupe complément du verbe. On ne peut pas la déplacer ni la supprimer.

2 Andromaque demanda à Pyrrhus ce qu'il faisait et ce que dirait la Grèce.
Andromaque déclara à Hermione qu'elle avait vu percer le seul où ses regards avaient prétendu / prétendaient s'adresser.

3 a. *« Bizarre », « étonnant », « surprenant », « curieux », « extravagant », « singulier »* sont des synonymes de l'adjectif « étrange ».
b. « *La patronne* » ne comprend pas l'émotion de son mari, habituellement insensible. Elle ne l'a jamais vu ému. Elle a l'impression de découvrir un homme nouveau, qui n'est pas celui qu'elle connaît.

Dictée → énoncé p. 188

Les clés pour réussir

Bien accorder

- « heure » prend un « s » dès qu'il est précédé d'un autre chiffre que « une ».

Ne pas confondre

- **« ou » / « où »** : « ou » conjonction de coordination (= ou bien), « où » pronom relatif qui indique un lieu ou un moment.
- **« ses » / « ces »** : « ses » déterminant possessif (= les siens, les siennes), « ces » déterminant démonstratif (pour montrer).

Bien orthographier

- **« s'asseoir » / « s'assoir »** : les deux orthographes sont acceptées.
- **« ce n'étaient » / « ce n'était »** : les deux orthographes sont acceptées.
- Les chiffres doivent être écrits en lettres.

Bien conjuguer

- Un verbe de la dictée est conjugué au subjonctif imparfait, les erreurs sur ce verbe ne sont pas prises en compte, mais les élèves qui l'orthographient correctement bénéficient d'un bonus qui peut annuler une autre erreur.

Les mots difficiles

- **« imprécation »** : souhait de malheur contre quelqu'un.
- **« zinc »** : avec un « c », comme dans le texte initial.

Le collège de Blémont étant détruit, la municipalité avait réquisitionné certains cafés pour les mettre à la disposition des élèves, le matin de huit à onze heures et l'après-midi de deux à quatre. Pour les cafetiers, ce n'étaient que des heures creuses et leurs affaires n'en souffraient pas. Néanmoins, Léopold avait vu d'un très mauvais œil qu'on disposât ainsi de son établissement et la place Saint-Euloge avait alors retenti du tonnerre de ses imprécations. Le jour où pour la première fois les élèves étaient venus s'asseoir au café du Progrès, il n'avait pas bougé de son zinc, le regard soupçonneux, et affectant de croire qu'on en voulait à ses bouteilles. Mais sa curiosité, trompant sa rancune, s'était rapidement éveillée et Léopold était devenu le plus attentif des élèves.

Marcel Aymé, *Uranus*, 1948.

Travail d'écriture – Sujet d'imagination → *énoncé p. 188*

Les clés pour réussir

On attend ici un récit **respectant la situation d'énonciation initiale** et les **caractéristiques des personnages** du texte. Le mot « conversation » n'impose pas le discours direct, cependant une **présentation correcte du dialogue** doit être mise en place et permet de traiter plus aisément le sujet, notamment le développement des caractéristiques de Léopold.

La présentation du dialogue

- Après la dernière phrase du récit, il faut mettre **deux points** (:), **aller à la ligne,** ouvrir des guillemets («) et les faire suivre d'un **tiret** (-). Ensuite, à chaque fois que quelqu'un intervient pour prendre la parole, vous devez aller à la ligne, et mettre un tiret. Les guillemets ne seront fermés qu'à la fin du dialogue. Pensez à varier les verbes introducteurs.
- Veillez à bien **développer les raisons** mises en avant par Léopold et son **sentiment de regret** de n'avoir pas pu suivre d'études et de n'avoir pas pu découvrir d'œuvres littéraires.

Méthode

Pour vous aider, nous vous avons indiqué en couleur les parties de la rédaction qui répondent aux consignes.

Respect de la situation initiale Présentation du dialogue Sentiments de Léopold

Monsieur Didier invita ses élèves à quitter la « salle de classe » improvisée et s'approcha de Léopold :

« – Eh bien Léopold, tu m'as l'air bien ému, es-tu à ce point contrarié que l'on occupe tes locaux ?

– C'est que... pas du tout Monsieur Didier, répondit Léopold un peu gêné de devoir s'adresser à un professeur de français. J'écoutais simplement vos élèves, et je pensais à cette pauvre Andromaque.

– Pauvre Andromaque ! Tu la connais donc ? demanda M. Didier avec un sourire un peu moqueur. »

Les yeux baissés vers ses vieux souliers tâchés de boissons et de graisse, Léopold rougit et reprit :

« – Je la connais, je la connais... sans la connaître. C'est l'seul livre qu'y avait à la maison quand j'étais gosse, vous savez M'sieur.

– Et tu l'as lu ? s'étonna le professeur.

– Pour sûr ! Monsieur Didier, et plutôt deux fois qu'une ! s'exclama vivement Léopold. Vous savez, chez moi, les livres ils entraient moins souvent que les clients ! Mais un jour, y a un original qu'est venu dans le café de mes parents, vrai, il devait venir de la ville, il avait des manières et puis un haut de forme, si haut qu'il était obligé de se baisser pour passer la porte !

– Effectivement, cela n'est pas monnaie courante à Blémont ! renchérit M. Didier.

Léopold semblait plongé dans ses souvenirs et il revivait la scène :

– Je me souviens, il s'est assis là, près de la fenêtre, ajouta-t-il en faisant un geste du doigt, il a commandé un plat du jour à ma mère – de la tête de veau, c'était un mercredi – et puis il a sorti son livre et il s'est plongé dedans. J'avais jamais vu ça : il bougeait les lèvres en faisant des grands gestes comme si personne ne le regardait.

–Tu n'es jamais allé au théâtre Léopold ? l'interrompit le professeur.

– Le théâtre... Léopold soupira, non, je n'ai jamais quitté Blémont : quand j'ai eu douze ans, certificat d'études en poche, j'étais fier et je me voyais déjà sur les bancs du collège, mais mon père m'a fait asseoir en face de lui, il était derrière le zinc et il m'a annoncé fièrement : « Tu vois Léopold, un jour, tout ça ce sera à toi ! Mais avant, il va falloir que tu trimes un peu, alors je t'ai trouvé une place d'apprenti chez le boucher de la place Sainte-Euloge, le patron n'est pas commode mais ça t'apprendra la vie, tu commences demain matin ! » J'étais déçu... mais c'était comme ça.

–Tu n'es donc pas allé au collège ? conclut M. Didier, mais comment connais-tu si bien Andromaque alors ?

– Eh bien, le voyageur, il a mangé sa tête de veau, et puis il est reparti sans dire un mot ; et quand j'ai débarrassé sa table, j'ai vu qu'il avait oublié son livre : *Andromaque*, par Jean Racine ! J'ai pas voulu le voler, j'ai jamais rien volé dans ma vie, mais le touriste avait disparu, alors j'ai gardé le livre, et je l'ai lu... et relu... je crois que je n'ai jamais rien vu d'aussi beau ! »

À nouveau, les joues de Léopold se rembrunissaient, et ses yeux devenaient humides, le professeur s'en aperçut et il lui proposa :

« – Mais alors, demain, tu pourrais peut-être réciter un passage à mes troisièmes ? Je suis certain que tu serais une Andromaque plus persuasive que la plupart d'entre eux !

Léopold leva doucement la tête, les yeux grands ouverts et n'en revenant pas :

– Réciter *Andromaque* ? Moi ? Mais avec plaisir, bégaya-t-il.

– Et bien, c'est entendu Léopold, déclara le professeur en quittant le café, et si tu le souhaites, je pourrais t'apporter d'autres livres, je suis certain que tu trouveras bien une place où les ranger entre deux bouteilles ! s'amusa M. Didier. »

Léopold s'empressa de fermer plus tôt son café ce jour-là, et l'on entendit jusque tard dans la nuit résonner les alexandrins de Racine derrière le rideau de fer du bistrot du village.

Travail d'écriture – Sujet de réflexion

→ énoncé p. 189

Les clés pour réussir

L'introduction

- Annoncez le thème de la lecture.
- **Présentez le sujet** : reprenez la question posée par le sujet.
- Annoncez clairement votre **plan**.

Le développement

- On attend que vous fassiez appel à une **variété de références littéraires** en rapport avec vos **expériences de lecture personnelles**. Vous devrez donner au moins trois arguments soulignant l'importance de la lecture au XXIe siècle :

– lire pour s'évader, pour voyager ;
– lire pour apprendre, pour s'enrichir ;
– lire pour réfléchir ;
– lire pour mieux se connaître ;
– lire pour mieux écrire ;
– lire pour partager, pour échanger ;
– lire pour se réconcilier, pour se libérer ;
– lire pour sortir de la réalité ;
– lire pour s'identifier et vivre des aventures ;
– lire pour éprouver des émotions...

La conclusion

- Précisez votre avis.
- **Terminez avec une phrase d'ouverture** pour élargir la question en restant sur le même thème.

Méthode

Pour vous aider, nous vous avons indiqué en couleur les parties de la rédaction qui répondent aux consignes.

Indicateurs logiques Arguments Exemples

Une étude réalisée en juin 2018 auprès d'un échantillon de 1500 personnes âgées de 7 à 19 ans révèle que trois jeunes interrogés sur quatre aiment lire. Nous expliquerons ici ce que peuvent apporter les lectures et pourquoi nous considérons qu'il est toujours important de lire aujourd'hui. Nous développerons trois idées : d'abord la lecture qui permet de s'évader, puis la lecture qui invite à la réflexion et enfin la lecture qui nous fait éprouver des émotions.

Premièrement, la lecture est un loisir simple et accessible qui offre des moments de détente inoubliables et peut nous transporter dans des univers imaginaires qui nous libèrent du quotidien. Ainsi, les romans de science-fiction comme *La Nuit des temps* de Barjavel nous font découvrir une civilisation inconnue à travers l'histoire d'amour de Païkan et Éléa. Le lecteur est entraîné dès les premières pages avec l'équipe de scientifiques, et recherche avec eux l'histoire de cette civilisation disparue jusqu'au dénouement final.

De plus, lire invite également à réfléchir. De nombreuses œuvres littéraires sont motivées par la transmission d'un « message » de la part de l'auteur. Qu'il nous livre son expérience ou ses réflexions, l'écrivain écrit souvent avec une intention particulière qu'il souhaite communiquer au lecteur. Par exemple, dans son livre *Moi, Malala,* la jeune Pakistanaise Malala Yousafzai témoigne de son expérience personnelle de jeune femme à qui l'on a cherché à refuser l'accès à l'éducation et nous aide à prendre conscience des inégalités entre les hommes et les femmes qui ont toujours cours aujourd'hui.

Enfin, par l'identification entre le lecteur et les personnages, ou tout simplement par la maîtrise de la beauté de la langue dont font preuve les auteurs, la lecture peut nous procurer de vraies émotions. C'est notamment le cas de la poésie, certains auteurs par les images qu'ils font naître, suscitent en nous des émotions sur lesquelles on se sent parfois incapable de poser des mots. Jacques Prévert, dans son poème *Paris at night*, arrange les mots avec tant de simplicité qu'il s'en dégage une beauté qui s'adresse souvent plus au cœur qu'à l'esprit. L'émotion esthétique ressentie dépend évidemment de l'état d'esprit et du vécu du lecteur.

La lecture apparaît donc comme une activité très riche qui offre des intérêts aussi variés que ses genres littéraires. Il pourrait être intéressant d'établir aussi des parallèles entre l'acte de lire et l'importance du numérique pour montrer que tout ne les oppose pas.

Sujet 8 Jacques Prévert, *Arbres*

3 heures

D'après Inde, avril 2013

FRANÇAIS

Travail sur le texte littéraire et sur l'image

1 h 10 50 pts

Texte **Arbres**

À Georges Ribermont-Dessaignes

En argot[1] les hommes appellent les oreilles les feuilles
c'est dire comme ils sentent que les arbres connaissent la musique
mais la langue verte des arbres est un argot bien plus ancien
Qui peut savoir ce qu'ils disent lorsqu'ils parlent des humains

Les arbres parlent arbre
comme les enfants parlent enfant

Quand un enfant de femme et d'homme
adresse la parole à un arbre
l'arbre répond
l'enfant entend
Plus tard l'enfant
parle arboriculture
avec ses maîtres et ses parents
Il n'entend plus la voix des arbres
il n'entend plus leur chanson dans le vent

Pourtant parfois une petite fille
pousse un cri de détresse
dans un square de ciment armé
d'herbe morne et de terre souillée
Est-ce... oh... est-ce
la tristesse d'être abandonnée
qui me fait crier au secours
ou la crainte que vous m'oubliiez
arbres de ma jeunesse
ma jeunesse pour de vrai
Dans l'oasis[2] du souvenir

une source vient de jaillir
est-ce pour me faire pleurer
J'étais si heureuse dans la foule
la foule verte de la forêt
avec la crainte de me perdre
et la crainte de me retrouver

N'oubliez pas votre petite amie
arbres de ma forêt.

Jacques Prévert, *Histoires,* © Éditions Gallimard, 1968.

1. Vocabulaire particulier à un groupe social, à une profession ; ou langue familière.
2. Endroit d'un désert qui présente de la végétation due à la présence d'un point d'eau ; sens figuré : lieu ou moment reposant, chose agréable qui fait figure d'exception dans un milieu hostile ou une situation pénible.

Les réponses aux questions doivent être entièrement rédigées.

Compréhension et compétences d'interprétation → corrigé p. 158

1 En quoi ce texte est-il poétique ? Relevez au moins trois indices pour justifier votre réponse. **2 pts**

2 Vers 16 à 19, où se trouve la petite fille ? Comment ce lieu est-il caractérisé ? Relevez au moins deux indices du texte pour justifier votre réponse. **4 pts**

3 Quels sont les deux lieux qui s'opposent dans cette strophe (vers 16 à 32) ? À quelle époque chacun de ces lieux est-il associé ? **4 pts**

4 « *Une petite fille / pousse un cri de détresse* » (vers 17). Quelles sont les causes de la détresse de la petite fille ? **4 pts**

5 « *Est-ce… oh… est-ce* ». Expliquez le jeu de sonorités du vers 20 et relevez une autre expression qui confirme votre interprétation. **4 pts**

6 Quels liens apparaissent dans ce poème entre les arbres et les enfants ? Vous développerez votre réponse en vous appuyant sur l'ensemble du texte. **4 pts**

Grammaire et compétences linguistiques → corrigé p. 158

1 Dans les vers 3 et 4, relevez le champ lexical de la parole. À qui la parole est-elle attribuée ? **4 pts**

2 « *Arboriculture* » (vers 12) :
a. Décomposez ce mot pour expliquer son sens. **1 pt**
b. Dans quel contexte utilise-t-on habituellement ce mot ? **1 pt**

3 « *Il n'entend plus la voix des arbres* » (vers 14) :
a. Quelle est la figure de style utilisée ici ? Relevez un autre passage reprenant la même figure de style. **4 pts**

b. Qu'est-ce qui caractérise cette « *voix* » ? Développez votre réponse en vous appuyant sur les vers 1 à 15. **2 pts**

4 À partir du vers 20, qui parle ? À qui ? Relevez deux indices pour justifier votre réponse. **4 pts**

5 Vers 33 et 34, quel est le mode du verbe conjugué ? Justifiez son emploi. **2 pts**

6 Réécrivez le passage suivant en mettant les verbes à l'imparfait et en remplaçant « *un enfant* » par « des enfants ». Vous effectuerez toutes les modifications nécessaires.

> « *Quand un enfant de femme et d'homme*
> *adresse la parole à un arbre*
> *l'arbre répond*
> *l'enfant entend*
> *Plus tard l'enfant*
> *parle arboriculture*
> *avec ses maîtres et ses parents* » **10 pts**

Dictée

→ *corrigé p. 160*

20 min **10 pts**

› Écoutez la dictée sur le site abcbrevet.com.

Consignes :

– Préciser aux candidats qu'après la relecture finale du texte il ne sera répondu à aucune question.
– Faire une lecture préalable, bien articulée, du texte.
– Procéder à la dictée effective du texte, en dictant aussi la ponctuation et en faisant les liaisons.
– Écrire à la fin de la dictée le nom de l'auteur et le titre de l'œuvre, souligné.
– Ne pas répondre aux questions éventuelles des candidats après la relecture du texte.

Rédaction

1 h 30 **40 pts**

Vous traiterez, au choix, l'un des deux sujets suivants.

Sujet d'imagination

→ *corrigé p. 161*

› Comme la petite fille du poème, vous gardez un souvenir d'enfance situé dans un cadre naturel : décrivez ce lieu et racontez cet épisode.

Sujet de réflexion

→ *corrigé p. 163*

› Qu'est-ce qui pousse aujourd'hui les êtres humains à vouloir retrouver la nature ? Vous donnerez votre réponse selon un développement argumenté et organisé.

Sujet 13 Corrigé

Compréhension et compétences d'interprétation → énoncé p. 156

Les clés pour réussir

3 Chaque lieu est associé à une époque.

4 Le mot « causes » étant au pluriel, il faut donner au moins deux raisons à la détresse de la petite fille.

5 Lisez ce vers à haute voix.

6 « Question bilan » laisse entendre qu'il faut s'aider de l'ensemble des autres questions pour y répondre.

1 Ce texte est poétique car il est composé de vers formant cinq strophes. Un certain nombre de mots riment, comme par exemple « *ancien* » avec « *humains* », « *parents* » avec « *vent* ».

2 La petite fille se trouve dans un square. C'est un lieu recouvert de ciment armé où la nature est réduite à son strict minimum, car elle n'est composée que d'herbe et de terre. Les adjectifs « *morne* » et « *souillée* » montrent combien ce lieu est triste et sale.

3 Dans cette strophe, la ville s'oppose à la forêt. Le premier lieu est associé à la sortie de l'enfance alors que le second est associé à l'enfance.

4 Sa peur de l'abandon ou de l'oubli explique son « *cri de détresse* ». La petite fille sent que son enfance s'éloigne. Elle essaie tant bien que mal de s'accrocher à ses souvenirs, car elle éprouve l'angoisse de grandir.

5 « *Est-ce... oh... est-ce* » s'entend comme S.O.S. « *qui me fait crier au secours* » (v. 22) le confirme.

6 Les arbres et les enfants ont en commun une langue musicale qui leur est propre : « *Les arbres parlent arbre* » (v. 5) et « *les enfants parlent enfant* » (v. 6). Ils se comprennent mutuellement et dialoguent ensemble : « *un enfant* [...] / *adresse la parole à un arbre* / *l'arbre répond* » (v. 7 à 9). Les arbres sont ainsi personnifiés tout au long du poème. Les enfants vivent donc en complète harmonie avec eux.

Grammaire et compétences linguistiques → énoncé p. 156

Les clés pour réussir

1 Un **champ lexical** regroupe des mots (quelle que soit leur nature grammaticale) ou expressions renvoyant à une même idée ou notion, ici, la parole. Il faut les relever tous.

2 **a. Décomposer un mot** signifie en dégager les différents éléments. Si le mot est dérivé, il faut relever radical et/ou préfixe(s) et/ou suffixe(s). S'il est composé, il faut relever les mots dont il est formé.

3 **a. La figure de style** utilisée attribue des caractéristiques humaines aux choses, éléments ou animaux.
b. Relisez les vers 1 à 15 en soulignant tout ce qui a un **lien avec la voix des arbres** afin de ne pas en oublier. Organisez ensuite votre réponse en vous appuyant sur ces mots.

4 Pour répondre à la question « qui parle ? », observez la terminaison d'un participe passé et d'un adjectif qualificatif. Pour la question « à qui ? », aidez-vous d'un pronom personnel.

5 Il existe **six modes** : indicatif, subjonctif, impératif, infinitif, participe et gérondif.

6 • **On vous demande de passer :**
– du présent à l'imparfait ;
– du singulier au pluriel.

• **Vous devez modifier :**
– la terminaison des verbes dont « enfants » est sujet ;
– deux articles définis ;
– deux déterminants possessifs.

1 « *Langue* », « *argot* », « *disent* », « *parlent* » appartiennent au champ lexical de la parole. Celle-ci est attribuée aux arbres.

2 **a.** Le mot « *arboriculture* » est composé du mot latin *arbor(i)* qui signifie « arbre » et du mot *culture*.
b. Ce mot est employé habituellement dans le contexte de l'agriculture.

3 **a.** Il s'agit d'une personnification. Cette même figure de style est reprise au vers 15 : « *leur chanson dans le vent* ».
b. Le langage des arbres est si ancien que les hommes ne le comprennent plus. Il est aussi harmonieux et musical. Pour le poète, seuls les enfants communiquent avec les arbres.

4 À partir du vers 20, c'est la petite fille qui parle comme l'indiquent les adjectifs féminins « *abandonnée* » (v. 21) et « *heureuse* » (v. 29). Elle s'adresse aux arbres comme l'indique le pronom personnel « *vous* » (v. 23) suivi de l'apostrophe « *arbres de ma jeunesse* » (v. 24).

5 « *Oubliez* » (v. 33) est conjugué au mode impératif. La petite fille lance une prière aux arbres.

6 Quand des enfants de femmes et d'hommes
adressaient la parole à un arbre
l'arbre répondait
les enfants entendaient

Plus tard les enfants
parlaient arboriculture
avec leurs maîtres et leurs parents

Dictée → énoncé p. 157

Les clés pour réussir

Bien conjuguer

- **Le verbe à la forme pronominale** est précédé du pronom « se » qui varie selon la personne à laquelle le verbe est conjugué. → « *se doutait* », « *se retourne* », « *se dit-il* ». Il ne peut être confondu avec le déterminant démonstratif « ce », toujours placé avant un nom commun.
- **L'infinitif** s'impose quand le verbe est précédé de la préposition « pour ». → « *retrouver* ».

Bien accorder

- **Le participe passé employé sans auxiliaire** s'accorde en genre et en nombre avec le mot qu'il précise. → « *abandonné* » s'accorde avec « *le Petit Poucet* », masculin singulier.
- **Le participe passé en fonction attribut du sujet** s'accorde avec le sujet. → « *perdu* » s'accorde avec le sujet « *Il* », masculin singulier.
- **Les adjectifs qualificatifs** s'accordent en genre et en nombre avec le mot auquel ils se rapportent. → « *vraie* » avec « *histoire* », féminin singulier ; « *brutale* » et « *nouvelle* » avec « *musique* », féminin singulier.

Ne pas confondre

- **« c'est » et « ses »** → « c' » est un pronom démonstratif qui peut être remplacé par « cela » suivi du verbe « être ». « ses » est un déterminant possessif toujours suivi d'un nom commun. → « *C'est la vraie histoire* », « *c'est arrivé* », « *C'est désolant* » et « *ses dents* ».

L'autruche

Lorsque le petit Poucet abandonné dans la forêt sema des cailloux pour retrouver son chemin, il ne se doutait pas qu'une autruche le suivait et dévorait les cailloux un à un.
C'est la vraie histoire, celle-là, c'est comme ça que c'est arrivé...
Le petit Poucet se retourne : plus de cailloux !
Il est définitivement perdu : plus de cailloux, plus de retour ; plus de retour, plus de maison ; plus de maison, plus de papa-maman.
– C'est désolant, se dit-il entre ses dents.

Soudain il entend rire et puis le bruit des cloches et le bruit d'un torrent, des trompettes, un véritable orchestre, un orage de bruits, une musique brutale, étrange, mais pas du tout désagréable et tout à fait nouvelle pour lui. Il passe alors la tête à travers le feuillage et voit l'autruche qui danse.

Jacques Prévert, *Contes pour enfants pas sages,* © Gallimard, 1963.

Travail d'écriture – Sujet d'imagination → énoncé p. 157

Les clés pour réussir

Le passage descriptif

- La description peut être **statique** (seuls les yeux parcourent les éléments à décrire) ou **en action** (les éléments sont décrits au fur et à mesure que vous parcourez les lieux).
- Conjuguez les verbes à l'**imparfait** puisqu'il s'agit d'un souvenir d'enfance.
- Il est possible d'utiliser les outils grammaticaux suivants :

– des **connecteurs spatiaux** (« à droite », « au fond », « autour »…) ;
– des **verbes de perception** (« voir », « découvrir », « sentir »…) ;
– des **expansions du nom** (adjectifs qualificatifs et propositions subordonnées relatives) ;
– des **figures de style** (métaphores et comparaisons).

Le passage narratif

Ce paragraphe du devoir doit raconter un souvenir lié au lieu que vous avez décrit. Vous emploierez les **temps du passé** (imparfait et passé simple comme temps repères, plus-que-parfait pour l'antériorité).

L'expression des sentiments/sensations

Ce récit étant un souvenir d'enfance, il est essentiel de mentionner tout au long du devoir à la fois les sentiments et/ou les sensations ressentis en tant qu'enfant mais aussi ceux ressentis aujourd'hui à l'évocation de ce souvenir.

Méthode

Pour vous aider, nous vous avons indiqué en couleur les parties de la rédaction qui répondent aux consignes.

|…| Paragraphe descriptif |…| Paragraphe narratif

Connecteurs spatiaux Sentiments / Sensations

FRANÇAIS

Le champ de mes grands-parents maternels se situait à environ deux kilomètres du village. Chaque jour, à l'aube, ils prenaient le chemin de terre et de cailloux qui serpentait à travers les rocs aux formes les plus variées, presque humaines à mes yeux d'enfant. Les genêts et les cistes égayaient ce paysage aride de couleurs éclatantes au printemps. Les pinèdes formaient, au loin, comme une sorte de frontière avec l'horizon. Rien ne séparait les terres de la nature environnante, ni mur, ni clôture, ni haie. Seul un immense mimosa en marquait l'entrée et accueillait, de ses feuilles finement découpées dont le vert, parfois, frôlait le bleu et de ses boules jaunes duveteuses dès février, ceux qui venaient travailler la terre. À sa droite, une petite maison de pierre servait à entreposer les pommes de terre, les haricots secs, le maïs pour l'hiver. Au-delà, les lopins de terre se succédaient. Ils étaient traversés et entourés de nombreuses rigoles où l'eau fraîche du puits circulait et où je pataugeais allègrement pieds nus en plein été. Une grande variété de légumes y poussait en abondance pour nourrir une famille nombreuse : haricots verts, salades, tomates, petits pois, pois chiches, fraises… Des arbres fruitiers terminaient cet immense potager. J'aimais manger les délicats pétales des cognassiers et les cerises à même l'arbre où je grimpais comme un singe. Ces arbres cachaient, au bout, une source dont l'eau sortait des rochers en un mince filet. Une tasse en fer était posée sur la mousse pour ceux qui souhaitaient se désaltérer.

Il n'était pas rare qu'accompagnée de ma cousine, je rejoigne mes grands-parents en fin d'après-midi. Ce jour-là, ils nous avaient demandé de les retrouver tôt dans la matinée parce qu'ils avaient besoin de nous pour ramasser les pommes de terre. Lorsque nous arrivâmes, mon grand-père en avait déjà déterré une grande partie et ma grand-mère, courbée sur le sillon, peinait à le suivre. Je me souviens que ce ne fut pas de bonne grâce que je me prêtai à cette corvée. Je soufflais et marmonnais souvent pour exprimer mon mécontentement. Quelque temps après, lorsque je me soulevai pour me dégourdir les jambes, je jetai un regard à ma cousine et il suffit à nous mettre d'accord pour fuir la chaleur et ce travail monotone. Nous courûmes à toutes jambes et nous dirigeâmes vers le champ de maïs. Là, nous nous amusâmes à zigzaguer et à nous cacher entre les plants. Nous ne pensions guère aux démangeaisons que nous éprouverions après. Lorsque nous sortîmes, ma grand-mère était assise sur un rocher et tenait à la main un épi. Penaudes, nous nous assîmes à ses côtés. Curieuse, je suivais des yeux le mouvement de ses mains. Je n'osai pas poser de questions. Elle courbait délicatement les feuilles, lissait les soies. Et sous mes yeux éblouis de petite fille, je vis apparaître une robe et des cheveux. Ma grand-mère avait fabriqué une poupée.

Travail d'écriture – Sujet de réflexion → *énoncé p. 157*

Les clés pour réussir

« Retrouver la nature » peut être entendu à la fois comme aller vivre à la campagne ou s'échapper par moments de la vie en société. Ce sujet implique l'énumération des raisons qui poussent les êtres humains à retrouver la nature. Il **se construit donc en paragraphes** et non en parties.

L'introduction

- **Introduisez le sujet** : vous pouvez faire référence au texte étudié, qui évoque les liens étroits qui unissent les enfants aux arbres.
- **Présentez le sujet** : reprenez les éléments importants de l'énoncé.
- Annoncez clairement le **plan**.

Le développement

Les raisons peuvent être :
– **les inconvénients** à vivre en ville (société de consommation, pressions, agitation, bruits, surpopulation…) ;
– **les aspirations** qui poussent à retrouver la nature (vie saine, silence, lenteur, se ressourcer, se retrouver avec soi-même, réfléchir…).

La conclusion

- Résumez en d'autres termes votre argumentation.
- Terminez avec une phrase d'ouverture.

Méthode

Pour vous aider, nous vous avons indiqué en couleur les parties de la rédaction qui répondent aux consignes.

Connecteurs logiques | Arguments | |…| Exemples

On oppose souvent la nature à la culture, à la civilisation, au monde moderne en général. Il s'agit d'un espace que l'homme n'a pas ou peu transformé, un lieu sans artifice, sans technologie où règnent la faune et la flore. Nous allons étudier plus précisément les raisons qui poussent certains à retrouver cette nature.

Tout d'abord, la première raison qui pourrait conduire un certain nombre d'êtres humains à retrouver un cadre plus naturel est la fuite de la société de consommation. Nous vivons aujourd'hui dans une société ultramoderne en perpétuelle évolution. Elle crée des besoins que nous ne parvenons pas à assouvir car il en existe toujours d'autres. Les hypermarchés abondent de produits alléchants et Internet nous donne plus facilement accès à l'achat. Il n'est même plus nécessaire de sortir de chez soi pour satisfaire son envie du moment. Peu importe que cette envie ait été créée de toutes pièces. Le fait qu'elle soit commune à une multitude de personnes suffit à en faire une envie incontournable. Lorsqu'un nouveau smartphone voit le jour, il devient chez certains nécessaire de l'acquérir – alors que le leur fonctionne encore parfaitement – pour avoir plus ou mieux que les autres. Il n'est donc pas difficile d'imaginer que certains veuillent fuir cette quête sans fin, refusent d'être esclaves de cette consommation ruineuse et vaine. Retourner à la nature permet juste de satisfaire nos besoins les plus simples, sans le superflu, et retrouver ainsi d'autres types de satisfaction et de divertissement comme la pêche, la cueillette, construire des cabanes dans les arbres ou encore faire de longues randonnées dans la forêt.

Ensuite, la quête d'une certaine sérénité semble incompatible avec la société moderne caractérisée par une pression permanente. En effet, cette dernière oblige à être toujours performant ou productif et nous oblige à un rythme de vie effréné qui ne permet pas de s'octroyer de réels moments pour soi. Le risque de perdre son emploi ou de ne pas avoir fait un chiffre d'affaires suffisant crée une angoisse permanente et génère des maux qui nuisent au bien-être.

À cela s'ajoute une agitation de chaque instant générée par le bruit, les embouteillages, les conflits de voisinage, les transports en commun bondés, des espaces verts limités et surpeuplés, des files d'attente dans les magasins, les restaurants, les bousculades sur les trottoirs parce que les gens sont pressés et ne prêtent plus attention aux autres. À l'opposé de ce tumulte moderne, la nature offre isolement, silence et sérénité. On peut souhaiter n'y entendre que le chant des oiseaux, le vent souffler dans les arbres et y apprécier la lenteur, les odeurs des fleurs et des plantes. La nature favorise la méditation, permet de se ressourcer, d'être en contact avec soi-même. Elle donne accès aussi à une vie plus saine où l'on se nourrit d'aliments issus de son propre jardin sans excès de graisse et de sucre, de se soigner avec des méthodes plus naturelles bannissant aussi la surmédicalisation de notre société.

Fuir la société de consommation et les tumultes de la vie moderne au profit d'une vie plus simple, plus saine en contact avec les éléments naturels dans un environnement rassérénant et enrichissant tente de plus en plus d'êtres humains, lassés par le superficiel et les abus. Mais l'homme saura-t-il maintenir et préserver ces espaces naturels dont l'existence lui est indispensable ?

Sujet 9 René Barjavel, *Le Grand Secret*

3 heures

Sujet inédit

Travail sur le texte littéraire et sur l'image

1 h 10 50 pts

FRANÇAIS

Texte

En 1955, un nouveau virus, le JL3, est découvert par le savant indien Bahanba, qui expérimente ses propriétés…

Scientifiquement, Bahanba n'aurait de certitude absolue en ce qui concernait l'action du JL3 sur le vieillissement humain que lorsqu'il aurait dépassé de façon déraisonnable la durée habituelle de la vie. Il ne pouvait pas attendre cent ans pour prendre une décision. Cette décision était déjà formulée dans son esprit.

Hindouiste[1] et croyant, il pensait que la mort est nécessaire. Elle n'est qu'une porte entre deux vies. C'est seulement après avoir passé une infinité de portes que l'âme humaine se trouve nettoyée, purifiée, libérée, et peut alors rejoindre Dieu. Supprimer la mort, c'était fermer ces portes, condamner les âmes incarnées à rester à tout jamais prisonnières de la matière, des illusions et des douleurs. C'était le bagne pour l'éternité.

En dehors de toutes croyances, que se passerait-il si les propriétés du JL3 étaient divulguées ? Ou bien les gens au pouvoir, arguant[2] du danger de donner l'immortalité à tout le monde, restreindraient ou interdiraient l'emploi du vaccin, c'est-à-dire se le réserveraient. Alors s'instituerait une effrayante inégalité, celle de la vie et de la mort, qui susciterait les plus sanglantes révolutions.

Ou bien, au nom de l'égalité et de la justice, l'humanité entière serait vaccinée en quelques années et, la non-mortalité des adultes s'ajoutant à la non-mortalité infantile, la densité de la population deviendrait telle que la mort prendrait abominablement sa revanche par la famine, l'assassinat des vieillards et des enfants, l'empoisonnement général par les déchets, et l'asphyxie.

Bahanba était indien. Il connaissait de ses yeux et dans son cœur les effets de la surpopulation et du manque d'aliments. Il avait vu à Calcutta les camions ramasser chaque matin dans les rues les cadavres d'enfants morts de faim. Contre cette agonie-là, le JL3 ne pouvait rien. Il ne pouvait que la rendre universelle. Tous les stocks de bombes H[3] du monde feraient moins de ravages que l'immortalité.

C'est pourquoi, dès qu'il fut certain que le JL3 avait été partout détruit comme il l'avait demandé, son soulagement fut immense.

Or voici que son assistant Acharya, qui n'avait pas reçu d'inoculation du vaccin, présentait tout à coup, après avoir travaillé auprès de lui pendant trois semaines, le premier symptôme de l'infection par le virus. Ou bien il avait été infecté, avant son départ, par les souris, ou, depuis son retour, par Bahanba lui-même. Conclusion identique : l'immortalité était contagieuse… […]

Bahanba eut la vision d'une terre submergée par un fantastique déchaînement de vie animale et végétale, hommes, plantes et bêtes se chevauchant et s'entretuant pour la place et la nourriture, jusqu'à l'inanition[4], l'asphyxie et l'écroulement. Il fallait immédiatement opérer l'ablation[5] de ces foyers d'infection. On ne pouvait prendre aucun risque. Toute personne ayant subi ou ayant pu subir la contagion devait être retirée de la circulation avec ou sans son consentement, et transportée dans un endroit du monde où elle pourrait être isolée de façon totale. Cela ne pouvait être fait, dans chaque pays concerné, qu'avec l'appui de la plus haute autorité et dans un secret absolu.

René Barjavel, *Le Grand Secret,* Éditions Presse de la Cité, 1973.

1. *Hindouiste* : pratiquant de la religion hindoue.
2. *Arguant* : prétextant.
3. *Bombe H* : bombe nucléaire.
4. *Inanition* : faiblesse due au manque de nourriture.
5. *Ablation* : suppression.

Les réponses aux questions doivent être entièrement rédigées.

Grammaire et compétences linguistiques → corrigé p. 210

1 Quel mode est principalement utilisé dans les paragraphes 3 et 4 ? Comment comprenez-vous ce choix de l'auteur ? **4 pts**

2 Relevez dans le deuxième paragraphe une expression au présent qui montre quelle décision prend Bahanba. En quoi le choix de ce temps renforce-t-il la décision ? **4 pts**

3 De « *C'est pourquoi* » (l. 30) à « *contagieuse* » (l. 37), relevez les indicateurs logiques et précisez quels liens logiques ils expriment. À quel genre de texte s'apparente donc ce passage ? **4 pts**

4 Réécrivez le passage suivant en mettant les verbes au passé composé et en remplaçant « il » par « ils ». Vous ferez toutes les modifications nécessaires.
« Il connaissait de ses yeux et dans son cœur les effets de la surpopulation et du manque d'aliments. Il avait vu à Calcutta les camions ramasser chaque matin dans les rues les cadavres d'enfants morts de faim. » **10 pts**

Compréhension et compétences d'interprétation → corrigé p. 210

1 Quelle est la propriété du virus JL3 ? Citez le texte. **4 pts**

2 Pourquoi représente-t-il un rêve pour les êtres humains ? **2 pts**

3 Quels dangers risquent les hommes si ce virus se propage ? Citez le texte. **4 pts**

4 À quel choix Bahanba est-il confronté ? Est-il certain de sa découverte ? Citez le texte. **4 pts**

5 Quelle figure du savant incarne-t-il ? **4 pts**

6 *« Tous les stocks de bombes H du monde feraient moins de ravages que l'immortalité »* (l. 28-29). Quelle image est donnée de la science ? **6 pts**

7 Comment comprenez-vous le titre du roman : *Le Grand Secret* ? **4 pts**

Dictée → corrigé p. 211

20 min **10 pts**

› Écoutez la dictée sur le site abcbrevet.com.

Rédaction

1 h 30 **40 pts**

Vous traiterez, au choix, l'un des deux sujets suivants.

Sujet d'imagination → corrigé p. 212

› Vous avez été contaminé(e) par le virus JL3. Dans une page de votre journal de bord datée de l'an 2275, vous racontez votre quotidien en exprimant ce que vous ressentez et décrivez le monde dans lequel vous vivez désormais.
Votre rédaction sera d'une longueur minimale d'une soixantaine de lignes (300 mots environ).

Sujet de réflexion → corrigé p. 214

› Pensez-vous que les progrès scientifiques représentent toujours une avancée pour l'être humain ? Vous vous appuierez sur votre expérience, sur vos lectures et sur les connaissances acquises dans l'ensemble des disciplines.
Votre rédaction sera d'une longueur minimale d'une soixantaine de lignes (300 mots environ).

Sujet 9 Corrigé

Grammaire et compétences linguistiques → énoncé p. 208

Les clés pour réussir

1 **Le conditionnel** possède les valeurs suivantes : atténuation d'un ordre, hypothèse, souhait, regret, incertitude, fait imaginaire.

3 **Les indicateurs logiques** permettent de signaler les différentes étapes d'un raisonnement et marquent un lien logique qui peut être de cause, du but, de conséquence, d'alternative, d'opposition, d'hypothèse.

4 • **Le passage de la troisième personne du singulier à la troisième personne du pluriel entraîne le changement :**
– de deux déterminants possessifs ;
– de deux terminaisons verbales.

• **Le passage de l'imparfait au passé composé demande d'être attentif :**
– à l'accord des participes passés ;
– à l'ajout de l'auxiliaire être ou avoir.

1 Dans les paragraphes 3 et 4, l'auteur utilise principalement le conditionnel présent : « *interdiraient ; s'instituerait ; deviendrait...* ». Ce mode permet ici d'exprimer l'hypothèse : l'auteur se projette en faisant des suppositions sur l'avenir.

2 Bahanba prend la décision de ne pas diffuser sa découverte ; le présent de vérité générale dans l'expression « *la mort est nécessaire* » (l. 6) renforce son idée en la présentant comme une vérité absolue et indiscutable de tout temps.

3 « *C'est pourquoi* » et « *conclusion* » indiquent la conséquence ; « *or* » marque une légère opposition ; « *ou bien* » et « *ou* » soulignent une alternative, un choix. Ces indicateurs donnent l'impression de suivre un raisonnement scientifique, le texte suit les pensées du savant qui analyse les éléments avant de prendre une décision.

4 Ils ont connu de leurs yeux et dans leur cœur les effets de la surpopulation et du manque d'aliments. Ils ont vu à Calcutta les camions ramasser chaque matin dans les rues les cadavres d'enfants morts de faim.

Compréhension et compétences d'interprétation → énoncé p. 209

Les clés pour réussir

5 Les savants en littérature peuvent être des personnages inquiétants : les savants-fous, ou au contraire des personnages scientifiques qui raisonnent et travaillent pour le bien de l'humanité.

1 Le virus JL3 transmet l'immortalité aux être humains : « *supprimer la mort* », « *donner l'immortalité à tout le monde* », « *la non-mortalité* », « *l'immortalité était contagieuse* ».

2 Les êtres humains sont angoissés par l'idée de la mort et ce qu'elle apporte : perte des gens proches, ignorance de l'avenir… L'immortalité semble donner un pouvoir absolu d'invincibilité.

3 Si le virus JL3 se propage, les dangers sont multiples : inégalité et rivalité entre ceux qui sont infectés et les autres (« *effrayante inégalité,* […] *les plus sanglantes révolutions* » (l. 16-17)), surpopulation mondiale qui entraînerait la famine et un désastre écologique : « *la famine,* […] *l'empoisonnement général par les déchets* ».

4 Le personnage de Bahanba est confronté au dilemme de diffuser ou non sa découverte alors qu'il n'a pour l'instant aucune certitude sur ses effets : « *Bahanba n'aurait de certitude absolue en ce qui concernait l'action du JL3* […] » (l. 1-2)

5 Bahanba incarne l'image d'un savant humaniste, préoccupé par le bien-être des êtres humains. Ses recherches sont destinées à lutter contre les fléaux qu'il a pu observer : « *il avait vu à Calcutta les camions ramasser chaque matin dans les rues les cadavres d'enfants morts de faim* » (l. 25-27). Sa découverte allant à l'encontre de ces principes, il veut la faire disparaître : « *le JL3 avait été partout détruit comme il l'avait demandé* » (l. 30-31).

6 Cette comparaison avec les désastres causés par les bombes nucléaires donnent une image négative et inquiétante de la science : ce virus, comme le nucléaire, est destiné au départ à améliorer le sort des populations, mais son utilisation peut s'avérer bien plus dangereuse et elle risque d'échapper au contrôle humain.

7 Le titre du roman *Le Grand Secret* s'explique par la décision que prend Bahanba de retirer « *de la circulation* » toutes les personnes porteuses du virus JL3 « *dans un secret absolu* » (l. 47).

Dictée → énoncé p. 209

Les clés pour réussir

Bien conjuguer

- Le temps dominant est le **présent de l'indicatif**. Le passé composé de l'indicatif est également utilisé.
- Le participe passé du verbe **« devoir »** prend un accent circonflexe sur le u : **« dû »**.

Bien orthographier

- Derrière la préposition **« à »**, les verbes sont à **l'infinitif**.
- Pour **les participes passés avec le son « i »**, pensez à mettre au féminin pour trouver la dernière lettre : prise → pris.

FRANÇAIS

- La plupart des verbes en app- prennent deux p sauf : apercevoir, apaiser, aplatir, apitoyer, apostropher.

Bien accorder

- **« Cent »** s'accorde uniquement s'il n'est suivi d'aucun chiffre.
- **« Émerveillés »** est un participe passé employé comme adjectif ; il s'accorde avec « des yeux », masculin pluriel.

Les mots difficiles

- ***« Atmosphère »*** et ***« technique »*** viennent de racines grecques comme de nombreux mots scientifiques, on retrouve donc la graphie « ph » pour le son [f] et « ch » pour le son [k].

Nous sommes dans l'atmosphère. Les rétrofusées entrent en action. Nova me regarde en souriant. Elle a appris à sourire et aussi à pleurer. Mon fils tend les bras et ouvre des yeux émerveillés. Au-dessous de nous, c'est Paris. La tour Eiffel est toujours là.
J'ai pris les commandes et me dirige d'une manière très précise. Miracle de la technique ! Après sept cents ans d'absence, je parviens à me poser à Orly, qui n'a pas beaucoup changé, au bout du terrain, assez loin des bâtiments. On a dû m'apercevoir ; je n'ai qu'à attendre. Il ne semble pas y avoir de trafic aérien ; l'aéroport serait-il désaffecté ? Non, voici un appareil. Il ressemble en tout point aux avions de mon époque !

Pierre Boulle, *La Planète des singes,* Julliard, 1963.

Travail d'écriture – Sujet d'imagination → énoncé p. 209

Les clés pour réussir

Les caractéristiques d'un journal de bord (ou journal intime)

- Le lieu et la date sont inscrits en haut, à gauche.
- L'expression se fait à la première personne du singulier.
- Il faut utiliser le **système du présent** et les **indicateurs spatio-temporels correspondants** (ici, aujourd'hui, hier, maintenant...).

La narration

Il faut tenir compte du texte de Barjavel pour raconter votre quotidien : les craintes qu'avaient Bahanba se sont-elles avérées fondées ? Avez-vous réussi à garder le « secret » ? Comment s'organise la vie avec les autres ?... Vous pouvez évoquer rapidement ce qui vous est arrivé ces dernières années et surtout insister sur ce que vous ressentez.

La description

Le monde peut avoir évolué selon trois schémas, à vous de choisir celui qui vous inspire le plus : peu de choses ont changé, le secret a été bien gardé ; la Terre a été dévastée ; la technologie règne sur le monde.

Méthode

Pour vous aider, nous vous avons indiqué en couleur les parties de la rédaction qui répondent aux consignes.

Caractéristiques du journal

|...| Passages descriptifs

|...| Passages narratifs

Journal de bord : 1er mai 2275

Aujourd'hui, c'est la fête du travail ! Un jour férié donc… mais j'ai bien du mal à m'en réjouir : une journée de plus à occuper, ça peut sembler long quand on a 272 ans ! J'ai bien réfléchi et je crois que je suis la dernière immortelle, c'est pour cette raison que je me décide enfin à tenir ce journal.

Les choses se sont précipitées quelques années après notre isolement sur l'île du docteur Bahanba : il a trouvé un antidote contre le JL3 ! Belle trouvaille en vérité, mais tout le monde n'a pas été d'accord pour suivre son exemple et se faire vacciner : la tentation était trop grande. Moi-même, j'avais juste 16 ans… et toute la vie devant moi, je n'allais pas la raccourcir pour satisfaire quelques vieux scientifiques ! Je me suis donc enfuie. Juste à temps. Enfin, sur le moment, j'ai cru que c'était une bonne idée, aujourd'hui je ne sais plus trop…

Quelques années plus tard, vers 35 ans, j'ai constaté que je ne vieillissais plus, j'ai voulu retourner sur l'île pour voir si d'autres étaient comme moi, mais l'île était déserte : les bâtiments eux-mêmes avaient disparu ! J'ai donc décidé d'organiser ma vie comme une personne « normale »… mais mes rapports avec les autres étaient faussés : après quelques années d'amitié ou d'amour, les personnes se demandaient comment j'arrivais à garder une telle fraîcheur… Ne sachant que répondre et ne pouvant trahir mon secret, j'ai été contrainte à vivre en marge de la société, en changeant de lieu régulièrement.

C'est ainsi que je suis devenue une observatrice discrète de notre monde. Avec le recul, je trouve que les choses n'évoluent pas si vite. En fait, depuis la disparition des voitures et l'avènement de la téléportation, il n'y a pas eu beaucoup de bouleversements technologiques. Les fléaux du XXIe siècle sont restés les mêmes au XXIIe siècle : les guerres, famines, inégalités… rien n'a changé si ce n'est la prise de conscience que la planète Terre n'est pas éternelle (elle !) et qu'il faut la préserver.

La suppression des énergies fossiles a été un grand soulagement pour moi, c'est peut-être égoïste, mais à terme, je me demandais bien où j'allais pouvoir aller si la Terre disparaissait ! C'est sûrement que j'ai pris goût à ne plus attendre la fin des choses, même si parfois je trouve que l'éternité est un peu longue... comme le disait un écrivain il y a plus de deux siècles : « surtout vers la fin » !

Travail d'écriture – Sujet de réflexion → *énoncé p. 209*

Les clés pour réussir

Ce sujet nécessite une **réponse organisée en deux parties** : les atouts et les dangers des progrès scientifiques. Elles seront encadrées par une introduction et une conclusion.

L'introduction

- **Introduisez le sujet** : vous pouvez faire référence au texte étudié ou à l'histoire.
- **Énoncez le sujet.**
- Annoncez le **plan**.

La première partie

- Pensez aux **améliorations de la vie quotidienne** apportées par les progrès scientifiques :

→ médecine, moyens de communication, recherche, droits sociaux...

La seconde partie

- Cherchez vos exemples dans les **problèmes éthiques et écologiques** liés aux progrès scientifiques :

→ pollution, clonage, course au profit, dépendance à la technologie, déshumanisation du travail...

La conclusion

- Résumez en d'autres termes votre argumentation.
- Terminez avec une phrase d'ouverture.

Méthode

Pour vous aider, nous vous avons indiqué en couleur les parties de la rédaction qui répondent aux consignes.

Indicateurs logiques | Arguments | |...| Exemples

Depuis la deuxième moitié du XIXe siècle et la révolution industrielle, l'humanité s'est lancée dans une course au progrès. Les sciences et techniques tendent à nous conduire vers la modernité et le bien-être. Cependant on peut se demander si les progrès scientifiques représentent toujours une avancée pour l'être humain. Nous étudierons d'abord les atouts des progrès scientifiques avant d'en aborder les dangers.

Dans un premier temps, rappelons que les progrès scientifiques et techniques ont toujours eu pour but de faciliter la vie des êtres humains, de la rendre moins pénible en substituant la technique à la force physique, que ce soit pour le travail ou pour les loisirs. Prenons l'exemple du chemin de fer : son développement considérable au XIXe siècle a non seulement été un atout pour l'industrie mais il a aussi permis de réduire les distances en donnant accès à la mobilité au plus grand nombre, comme on peut le voir dans le roman de Zola *La Bête humaine,* où il décrit ainsi les voies ferrées : *« C'était comme un grand corps, un être géant couché en travers de la terre »,* montrant par cette personnification la fascination qu'exerce déjà la technique au XIXe siècle.

Ensuite, les progrès scientifiques ont permis de se débarrasser de fléaux qui s'abattaient sur l'humanité : de nombreuses maladies ont été et sont toujours éradiquées grâces aux recherches constantes des scientifiques qui œuvrent pour le bien de l'humanité. Ainsi, Louis Pasteur, après avoir découvert le vaccin contre la rage, a également défendu et expliqué le principe de la vaccination pour que ce procédé devienne commun et permette de vaincre d'autres maladies comme le tétanos ou la tuberculose.

Cependant toute médaille a son revers, et l'on peut aussi s'inquiéter de certaines pratiques liées aux progrès scientifiques. Ainsi, le développement technique et scientifique ne va pas sans bouleverser l'ordre de la nature, et les impacts de nos progrès sur notre environnement sont visibles tous les jours. Par exemple, le plastique trouve des usages dans notre quotidien qui semblent nous simplifier la vie, mais son traitement après usage n'a pas été anticipé au point que les déchets plastiques forment actuellement un « continent » au milieu de l'océan Pacifique.

Enfin, les progrès scientifiques doivent toujours être accompagnés d'une réflexion morale pour éviter les dérives qui iraient à l'encontre de l'humanité. C'est ce que l'on peut observer dans de nombreux ouvrages de science-fiction, tels que *Le Meilleur des mondes* de Aldous Huxley, où les êtres humains sont tous créés en laboratoire pour former des « castes » : chaque embryon est cultivé pour correspondre à son rang dans la hiérarchie sociale. Les problèmes du clonage et du pouvoir sont donc traités d'une façon originale qui pousse le lecteur à la réflexion.

Nous voyons que dans la majorité des cas, les progrès scientifiques sont motivés par l'amélioration des conditions de vie des êtres humains, mais qu'ils nécessitent toujours d'être encadrés voire modérés pour que les ambitions économiques ou de pouvoir n'altèrent pas leur vocation première. Dans cette optique, il pourrait être intéressant d'élargir cette réflexion au développement des nouvelles technologies qui soulèvent les mêmes inquiétudes.

SOMMAIRE

INFOS-BREVET

SUJETS DE PHYSIQUE-CHIMIE

SUJETS DE SVT

SUJETS DE TECHNOLOGIE

L'épreuve de Physique-chimie – SVT – Technologie expliquée

Comment s'organise l'épreuve ?

- **Durée** : 1 heure.
- **Structure** :

– la seconde partie de la 1re épreuve porte sur les programmes de **Physique-Chimie, SVT et Technologie**.

- **Notation** : sur 50 points.

Ces points sont répartis de la façon suivante :
– **45 points** pour les exercices de Physique-Chimie, SVT et Technologie ; **5 points** réservés à la présentation de la copie et à l'utilisation de la langue française (précision et richesse du vocabulaire, correction de la syntaxe) pour rendre compte des observations, expériences, hypothèses, conclusions.
La commission nationale d'élaboration des sujets détermine, à chaque session, les **deux disciplines sur les trois** (Physique-Chimie, SVT, Technologie) qui sont évaluées (sur **25 points** chacune) lors de cette deuxième partie de l'épreuve.
Il y a donc 3 combinaisons possibles : Physique-Chimie et SVT, Physique-Chimie et Technologie, Technologie et SVT.

- **L'épreuve porte sur une thématique commune.**
- Les énoncés sont volontairement concis afin qu'une éventuelle difficulté en lecture ne constitue pas un obstacle supplémentaire. Les exercices sont identifiés pour chaque discipline.

Quels sont les critères d'évaluation des copies de Brevet ?

On attend de vous que vous soyez capable de :

- **maîtriser** les attendus de fin de cycle prévus dans les programmes ;
- **pratiquer** différents langages (textuel, symbolique, schématique, graphique) pour observer, raisonner, argumenter et communiquer ;
- **exploiter** des données chiffrées et/ou expérimentales ;
- **analyser** et de comprendre des informations en utilisant les raisonnements, les méthodes et les modèles propres aux disciplines concernées ;
- **appliquer** les principes élémentaires de l'algorithmique et du codage à la résolution d'un problème simple.

La méthode pour le Brevet

Comment s'organiser le jour de l'épreuve ?

- **Prenez le temps de lire l'intégralité du sujet** avant de commencer.
- **Commencez** par les questions avec lesquelles vous êtes le plus à l'aise.
- **Gérez correctement votre temps.** Prévoyez de garder un peu de temps pour la relecture des copies à la fin de l'épreuve.

Comment aborder les différents exercices ?

- Les questions peuvent demander **une réponse rédigée ou prendre la forme de questionnaires à choix multiples** (dans le cas d'un QCM, chaque question est posée avec au moins une réponse juste).
- Quelle que soit la forme proposée, l'évaluation peut porter sur les **connaissances** et/ou sur leur utilisation, ainsi que sur la mise en œuvre d'un **raisonnement**.

Comment travailler avec un brouillon ?

- Réécrivez précisément au brouillon les différents **termes des questions** et des consignes qui les accompagnent.
- Lorsque des documents sont proposés :

– **repérez les informations qui sont en rapport avec la consigne ;**

– **mettez en relation** les différents documents lorsque cela est possible ;

– **reliez les informations** du ou des documents **avec vos connaissances.**

- Lorsque des calculs sont demandés, **vérifiez plusieurs fois vos calculs**, en faisant attention aux unités utilisées.

L'astuce du prof

Dans le cas d'un QCM, lisez bien la consigne pour savoir s'il y a une ou plusieurs bonnes réponses acceptées.

Comment rédiger sa copie ?

- **Si la question nécessite uniquement l'utilisation de documents**, présentez d'abord les informations précises qui vous serviront d'arguments et terminez par votre interprétation.
- **Si la question exige une mise en relation des documents avec des connaissances**, utilisez d'abord les documents en les décrivant précisément, puis interprétez-les à l'aide de vos connaissances.

Gagnez des points !

Ne récitez pas systématiquement votre cours pour étoffer votre réponse. Les réponses aux questions posées sont souvent courtes, cela évite d'être hors sujet.

- **Si la question est une restitution de connaissances** ou **nécessite un raisonnement sans s'appuyer sur des documents**, soyez le plus clair et le plus précis possible.

Comment présenter sa copie ?

Les contraintes

- **Rédigez chaque partie de l'épreuve** sur une copie distincte par discipline, car des enseignants de trois matières différentes corrigent cette épreuve.
- **Indiquez le titre de la partie traitée et précisez bien le numéro de la question** (surtout si vous n'avez pas répondu aux questions dans l'ordre) afin d'éviter les erreurs.

Le soin

- **Écrivez lisiblement**. Si votre écriture est difficile à lire, essayez d'aérer votre devoir, de soigner votre typographie et de bien séparer les lettres.
- **Soulignez à la règle les mots importants**. Vous pouvez utiliser des stylos de couleur pour faire ressortir les idées importantes de la copie, mais attention à la copie arc-en-ciel avec trop de couleurs !
- **Tracez les schémas à la règle**.
- **Construisez des phrases simples et assez courtes. Si la réponse est longue, créez des paragraphes** qui regrouperont des ensembles d'idées (ne créez pas de paragraphes au hasard de votre copie, juste pour l'aspect esthétique).
- **Faites attention à la syntaxe, à la grammaire et à l'orthographe**, notamment lors de la relecture : pas de phrase sans verbe conjugué, sans sujet, etc.

Les clés de la réussite !

- **Prenez le temps** de bien comprendre les termes du sujet et de la consigne.
- **Reliez les informations pertinentes** des documents à vos connaissances.
- Même si vous n'arrivez pas à trouver le résultat final, **détaillez les démarches suivies et vos essais de calcul sur vos copies**. Cela valorisera votre copie et vous pourrez gagner des points.

Sujet 1 L'aspirine

25 pts 30 min

Amérique du Nord, juin 2017

30 min 25 pts

Toute réponse, même incomplète, montrant la démarche de recherche du candidat sera prise en compte dans la notation.

L'acide acétylsalicylique est plus connu sous le nom d'aspirine. C'est la substance active de nombreux médicaments utilisés dans les traitements de la douleur (antalgique), de la fièvre (antipyrétique) et des inflammations (anti-inflammatoire). En France, plus de 200 médicaments commercialisés contiennent de l'aspirine.

Doc. 1 Formule de l'aspirine

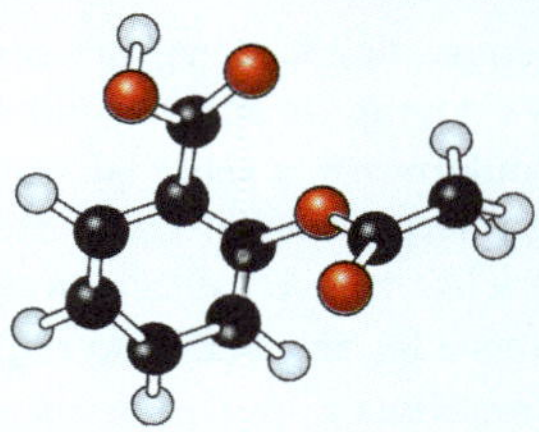

$C_9H_8O_4$

1 Indiquer le nombre d'atomes d'oxygène présents dans la molécule d'aspirine.

2 Pour certains traitements médicaux particuliers, le médecin prescrit des gélules d'aspirine gastrorésistantes afin que l'absorption de la substance active se fasse au niveau de l'intestin plutôt qu'au niveau de l'estomac. Comme leur nom l'indique, les gélules gastrorésistantes résistent à l'acidité de l'estomac, dite acidité gastrique, grâce à la pellicule spécifique dont elles sont enrobées.

Doc. 2 Système digestif

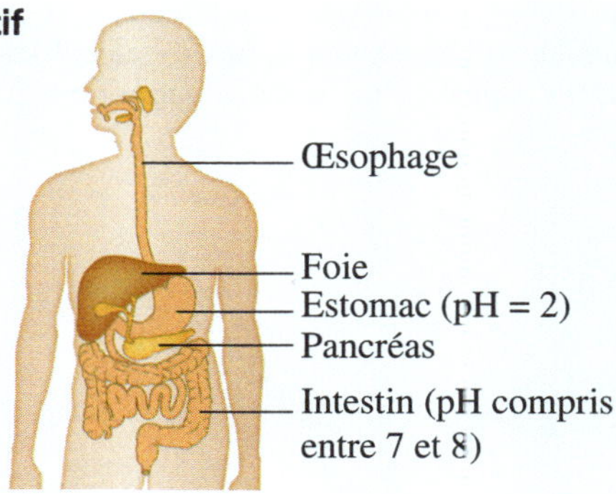

En exploitant le *document 2*, proposer un protocole expérimental permettant de prouver qu'une gélule d'aspirine gastrorésistante résiste à l'acidité gastrique. On pourra formuler la réponse sous forme de texte et/ou de schéma.

3 En cas de fièvre, il est recommandé d'ingérer 500 mg d'aspirine, sous la forme d'un comprimé à dissoudre au préalable dans un grand verre d'eau. Exploiter le *document 3* afin de déterminer le volume d'eau minimal nécessaire à la dissolution du comprimé. Commenter le résultat.
On rappelle que la dissolution est le processus par lequel une substance solide ou gazeuse mise au contact d'un liquide passe en solution. Par exemple, la dissolution du sel dans l'eau permet d'obtenir de l'eau salée.

Doc. 3 **Solubilité de l'aspirine**

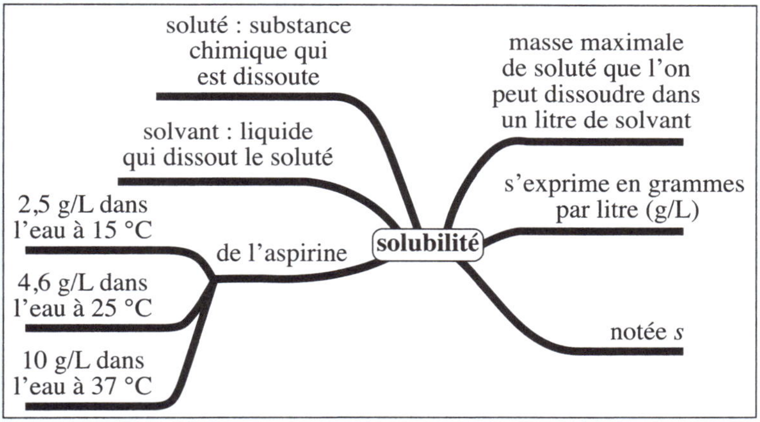

Sujet 1 Corrigé

Les clés pour réussir

L'essentiel à connaître

- **Une molécule** est un assemblage d'atomes.
- **Le pH** est un nombre sans unité compris **entre 0 et 14**.
- Il est possible de **mesurer le pH** d'une solution à l'aide de **papier pH** ou d'un **pH-mètre**.
- Une solution est **acide** si son **pH est inférieur à 7**.

Analyser l'énoncé

- Une lecture attentive de l'énoncé est primordiale pour répondre correctement aux différentes questions :

– le *document 1* indique la formule de la molécule d'aspirine, donc sa composition atomique ;

– l'énoncé de la question **2** précise qu'une gélule gastrorésistante résiste à l'acidité de l'estomac (le pH de l'estomac est de 2) ;

– la question **3** précise que la masse du comprimé à dissoudre est de 500 mg.

- L'énoncé de la question **3** et le *document 3* (carte mentale) rappellent des notions de cours indispensables pour résoudre le problème posé :

– la dissolution du comprimé d'aspirine est le processus par lequel cette substance solide mise en contact avec l'eau passe en solution ;

– la solubilité de l'aspirine dans l'eau est la masse maximale d'aspirine que l'on peut dissoudre dans un litre d'eau, elle est notée *s* ;

– les solubilités de l'aspirine dans l'eau à 15 °C, 25 °C et 37 °C sont respectivement : 2,5 g/L, 4,6 g/L et 10 g/L.

Bien comprendre les questions

Question 1

- Recensez le nombre d'atomes d'oxygène dans l'aspirine à l'aide de la formule du *document 1*.

Question 2

- L'expérience menée doit permettre de vérifier que la gélule d'aspirine n'est pas altérée par un milieu acide de pH = 2.

Question 3

- Convertissez la masse d'aspirine dans un comprimé en grammes.
- Observez comment varie la solubilité avec la température du solvant.
- Utilisez une proportionnalité pour déduire de la solubilité et de la masse du comprimé le volume d'eau nécessaire à la dissolution.
- N'oubliez pas de commenter ce résultat en le comparant avec le volume d'« un grand verre ».

1 D'après le *document 1*, la formule de la molécule d'aspirine est $C_9H_8O_4$. Cette molécule contient ainsi **4 atomes d'oxygène**.

2 La manipulation sera réalisée **avec des lunettes de protection et des gants** (solution à pH = 2 corrosive).
Pour montrer que la gélule d'aspirine gastrorésistante résiste au pH de l'estomac, on réalisera l'expérience suivante :

À savoir

Les manipulations de chimie doivent toujours être effectuées avec des lunettes de protection.

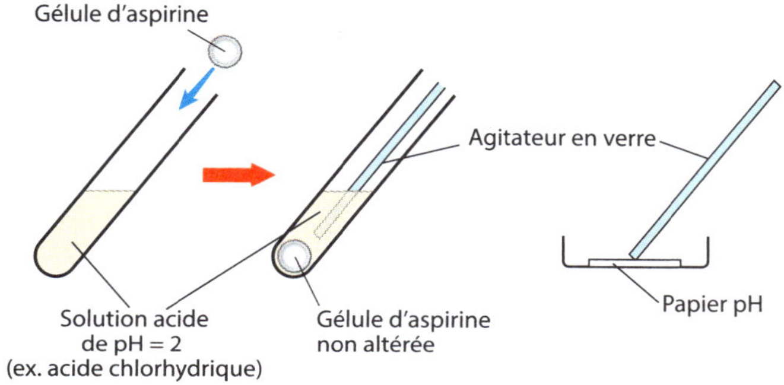

On compare ensuite la couleur du papier pH au témoin figurant sur la boîte et on vérifie que le pH de la solution est bien de l'ordre de 2.
Bilan : **la gélule gastrorésistante résiste bien à un pH de 2, donc à l'acidité de l'estomac**.

3 La masse d'aspirine contenue dans un comprimé est de 500 mg, soit 0,500 g.
La recommandation figurant dans l'énoncé est de dissoudre un comprimé dans un grand verre d'eau. D'après le *document 3*, la solubilité de l'aspirine dans l'eau est d'autant plus grande que la température de l'eau est élevée. Il faudrait ainsi un volume plus petit d'eau pour dissoudre 500 mg d'aspirine à 37 °C ou à 25 °C qu'à 15 °C.
Calculons le volume d'eau minimal nécessaire pour dissoudre le comprimé à 15 °C, en utilisant la proportionnalité entre la masse dissoute et le volume de solvant :

L'astuce du prof
Il n'est pas nécessaire de connaître la valeur exacte du volume d'un grand verre d'eau, une estimation suffit.

Masse d'aspirine dissoute *m* (g)	2,5	0,500
Volume d'eau nécessaire (L)	1	*V*

$V \times 2{,}5 = 1 \times 0{,}500$ soit $V = \dfrac{0{,}500}{2{,}5} = 0{,}20$ L.

On trouve **un volume d'eau minimal de 0,20 L (soit 200 mL) pour une température de 15 °C**. Pour les **autres températures d'eau, le volume minimal d'eau serait plus petit** ($\dfrac{0{,}500}{4{,}6} = 109$ mL à 25 °C ; $\dfrac{0{,}500}{10} = 50$ mL à 37 °C).

Dans des conditions de température standards (donc pour des températures supérieures à 15 °C), **la préconisation du grand verre d'eau semble donc justifiée, car un grand verre d'eau correspond à un volume proche de 200 mL.**

Sujet 2

25 pts

30 min

Voyage à bord d'un voilier écologique

Polynésie, juin 2017

Le propriétaire d'un voilier écologique a fait le choix d'utiliser un hydrogénérateur pour alimenter son bateau en électricité.
Cet hydrogénérateur permet d'alimenter : le dessalinisateur, le système de navigation, l'ensemble des éclairages du bateau.

1 Le dessalinisateur

À bord, le dessalinisateur permet de transformer l'eau de mer en eau douce. L'eau de mer contient les espèces chimiques de formule Na^+ et Cl^-.

a. Indiquer la nature des espèces chimiques de formule Na^+ et Cl^-, en choisissant parmi les termes suivants : *atome*, *ion*, *molécule*.

Doc. 1 Tests de reconnaissance de quelques espèces chimiques

Détecteur (réactif)	Formule de l'espèce chimique testée	Observation
Hydroxyde de sodium	Cu^{2+}	Formation d'un précipité bleu
Hydroxyde de sodium	Fe^{2+}	Formation d'un précipité verdâtre
Hydroxyde de sodium	Zn^{2+}	Formation d'un précipité blanc
Nitrate d'argent	Cl^-	Formation d'un précipité blanc qui noircit à la lumière

b. À l'aide du *document 1*, décrire la mise en œuvre d'un test simple permettant de détecter la présence de l'espèce chimique Cl^- dans l'eau de mer et indiquer le résultat attendu. Il est possible de faire un schéma.

2 L'hydrogénérateur

L'hydrogénérateur est constitué d'une hélice reliée à un alternateur.
L'hélice est mise en mouvement par le déplacement d'eau et elle entraîne un alternateur grâce auquel les circuits électriques du voilier sont alimentés.

a. Le diagramme de conversion d'énergie ci-dessous concerne l'alternateur. Sans recopier le diagramme, nommer les différentes formes d'énergie correspondant aux numéros 1 et 2 en choisissant parmi les suivantes : *chimique, électrique, thermique, cinétique*.

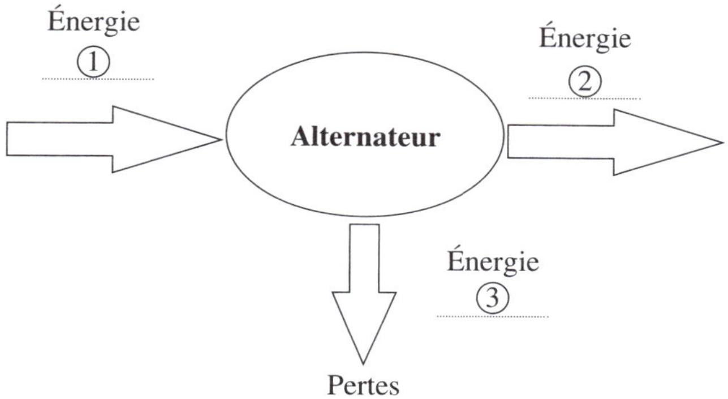

b. L'énergie électrique produite par l'hydrogénérateur dépend de la vitesse de navigation du voilier.
À l'aide du *document 2*, indiquer à partir de quelle vitesse de navigation du voilier, en nœuds, l'hydrogénérateur produit de l'énergie électrique.

Doc. 2 Production d'énergie électrique par un hydrogénérateur, pendant 24 h, en fonction de la vitesse du voilier

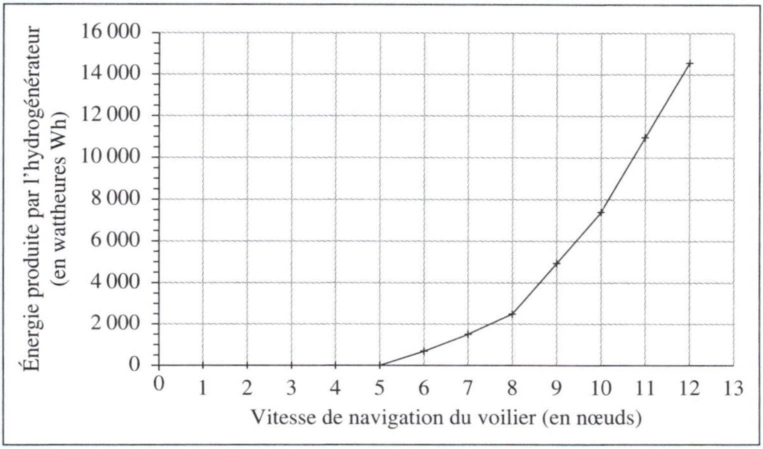

Pour information, le nœud est une unité de vitesse couramment utilisée en marine.
1 nœud = 1 852 m/h.

PHYSIQUE-CHIMIE

c. L'énergie électrique consommée dépend de la puissance des appareils et de leur durée d'utilisation.

Doc. 3 Tableau récapitulatif des puissances et des durées d'utilisation des appareils électriques à bord du voilier sur une plage horaire de 24 h

Nom de l'appareil électrique	Puissance de l'appareil (en watts W)	Durée d'utilisation de l'appareil sur 24 h (en heures h)	Consommation énergétique de l'appareil sur 24 h (en wattheures Wh)
Système de navigation	110	20	2 200
Dessalinisateur	60	1	60
Éclairage	20	12	E_1

Rappel : 1 wattheure (Wh) est l'énergie consommée par un appareil d'une puissance de 1 W pendant 1 heure.

Montrer que l'énergie E_1 consommée par l'éclairage du bateau sur une plage horaire de 24 h est de 240 Wh.

3 Autonomie énergétique

À l'aide des *documents 2* et *3* et du résultat de la question **2 c.**, déterminer la vitesse en nœuds à partir de laquelle le voilier doit naviguer pour produire l'énergie totale consommée par le bateau sur une plage horaire de 24 h.

Sujet 2 Corrigé

Les clés pour réussir

L'essentiel à connaître

- L'**atome** est **électriquement neutre.**
- Une **molécule** est un **assemblage d'atomes.**
- Un **ion** est un atome qui a **gagné ou perdu un ou plusieurs électrons.**
- Les **ions** peuvent être mis en évidence grâce à des **tests caractéristiques.**
- **L'énergie existe sous différentes formes.** Une forme d'énergie peut être **convertie** en une autre forme d'énergie ou **transférée** d'un objet à un autre objet.
- Un corps solide de masse *m* et de vitesse *v* possède une **énergie cinétique**.
- Une **chaîne énergétique** indique la succession des transferts et des conversions d'une forme d'énergie en d'autres formes d'énergie.

- De l'**énergie thermique** apparaît lors d'une **conversion d'énergie**.
- L'**énergie *E*** produite ou consommée par un appareil dépend de la **puissance *P*** et de la **durée *t*** de fonctionnement de l'appareil :

$$E = P \times t$$

- E : joules (J) ou wattheures (Wh)
- P : watts (W)
- t : secondes (s) ou heures (h)

Analyser l'énoncé

Il est impératif de lire l'énoncé et les différents documents avec attention pour pouvoir répondre correctement aux questions posées :

- le *document 1* indique les espèces chimiques utilisées comme réactifs dans les tests caractéristiques des ions Cu^{2+}, Fe^{2+}, Zn^{2+} et Cl^- ;
- l'énoncé de la question **2** précise que l'hélice est mise en mouvement par le déplacement d'eau ;
- le diagramme de conversion d'énergie fait intervenir l'énergie reçue fournie par l'alternateur après transformation et les pertes ;
- l'énoncé propose d'identifier l'énergie reçue et fournie par l'alternateur dans une liste de quatre formes d'énergie ;
- le graphique du *document 2* représente l'évolution de l'énergie produite par l'hydrogénérateur en fonction de la vitesse de navigation ;
- le tableau du *document 3* indique les puissances en watts, les durées d'utilisation sur 24 heures en heures et les consommations énergétiques en wattheures pour le système de navigation et le dessalinisateur ;
- l'énoncé rappelle que 1 wattheure est l'énergie consommée par un appareil d'une puissance de 1 W pendant 1 heure.

Bien comprendre les questions

Question 1

a. Observez attentivement les formules des deux espèces Na^+ et Cl^-.

b. Identifiez dans le *document 1* le réactif utilisé dans le test de reconnaissance de l'ion chlorure Cl^-, ainsi que les observations attendues.

Pour plus de clarté et de simplicité, proposez une réponse sous forme de schéma expérimental annoté.

Question 2

a. L'hélice entraîne l'alternateur : déterminez la nature de l'énergie mise en jeu lorsque l'hélice tourne.

L'alternateur alimente les circuits électriques du voilier, déduisez-en la nature de l'énergie délivrée par l'alternateur.

b. Utilisez le graphique du *document 2* pour déterminer la vitesse de navigation du voilier à partir de laquelle l'énergie produite par l'hydrogénérateur n'est plus nulle.

c. Utilisez la relation entre puissance et durée d'utilisation pour déterminer l'énergie E_1 avec une puissance exprimée en watts et une durée en heures, pour que l'énergie soit exprimée en wattheures.

d. À partir du graphique du *document 2*, déterminez la vitesse de navigation du voilier qui correspond à la consommation énergétique totale sur 24 heures.

1 **a.** Les espèces chimiques Na^+ et Cl^- portent des **charges électriques**. Ces deux espèces sont des **ions**.

b. La manipulation sera réalisée **avec des lunettes de protection**.
Le test de reconnaissance des ions chlorure Cl^- pourrait être réalisé comme dans le schéma ci-après.
Bilan : **la formation d'un précipité blanc qui noircit à la lumière** après ajout d'une solution de **nitrate d'argent à une solution d'eau de mer** permet d'identifier l'**ion chlorure Cl^-** dans l'eau de mer.

Piège à éviter

Atomes et molécules sont électriquement neutres, contrairement aux ions.

À savoir

Les ions argent ne doivent pas être rejetés dans l'évier.

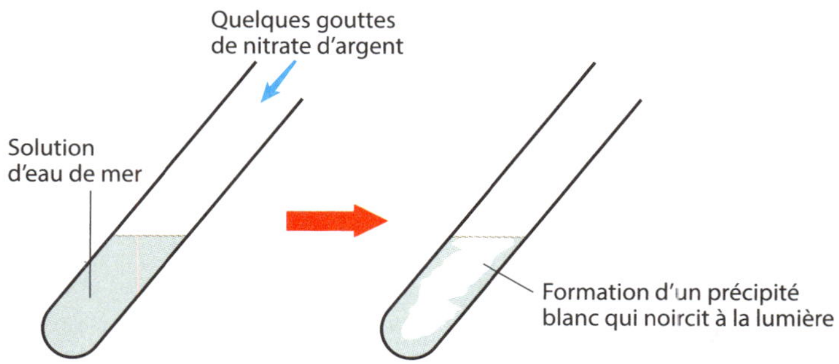

2 **a.** L'énergie mise en jeu lors de la rotation de l'hélice est de l'énergie cinétique (mouvement d'un solide de masse m à une vitesse v), d'où :
Énergie 1 = énergie cinétique.
L'alternateur a converti cette énergie cinétique en énergie électrique nécessaire à l'alimentation des circuits électriques du voilier, d'où :
Énergie 2 = énergie électrique.

b. D'après le *document 2,* l'énergie produite par l'hydrogénérateur n'est plus nulle pour une vitesse de navigation supérieure à 5 nœuds. **L'hydrogénérateur commence ainsi à produire de l'énergie électrique à partir d'une vitesse de navigation du voilier de 5 nœuds.**

c. L'énergie E_1 consommée par l'éclairage du bateau est le produit de la puissance P de l'éclairage par la durée d'utilisation t :

$\boldsymbol{E_1 = P \times t = 20 \times 12 = 240}$ **Wh.**

3 La consommation énergétique totale du bateau est égale à :

2 200 + 60 + 240 = **2 500 Wh**.

Du *document 2,* on déduit que la **vitesse de navigation** du voilier correspondant à **une énergie produite de 2 500 Wh est de 8 nœuds** (soit environ 15 km/h).

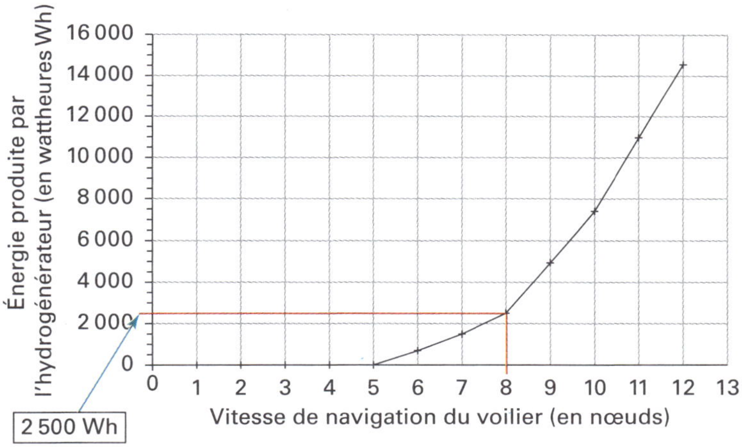

Sujet 3 — Approvisionnement énergétique en France

25 pts — 30 min

Pondichéry, mai 2017

Dans certaines zones du Sud de la France particulièrement venteuses, on peut observer de nombreux champs d'éoliennes qui produisent une énergie électrique dite renouvelable. Nous allons voir ici pourquoi ce choix n'a pas été fait à grande échelle.

1 Dans l'image ci-dessous, on recense différents types d'énergies renouvelables.
Les nommer et associer à chacun une source d'énergie.

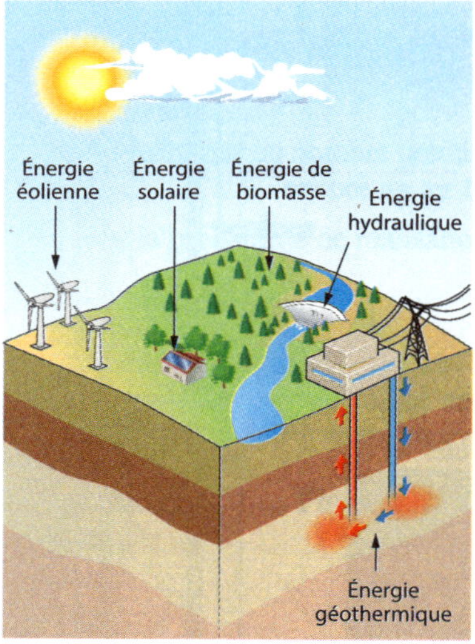

2 On s'intéresse au fonctionnement d'une centrale éolienne.
Sous l'action du vent, les pales de l'éolienne entraînent l'alternateur en rotation, qui produit alors un courant alternatif.
Les éléments en mouvement subissent un échauffement. Ainsi, une partie de l'énergie mécanique est transformée en énergie thermique dite « perdue », car elle n'est pas utilisée.
Reproduire sur la copie et compléter la chaîne énergétique ci-après en choisissant parmi les mots ou groupes de mots suivants (utilisables plusieurs

fois) : énergie cinétique, énergie électrique, énergie mécanique, énergie potentielle, énergie thermique, énergie lumineuse, alternateur, eau, vent.

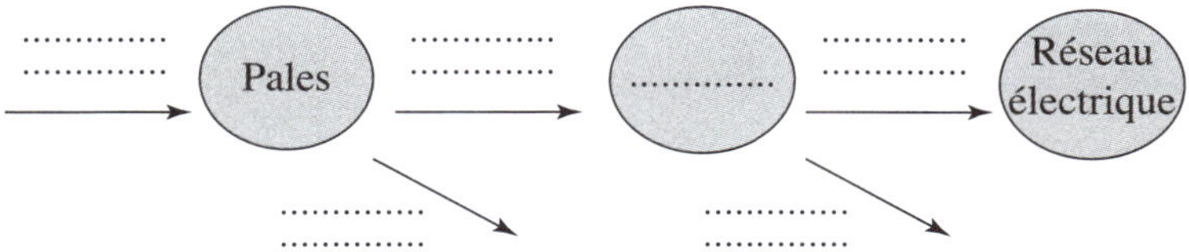

3 **a.** On considère une masse d'air de 1 kg, dont la vitesse passe de la valeur 3 m/s à 9 m/s.
En s'appuyant sur un calcul, dire si l'énergie cinétique de la masse d'air :

- ❐ reste la même
- ❐ est multipliée par 3
- ❐ est multipliée par 9

b. Le physicien allemand Albert Betz affirme que 60 % seulement de l'énergie cinétique du vent est transformée en énergie mécanique au niveau des pales. On donne dans le tableau ci-dessous la valeur annuelle, en mégawattheures (MWh), des énergies intervenant dans la chaîne énergétique d'une éolienne.

Énergie cinétique du vent (en MWh)	Énergie mécanique produite (en MWh)	Énergie électrique produite (en MWh)
17 530	10 510	4 030

Vérifier par un calcul l'affirmation du physicien allemand Albert Betz.

4 La consommation électrique française annuelle est égale à 478 200 GWh.
a. Sachant que la production électrique annuelle d'une éolienne est de 4 030 MWh et que la surface minimale nécessaire à son installation est de 24 hectares, évaluer par un calcul la surface qu'occuperait un parc éolien répondant aux besoins de la consommation française.

Donnée :
1 gigawattheure (GWh) = 1 000 MWh.

b. Expliciter, en apportant au moins deux arguments, pourquoi l'énergie éolienne ne peut pas être le seul choix pour répondre aux besoins croissants en électricité.

Donnée :
valeur moyenne de la surface d'un département S = 2 850 000 hectares.

PHYSIQUE-CHIMIE

Sujet 3 Corrigé

Les clés pour réussir

L'essentiel à connaître

- Une **source d'énergie renouvelable** est une source d'énergie pouvant être exploitée de façon **illimitée** à l'échelle humaine.
- La **biomasse** représente l'ensemble de la matière organique, qu'elle soit d'origine végétale ou animale. Elle peut être issue des forêts, des **végétaux**, des **déchets** organiques ou des effluents d'élevage.
- L'**énergie mécanique** d'un objet est égale à la **somme de son énergie cinétique** et de **son énergie potentielle** (dépendant de sa position).
- Une **chaîne énergétique** indique sous la forme d'un schéma les transferts et la conversion d'une forme d'énergie en d'autres formes d'énergie, réalisée par un convertisseur d'énergie.
- **L'énergie cinétique** d'un objet est égale à :

$$E_c = \frac{1}{2} \times m \times v^2$$

E_c l'énergie cinétique de l'objet en joules (J)

m la masse de l'objet en kilogrammes (kg)

v la vitesse de l'objet en m/s

- Pour obtenir le résultat d'un rapport en **pourcentage**, il faut **multiplier par cent** le résultat obtenu.
- La source de l'énergie éolienne est le **vent**, qui ne souffle pas de façon régulière tout au long de l'année.

Analyser l'énoncé

Prenez le temps de bien lire l'énoncé, car les informations suivantes vous seront très utiles pour répondre aux questions :

- dans une centrale éolienne, les éléments en mouvement (pales, alternateur) subissent un échauffement : une partie de l'énergie mécanique est transformée en énergie thermique ;
- dans une centrale éolienne, l'alternateur en rotation produit un courant alternatif, qui est un courant électrique ;
- 1 gigawattheure (GWh) = 1 000 mégawattheures (MWh), ce qui signifie que 1 mégawattheure (MWh) = 0,001 gigawattheure (GWh).

Bien comprendre les questions

Question 1

- Tous les types d'énergie présentés dans l'image de cette question sont renouvelables. Commencez par les recenser avant de les associer aux sources d'énergie.

Question 2

- Précisez si l'énergie mécanique est de l'énergie cinétique ou de l'énergie potentielle (dépendant de la position).

Question 3

- Utilisez la formule reliant l'énergie cinétique, la masse et la vitesse d'un objet pour répondre à la question **3 a.**
- L'énergie mécanique mentionnée dans l'énoncé de la question **3 b.** correspond à l'énergie cinétique des pales.

Question 4

- Utilisez les données de l'énoncé pour effectuer le calcul demandé, puis pour comparer votre résultat avec la valeur moyenne de la surface d'un département.

1 Les différents types d'énergie renouvelable sont l'énergie de biomasse, l'énergie hydraulique, l'énergie éolienne, l'énergie solaire et l'énergie géothermique :
– les sources de l'énergie de biomasse sont **les végétaux et les déchets** ;
– la source de l'énergie hydraulique est **l'eau** ;
– la source de l'énergie éolienne est **le vent** ;
– la source de l'énergie solaire est **le Soleil** ;
– la source de l'énergie géothermique est **la Terre**.

Gagnez des points !
Ne confondez pas source d'énergie (eau, Soleil, vent, etc.) et forme d'énergie (énergie thermique, énergie électrique, etc.).

2 **La chaîne énergétique d'une centrale éolienne** peut être complétée de la façon suivante :

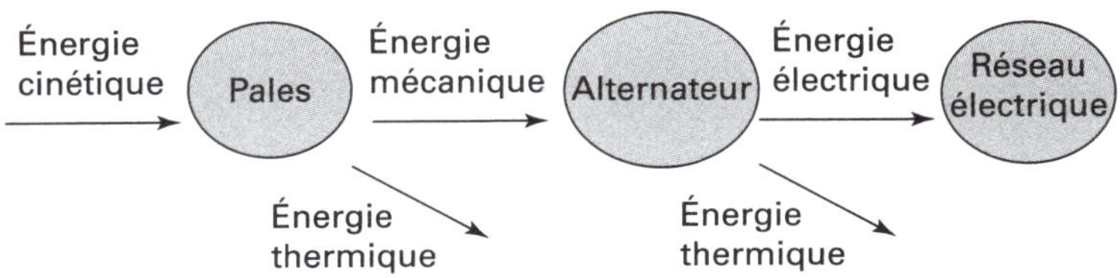

3 **a.** L'énergie cinétique E_{c1} d'une masse d'air $m = 1$ kg se déplaçant à la vitesse de valeur $v_1 = 3$ m/s est égale à :

$$E_{c1} = \frac{1}{2} \times m \times v_1^2 = \frac{1}{2} \times 1 \times 3^2 = \mathbf{4{,}5\ J}.$$

L'énergie cinétique E_{c2} d'une masse d'air $m = 1$ kg se déplaçant à la vitesse de valeur $v_2 = 9$ m/s est égale à :

$$E_{c2} = \frac{1}{2} \times m \times v_2^2 = \frac{1}{2} \times 1 \times 9^2 = \mathbf{40{,}5\ J}.$$

L'astuce du prof
N'oubliez pas les unités à fin des calculs : l'énergie s'exprime en joules (J).

PHYSIQUE-CHIMIE

Ainsi, si la valeur de la vitesse d'une masse d'air $m = 1$ kg passe de 3 m/s à 9 m/s, **son énergie cinétique est multipliée par** : $\frac{40,5}{4,5} = \mathbf{9}$.

b. D'après le tableau présenté dans l'énoncé, si l'énergie cinétique du vent vaut 17 530 MWh, l'énergie mécanique au niveau des pales de la centrale éolienne est égale à 10 510 MWh.

Le rapport entre l'énergie mécanique au niveau des pales de la centrale éolienne et l'énergie cinétique du vent est donc égal à :

$\frac{10\,510}{17\,530} = 0{,}60 = 0{,}60 \times 100\ \% = \mathbf{60\ \%}$.

Ce rapport correspond bien à ce qui est affirmé par le physicien allemand Albert Betz.

Remarque

Ne vous arrêtez pas à la résolution du calcul. Écrivez également une phrase de conclusion pour obtenir tous les points au brevet.

4 a. La production électrique annuelle E_1 d'une éolienne est égale à :
$E_1 = 4\,030$ MWh $= 4{,}030$ GWh.
La consommation électrique française annuelle E_2 vaut :
$E_2 = 478\,200$ GWh.
Le nombre N d'éoliennes nécessaires pour répondre aux besoins de la consommation électrique française serait donc égal à :

$$N = \frac{E_2}{E_1} = \frac{478\,200}{4{,}030} = 118\,660.$$

Comme la surface minimale S_1 nécessaire à l'installation d'une éolienne vaut $S_1 = 24$ hectares, la surface S qu'occuperait un parc éolien répondant aux besoins de la consommation française serait égale au minimum à :
$S = N \times S_1 = 118\,660 \times 24 =$ **2 847 840 hectares, soit environ 2 850 000 hectares.**

b. La **surface** qu'occuperaient les parcs éoliens devant répondre aux besoins de la consommation française serait égale à environ 2 850 000 hectares, ce qui est **trop important par rapport à la surface de la France**. En effet, cette surface correspondrait à la valeur moyenne de la surface d'un département français entier.

De plus, le vent ne souffle pas à la même vitesse tout au long de l'année : lorsque la vitesse du vent passe de la valeur 9 m/s à 3 m/s, son énergie cinétique est divisée par 9, ce qui divise aussi par 9 l'énergie électrique produite. La quantité d'énergie électrique produite par les éoliennes est donc assez **aléatoire**.

Enfin, seulement 60 % de l'énergie cinétique du vent est transformée en énergie mécanique au niveau des pales des éoliennes, et la conversion de cette énergie mécanique en énergie électrique par les alternateurs **diminue encore ce rendement**, car une partie de l'énergie mécanique est « perdue » en énergie thermique.

Ainsi, pour répondre aux besoins croissants en électricité, il faudrait développer différents types d'énergie renouvelables (biomasse, hydraulique, solaire, géothermique) et **ne pas se limiter à la seule énergie éolienne**.

Sujet 4 Sécurité dans l'habitat

25 pts 30 min

Asie, juin 2017

Toute réponse, même incomplète, montrant la démarche de recherche du candidat sera prise en compte dans la notation.

Pour prévenir les intoxications domestiques, l'État encourage l'installation de détecteurs dans les habitations.

1 Détection de fumée

Les détecteurs de fumée à principe optique (*document 1*) sont très utilisés. Un signal d'alarme s'enclenche lorsque la photodiode présente dans la chambre optique reçoit de la lumière. Une photodiode est un composant électrique ayant la capacité de détecter une lumière et de la convertir en courant électrique.

Doc. 1 Schéma en coupe et principe de fonctionnement d'un détecteur de fumée à principe optique

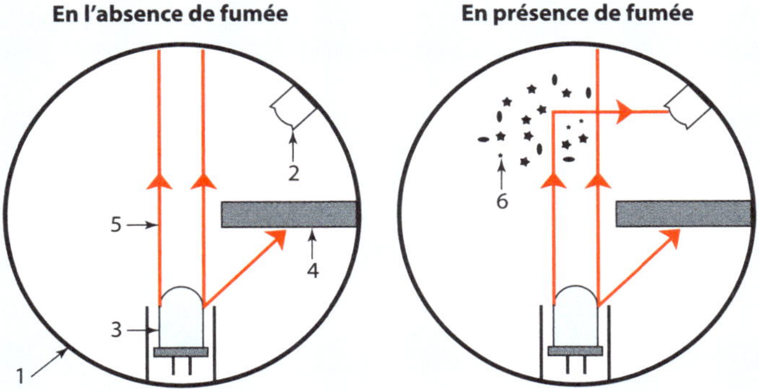

1 : chambre optique
2 : photodiode
3 : diode électroluminescente (LED)
4 : cache opaque
5 : rayon de lumière
6 : particules de fumée

a. Nommer la source primaire de lumière contenue dans un détecteur de fumée optique.

PHYSIQUE-CHIMIE

b. Expliquer pourquoi la photodiode détecte de la lumière en présence de fumée.

2 Détection de monoxyde de carbone

Les chaudières à gaz des habitations fonctionnent grâce à la combustion du gaz de ville, composé essentiellement de méthane de formule chimique CH_4. Au cours de leur fonctionnement, ces chaudières peuvent s'encrasser. Cela provoque une combustion incomplète du méthane. Des fumées et des gaz nocifs sont alors produits, notamment le monoxyde de carbone. Ce gaz transparent, inodore et toxique est responsable chaque année d'une centaine de décès en France.

a. Parmi les propositions ci-après, recopier celle qui modélise la transformation chimique à l'origine de la formation de monoxyde de carbone dans une chaudière à gaz :

Proposition 1 : $CH_4 + 2\ O_2 \rightarrow CO_2 + 2\ H_2O$

Proposition 2 : $2\ C + O_2 \rightarrow 2\ CO$

Proposition 3 : $2\ CH_4 + 3\ O_2 \rightarrow 4\ H_2O + 2\ CO$

b. Pour prévenir le risque d'intoxication au monoxyde de carbone, on peut utiliser un détecteur spécifique. Il comporte un disque recouvert d'un gel. En présence de monoxyde de carbone, le gel s'assombrit et limite alors le passage de la lumière. L'alarme s'enclenche du fait de la diminution de l'éclairement.

On souhaite modéliser le fonctionnement d'un tel détecteur, en réalisant un dispositif expérimental. Trois montages expérimentaux différents sont proposés :

Montage n° 1

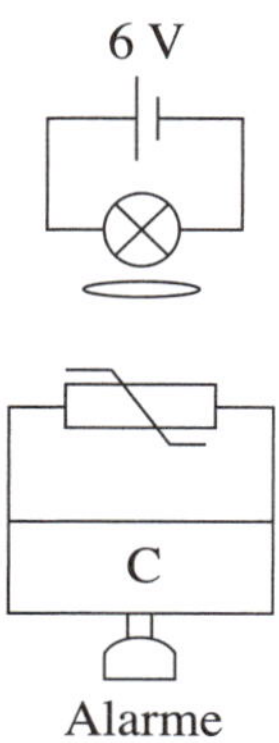

Montage n° 2

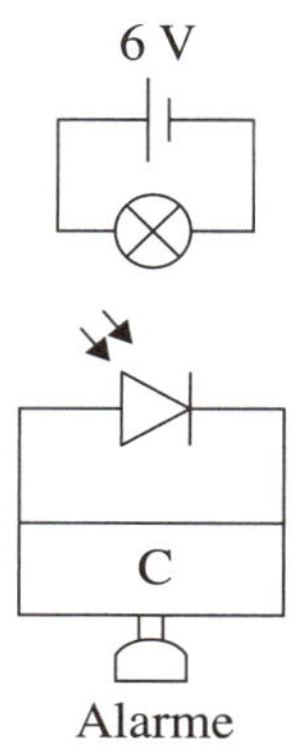

Montage n° 3

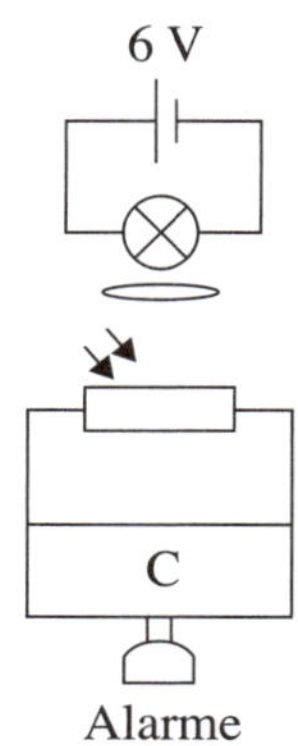

L'alarme s'active lorsque le « circuit de contrôle » C détecte une diminution importante de l'intensité électrique dans le circuit.

Choisir parmi les trois montages expérimentaux celui qui correspond le mieux au fonctionnement d'un détecteur à monoxyde de carbone à disque. Argumenter la réponse en exploitant les *documents 2*, *3* et *4*.

Doc. 2 Symbole des composants

Lampe	Photodiode	Thermistance	Photorésistance	Disque recouvert de gel
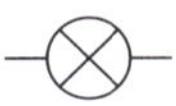		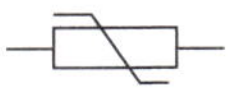		

Doc. 3 Évolution de la résistance de la thermistance en fonction de la température

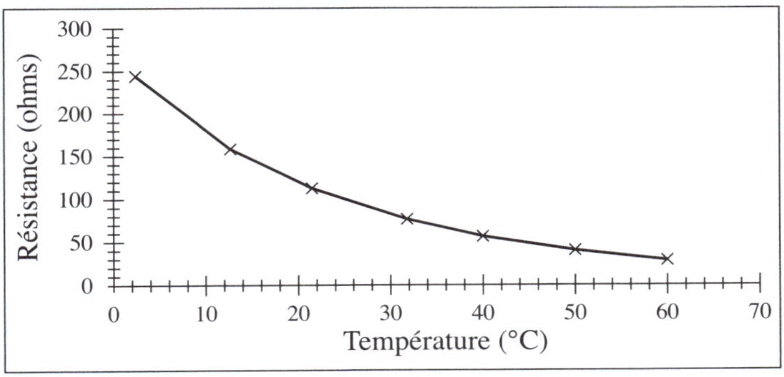

Doc. 4 Évolution de la résistance d'une photorésistance en fonction de l'éclairement

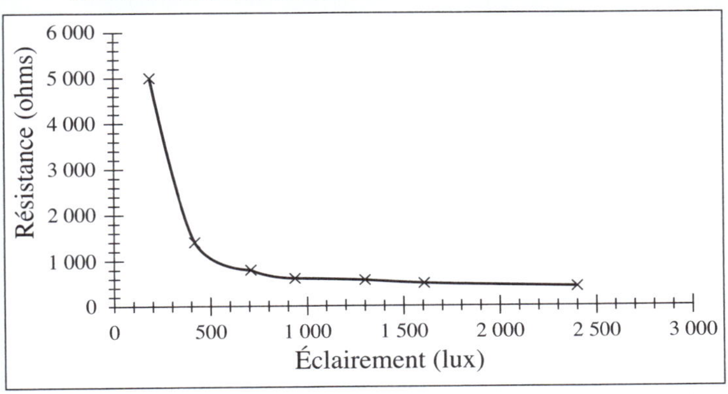

Sujet 4 Corrigé

Les clés pour réussir

L'essentiel à connaître

- **Une source primaire de lumière produit elle-même la lumière** qu'elle émet.
- Dans un **milieu homogène et transparent, comme l'air,** la lumière se **propage en ligne droite.**
- **Un objet diffusant** est un objet éclairé qui renvoie dans toutes les directions la lumière qu'il reçoit et qui **ne produit pas sa propre lumière.**
- **Une molécule est un assemblage d'atomes.** Elle est représentée par une formule chimique qui indique le nom des atomes qui la constituent et leur nombre.
- Dans **une transformation chimique,** il y a **redistribution des atomes** qui constituent les **réactifs** pour former de **nouvelles molécules** ou de nouveaux ions **nommés produits.**

Analyser l'énoncé

Une lecture attentive de l'énoncé est primordiale pour répondre correctement aux différentes questions :

- l'énoncé précise que le signal d'alarme se déclenche lorsque la photodiode reçoit de la lumière ;
- le texte d'introduction de la question **2** indique que la formule du méthane est CH_4 et que la combustion incomplète du méthane dégage des gaz nocifs, notamment le monoxyde de carbone ;
- le détecteur de monoxyde de carbone utilise un disque recouvert d'un gel. Ce disque s'assombrit et limite le passage de la lumière en présence de monoxyde de carbone ;
- l'activation de l'alarme correspond à une baisse de l'intensité du courant électrique traversant le circuit de contrôle C ;
- les graphiques des *documents 3* et *4* représentent les évolutions de la résistance d'une thermistance en fonction de la température et de la résistance d'une photorésistance en fonction de l'éclairement.

Bien comprendre les questions

Question 1

- Analysez le *document 1* en utilisant la définition d'une source primaire de lumière.

Question 2

- Comparez les deux schémas du *document 1.*

Question 3

- Pour choisir la proposition qui modélise correctement la transformation chimique, identifiez celle pour laquelle le méthane est un réactif et le monoxyde de carbone un produit.

Question 4

- Choisissez le circuit qui incorpore un composant mettant en jeu l'éclairement.

1 **a.** Les rayons de lumière modélisent la propagation de la lumière émise par une source de lumière. D'après le *document 1*, la **source primaire** de lumière contenue dans un détecteur de fumée optique est donc **la diode électroluminescente** (LED ou DEL).

b. La fumée est constituée de fines particules solides en suspension dans l'air. **Ces particules solides diffusent la lumière émise par** la diode électroluminescente, et la renvoient dans toutes les directions.
La lumière ainsi déviée par la fumée atteint la photodiode et l'alarme est déclenchée.

2 **a.** La proposition 2 n'est pas adaptée, car le méthane CH_4 n'est pas un réactif dans cette transformation chimique 2.
On ne retient pas la proposition 1, car le monoxyde de carbone n'est pas un produit de cette transformation 1.

La proposition 3 permet de modéliser la transformation chimique observée, car le méthane est bien un réactif dans cette transformation et le monoxyde de carbone de formule CO un produit.

Gagnez des points !
La formule du dioxyde de carbone est CO_2. Elle contient deux atomes d'oxygène.

b. Le montage n° 2 n'est pas adapté, car le schéma de ce montage ne contient pas de disque recouvert de gel.
On ne retient pas le montage n° 1, car d'après l'énoncé, la diminution de l'éclairement, et non l'évolution de la température, est la cause du déclenchement de l'alarme.
Le montage n° 3 permet de modéliser le détecteur de monoxyde de carbone, car le composant électrique utilisé dans le circuit est une photorésistance, **composant dont la résistance augmente lorsque l'éclairement diminue**. **Cette augmentation de la résistance entraîne une diminution importante de l'intensité** du courant électrique traversant la photorésistance et le circuit C, ce qui déclenche l'alarme.

Sujet 5 Liban, juin 2018

50 pts 1 heure

PHYSIQUE-CHIMIE

→ corrigé p. 48

Le saut à l'élastique

30 min **25 pts**

Le saut à l'élastique consiste à se jeter depuis un point situé en hauteur, en étant accroché à un élastique.

Dans ce sujet, nous nous intéresserons au mouvement d'un sauteur et à ses sensations, puis nous nous concentrerons sur le choix des élastiques.

Doc. 1 Les quatre phases du saut à l'élastique

Un saut à l'élastique comporte principalement 4 phases :

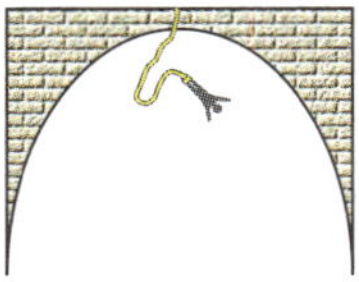	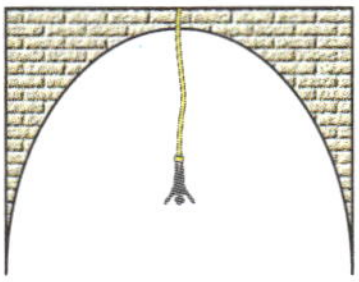	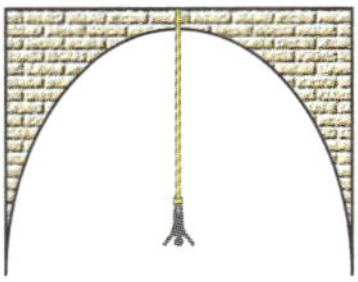	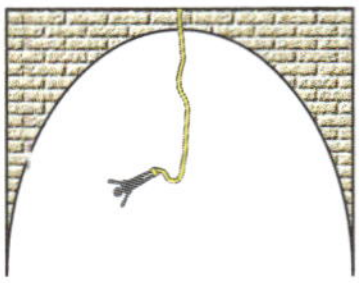
Phase 1 chute libre durant laquelle la vitesse augmente	**Phase 2** l'élastique commence à se tendre, le sauteur ralentit	**Phase 3** l'élastique est tendu au maximum, la vitesse du sauteur s'annule un bref instant	**Phase 4** l'élastique se contracte, le sauteur remonte en reprenant de la vitesse

Une fois ces 4 phases passées, le sauteur subit encore quelques oscillations avant de s'immobiliser définitivement.

Doc. 2 **Représentation graphique des variations de la vitesse du sauteur en fonction du temps**

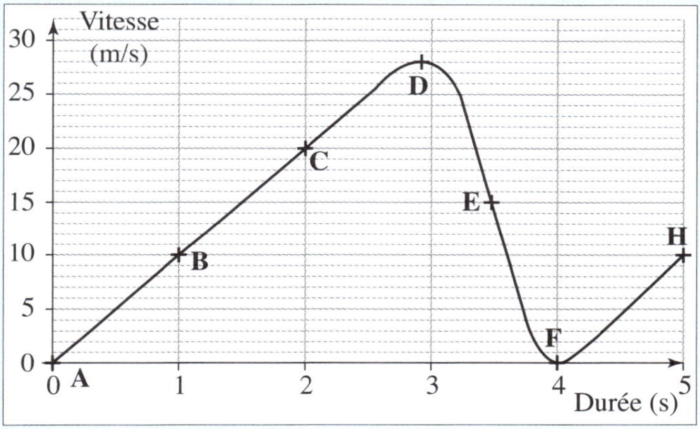

1 Mouvement du sauteur

a. Repérer la partie du graphique du *document 2* qui correspond à la phase 1. Justifier brièvement.

b. Indiquer la phase du saut qui correspond au point F.

c. La force de pesanteur (le poids du sauteur) modélise l'une des actions mécaniques s'exerçant sur le sauteur lors de sa chute. Préciser la direction et le sens de cette force.

2 Énergie du sauteur et conversion

a. En utilisant les termes « énergie potentielle » et « énergie cinétique », décrire la conversion d'énergie qui a lieu lors de la phase 1 du saut.

b. À l'aide du *document 2*, déterminer la valeur maximale de la vitesse atteinte par le sauteur.

c. En déduire, par un calcul, que la valeur maximale de l'énergie cinétique du sauteur de 78 kg (équipement inclus) est de l'ordre de 30 000 J.

d. Le *document 3* donne l'énergie cinétique de différents véhicules à une vitesse donnée.

En comparant la valeur maximale de l'énergie cinétique obtenue à la question **c.** à celle d'un véhicule en mouvement, préciser le rôle de l'élastique.

Doc. 3 **Énergie cinétique de différents véhicules à une vitesse donnée**

Objet	Vitesse	Énergie cinétique
Camion + chauffeur	30 km/h	120 550 J
Moto + motard	65 km/h	26 000 J
Vélo + cycliste	12 km/h	425 J

PHYSIQUE-CHIMIE

3 Sensation lors du saut

Durant le saut, le sauteur éprouve des sensations qui sont associées à la production d'adrénaline, substance dont la formule chimique est $C_9H_{13}O_3N$. Préciser le nom et le nombre de chacun des atomes présents dans une molécule d'adrénaline.

Donnée : extrait de la classification périodique

1 **H** HYDROGÈNE							2 **He** HÉLIUM
3 **Li** LITHIUM	4 **Be** BÉRYLLIUM	5 **B** BORE	6 **C** CARBONE	7 **N** AZOTE	8 **O** OXYGÈNE	9 **F** FLUOR	10 **Ne** NÉON
11 **Na** SODIUM	12 **Mg** MAGNÉSIUM	13 **Al** ALUMINIUM	14 **Si** SILICIUM	15 **P** PHOSPHORE	16 **S** SOUFRE	17 **Cl** CHLORE	18 **Ar** ARGON

4 Choix de l'élastique

Il existe différents modèles d'élastique, adaptés au sauteur et aux conditions de saut. Le *document 4* donne quelques modèles d'élastique disponibles dans un club :

Doc. 4 Modèles d'élastique

Modèle d'élastique	Poids du sauteur	Longueurs disponibles pour chaque modèle	Longueur maximale
XS	250 N à 450 N	15 m ; 30 m ; 50 m	3 fois la longueur initiale
S	400 N à 700 N		
M	650 N à 950 N		
L	900 N à 1200 N		

Pour concilier sensations fortes et sécurité, les clubs fixent généralement une distance d'au moins 10 m entre le sol et le point le plus bas atteint lors de la chute.

Parmi les modèles disponibles, choisir un élastique qui convient, pour un sauteur de 78 kg (équipement inclus), s'élançant du pont de Ponsonnas haut de 103 m.

Préciser le modèle et la longueur de l'élastique retenu. Justifier.

Toute démarche sera valorisée.

Donnée : l'intensité de la pesanteur sur Terre a pour valeur $g = 9{,}8$ N/kg.

Sujet 5 Corrigé

PHYSIQUE-CHIMIE

→ énoncé p. 42

Les clés pour réussir

L'essentiel à connaître

- Le mouvement d'un objet est **ralenti** si la valeur de sa vitesse **diminue**.
- Le **poids** d'un corps, appelé aussi force de pesanteur, modélise l'action, verticale et vers le bas, exercée par la Terre sur ce corps. La valeur du **poids** P, en newtons (N), d'un corps de masse m, en kg, est égale à : $\boldsymbol{P = mg}$ avec g l'intensité de la pesanteur, en N/kg.
- L'**énergie potentielle** d'un corps est liée à son altitude (à sa hauteur) : plus l'altitude d'un corps est grande, plus son énergie potentielle est élevée.
- L'**énergie cinétique** E_c, en joules (J), d'un corps de masse m, en kg, est liée à la valeur v de sa vitesse, en m/s : $\boldsymbol{E_c = \frac{1}{2} mv^2}$.

Analyser l'énoncé et les documents

- Distinguez bien les différentes phases du saut à l'élastique, par exemple :

– quand le sauteur chute lors de la phase 1, son altitude diminue et la valeur de sa vitesse augmente ;

– quand l'élastique se contracte lors de la phase 4, l'altitude du sauteur augmente et la valeur de sa vitesse augmente.

- La classification périodique donne le nom et le symbole des atomes.

Bien comprendre les questions

Question 1

- Comparez l'évolution de la valeur de la vitesse indiquée sur le graphique avec les indications données pour chaque phase du saut.

Question 2

- Étudiez l'évolution de l'altitude et de la vitesse du sauteur.
- Utilisez la formule reliant l'énergie cinétique et la valeur de la vitesse pour réaliser le calcul demandé.

Question 3

- Relevez la formule chimique de l'adrénaline pour déterminer la composition de la molécule.

Question 4

- Cette question est une tâche complexe. Toute tentative est valorisée même si vous n'arrivez pas à résoudre totalement le problème.

PHYSIQUE-CHIMIE

1 **a.** La partie du graphique qui correspond à la phase 1 est la partie du graphique **entre les points A et D**. En effet, la phase 1 correspond au début du saut à l'élastique ($t = 0$) : elle débute donc sur le graphique au niveau du point A. De plus, la valeur de la vitesse augmente durant la phase 1, alors qu'elle diminue lors de la phase 2. La fin de la phase 1 correspond donc au point D, car c'est à cet instant que la valeur de la vitesse commence à diminuer.

Gagnez des points !

N'oubliez pas de justifier votre réponse.

b. La phase du saut qui correspond au point F est la **phase 3**, car la vitesse est nulle au point F.

c. La force de pesanteur (le poids du sauteur) modélise l'action exercée par la Terre sur le sauteur. Cette force a une **direction verticale** et un **sens vers le bas**.

L'astuce du prof

Ne confondez pas direction (verticale, horizontale) et sens (vers la droite, vers la gauche, vers le haut, vers le bas).

2 **a.** Lors de la phase 1 du saut à l'élastique, l'altitude (la hauteur) du sauteur diminue, et la valeur de sa vitesse augmente. Comme l'énergie potentielle du sauteur est liée à son altitude et que son énergie cinétique est liée à la valeur de sa vitesse, **l'énergie potentielle du sauteur diminue** et **son énergie cinétique augmente** lors de la phase 1. Ainsi, il y a **conversion de l'énergie potentielle en énergie cinétique** lors de la phase 1.

b. D'après le graphique, la valeur maximale de la vitesse atteinte par le sauteur est égale à **28 m/s**.

c. La valeur maximale E_c de l'énergie cinétique du sauteur de masse m est de l'ordre de 30 000 J :

$$E_c = \frac{1}{2} mv^2 = \frac{1}{2} \times 78 \times 28^2 = \mathbf{3{,}1 \times 10^4\ J}.$$

d. La valeur maximale de l'énergie cinétique du sauteur est du **même ordre de grandeur que l'énergie cinétique d'une moto et d'un motard à 65 km/h.** Cette énergie cinétique est importante : le rôle de l'élastique est de **diminuer l'énergie cinétique du sauteur en le ralentissant**.

3 La formule chimique de l'adrénaline est : $\mathbf{C_9H_{13}O_3N}$. Une molécule d'adrénaline comporte donc **9 atomes de carbone (C)**, **13 atomes d'hydrogène (H)**, **3 atomes d'oxygène (O)** et **1 atome d'azote (N)**.

4 La valeur du poids P du sauteur de masse m est égale à :

$P = mg = 78 \times 9{,}8 = \mathbf{7{,}6 \times 10^2\ N}$.

La valeur du poids du sauteur est donc d'environ 760 N, ce qui signifie qu'il faut utiliser le **modèle d'élastique M**.

De plus, le sauteur s'élance du pont de Ponsonnas, haut de 103 m. Comme il faut une distance d'au moins 10 m entre le sol et le point le plus bas atteint lors de la chute et que la longueur maximale d'un élastique est égale à trois fois sa longueur initiale, la longueur maximale L de l'élastique est telle que :

$3 \times L + 10 = 103$

$3 \times L = 103 - 10 = 93$

$L = \frac{93}{3} = 31$ m.

L'élastique peut donc avoir une longueur de **15 m ou** de **30 m**. Toutefois, pour que le sauteur ait un maximum de sensations et fasse le plus grand saut possible en toute sécurité, il est préférable d'utiliser un élastique de **30 m** de long.

Sujet 6 — L'impact de la pollution du sol

25 pts

30 min

Asie, juin 2017

Suite à une activité industrielle, dans une région française, un sol a été fortement pollué par du plomb (plusieurs grammes par kilogramme de sol). À sa surface, une épaisseur anormale de litière[1] a été constatée. Une équipe d'étudiants cherche à comprendre le lien entre cette pollution par le plomb et la diminution de la dégradation de la litière.

[1] Litière : partie du sol située en surface et constituée de débris (fragmentés) végétaux et animaux en cours de dégradation.

Doc. 1 Nombre d'animaux dans un sol sain et dans un sol pollué

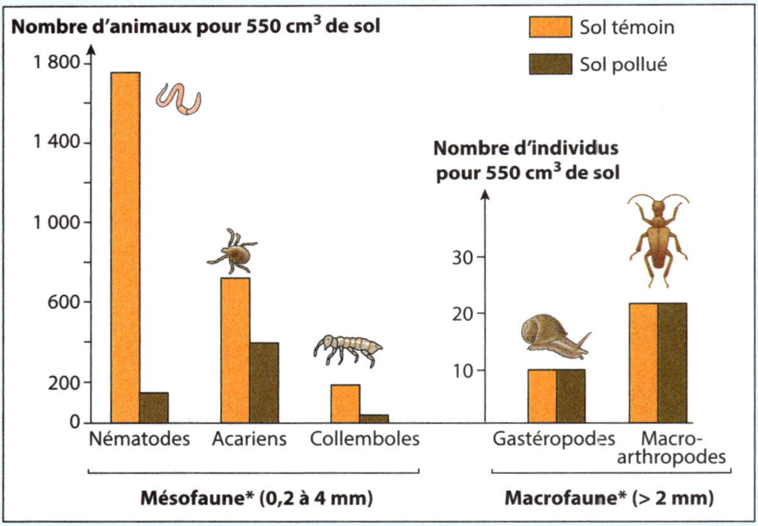

* Mésofaune : ensemble d'animaux de tailles comprises entre 0,2 et 4 mm.
* Macrofaune : ensemble d'animaux de tailles supérieures à 2 mm.

D'après svt.acdijon/schemassvt - Source INRA (Mrs Lacassin et Schvartz).

Doc. 2 Les micro-organismes du sol

Les micro-organismes (champignons, bactéries…) n'appartiennent pas à la mésofaune ni à la macrofaune. Ils ne sont observables qu'au microscope et terminent la dégradation de la litière. Celle-ci doit être préalablement finement fragmentée par les animaux du sol.

Doc. 3 Étude complémentaire sur un sol pollué

On a constaté une diminution du nombre de certains animaux appartenant à la mésofaune (collemboles, nématodes) qui participent à la fragmentation de la litière. Les débris de la litière ne sont plus fragmentés aussi finement que dans un site non pollué. Malgré la forte pollution du sol, les micro-organismes restent vivants mais leur action de dégradation est ralentie.

Modifié d'après http://www.gissol.fr

1 Compléter le tableau suivant à partir du *document 1*.

Nombre d'animaux dans un sol sain et dans un sol pollué

Populations animales	Nombre d'animaux dans le sol témoin pour 550 cm^3	Nombre d'animaux dans le sol pollué pour 550 cm^3
....	1 750	180
Acariens	780	....
Collemboles	....	20
....	10	10
Macro-arthropodes	20	20

2 À partir des *documents 1* et *3*, nommer la population animale qui diminue le plus dans le sol pollué étudié. Justifier en s'appuyant sur des valeurs chiffrées (calcul, estimation, pourcentage ou autre…).

3 Proposer une explication à l'épaisseur anormale de litière sur un sol pollué. Un texte construit est attendu, il devra s'appuyer sur des arguments tirés des **deux** *documents 2* et *3*.

Sujet 6 Corrigé

Les clés pour réussir

L'essentiel à connaître

- **Le sol** est la partie superficielle de la croûte terrestre. Il est constitué par le mélange de **matière organique** en décomposition et de **particules minérales.**
- Les particules minérales proviennent de la dégradation de la **roche mère** située sous le sol.
- La matière organique en décomposition provient de la dégradation de la **litière** formée essentiellement par les débris de végétaux morts.
- La litière est le premier maillon d'un **réseau alimentaire** formé par de **très nombreux êtres vivants** (animaux, champignons et bactéries).
- Le fonctionnement de ce réseau alimentaire permet la dégradation de la litière et assure ainsi le **recyclage** de la matière.

Analyser l'énoncé

- Lisez attentivement le titre et l'introduction présentée dans l'encadré pour déterminer le sujet abordé : l'impact d'une pollution du sol sur la dégradation de la litière.
- Sur le *document 1*, repérez les légendes des deux figurés utilisés pour les histogrammes et reliez ces informations au titre du graphique.
- Dans le texte du *document 2*, repérez les particularités des micro-organismes par rapport aux autres êtres vivants du sol.
- Sur le *document 3*, identifiez l'effet de la pollution d'un sol sur les êtres vivants qui le peuplent.

Bien comprendre les questions

Question 1

- Commencez par compléter les lignes du tableau pour lesquelles on vous donne le nom des populations animales en repérant le plus précisément possible leur nombre dans le graphique.
- Nommez ensuite les deux populations animales manquantes en vous servant des nombres d'animaux très différents.

Question 2

- Utilisez d'abord le *document 3* pour repérer les animaux dont le nombre diminue lors d'une pollution. Ensuite, utilisez des valeurs chiffrées tirées du graphique du *document 1* pour montrer quelle est la population animale qui diminue le plus.

Question 3

● Rappelez le problème que vous devez résoudre, puis mettez en relation les informations sur le rôle de la faune du sol (*document 2*) avec celles sur les effets d'une pollution (*document 3*).

1 Le tableau complété est le suivant :

Nombre d'animaux dans un sol sain et dans un sol pollué

Populations animales	Nombre d'animaux dans le sol témoin pour 550 cm³	Nombre d'animaux dans le sol pollué pour 550 cm³
Nématodes	1 750	180
Acariens	780	**500**
Collemboles	**200**	20
Gastéropodes	10	10
Macro-arthropodes	20	20

2 D'après le *document 3*, on constate une **diminution du nombre d'animaux de la mésofaune** lorsque le sol est pollué. L'analyse du graphique du *document 1* montre que trois populations animales appartiennent à la mésofaune : **les nématodes, les acariens et les collemboles**. Cependant, on remarque que **seulement la moitié des acariens** disparaît dans un sol pollué, alors que les nombres des deux autres populations diminuent fortement. En effet, le nombre de nématodes dans un sol pollué passe de 1 750 animaux pour 550 cm³ de sol témoin **à seulement 180 animaux** dans le sol pollué. La **diminution est encore plus forte pour les collemboles** puisqu'il ne reste plus que 10 % de la population initiale lorsque le sol est pollué (20 animaux pour 550 cm³ de sol pollué contre 200 animaux dans le sol témoin). **Ainsi, c'est la population des collemboles qui diminue le plus dans un sol pollué.**

> **Gagnez des points !**
> Pourcentage d'animaux restant après pollution = 100 × nombre d'animaux dans le sol pollué/nombre d'animaux dans le sol témoin.

3 Dans un sol sain, les micro-organismes **terminent la dégradation** de la litière, mais ils ne peuvent intervenir que sur des **débris** de litière **très fins**. Or, ce sont les animaux du sol qui sont responsables de la **fragmentation** de la litière en débris fins, en particulier ceux de la mésofaune (collemboles, nématodes...). On sait par ailleurs que **la plupart de ces animaux disparaissent** en cas de **pollution** du sol. Par conséquent, la litière **n'est plus** fragmentée, les micro-organismes **ne peuvent** pas terminer sa dégradation, et la litière **s'accumule** et devient anormalement **épaisse**.

> **L'astuce du prof**
> Sur votre brouillon, construisez une chaîne d'événements reliés logiquement entre eux par une relation cause-conséquence par exemple.

SVT

Sujet 7 — Approvisionnement énergétique de quelques villes français

25 pts — 30 min

Pondichéry, mai 2017

On s'intéresse à l'approvisionnement énergétique de quelques villes françaises.

Doc. 1 Quelques définitions concernant les trois types d'énergie

Une énergie non renouvelable désigne l'énergie que l'on produit à partir de la combustion de matières premières fossiles d'origine organique (issues d'êtres vivants) : le pétrole, le charbon et le gaz naturel. Elle n'est pas renouvelable à l'échelle d'une vie humaine.

Une énergie renouvelable est une ressource énergétique dont le renouvellement naturel est assez rapide pour qu'elle puisse être considérée comme inépuisable à l'échelle d'une vie humaine. L'énergie solaire (produite à partir du Soleil), l'énergie éolienne (produite à partir du vent), l'énergie géothermique (produite par l'activité interne de la Terre), l'énergie provenant de la biomasse (produite à partir de la matière organique des êtres vivants) et l'énergie hydraulique (produite à partir de la force de l'eau) sont des types d'énergie renouvelable.

L'énergie nucléaire est une énergie qui provient du noyau des atomes.

Doc. 2 Estimation de la part de différents types d'énergie dans l'approvisionnement énergétique mondial

Types d'énergie		2010	2020	2035
Énergies non renouvelables	Pétrole Charbon Gaz	81 %	80 %	74 %
Énergie nucléaire	Nucléaire	6 %	5 %	6 %
Énergies renouvelables	Géothermique Solaire Provenant de la biomasse Hydraulique	13 %	15 %	20 %

1 En vous appuyant sur les données du *document 2*, comparer l'évolution de la part des différents types d'énergie dans l'approvisionnement énergétique entre 2010 et 2035.

Doc. 3 **Cartes de la répartition du débit d'énergie géothermique, de la moyenne de l'ensoleillement et de la vitesse des vents en France**

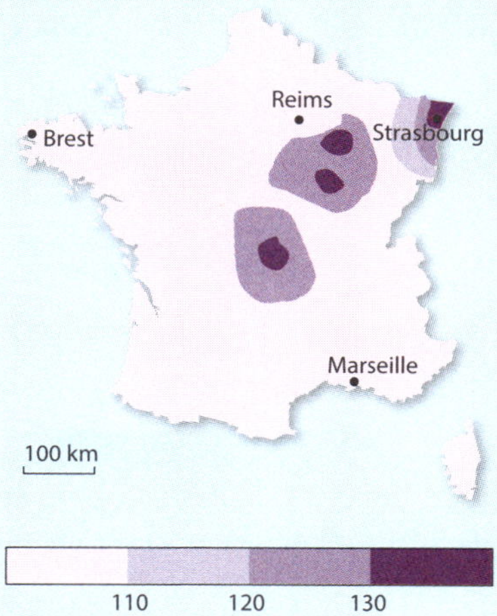

Carte de la répartition du débit moyen d'énergie géothermique issue des profondeurs de la Terre, mesurée en surface de la Terre pour 1 m² (en mW)

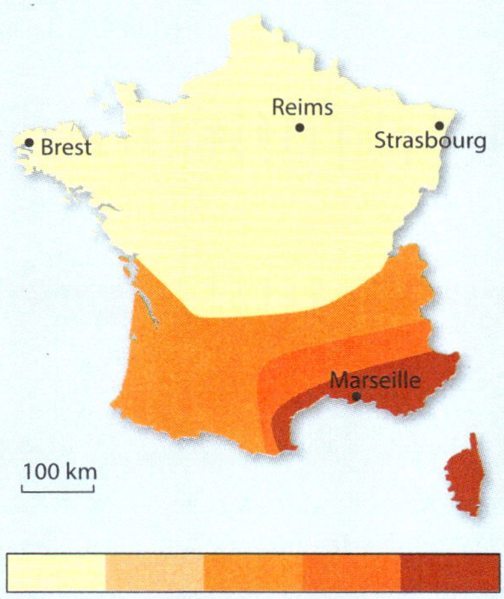

Carte de la moyenne de l'ensoleillement (en heures par année)

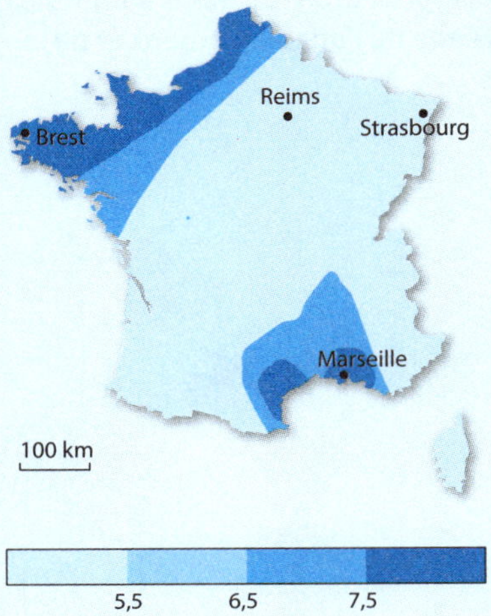

Carte de la vitesse moyenne des vents (en m/s)

Doc. 4 Les avantages et les inconvénients de trois énergies renouvelables

Énergie	Géothermique	Solaire	Éolienne
Avantage	Ressource inépuisable à l'échelle d'une vie humaine		
Inconvénients	Une centrale géothermique n'est installée qu'à partir d'un débit d'énergie en surface suffisant (supérieur à 120 mW/m²).	Certains panneaux solaires ne sont pas rentables si la durée d'ensoleillement ne dépasse pas 1 800 heures de soleil par an.	Une éolienne ne produit pas d'électricité si la vitesse du vent est inférieure à 7,5 m/s.

2 À partir des informations des *documents 3* et *4*, citer (sans justifier) la ou les énergies renouvelables les plus pertinentes pour les trois villes françaises suivantes : Strasbourg, Brest et Marseille.

3 À partir des *documents 1* à *4*, proposer une solution à l'approvisionnement énergétique de la ville de Reims. Justifier votre réponse.

Sujet 7 Corrigé

Les clés pour réussir

L'essentiel à connaître

- Les gisements de pétrole, de charbon, de gaz et d'uranium sont des sources d'énergie fossiles, donc **limitées**. L'énergie nucléaire et les énergies tirées des combustibles fossiles sont des sources d'énergie **non renouvelables** à l'échelle de temps de la vie humaine.
- L'énergie solaire, l'énergie thermique de la Terre, l'énergie hydraulique (déplacement d'eau), l'énergie éolienne (vent) et l'énergie de la biomasse (matière organique comme le bois) sont des sources d'énergie **presque illimitées**. Elles sont **renouvelables** à l'échelle d'une vie humaine.
- Actuellement, l'Homme utilise **essentiellement** des sources d'énergie non renouvelables qui s'épuiseront un jour. Il essaie donc de **développer** l'utilisation des sources d'énergie renouvelables.

Analyser l'énoncé

- Prenez le temps de lire attentivement le *document 1*, car il comporte des définitions des types d'énergie. Comparez ces définitions avec celles que vous connaissez en vous concentrant sur les points communs.
- Identifiez l'objectif du tableau du *document 2* : il vous montre la part de chaque type d'énergie et l'évolution de ces parts entre 2010 et 2035. Il permet de savoir si la part d'un type d'énergie va stagner, baisser ou augmenter.
- Repérez le point commun aux trois cartes du *document 3* : elles permettent de repérer géographiquement quelles sources d'énergie sont les plus intéressantes. Identifiez les unités utilisées pour quantifier chaque source d'énergie en soulignant chacune d'elles avec une couleur différente.
- Relevez les valeurs indiquées dans le tableau du *document 4* en les soulignant avec les mêmes couleurs que celles utilisées pour le *document 3*.

Bien comprendre les questions

Question 1

- Pour chaque type d'énergie, comparez la part en pourcentage prévue en 2035 avec la part connue en 2010 et indiquez si cette part a augmenté, baissé ou stagné.

SVT

Question 2

- Localisez chaque ville sur la carte du *document 3*, notez les valeurs de débit d'énergie thermique, de durée d'ensoleillement et de vitesse de vent indiquées pour cette ville. Comparez ces valeurs avec celles indiquées par le *document 4*.

Question 3

- Localisez Reims sur la carte du *document 3*, notez les valeurs de débit d'énergie thermique, de durée d'ensoleillement et de vitesse de vent indiquées pour cette ville. Comparez ces valeurs avec celles indiquées par le *document 4*. Proposez une source d'énergie utilisable à Reims qui remplit toutes les attentes indiquées dans les *documents 1* à *4*.

1 Entre 2010 et 2035, la part des énergies non renouvelables dans l'approvisionnement énergétique mondial devrait baisser (de 81 à 74 %), alors que celle des énergies renouvelables devrait augmenter (de 13 à 20 %). La part de l'énergie nucléaire ne devrait pratiquement pas changer.

L'astuce du prof

Maîtrisez la langue française : utilisez des expressions tirées de la question et du document.

2 À **Strasbourg**, l'énergie renouvelable la plus pertinente est l'**énergie géothermique**.
À **Brest**, l'énergie renouvelable la plus pertinente est l'**énergie éolienne**.
À **Marseille**, les énergies renouvelables les plus pertinentes sont l'**énergie solaire** et l'**énergie éolienne**.

3 À Reims, l'utilisation de l'énergie éolienne n'est pas pertinente, car la vitesse moyenne des vents est inférieure à 7,5 m/s ; les éoliennes ne fonctionnent pas.
L'utilisation de l'énergie solaire n'est pas pertinente, car la durée moyenne d'ensoleillement est inférieure à 1 500 heures par an ; les panneaux solaires ne sont pas rentables.
Enfin, l'utilisation de l'énergie géothermique n'est pas pertinente, car le débit géothermique inférieur à 110 mW/m^2 n'est pas suffisant pour installer une centrale (*documents 3* et *4*).
De plus, le charbon, le gaz et le pétrole étant des sources d'énergie non renouvelables, il n'est pas souhaitable de les exploiter (*document 1*).
Enfin, l'utilisation du nucléaire ne devrait pas se développer d'ici 2035, car il s'agit d'une énergie non renouvelable. En revanche, l'exploitation de la biomasse serait une solution pour l'approvisionnement énergétique de la ville de Reims (*document 2*).

L'astuce du prof

Indiquez entre parenthèses le document qui a servi à justifier votre réponse.

Sujet 8 Le voyage de *Yersinia pestis*

25 pts 30 min

Polynésie, juin 2017

Doc. 1 Le voyage de *Yersinia pestis*

La peste est une maladie infectieuse très grave due à la bactérie *Yersinia pestis*. Elle a provoqué plus de 50 millions de morts dans le monde. La peste serait apparue en Asie il y a plus de 2 600 ans puis se serait répandue vers l'Europe, empruntant la route de la soie[1]. L'arrivée de la peste en Afrique correspondrait aux voyages du navigateur chinois Zheng He.

[1] Route de la soie : réseau ancien de routes commerciales entre l'Asie et l'Europe.

1 À partir du *document 1*, nommer le micro-organisme responsable de la transmission de la peste et préciser le type de micro-organisme auquel il appartient.

Doc. 2 *Yersinia pestis* observée au microscope

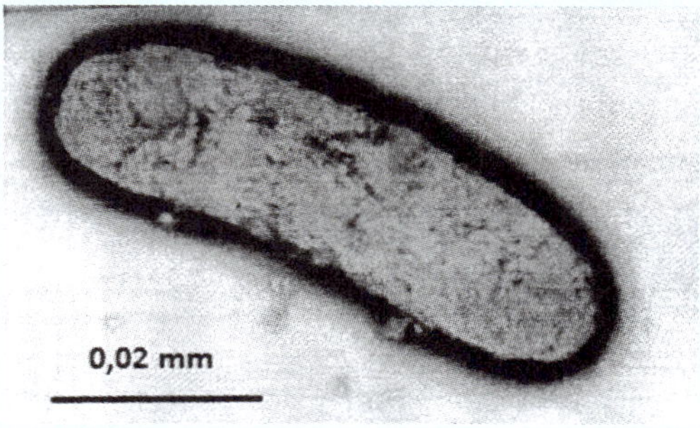

D'après Historiadelamedica.org

2 En utilisant le *document 2* et vos connaissances, classer les éléments suivants du plus grand au plus petit : poumon humain, être humain, bactérie.

SVT

Doc. 3 Costume d'un médecin de la peste

En 1619, un costume protecteur de la peste est inventé. Ci-contre, un médecin soignant des malades atteints de la peste est vêtu d'une épaisse tunique, porte des bottes et un masque en forme de bec dans lequel on incorpore des herbes aromatiques. Les mains sont nues.
On a découvert depuis que la peste se transmettait par les piqûres des puces qui passent du rat à l'Homme ou d'un être humain à un autre. Elle se transmet également par les poussières contenant les excréments des puces, et dans certains cas, elle peut même se transmettre d'être humain à être humain par voie aérienne (gouttelettes de salive, éternuements...).

D'après Docteur Schnabel de Rome, pendant la peste noire (d'après Wikipedia).

3 À partir du *document 3*, identifier les modes de transmission de ce micro-organisme.

4 D'après les informations du *document 3*, expliquer quels sont les éléments du costume qui sont efficaces contre la contamination et proposer une précaution supplémentaire pour une meilleure efficacité.
On attend une réponse sous la forme d'un texte argumenté.

Sujet 8 Corrigé

Les clés pour réussir

L'essentiel à connaître

- Les **micro-organismes** sont inoffensifs pour la plupart des êtres vivants, mais quelques espèces sont **pathogènes** pour l'Homme, c'est-à-dire qu'elles provoquent des maladies. Les micro-organismes sont répartis en trois catégories : les **bactéries**, les **champignons** et les **protozoaires.**
- Les **virus**, qui sont aussi des agents pathogènes, ne sont pas des êtres vivants.
- La **contamination** par des micro-organismes pathogènes peut être réalisée par **voie aérienne** (dans l'air), par **voie orale** (par la bouche vers

le tube digestif), au travers de la **peau** (blessures, égratignures...) ou par **simple contact** (lors de relations sexuelles par exemple).

- Des moyens d'**asepsie** permettent d'éviter la contamination : **masque** couvrant la bouche et le nez, peau recouverte (y compris les mains par des **gants**), **lunettes** de protection...
- Des moyens d'**antisepsie** permettent de détruire les micro-organismes présents : lavage et **désinfection** des surfaces et objets utilisés, utilisation d'**antibiotiques** naturels ou de synthèse...

Analyser l'énoncé

- Lisez rapidement la totalité du sujet avant de commencer à répondre question par question.
- Notez sur votre brouillon les mots importants du *document 1* : « *Yersinia pestis* », « peste », « maladie infectieuse ».
- Mettez en relation le *document 2* avec le *document 1* pour identifier ce qu'est *Yersinia pestis*.
- Dans le texte du *document 3*, surlignez ou soulignez les éléments de protection avec une couleur et les voies de transmission de la peste avec une autre couleur.

Bien comprendre les questions

Question 1

- Repérez le nom du micro-organisme dans le texte et recopiez-le en entier sans faire de fautes d'orthographe. Le type de micro-organisme est aussi indiqué dans le texte : vous devez utiliser vos connaissances pour le repérer.

Question 2

- Pensez à des dimensions en mètres pour le poumon humain et l'être humain entier, et rangez ces éléments dans l'ordre décroissant de taille avec la bactérie.

Question 3

- Repérez dans le texte les différents modes de transmission qui sont associés aux adverbes « également » et « même ».

Question 4

- Mettez chaque élément du costume en relation avec un mode de contamination possible pour comprendre en quoi cet élément protège d'une contamination.

1 Le micro-organisme responsable de la peste s'appelle ***Yersinia pestis***. Il s'agit d'une bactérie.

2 Les éléments suivants sont classés du **plus grand au plus petit** : être humain, poumon humain, bactérie.

3 Trois modes de transmission sont possibles pour la bactérie de la peste :
– les **piqûres** de puces ;
– les excréments de puces contenus dans la poussière ;
– d'humain à humain **par l'air** contenant des gouttelettes de salive.

Gagnez des points !

Un nom d'espèce s'écrit en deux mots, en latin, et avec une majuscule au début du nom de l'espèce.

L'astuce du prof

Proposez une liste des modes de transmission pour montrer que vous avez bien su les distinguer.

4 Le costume utilisé comporte des éléments permettant **l'asepsie**. Pour commencer, le tissu épais de la tunique et les bottes permettent d'**éviter** les piqûres de puces ou le contact de la peau avec leurs excréments. Par ailleurs, le masque qui recouvre le visage **protège** le médecin contre une contamination par voie aérienne. En effet, le masque **arrête** les gouttelettes de salive projetées par un malade qui tousse ou éternue.
Cependant, l'asepsie mise en œuvre par le médecin **n'est pas complète,** car il a les mains nues. Or, des bactéries **pourraient pénétrer** par des plaies, mêmes microscopiques, sur la peau de ses mains.

Pour aller plus loin

On peut aussi penser que le costume comporte un élément permettant l'antisepsie : certaines herbes aromatiques contiennent des antibiotiques naturels.

Sujet 9 France métropolitaine, juin 2018

50 pts — 1 heure

SVT

→ corrigé p. 28

Le tétanos

30 min **25 pts**

Dans ce sujet, on s'intéressera à une maladie, le tétanos.

Un médecin reçoit aux urgences hospitalières un patient qui s'est sérieusement blessé avec un outil de jardinage. Dans un premier temps, la plaie est nettoyée et désinfectée. Le médecin décide de prévenir rapidement le risque de tétanos.
Le tétanos est une maladie provoquée par une toxine, produite par une bactérie : *Clostridium tetani*. La vaccination contre le tétanos protège de cette maladie.

Doc. 1 Calendrier simplifié permettant de se tenir à jour* dans ses vaccinations

Âge approprié / Vaccins	1 mois	2 mois	4 mois	5 mois	11 mois	12 mois	16-18 mois	6 ans	11-13 ans	25 ans	45 ans	65 ans	Tous les 10 ans : 75 ans, 85 ans...
BCG	X												
Diphtérie – Tétanos – Poliomyélite		X	X		X			X	X	X	X	X	X
Rougeole – Oreillons – Rubéole						X	X						

X : injection d'un vaccin

*Être à jour dans ses vaccinations, signifie avoir reçu les vaccins recommandés selon son âge et avec le bon nombre d'injections pour être protégé.

D'après le site http://inpes.santepubliquefrance.fr, 2017

1 Le carnet de santé du patient indique qu'il a été vacciné contre le tétanos à 2 mois, 4 mois, 11 mois, 6 ans et 13 ans. À partir du *document 1*, justifier

que le patient, actuellement âgé de 33 ans, n'est plus à jour dans sa vaccination contre le tétanos.
Dans le cas d'un patient qui n'est plus à jour dans sa vaccination contre le tétanos, le médecin prescrit un test de dosage sanguin des anticorps spécifiques anti-toxine tétanique**. Le résultat du dosage permet de déterminer le traitement à lui appliquer sans tarder.

** Anticorps spécifiques anti-toxine tétanique : molécules produites par les lymphocytes (cellules impliquées dans les défenses immunitaires) suite à une vaccination contre le tétanos. Ces anticorps neutralisent la toxine tétanique, l'empêchant d'exercer son action.

Doc. 2 Protocole du dosage rapide des anticorps spécifiques anti-toxine tétanique dans le sang d'un patient

- Une goutte de sang prélevée au niveau du doigt est déposée sur une plaquette-test, puis quelques gouttes d'un diluant sont ajoutées.
- Dix minutes plus tard, une ou deux bandes colorées apparaissent dans la zone de lecture.
  - si une seule bande se colore, le patient n'est pas ou est insuffisamment protégé contre le tétanos, le test est dit négatif ;
  - si deux bandes se colorent, la personne est immunisée contre le tétanos, le test est dit positif.

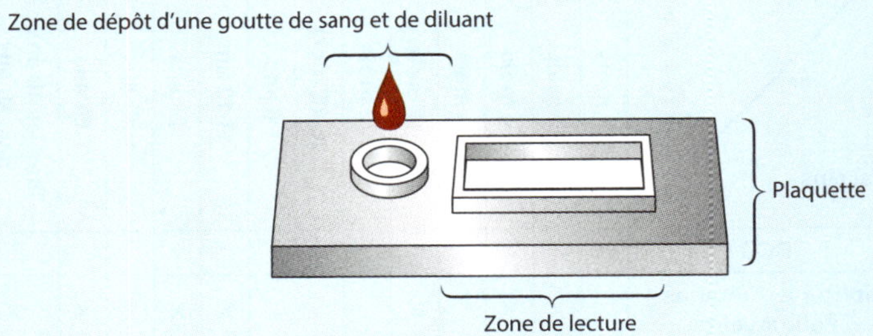

Plaquette utilisée pour le dosage rapide des anticorps anti-toxine tétanique

2 À partir du *document* 2, réaliser le schéma légendé d'une plaquette-test correspondant à un résultat négatif de dosage des anticorps, obtenu pour un patient qui n'est plus immunisé contre le tétanos.

Doc. 3 **Arbre décisionnel des étapes à suivre pour un patient blessé par un outil de jardinage**

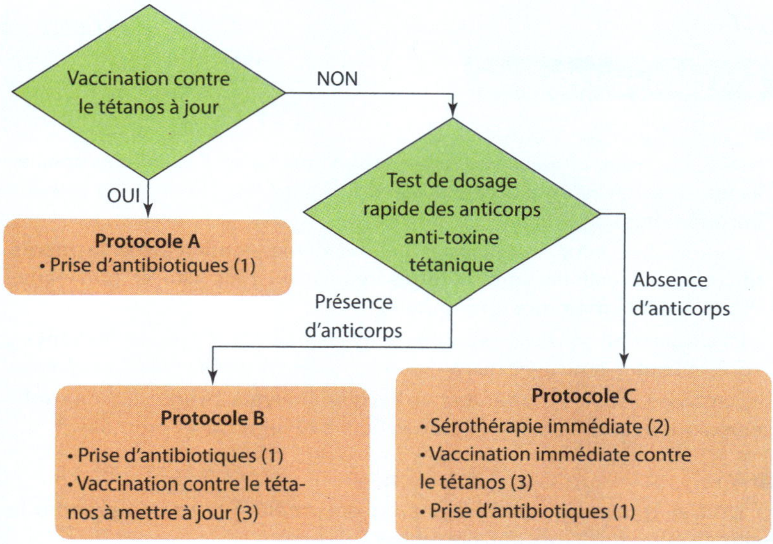

(1) Les antibiotiques stoppent l'infection due aux nombreuses bactéries présentes sur l'outil de jardinage.
(2) La sérothérapie est une injection d'anticorps anti-toxine tétanique, la protection est quasi immédiate et ne dure que quelques jours.
(3) Seule la vaccination contre le tétanos assure une immunisation supérieure à 10 ans contre la toxine tétanique.

D'après E. Pilly, Maladies infectieuses et tropicales, CMIT, 2016, 648 pages

3 **a.** À partir du *document 3*, citer les étapes de l'arbre décisionnel qui amènent le médecin à appliquer le protocole C.
b. Les trois éléments du protocole C sont : la sérothérapie immédiate, la vaccination immédiate et la prise d'antibiotiques. À partir du *document 3*, justifier la nécessité des trois éléments du protocole C à appliquer à ce patient qui s'est blessé avec un outil de jardinage.

Sujet 9 Corrigé

SVT

→ énoncé p. 22

Les clés pour réussir

L'essentiel à connaître

- Dès le premier contact avec un microbe infectieux, **des cellules spécialisées** sont mises en jeu et protègent l'organisme : ce sont les **cellules immunitaires**.
- Lorsqu'elles sont soumises à un **deuxième contact avec le même microbe**, les cellules immunitaires réagissent plus vite et plus fortement : c'est la **mémoire immunitaire**.
- La **vaccination** consiste à **stimuler** la mémoire immunitaire en mettant en contact l'organisme avec des antigènes ou des microbes tués ou atténués.
- Certaines cellules immunitaires, les **lymphocytes**, produisent des **anticorps** qui neutralisent les microbes ou les toxines qu'ils produisent.

Analyser l'énoncé et les documents

- Utilisez toutes les informations du *document 1* pour comprendre la signification des croix dans le tableau.
- Déterminez précisément ce que veulent dire les deux résultats possibles du test présenté dans le *document 2*.
- Utilisez l'arbre décisionnel du *document 3* pour envisager les trois protocoles possibles et comprendre les gestes médicaux.

Bien comprendre les questions

Question 1

- Comparez les âges de vaccination et de rappels du patient avec le tableau de vaccination du *document 1*.

Question 2

- Utilisez les informations du *document 2* pour recopier a plaquette-test présentée et complétez-la avec une ou deux bandes.

Question 3

- Utilisez les informations numérotées du *document 3* pour justifier les gestes médicaux du protocole C appliqués au patient.

1 Le carnet de santé du patient, actuellement âgé de 33 ans, indique qu'il a été vacciné contre le tétanos à 2 mois, 4 mois, 11 mois, 6 ans et 13 ans. Or, d'après le *document 1*, il n'a **pas** eu **de rappel de vaccination à 25 ans** comme préconisé. Il n'est donc plus immunisé contre le tétanos.

2 Le schéma de la plaquette-test est le suivant :

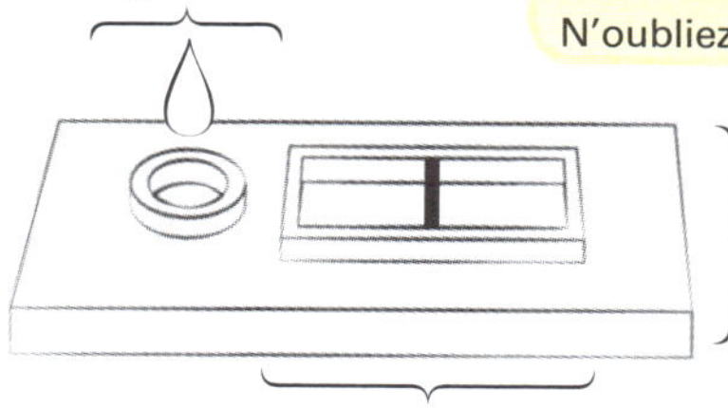

L'astuce du prof
N'oubliez pas les légendes !

3 **a.** Les étapes de l'arbre décisionnel qui conduisent le médecin à mettre en œuvre le protocole C sont :

– le **contrôle du carnet de vaccination** contre le tétanos : le carnet n'est **pas à jour ;**
– le **test de recherche des anticorps** anti-toxine tétanique : le résultat est **négatif**.

b. Le protocole C comprend trois gestes médicaux qui **protégeront immédiatement et durablement** le patient. Les antibiotiques **détruiront les microbes tétaniques** qui ont infecté le patient et stopperont ainsi la production de nouvelles toxines tétaniques. La sérothérapie permettra de **neutraliser les toxines tétaniques** grâce aux anticorps. Enfin, la vaccination immédiate déclenchera une réaction des cellules immunitaires qui **produiront des anticorps anti-toxine tétanique**. Cette production d'anticorps sera suffisante pour protéger le patient **pendant 10 ans.**

Gagnez des points !
Reformulez les éléments tirés des documents.

SVT

Sujet 10 Le syndrome de Klinefelter

25 pts — 30 min

Amérique du Nord, juin 2017

Le syndrome de Klinefelter est une anomalie chromosomique caractérisée par un caryotype comprenant 47 chromosomes, dont 3 chromosomes sexuels XXY.

Doc. 1 Le syndrome de Klinefelter

Ce syndrome affecte en particulier le développement physique d'individus de sexe masculin. Les individus atteints ont généralement des petits testicules qui ne produisent pas autant de testostérone que la normale […] La testostérone est l'hormone qui est impliquée dans le développement sexuel masculin avant la naissance. Pendant la puberté, elle intervient également en moyenne entre 10 et 18 ans chez les garçons. Le manque de testostérone chez les individus atteints va conduire à une puberté tardive et anormale. Chez eux, le développement des seins, la réduction des poils du visage et du corps seront associés à une incapacité à avoir des enfants (infertilité) […].

D'après https://www.nlm.nih.gov/U.S. National Library of Medicine.

1 À partir du *document 1*, cocher pour chaque phrase **la** proposition exacte.

a. Le syndrome de Klinefelter :
- ❒ trouve son origine dans une infection bactérienne.
- ❒ est dû à la présence d'un chromosome sexuel supplémentaire.
- ❒ est dû à l'absence totale de testicules.

b. La puberté :
- ❒ est anormale chez le garçon atteint du syndrome de Klinefelter.
- ❒ intervient avant 6 ans chez l'enfant atteint du syndrome de Klinefelter.
- ❒ ne s'accompagne pas de modification physique.

c. Un manque de testostérone peut conduire à :
- ❒ un développement des poils chez une fille.
- ❒ l'apparition de seins chez le garçon.
- ❒ une puberté avant l'âge de 5 ans.

Doc. 2 **Évolution du taux de testostérone dans le sang en fonction de l'âge chez le garçon et l'adolescent (entre 5 et 18 ans)**

Âge en années	Taux moyen de testostérone plasmatique en ng*/dL Individu non atteint du syndrome de Klinefelter	Taux moyen de testostérone plasmatique en ng*/dL Individu atteint du syndrome de Klinefelter
5 ans	Traces	Traces
10 ans	Traces	Traces
12 ans	10	3
13 ans	120	3
18 ans	520	4

Sources : http://acces. ens-lyon.fr/biotic/procreat/determin /html/puberHorm.htm et International Journal of Endocrinology : Clinical presentation of Klinefelter's syndrome.

* ng : nanogrammes (10^{-9} grammes).

2 En s'appuyant sur des données chiffrées extraites du *document 2*, comparer l'évolution du taux de testostérone dans le sang, chez un individu atteint du syndrome de Klinefelter et chez un individu non atteint, au cours de la puberté.

Doc. 3 **Un traitement pour compenser le manque de testostérone**

Il n'existe pas de traitement qui guérisse complétement les manifestations de ce syndrome. […]
Dans la plupart des cas, le traitement consiste en une hormonothérapie* à base de testostérone qui devrait, de l'avis de certains médecins, être entreprise dès la puberté.
[…] Ce traitement administré régulièrement contribue au développement des caractéristiques masculines secondaires (pilosité, voix grave, développement de la musculature) et peut éviter le développement des seins. […]

D'après http://klinefelter.valentin-apac.org/articles.php?lng=fr&pg=6, lu et validé par le Dr Nicole Morichon-Delvallez (Hôpital Necker), Article écrit le 22 janvier 2007.

* Hormonothérapie : traitement par injection d'hormones.

3 Des parents consultent un médecin spécialiste pour leur fils atteint du syndrome de Klinefelter. Le médecin prescrit le traitement décrit dans le *document 3*.

Préciser les éléments qui ont permis d'élaborer le diagnostic et justifier le traitement prescrit par le médecin.
Un texte construit est attendu, il devra s'appuyer sur des arguments tirés des **trois** documents.

Sujet 10 Corrigé

Les clés pour réussir

L'essentiel à connaître

- Les chromosomes portent les **gènes** qui interviennent dans **l'expression des caractères** détectables ou observables.
- Les **caractères sexuels primaires** (l'organisation des appareils sexuels) se mettent en place **pendant la vie embryonnaire**.
- Les **caractères sexuels secondaires** (pilosité, développement des testicules...) se mettent en place **au cours de la puberté**, entre 12 et 18 ans.
- La **testostérone**, hormone produite par les testicules, est responsable du fonctionnement de l'appareil génital chez l'homme et de l'apparition des caractères sexuels secondaires chez les garçons. Le **taux plasmatique** d'une hormone est la quantité de cette hormone dans un volume donné de plasma (partie liquide du sang).
- Un **syndrome** désigne l'ensemble des symptômes qui caractérise une maladie.

Analyser l'énoncé

- Lisez attentivement le *document 1* pour repérer le vocabulaire spécifique aux SVT. Cherchez les définitions des termes dans le document lui-même ou faites appel à vos connaissances.
- Analysez le titre du tableau et les titres de ses colonnes (*document 2*). Cette analyse doit vous permettre de comprendre le but du tableau.
- Soulignez ou surlignez les sujets et les verbes du texte du *document 3*. Lisez le texte en associant chaque sujet avec son verbe pour bien comprendre la signification du texte.

Bien comprendre les questions

Question 1

- Lisez attentivement chaque proposition. Chaque mot compte pour déterminer la proposition exacte (par exemple, « absence **totale** de testicules »).

Question 2

- Citez, pour les deux cas, des valeurs des taux moyens de testostérone à 12 ans et à 18 ans pour bien montrer l'évolution au cours de la puberté (pensez à donner l'unité).
- Indiquez si l'évolution est une baisse, une stagnation ou une augmentation.
- Précisez si les variations sont fortes ou faibles.

Question 3

- Cherchez les éléments de diagnostic du syndrome de Klinefelter dans les deux premiers documents en dressant une liste des symptômes présents chez le patient. Justifiez le traitement prescrit par le médecin en montrant ce qu'il permet de corriger chez le patient.

1 Les propositions exactes sont les suivantes :

a. Le syndrome de Klinefelter est dû à la présence d'un **chromosome sexuel supplémentaire**.

b. La puberté est **anormale** chez le garçon atteint du syndrome de Klinefelter.

c. Un manque de testostérone peut conduire à l'**apparition de seins** chez le garçon.

Attention

Il n'y a qu'une seule proposition exacte par phrase.

2 Au cours de la puberté, le taux moyen de **testostérone** chez l'individu non atteint **augmente fortement**, passant de 10 à 520 ng/dL, alors que ce taux **reste presque stable** (autour de 3-4 ng/dL) chez l'individu atteint par le syndrome de Klinefelter.

L'astuce du prof

Commencez la comparaison en décrivant l'évolution chez l'individu non atteint par le syndrome, car il sert de référence.

3 Le diagnostic du syndrome a été fait en **constatant** :
- la présence de seins, de **petits testicules**, la quasi-absence de poils sur le visage ;
- le **taux** de testostérone **très faible** ;
- la présence de **trois chromosomes sexuels** XXY (visibles dans un caryotype).

Le traitement par injection de testostérone permet de **compenser la faible production de testostérone** par les testicules trop petits. Ces injections vont permettre d'éviter le développement des seins et **contribuer au développement des caractères sexuels masculins** (musculature, voix…).

Sujet 11 — Enceinte *Bluetooth*

25 pts — 30 min

Sujet inédit

Après une enquête d'opinion, l'entreprise Audiovite souhaite développer une enceinte Bluetooth pour les jeunes. Elle cherche des solutions innovantes qui pourraient intéresser les adolescents.
Voici ci-dessous un extrait du cahier des charges du produit.

Doc. 1 Extrait du cahier des charges de l'enceinte *Bluetooth*

Repère	Fonction	Critère	Niveau
FP1	Permettre à un ou plusieurs utilisateurs d'écouter de la musique	Rayon audible	Cercle de 5 m autour de l'enceinte
FC1	Doit fournir un son d'une qualité et d'un niveau sonore suffisant tout en respectant la législation	– Puissance – Niveau sonore maximum	– 2 W +/– 0,5 W – 85 dB max
FC2	Doit se connecter à la majorité des appareils informatiques	– Type de connexion – Portée de la connexion avec la source audio	– Bluetooth – 5 m
FC3	Doit être dans une gamme de prix accessible à un jeune	Prix abordable	30 € maxi
FC4	Doit résister aux agressions extérieures et être d'une bonne stabilité	– Imperméabilité – Solidité – Assise	– Résiste à un taux d'humidité de 80 % – Résiste à une chute de 1 m – Stable sur un plan
FC5	Doit fonctionner de manière fiable et autonome	– Autonomie – Charge	– 2 heures mini – 6 heures maxi

Doc. 2 **Antériorité des tâches du projet**

N°	Tâche	Durée	Antériorité
1	Rédaction du cahier des charges	1 semaine	x
2	Recherche de solutions	3 semaines	1
3	Fabrication du prototype	3 semaines	2
4	Simulations numériques	2 semaines	2
5	Tests et validation	2 semaines	3
6	Lancement de la fabrication	1 semaine	4 ; 5

1 **a.** Après la lecture des documents, réaliser le diagramme d'expression du besoin (bête à cornes).

b. Quel est le besoin satisfait par cette enceinte Bluetooth ?

c. Quels sont les utilisateurs ciblés par ce produit ?

2 Les contraintes et fonctions identifiées dans ce cahier des charges peuvent être classées en plusieurs catégories : les contraintes de fonctionnement, les contraintes de sécurité et les contraintes commerciales.

a. Associer chaque fonction du cahier des charges à une catégorie de contrainte.

b. Pour quelle raison la législation impose-t-elle un niveau sonore maximal de 85 dB ?

3 En vous aidant du document 2, compléter le planning prévisionnel de la semaine 1 à la semaine 10, sous la forme habituelle de tableau en indiquant les tâches en lignes et les semaines en colonnes.

Semaines	1	2	3	4	5	6	7	8	9	10
Rédaction du cahier des charges										
Recherche de solutions										
Fabrication du prototype										
Simulations numériques										
Tests et validation										
Début de la fabrication										

TECHNOLOGIE

Sujet 11 Corrigé

Les clés pour réussir

L'essentiel à connaître

- « Exprimer un besoin » signifie formuler le besoin de manière claire.
- Pour **exprimer le besoin**, il faut répondre aux questions suivantes :

– À quoi ou à qui le produit va-t-il servir ?

– Que va-t-il modifier ou apporter à son utilisateur ?

– Dans quel but sera-t-il utilisé ?

- Le **cahier des charges** prend souvent la forme d'un tableau avec quatre colonnes :

– les **repères** associés à chaque fonction ;

– la **fonction** définie sous forme de phrase ;

– les **critères** associés à chacune des fonctions ;

– les **niveaux** permettant de préciser les critères.

- Le **planning** permet de suivre l'avancement d'un projet et d'anticiper d'éventuels retards. Pour être efficace, il doit être régulièrement mis à jour durant le projet.

Analyser l'énoncé et les documents

- Retenez les mots-clés dans l'introduction (jeunes, enceintes Bluetooth, écouter la musique à plusieurs).
- L'antériorité des tâches (dans le *document 2*, colonne 3) identifie le numéro de la (ou des) tâche(s) qui doi(ven)t être terminée(s) avant de pouvoir en commencer une autre. Par exemple, la tâche « Recherche de solutions (n° 2) » ne peut pas débuter avant la fin de la tâche « Rédaction du cahier des charges (n° 1) ».

Bien comprendre les questions

Question 1

- Étudiez attentivement le *document 1*, réalisez le diagramme d'expression du besoin (bête à cornes) et répondez ensuite aux deux questions posées.

Question 2

- Lisez attentivement l'extrait du cahier des charges et classez les fonctions dans les catégories de contraintes. Pour la question sur la législation, faites appel à votre culture générale, la réponse ne se trouve pas dans les documents.

Question 3

- Utilisez une couleur différente par ligne (par tâche) pour compléter le tableau.

1 a. Le diagramme d'expression du besoin (bête à cornes) est le suivant :

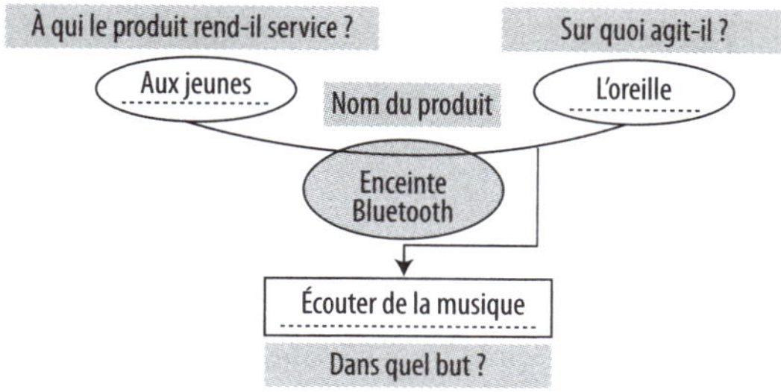

b. L'enceinte Bluetooth **rend service aux jeunes pour leurs permettre d'écouter à plusieurs de la musique.**

c. Les jeunes (entre 13 et 25 ans par exemple) sont ciblés par l'entreprise. Il faudra donc adapter la communication et concevoir un design et des fonctionnalités qui pourraient plaire à cette cible de consommateurs.

L'astuce du prof

Servez-vous du diagramme d'expression du besoin pour formuler l'expression du besoin.

2 a. Les différentes fonctions du cahier des charges peuvent être associées aux catégories de contraintes suivantes :

Contraintes de fonctionnement	FP1 ; FC2 ; FC4 ; FC5
Contraintes de sécurité	FC1
Contraintes commerciales	FC3

b. La législation impose un niveau sonore maximal de 85 dB **pour préserver l'audition des utilisateurs.**

3 Le planning prévisionnel optimum est le suivant :

Pensez-y !

Lorsque c'est possible, on peut réaliser deux tâches simultanément, cela permet de gagner du temps.

Semaines	**1**	**2**	**3**	**4**	**5**	**6**	**7**	**8**	**9**	**10**
Rédaction du cahier des charges	■									
Recherche de solutions		■	■	■						
Fabrication du prototype					■	■	■			
Simulations numériques					■	■				
Tests et validation								■	■	
Début de la fabrication										■

Sujet 12 Du boulier au supercalculateur

25 pts 30 min

Sujet inédit

Depuis très longtemps, les êtres humains ont eu besoin d'effectuer des opérations mathématiques. En effet, le commerce, la construction, la gestion des populations ont toujours nécessité de manipuler des nombres (additions, soustractions, divisions…).

Doc. 1 Histoire des machines à calculer

Dans l'histoire des machines à calculer, deux principes techniques ont longtemps cohabité. Le premier consiste à utiliser divers objets (cailloux, jetons…) pour effectuer des calculs. C'est le cas par exemple des bouliers inventés en Chine au xiie siècle. Le second consiste à écrire les nombres sur un support (papyrus, papier, bâtonnets de bois…).

À la fin du xviie siècle, les premières machines à calculer mécaniques apparaissent. Elles utilisent les engrenages à roues dentées déjà employés dans l'horlogerie pour effectuer les calculs.

C'est au xixe siècle avec la révolution industrielle et le développement des mouvements bancaires internationaux que la machine à calculer s'impose réellement. Les machines à calculer mécaniques gagnent en précision, et leur utilisation est simplifiée afin d'être accessible au plus grand nombre. Les calculateurs mécaniques seront utilisés jusqu'à l'arrivée des calculatrices électroniques dans les années 1970.

Les premiers calculateurs électroniques sont développés à partir de 1935 par l'armée américaine qui les utilise pour calculer les trajectoires de ses missiles. S'en suivront alors de nombreux modèles de calculateurs toujours plus rapides.

Les supercalculateurs bien plus rapides et moins encombrants que les calculateurs électroniques apparaissent à la fin des années 1950 et doivent leur existence à l'invention des transistors qui remplacent alors les tubes cathodiques. Ils sont très utilisés de nos jours et servent notamment à la médecine, aux modèles de climatologie ou de mouvements de la croûte terrestre.

Doc. 2 **Extrait de l'article « Pourquoi la France doit rester dans la course des supercalculateurs ? », La Tribune , 1er mai 2015**

Tous les dix ans, la puissance de calcul des supercalculateurs est multipliée par 1 000. Quant à la durée de vie d'un supercalculateur, elle n'est que de quatre à cinq ans. Passé ce laps de temps, il est bien plus rentable d'installer une machine plus moderne plutôt que de conserver l'ancienne. En 2005, un supercalculateur consommait 5 MW (mégawatts) contre 17 MW en 2014. Avec la prochaine génération, on veut limiter la consommation à 20 MW. Sur ses cinq ans de vie, la consommation électrique globale d'un supercalculateur revient aussi chère que la machine elle-même.

1 Après la lecture du document 1 :

a. Relever quatre lignées d'objets (principes techniques) de la famille des machines à calculer.

b. Quelle est l'invention qui a permis le développement de la lignée des supercalculateurs ?

c. Quelle rupture technologique a entraîné la fin de l'utilisation des calculateurs mécaniques ?

d. À quel besoin répondaient les premiers calculateurs électroniques ?

2 À l'aide du document 1, compléter le tableau ci-dessous.

	Boulier chinois 	**Arythmomètre mécanique** 	**Calculateur IBM** 
Siècle		XXe	
Énergie		Énergie mécanique	
Lignée	Calcul par manipulation d'objets		

3 À partir du document 2, répondre aux questions suivantes :

a. Quels sont les deux grands facteurs qui évoluent avec le développement des supercalculateurs ?

b. Quelle phase du cycle de vie des supercalculateurs est particulièrement énergivore ?

Sujet 12 Corrigé

Les clés pour réussir

L'essentiel à connaître

- L'**évolution des techniques** permet de faire évoluer les objets dans de nombreux domaines.
- Les objets qui répondent au même besoin sont regroupés en **familles**.
- Une **lignée** regroupe les objets d'une même famille qui utilisent le même principe technique pour répondre au besoin.
- Le **cycle de vie** peut être différent suivant le produit, mais on retrouve souvent les mêmes étapes : l'extraction des matières premières, la fabrication de l'objet, son transport, la distribution, l'utilisation et la fin de vie.

Analyser l'énoncé et les documents

- Retrouvez dans les documents le nom des produits, les périodes d'utilisation, les principes techniques qu'ils utilisent.
- Dans le *document 1*, chaque paragraphe correspond à une période.

Bien comprendre les questions

Question 1

- Il faut connaître la définition des mots « lignée » et « principe technique ».

Question 2

- Relevez tout d'abord le principe technique utilisé par chaque objet afin de retrouver le paragraphe du *document 1* qui parle de ce type d'objet.
- Les matériaux et le design des objets peuvent aussi vous guider pour trouver leur époque.
- Observez les images afin d'en déduire l'énergie utilisée.

Question 3

- Certains des facteurs qui évoluent sont souhaités ; d'autres sont des conséquences de l'évolution et sont donc subis.
- Il faut connaître les étapes du cycle de vie et relever quelle étape est évoquée dans le *document 2*.

1 **a.** Les quatre lignées (principes techniques) de calculateurs présentées dans ce document sont : **les calculateurs à manipulation d'objets ; les machines à calculer mécaniques ; les calculateurs électroniques** et **les supercalculateurs**.

b. Les supercalculateurs ont pu être développés grâce à l'**invention des transistors** qui ont remplacé les tubes cathodiques.

c. L'invention de la calculatrice électronique a entraîné la fin de l'utilisation des calculateurs mécaniques.

d. Les premiers calculateurs électroniques répondaient au besoin qu'avait l'armée américaine de **calculer la trajectoire de ses missiles**.

Gagnez des points !

Une mauvaise réponse ne retire pas de points, proposez donc une réponse même si vous n'êtes pas sûr qu'elle soit juste.

2 Voici le **tableau complété** :

	Boulier chinois 	**Arythmomètre mécanique** 	**Calculateur IBM** 
Siècle	XIIe	XXe	XXe
Énergie	Énergie mécanique	Énergie mécanique	Énergie électrique
Lignée	Calcul par manipulation d'objets	Calculateur mécanique	Calculateur électronique

3 **a.** Les deux facteurs qui évoluent avec le développement des supercalculateurs sont **la puissance de calcul et la consommation énergétique des supercalculateurs.**

b. C'est **la phase d'utilisation** des supercalculateurs qui est particulièrement énergivore.

TECHNOLOGIE

Sujet 13 France métropolitaine, juin 2018

50 pts 1 heure

L'échographie

30 min 25 pts

L'échographie est une technologie d'imagerie 2D qui permet de visualiser certaines parties du corps humain, non visibles à l'œil nu.

Un constructeur d'échographes souhaite intégrer une transmission des résultats d'une vidéo de l'échographie en haute définition (HD). Afin de garantir une bonne disponibilité de cet appareil, il est nécessaire d'améliorer l'autonomie de la batterie et d'indiquer l'état de sa charge électrique.

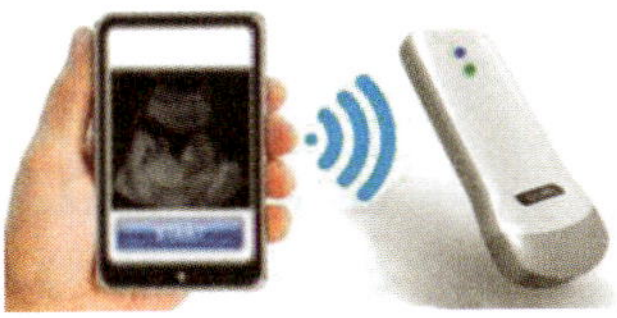

1 À l'aide du *document 1* qui décrit le principe de fonctionnement d'un échographe ainsi que les flux (information et énergie) représentés par les flèches, compléter le tableau de la page suivante en mettant, pour chaque flèche numérotée, une croix pour identifier la nature et le type de flux de chaque liaison.

Doc. 1 Principe de fonctionnement d'un échographe portable

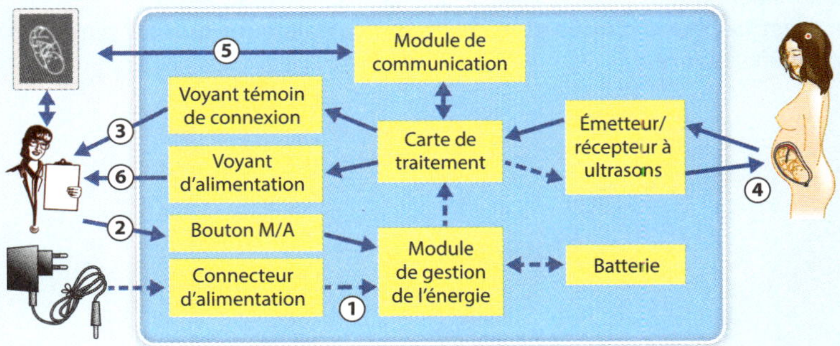

Diagramme simplifié des blocs internes

Lorsque le médecin appuie sur le bouton marche/arrêt (flèche ②), la carte de traitement est alimentée. Un voyant témoin de connexion avec la tablette est allumé (flèche ③).
La consigne de début et de fin d'acquisition des images, ainsi que sa visualisation, se font sur la tablette tactile. La tablette transmet les consignes (flèche ⑤) au module de communication qui les transmet à la carte de traitement.
La carte de traitement alimente l'émetteur à ultrasons en énergie électrique. L'émetteur à ultrasons convertit l'énergie électrique en signal sonore (flèche ④) qui se propage au sein du corps du patient. L'écho du signal sonore est capté par le récepteur, qui le convertit en signal électrique transmis à la carte de traitement puis au module de communication. Celui-ci renvoie les résultats du traitement (flèche ⑤) à la tablette pour l'affichage des images.

Lien	**Nature de l'interaction**					**Type de flux**	
Flèche	**Signal sonore**	**Signal lumineux**	**Courant électrique**	**Ondes radio (sans fil)**	**Consigne utilisateur**	**Flux d'énergie**	**Flux d'information**
①							
②							
③							
④							
⑤							
⑥		X					X

Pour une transmission de vidéo en HD, il est nécessaire d'adapter la solution technique pour le module de communication.

2 À l'aide des données du *document 2*, choisir la solution technique que le constructeur doit intégrer au nouvel appareil et argumenter la réponse en précisant le ou les critères de choix.

TECHNOLOGIE

Doc. 2 Caractéristiques des technologies de transmissions sans fil

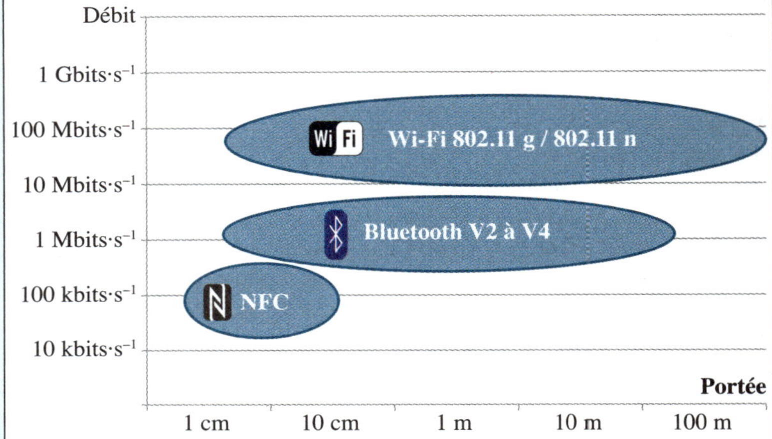

Comparaison de la portée et du débit de 3 normes de connectivité sans fil

Débits nécessaires pour une transmission :

- d'une image d'échographie en 1 s → 128 kbits·s^{-1} (kilobits par seconde).
- d'une vidéo d'échographie haute définition → 10 Mbits·s^{-1} (mégabits par seconde).

Afin de répondre aux exigences du cahier des charges, le constructeur remplace la batterie utilisée de type Ni-Cd par une batterie de type Li-ion.

3 À l'aide du *document 3*, préciser les exigences qui ont été déterminantes dans le choix du constructeur. Argumenter la réponse.

Doc. 3 Caractéristiques des batteries

Critère \ Type batterie	Plomb	Ni-Cd	Ni-Mh	Li-ion
Rapport énergie stockée/masse	40 Wh·kg^{-1}	60 Wh·kg^{-1}	85 Wh·kg^{-1}	170 Wh·kg^{-1}
Prix pour 1 Wh	0,15 €	0,60 €	0,65 €	0,70 €
Source de pollution	Élevée	Élevée	Faible	Faible
Durée de vie (ans)	4 à 5	2 à 3	2 à 4	2 à 3

Pour informer l'utilisateur sur l'état de charge de la batterie, le constructeur étudie la possibilité d'intégrer un module d'information et de gestion de la charge au sein de l'appareil.

4 À l'aide du *document 4*, compléter la modélisation du programme de gestion du voyant d'alimentation de l'appareil d'échographie situé sur la page suivante.

Doc. 4 Gestion de la charge de la batterie

Un module de gestion gère la charge de la batterie et communique les informations suivantes à la carte de traitement :

- charge en cours – état vrai ou faux ;
- batterie déchargée – état vrai ou faux ;
- batterie chargée – état vrai ou faux.

L'information de l'utilisateur est réalisée à l'aide d'une LED tricolore respectant en permanence, le principe de fonctionnement suivant :

- lorsque la batterie est en charge, la LED clignote en orange (1 s allumée, 1 s éteinte) ;
- lorsque la batterie est en charge et qu'elle a atteint son niveau chargé, la LED s'allume en vert ;
- si la batterie est déchargée, la LED s'éclaire en rouge.

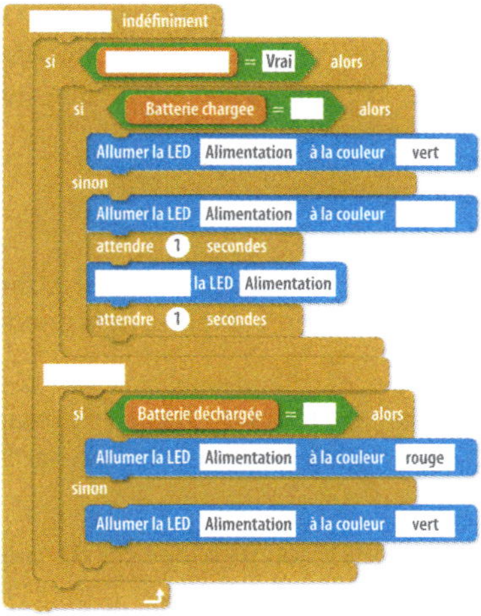

TECHNOLOGIE

Sujet 13 Corrigé

Les clés pour réussir

L'essentiel à connaître

- Dans un système, un **flux** est un **déplacement d'énergie, de matière ou d'information**. Ce flux a une origine, une destination et suit un trajet.
- Le **bit** (0 ou 1) est l'unité de base de l'information numérique.
- Le débit d'une communication s'exprime en **bits par seconde** : plus le débit est élevé, plus la communication est performante.
- Une **solution technique** est un ensemble de composants qui permet de réaliser une fonction technique.
- Pour **respecter les contraintes**, le choix de la solution peut être réalisé suivant **plusieurs critères** : le fonctionnement, le coût, la durée de vie, l'impact écologique...

Analyser l'énoncé et les documents

- Le *document 1* est un diagramme de bloc interne simplifié. Ce type de schéma est utilisé pour expliquer les échanges (énergie, matière ou informations) entre les différents composants d'un système.
- Le *document 2* est un graphique comparatif de trois technologies de communication sans fil. Les informations se trouvant sous le graphique sont également importantes pour la bonne compréhension des questions.
- Dans le *document 3*, plus le rapport énergie stockée/masse est important, plus la technologie est intéressante, car elle permet de créer des objets alliant légèreté et autonomie.

Bien comprendre les questions

Question 1

- Pour chaque ligne, la première croix à placer concerne la nature de l'interaction entre les éléments du système, et la seconde le type de flux.

Question 2

- Procédez par élimination, en fonction des performances exigées, pour comparer les trois technologies de transmission sans fil.

Question 3

- Expliquez pourquoi le constructeur a décidé de passer d'une batterie de technologie Ni-Cd à une batterie Li-Ion.

Question 4

- Le *document 4* correspond au cahier des charges du programme.

1 D'après le *document 1* qui décrit le principe de fonctionnement d'un échographe, ainsi que les flux représentés par les flèches, la **nature et le type de flux** de chaque liaison sont les suivants :

Lien	Nature de l'interaction					Type de flux	
Flèche	**Signal sonore**	**Signal lumineux**	**Courant électrique**	**Ondes radio (sans-fil)**	**Consignes utilisateur**	**Flux d'énergie**	**Flux d'information**
①			X			X	
②					X		X
③		X					X
④	X						X
⑤				X			X
⑥		X					X

2 Seule la **technologie Wi-Fi** a une portée et un débit suffisants. Les critères de choix sont la **portée (distance entre l'échographe et la tablette)** et le **débit** qui permet de **transmettre une vidéo en haute définition**.

3 Les batteries Li-Ion ont une **quantité d'énergie stockée environ trois fois plus importante** pour une même masse. De plus, elles ont un **impact environnemental plus faible**. Leur inconvénient est un prix plus élevé, mais le constructeur a jugé ce critère moins important.

4 D'après le *document 4*, la modélisation du programme de gestion du voyant d'alimentation de l'appareil d'échographie est la suivante :

L'astuce du prof

Vérifiez que les trois états de la batterie peuvent être exécutés : chargée, en charge, déchargée.

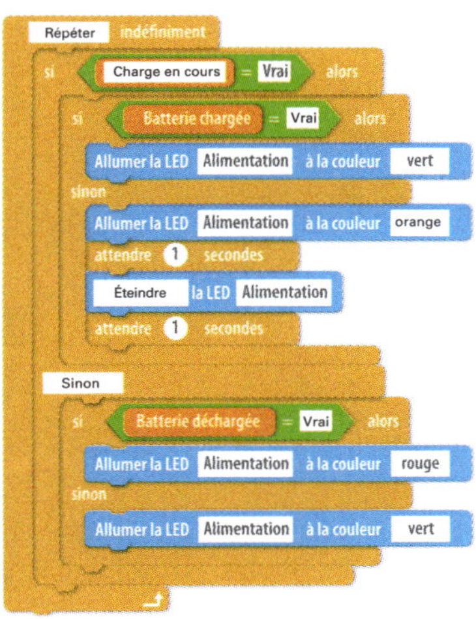

Sujet 14 — Portique automatique de lavage de voiture

25 pts — 30 min

Sujet zéro, janvier 2018

Les stations de lavage proposent des portiques de lavage automatiques simples et faciles d'utilisation (voir *document 1*). Elles proposent ainsi aux usagers un service leur permettant de mieux respecter l'environnement en diminuant :

– de 80 % la consommation d'eau, par rapport à un lavage à la maison, en utilisant la haute pression ;

– la pollution grâce à des savons biodégradables et par le traitement de 100 % des déchets (boues de lavage, résidus d'hydrocarbures et eaux usées) issus du lavage par l'utilisation d'une fosse de décantation, d'un séparateur et déshuileur, et d'un traitement des eaux usées.

Doc. 1 Extrait de la charte environnementale d'une enseigne de stations de lavage

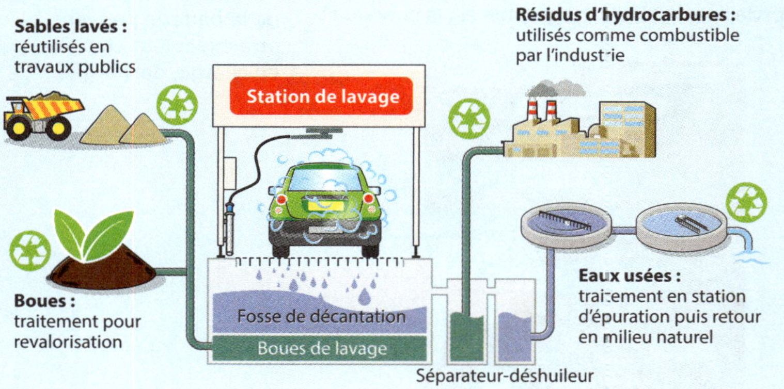

1 À partir du texte de présentation et du *document 1*, indiquer les solutions techniques utilisées par la station de lavage décrite qui participent à la préservation de l'environnement.

Doc. 2 **Descriptif d'un portique automatique de lavage**

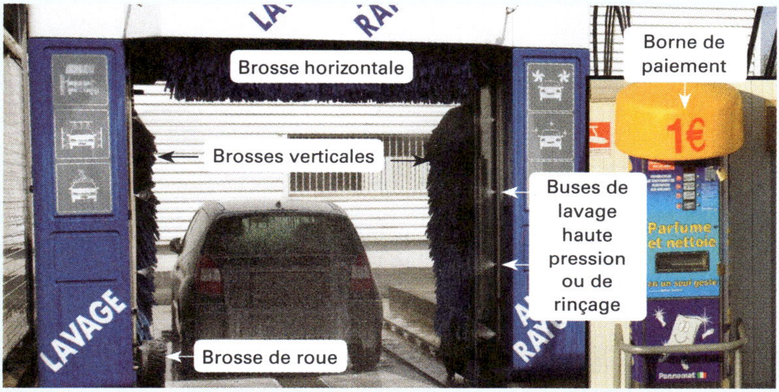

2 À l'aide du texte de présentation et du descriptif fournis, associer les composants du portique de lavage automatique aux fonctions techniques.

Fonctions techniques	Composants
Dialoguer avec l'usager	
Nettoyer les roues	
Nettoyer la carrosserie	
Récupérer les déchets	

3 Les véhicules sont détectés sous le portique de lavage grâce à un détecteur. L'usager choisit sur la borne de paiement la modalité de paiement (pièces, jetons, carte bancaire…) et le programme de lavage.
Le paiement acquitté déclenche les déplacements du portique et le fonctionnement des organes et des composants qui assurent le nettoyage du véhicule.
Durant le nettoyage, le portique affiche à l'aide d'un écran numérique les étapes du lavage et la durée restante.
À partir du texte ci-dessus, identifier les informations utiles au fonctionnement du portique automatique de lavage et compléter la chaîne d'informations ci-après.

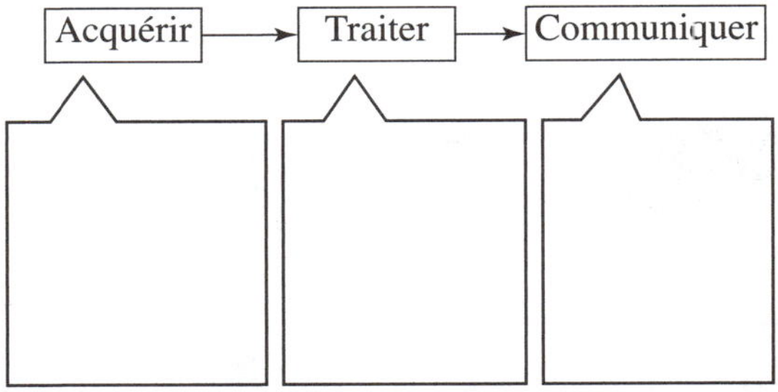

4 La borne de paiement du portique automatique propose un choix de plusieurs programmes de lavage et plusieurs solutions de paiement : par pièces ou jetons, par carte bancaire…

Doc. 3 **Extrait du programme implanté dans la borne de paiement**

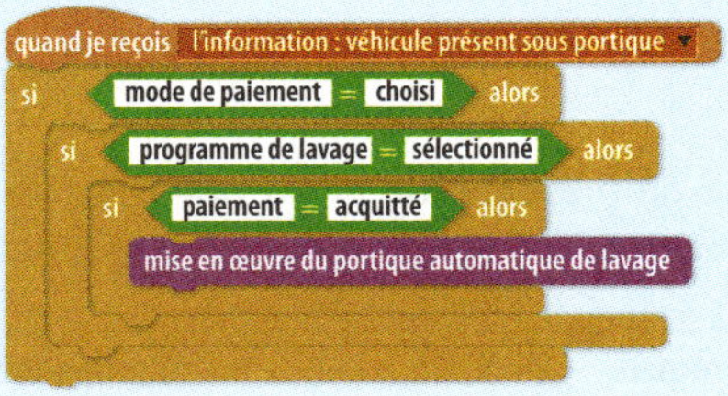

À l'aide du *document 3*, indiquer dans le tableau ci-dessous l'ordre (1, 2, 3, 4) dans lequel la borne de paiement examine les conditions de mise en œuvre du portique automatique de lavage.

	Programme de lavage sélectionné
	Moyen de paiement choisi
	Paiement acquitté
	Véhicule présent sous le portique

5 Le *document 4* présente un particulier essayant différents nettoyeurs haute pression pour l'entretien d'une terrasse. Indiquer un contexte d'utilisation professionnelle de ces nettoyeurs à haute pression, ainsi que le métier associé.

Doc. 4

Contexte d'utilisation professionnelle
Métier

Sujet 14 Corrigé

Les clés pour réussir

L'essentiel à connaître

- Un **système**, comme le portique automatique de lavage de voiture, est un objet complexe qui possède plusieurs **fonctions**.
- Un système peut être décomposé en **fonctions techniques**. Une fonction technique est un sous-ensemble qui a un rôle précis dans le fonctionnement du système.
- Une **solution technique** est un ensemble de composants qui permet de réaliser une fonction technique.
- Un **programme** est un ensemble d'opérations destinées à être exécutées par un ordinateur, implanté ici dans la borne de paiement d'une station de lavage automatique.

Analyser l'énoncé et les documents

- Le texte de présentation au début de l'exercice ainsi que le schéma et la photographie des *documents 1* et *2* ne servent pas uniquement à contextualiser les questions posées. Ils donnent des informations essentielles à la bonne résolution de l'exercice.
- Le *document 3* présente un extrait de programme écrit avec Scratch. En réalité, le programme implanté dans la borne de paiement d'un portique automatique de lavage de voiture utilise un autre langage informatique, plus complexe.

Bien comprendre les questions

Question 1

- Relisez attentivement le texte de présentation pour répondre à cette question.

Question 2

- Les composants du portique de lavage automatique sont nommés sur le *document 2*.

Question 3

- Complétez la chaîne d'informations sachant que l'opération « Acquérir » est généralement effectuée par des capteurs, mais aussi par des interfaces de commandes utilisateur (clavier, boutons).

Question 4

- Reprenez l'ordre indiqué dans l'extrait du programme implanté dans la borne de paiement et présenté dans le *document 3*.

Question 5

- Ne confondez pas contexte d'utilisation professionnelle et contexte d'utilisation personnelle.

1 Pour préserver l'environnement, les portiques automatiques de lavage de voiture utilisent :
– **de l'eau à haute pression**, ce qui permet de diminuer de 80 % la consommation d'eau par rapport à un lavage à la maison ;
– une **fosse de décantation**, un **séparateur-déshuileur** et un **traitement des eaux usées** ;
– **des savons biodégradables**.

> **Remarque**
> Aujourd'hui, il est essentiel de prendre en compte l'impact environnemental, quel que soit le système.

2 Les fonctions techniques du portique automatique de lavage de voiture sont associées aux composants suivants :

Fonctions techniques	Composants
Dialoguer avec l'usager	Borne de paiement
Nettoyer les roues	Brosse de roue, buses de lavage et de rinçage
Nettoyer la carrosserie	Brosses verticales, brosses horizontales, buses de lavage ou de rinçage
Récupérer les déchets	Fosse de décantation

3 La chaîne d'informations peut être complétée de la façon suivante :

Acquérir → Traiter → Communiquer

Acquérir :
– Présence du véhicule sous le portique
– Modalité de paiement
– Choix du programme de lavage
– Paiement acquitté

Traiter :
– Déplacements du portique
– Fonctionnement des organes et des composants

Communiquer :
– Étapes du lavage
– Dureé restante

4 D'après le *document 3*, l'ordre dans lequel la borne de paiement examine les conditions de mise en œuvre du portique automatique de lavage est :

3	Programme de lavage sélectionné
2	Moyen de paiement choisi
4	Paiement acquitté
1	Véhicule présent sous le portique

5 Les nettoyeurs à haute pression peuvent être utilisés dans différents contextes :
– **entretien des sols, des surfaces, entretien des locaux** et **respect des normes d'hygiène** ;
– **nettoyage et entretien des voiries** ;
– **entretien des espaces extérieurs**...
Les métiers associés sont liés à l'hygiène et à l'entretien : **agent de propreté, agent technique, technicien de voirie, employé agricole**...

> **Gagnez des points !**
> N'indiquez qu'un seul contexte d'utilisation professionnelle et qu'un seul métier associé pour ne pas perdre de temps.

Sujet 15 Réseau de capteurs domestiques

25 pts — 30 min

Sujet inédit

Dans l'habitat d'aujourd'hui, surveiller sa consommation d'énergie et de ressources est devenu capital. Le système Dom@lin utilise un réseau de capteurs sans fil qui surveillent votre habitat (consommation d'eau, d'électricité, température…). Ces modules sont en communication avec un serveur qui stocke et met en forme les données recueillies.
L'utilisateur peut accéder à ces données via un PC client installé dans son domicile ou via son *smartphone* relié à Internet.

Doc. 1 Schéma de l'installation

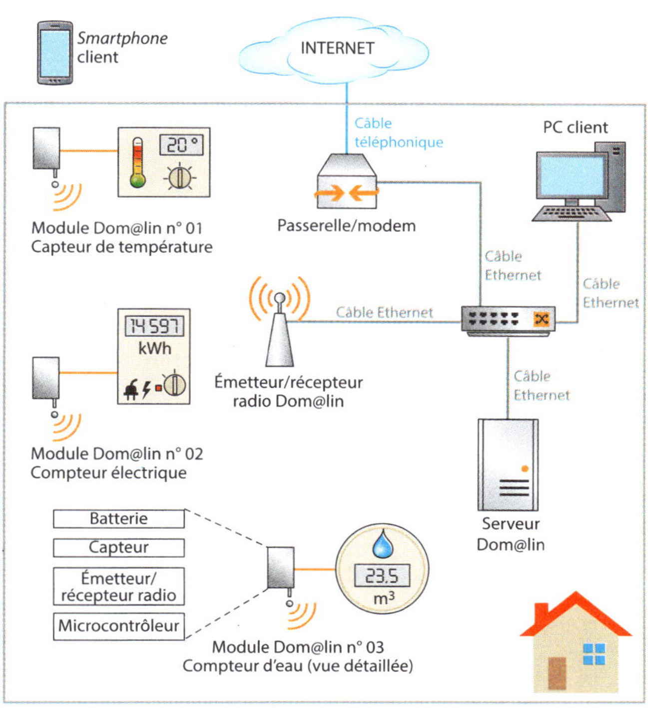

Doc. 2 **Protocole de communication Dom@lin**

Lorsque le serveur Dom@lin souhaite obtenir une information d'un module Dom@lin, il adresse un message « **Requête mesure xx** » à l'émetteur/récepteur Dom@lin *(xx : numéro du module)*.
L'émetteur/récepteur effectue le routage et transmet la requête au module concerné via les ondes radio.
Lorsqu'il reçoit la requête, le module y répond par un message « **mesure module xx : yy** » *(yy : valeur mesurée)*.
L'émetteur/récepteur reçoit le message et le transmet au serveur.
Le serveur traite alors le message reçu et stocke l'information.

1 **a.** Quel est le moyen de connexion utilisé par les modules Dom@lin pour communiquer ? Justifier l'utilisation de ce moyen de connexion dans un réseau de capteurs domestiques.
b. Proposer un moyen de connexion entre le *smartphone* client et le réseau Internet.
c. Quel est le rôle du commutateur dans ce réseau ?

2 À l'aide du *document 1*, compléter la chaîne d'information du module Dom@lin compteur d'eau.

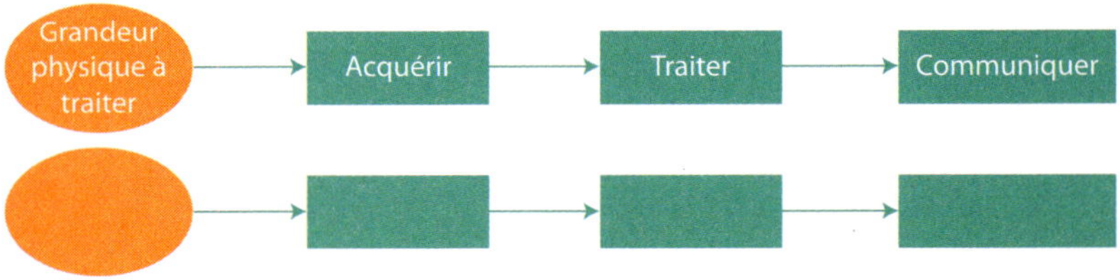

3 À l'aide du *document 2*, compléter le diagramme suivant dans le cas d'une requête de mesure émise par le serveur Dom@lin à l'intention du module capteur de température (à cet instant, il mesure une température de 19 °C).

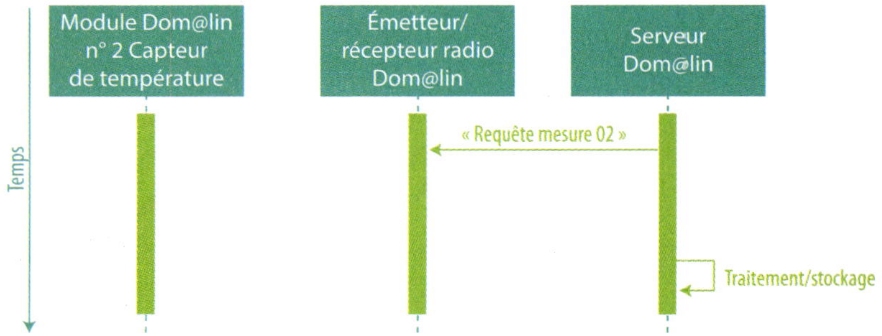

Sujet 15 Corrigé

Les clés pour réussir

L'essentiel à connaître

- Pour **connecter** les ordinateurs d'un réseau, on peut utiliser des **moyens filaires** (câbles Ethernet, téléphoniques) ou des **moyens non filaires**. Les ondes radio (3G, 4G, Wi-Fi...) sont très utilisées pour les communications non filaires.
- Il existe plusieurs types de matériels utilisés pour interconnecter les machines. Le **commutateur (ou *switch*)** permet de connecter plusieurs ordinateurs dans un LAN. La passerelle permet d'interconnecter deux réseaux (souvent un LAN à Internet).
- La **chaîne d'information** est constituée de l'ensemble des composants qui réalisent l'acquisition, le traitement et la communication de l'information.
- En informatique, un **protocole de communication** est un ensemble de règles fixées afin que plusieurs machines puissent communiquer (échanger des données).

Analyser l'énoncé et les documents

- Prenez bien le temps d'analyser et de comprendre le schéma en observant les connexions et les matériels. En effet, il est primordial de comprendre le fonctionnement global du système avant de commencer à répondre aux questions.
- Une partie du *document 1* « Compteur d'eau (vue détaillée) » détaille la composition d'un module, cela vous sera utile pour la question **2**.

Bien comprendre les questions

Question 1

- La réponse n'est pas dans le texte, mais dans le *document 1*.
- Pensez à l'installation de ce système dans une maison déjà existante.
- On peut déduire la fonction du commutateur en observant le schéma.

Question 2

- La chaîne d'information comprend très souvent des capteurs qui réalisent la fonction « Acquérir » et une carte programmable (ou microcontrôleur) qui traite l'information d'un élément communiquant.

TECHNOLOGIE

Question 3

- Transposez le texte expliquant le protocole en un schéma, les flèches représentant les messages échangés entre les composants.
- Attention à l'axe du temps qui est de haut en bas dans ce schéma.
- Pensez à remplacer les xx et les yy par les valeurs appropriées.

1 a. Le système communique avec les modules via une liaison radio sans fil. L'utilisation d'une communication sans fil rend **l'installation du système moins complexe et moins coûteuse**, surtout si les pièces où se situent les différents modules sont éloignées.

b. Pour communiquer avec le réseau Internet, un *smartphone* peut utiliser le **réseau téléphonique mobile (GPRS, 3G, 4G) ou se connecter à un réseau Wi-Fi.**

c. Le commutateur sert à interconnecter les différents périphériques à l'aide de câbles Ethernet.

Pensez-y !
La fonction « Traiter » est souvent réalisée par le microcontrôleur, le microprocesseur ou la carte programmable.

2 Voici la chaîne d'information du module capteur d'eau :

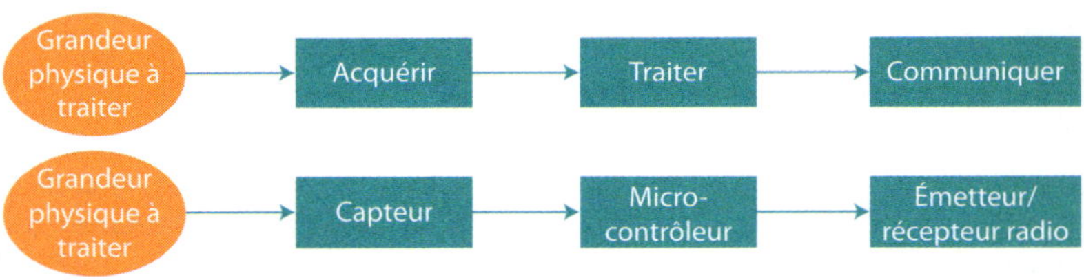

3 La correction du diagramme est la suivante :

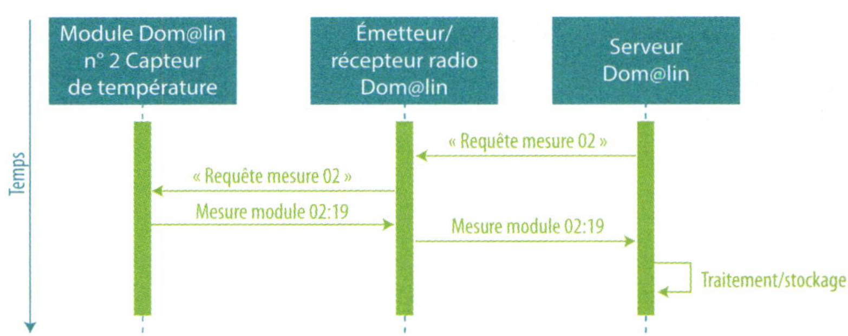

Sujet 16 Tondeuse autonome de jardin

25 pts 30 min

Sujet inédit

La tondeuse MagicGarden est un robot tondeuse, qui se déplace dans un jardin de façon autonome pour couper l'herbe.
Le jardin est délimité par un fil périphérique qui marque la zone à tondre et les obstacles à éviter. Le robot utilise un programme enregistré dans une carte programmable pour suivre le plan du terrain et passer sur toute la surface à entretenir. Le robot tondeuse communique avec une base de chargement par liaison radio. Lorsqu'il est déchargé, il s'arrête de tondre et se rend sur la base pour se recharger. Le robot tondeuse dispose également d'une fonction lui permettant de se connecter au réseau Internet à l'aide d'une connexion Wi-Fi. L'utilisateur peut ainsi contrôler la tondeuse (ordre de départ et d'arrêt, progression, niveau de charge de la batterie…) depuis une application de son *smartphone* ou depuis un ordinateur relié à Internet.

Doc. 1 **Plan simplifié du robot dans un jardin**

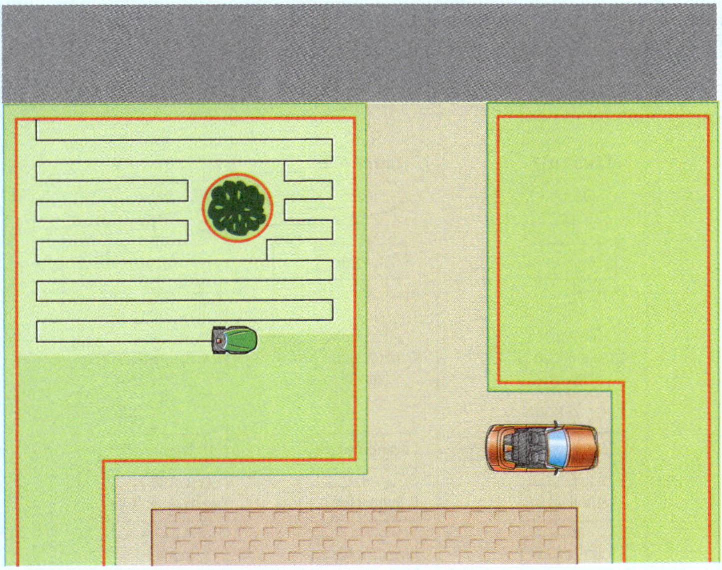

TECHNOLOGIE

Doc. 2 **Le fonctionnement du robot tondeuse**

Le robot tondeuse est équipé d'un capteur de champ magnétique. Le fil périphérique est parcouru par un courant électrique et émet donc un champ magnétique qui va être détecté par le robot. Quand le robot détecte le fil, il pivote d'un quart de tour, se déplace d'une distance correspondant au diamètre de coupe (40 cm) et pivote de nouveau d'un quart de tour. Ainsi, il parcourt la totalité du jardin.

1 Après la lecture des *documents 1* et *2*, indiquer si les composants sont des capteurs ou des actionneurs et compléter le tableau ci-dessous en donnant leur fonction.

Composants	Type de composant	Fonction
Détecteur de champ magnétique		
Émetteur radio		
Récepteur radio		
Moteur de la lame de coupe		
Moteur des roues du robot		
Carte programmable	X	

2 Pourquoi peut-on considérer ce robot tondeuse comme un objet connecté ? Justifier la réponse en indiquant le moyen de connexion utilisé et la valeur ajoutée apportée par cette connexion.

3 Quel extrait d'algorithme parmi les suivants pourrait être utilisé par ce robot ?

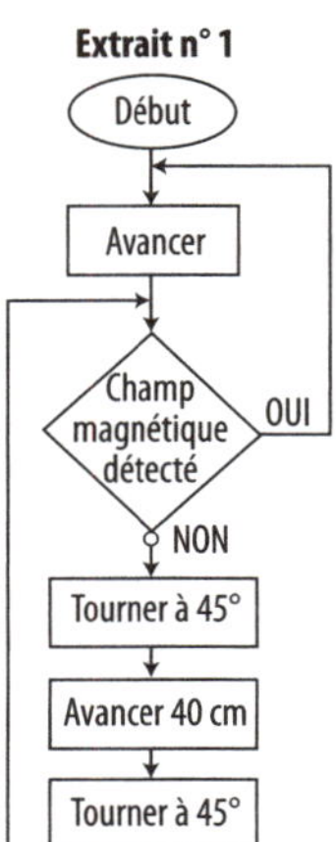

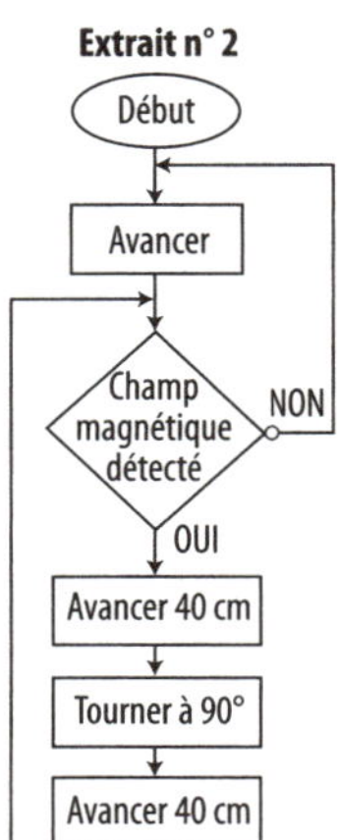

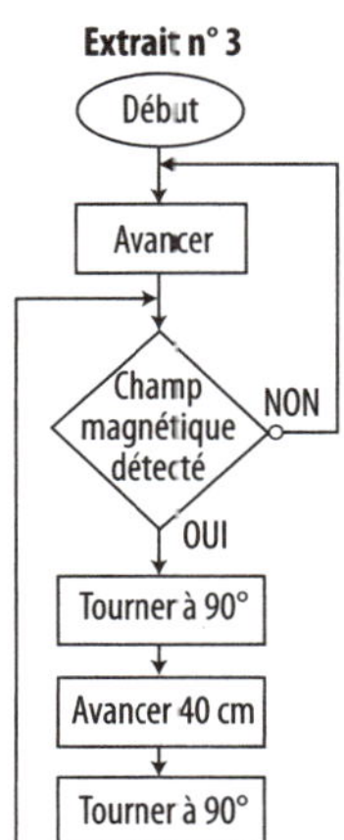

Sujet 16 Corrigé

Les clés pour réussir

L'essentiel à connaître

- Un **capteur** acquiert (mesure) une grandeur physique (température, vitesse, champ magnétique...).
- Un **actionneur** transforme l'énergie qui lui est transmise en une action (par exemple, le moteur électrique transforme l'énergie électrique en mouvement de rotation).
- Une **carte programmable** est un système électronique qui exécute un programme enregistré dans sa mémoire.
- Les **objets connectés** communiquent (échangent des informations) avec d'autres objets ou des utilisateurs par le biais du réseau Internet.

Analyser l'énoncé et les documents

- Lisez attentivement les énoncés et les documents fournis et cherchez à définir les mots les plus compliqués.
- Un champ magnétique est un champ de force invisible résultant du déplacement de courant électrique dans un fil.
- L'intensité du champ magnétique diminue à mesure qu'augmente la distance à sa source.
- L'électroaimant est l'application concrète du principe de champ magnétique. Lorsqu'il est alimenté en électricité, il émet un champ magnétique puissant qui attire les objets ferreux.

Bien comprendre les questions

Question 1

- Dans l'énoncé et les documents, retrouvez les composants du système et identifiez leurs fonctions en vous aidant du texte.

Question 2

- Un moyen de connexion est le support utilisé pour la connexion d'objet : sans fil (infrarouge, Bluetooth, Wi-Fi...) et avec fils (câble RJ45, RJ11, téléphonique...).

Question 3

- Parcourez les différents extraits proposés et aidez-vous du plan (*document 1*) pour repérer si les successions d'actions peuvent convenir.

TECHNOLOGIE

1 Voici le tableau complété :

Composants	Type de composant	Fonction
Détecteur de champ magnétique	Capteur	Il détecte la présence de courant électrique dans un câble.
Émetteur radio	Actionneur	Il envoie des informations à la base de recharge.
Récepteur radio	Capteur	Il reçoit des informations de la base de recharge.
Moteur de la lame de coupe	Actionneur	Il actionne la lame de coupe en rotation.
Moteur des roues du robot	Actionneur	Il permet le déplacement du robot par la mise en rotation des roues.
Carte programmable	X	Il traite les informations des capteurs, stocke le programme du robot, agit sur les actionneurs.

2 Le robot tondeuse peut être considéré comme un objet connecté, il **communique avec le réseau Internet par liaison Wi-Fi**. L'utilisateur peut ainsi contrôler sa tondeuse à distance et vérifier que celle-ci fonctionne bien.

Remarque

Cela impose que le réseau Wi-Fi soit connecté au réseau Internet. Il faut par exemple utiliser le réseau Wi-Fi fourni par sa Box Internet.

3 **L'extrait d'algorithme n° 3** est celui qui convient le mieux au déplacement du robot. Lorsque le robot détecte un champ magnétique, il pivote d'un quart de tour (90°), se déplace d'une distance correspondant au diamètre de coupe (40 cm) et pivote de nouveau d'un quart de tour (90°).

HISTOIRE - GÉOGRAPHIE - ENSEIGNEMENT MORAL ET CIVIQUE

SOMMAIRE

INFOS-BREVET

SUJETS D'HISTOIRE

SUJETS DE GÉOGRAPHIE

SUJETS D'EMC

L'épreuve d'Histoire, Géographie, EMC expliquée

- **Durée** : 2 heures
- **Notation** : une note globale sur 50 points est attribuée au candidat (20 points pour l'histoire, 20 points pour la géographie et 10 points pour l'enseignement moral et civique).
- **L'épreuve comporte trois parties obligatoires.**

Exercice 1	Exercice 2	Exercice 3
• Histoire ou géographie • Analyser et comprendre des documents	• Histoire ou géographie • Maîtriser différents langages pour raisonner et se repérer	• Enseignement moral et civique • Questions sur des documents

Top chrono !

Pour vous organiser efficacement, prévoyez environ :
- **45 minutes pour** l'exercice 1
- **45 minutes pour** l'exercice 2
- **30 minutes pour** l'exercice 3

Quels sont les critères d'évaluation de ma copie de Brevet ?

On attend de vous que vous soyez capable de :
- **maîtriser les connaissances** du programme de 3e.
- **savoir lire et comprendre** un document.
- **lire, comprendre et utiliser différents langages** (textuel, iconographique, cartographique, graphique).
- **répondre aux questions posées** ou aux consignes.
- **rédiger un développement construit** en réponse à l'une des questions d'histoire ou de géographie.

La méthode pour le Brevet

Bien s'organiser pour réviser

- **Révisez régulièrement votre cours**, n'attendez pas le dernier mois avant l'épreuve.
- **Les Brevets blancs** préparés dans votre collège tout au long de l'année vont vous aider à connaître les caractéristiques de l'épreuve finale.
- Fabriquez-vous des **fiches de révisions** comprenant le vocabulaire, les dates, les localisations, ainsi que les grandes questions possibles.
- **Entraînez-vous à répondre à des questions** ; vous pouvez vous interroger mutuellement avec des camarades de classe.
- **Entraînez-vous à lire des documents** et à vous demander quel est le sens général du document.

Exercice 1 : Analyser et comprendre des documents

Histoire ou Géographie

- **Un travail sur un ou plusieurs document(s)** vous est proposé dans une des deux matières. Vous devrez répondre à des questions ou des consignes permettant d'**identifier** le ou les document(s) proposé(s), d'en dégager le **sens**, de prélever des informations et éventuellement, de porter un regard **critique** sur ce ou ces document(s) en soulignant son intérêt ou ses limites.
- **Pensez à présenter le ou les document(s)**, même si on ne vous le demande pas spécifiquement. Pour cela, identifiez la nature du ou des document(s), l'auteur, la date…
- **Vous devez également rattacher le ou les document(s) proposé(s) à un chapitre du programme** : ainsi vous comprendrez rapidement pourquoi on vous propose ce ou ces document(s).

L'astuce du prof

Quand vous le pouvez, utilisez des connaissances personnelles qui permettent de comprendre le ou les document(s), sans réciter votre cours. L'objet d'analyse reste le ou les document(s).

- **Lisez attentivement** les intitulés des questions, des consignes et les documents, y compris les graphiques et les images, les photographies et les légendes des cartes. Analysez les **chiffres**, relevez les **détails** d'une photographie ou d'un dessin.
- Certaines questions vous demandent de **prélever des informations** sur le ou les document(s), d'autres de **vous servir de vos connaissances** pour répondre à la question, d'autres encore **d'analyser les informations** données par le ou les document(s).

- **En Histoire** : repérez à quel type de document vous êtes confronté. Est-ce un témoignage fait par quelqu'un ayant assisté à un événement historique, est-ce l'analyse d'un historien ? etc.
- **En Géographie** : il faut identifier clairement l'espace étudié en s'interrogeant sur l'échelle à laquelle il est considéré : le document concerne-t-il un phénomène mondial, une situation nationale, régionale ou locale ?

Exercice 2 : Maitriser différents langages

Histoire ou géographie

- **Un paragraphe argumenté** vous est demandé dans chacune des deux matières, sur un thème donné dans les consignes et d'une longueur correspondant aux attentes des correcteurs. Mettez en œuvre toutes vos connaissances et sélectionnez-les bien pour répondre le plus précisément possible au sujet donné.
- Vous devez tout d'abord **introduire votre développement** en expliquant de quoi il s'agit et en le situant dans le temps et dans l'espace.
- Vous devez ensuite **organiser vos idées** en deux ou trois parties qui correspondent à deux ou trois idées différentes. Là encore, utilisez un vocabulaire précis appris en cours. Quand vous avez fini d'exposer l'une de vos idées, **allez à la ligne** ou **sautez une ligne** pour montrer au correcteur que vous passez à une autre idée.

Conseil

Pour introduire un développement construit, posez-vous à chaque fois les questions suivantes : Où ? Quand ? Qui ?

- **Un second exercice** faisant appel à un **autre langage** peut être prévu. Il s'agit de remplir une frise, un croquis ou un schéma, en respectant les consignes données : colorier une carte ou compléter un croquis en y ajoutant des flèches, des points ou des couleurs. Le but sera toujours de voir si vous avez compris **l'organisation** et le **fonctionnement** de l'espace représenté.
- **Pensez à toujours vous munir de crayons de couleur** car vous pouvez en avoir besoin.
- **Pensez à relire les croquis étudiés en classe** (en particulier le titre et la légende) et éventuellement, à les reproduire en guise d'entrainement.

Exercice 3 : Enseignement moral et civique

EMC

- **Vous devrez identifier** les documents proposés, en dégager le sens, prélever des informations et éventuellement, porter un regard critique sur ces documents en indiquant son intérêt ou ses limites.

- **Vous devez rendre compte** du problème politique ou social mis en avant par les documents. Prenez des exemples qui montrent que vous suivez l'actualité et que vous vous intéressez au monde qui vous entoure. Ne vous limitez pas aux connaissances tirées de votre cours.
- Certaines questions vous demandent de **prélever des informations** sur les documents, d'autres de **vous servir de vos connaissances** pour répondre à la question, d'autres encore **d'analyser les informations données** par les documents.
- **Une situation pratique** vous sera proposée ainsi qu'un ensemble de questions en relation avec la situation. Vous devrez comprendre le cas décrit mais aussi mettre à profit toutes les connaissances acquises tout au long de l'année pour répondre correctement.

Le jour J

- **N'oubliez pas d'apporter une trousse complète** avec des stylos bleu, rouge et vert, une règle, un crayon à papier, une gomme et des crayons de couleur.
- **Commencez par la matière que vous maîtrisez le mieux,** cela vous mettra en confiance pour la suite.
- **Ne perdez pas de temps** en détaillant trop votre brouillon ; si vous en faites un, limitez-vous aux questions longues, en particulier celles qui demandent un développement construit.

La maîtrise de la langue

Comment bien présenter votre copie ?

- Dans la maîtrise de la langue, sont prises en compte la **rédaction**, la **grammaire**, l'**orthographe** et la **lisibilité** de votre copie.
- **Soignez votre écriture** et aérez votre copie.
- **Écrivez bien sur les lignes** et n'écrivez pas trop petit, même si vous devez respecter le nombre de lignes imposé par les cadres.
- **Toutes vos réponses doivent être rédigées** : évitez les tirets, le style télégraphique ou les abréviations.
- **Évitez le « je »** dans la rédaction.
- Le **nombre de lignes** laissé pour chaque question est à respecter. Il vous donne une indication sur la longueur maximale attendue par le correcteur (toutes les lignes ne seront pas nécessairement remplies).
- Gardez un peu de temps pour **vous relire** à la fin de l'épreuve.
- **Prenez impérativement du temps pour vous relire,** surtout si vous n'avez pas fait de brouillon.

Sujet 1 Civils et militaires pendant la Première Guerre mondiale

45 min

Liban, juin 2017

Exercice 2 Maîtriser différents langages

20 pts

1 Rédigez un développement construit d'environ vingt lignes décrivant les violences subies par les combattants et les civils au cours de la Première Guerre mondiale. Vous pouvez vous appuyer sur les exemples vus en classe.

2 Sur la frise chronologique :
– nommez la période représentée en grisé ;
– indiquez l'année de chaque événement dans sa vignette ;
– reportez précisément le numéro des vignettes.

1

Indépendance de l'Algérie
. . . .

2

Création de l'ONU
. . . .

3

Traité de Rome
. . . .

4

Chute du mur de Berlin
. . . .

HISTOIRE

Sujet 1 Corrigé

Les clés pour réussir

Bien comprendre les consignes

Consigne 1

- La consigne vous demande de décrire les violences subies par les combattants et les civils dans un développement construit d'une vingtaine de lignes. Il vous faut être **méthodique** et réussir à organiser vos connaissances pour les présenter de manière structurée et cohérente. Faites un brouillon avant de vous mettre à rédiger votre copie. Le sujet vous invite à **commencer votre description par les violences subies par les combattants, puis par celles subies par les civils.** Il faut donc organiser votre paragraphe en **deux parties** distinctes. N'oubliez pas de toujours dater et localiser votre description et de vous appuyer sur le vocabulaire historique propre au chapitre.

Consigne 2

- Complétez la frise chronologique en suivant bien les consignes.
- La période représentée en grisé doit être nommée dans la frise ; les années de chaque événement dans les quatre vignettes ; et les numéros de ces vignettes doivent être reportés précisément sur la frise. Pour cette dernière consigne, **vous pouvez utiliser des flèches** pour être très précis sur les années correspondant à chaque événement. Remarquez bien que, sur la frise, **chaque graduation correspond à une année**.

Les mots-clés

Armement industriel • Obus • Gaz toxiques • Mobilisation • Tranchées • Guerre d'usure • Mutilés • Poilus • Bombardements • Pénuries • Génocide • Guerre totale • Veuves et orphelins

1 La Première Guerre mondiale, qui se déroule de 1914 à 1918, voit se développer des violences inconnues jusqu'alors. Comment les combattants et les civils ont-ils subi ces violences ?

Ce sont d'abord les combattants qui subissent des violences extrêmes sur les champs de bataille. L'industrialisation des sociétés européennes en 1914 permet la mise au point de nouvelles armes meurtrières : les gaz toxiques, les mitrailleuses et les obus. Pour s'en protéger, les combattants, tous des citoyens mobilisés dans les pays en guerre, creusent des

L'astuce du prof

Organisez votre paragraphe en deux parties. Essayez d'écrire une ou deux phrases d'introduction qui situent rapidement le contexte et qui posent le sujet sous forme de question.

abris et des tranchées. C'est une guerre d'usure où il s'agit d'empêcher l'ennemi d'avancer. Dans ces tranchées, les violences subies sont extrêmes, car les soldats sont sommés de lancer quotidiennement des assauts lors desquels ils reçoivent des pluies d'obus qui les tuent ou les mutilent en masse. C'est le cas lors des grandes batailles comme celle de Verdun en 1916 qui fait environ un million de victimes françaises et allemandes. De plus, les conditions de vie des soldats dans les tranchées sont très difficiles. Ils souffrent de la faim, du froid, de la fatigue et d'un grand manque d'hygiène. C'est pourquoi, en France, la population surnomme ses combattants les « Poilus ». Les soldats survivants reviennent traumatisés physiquement moralement de la « Grande Guerre ».

Gagnez des points !

Les conditions de vie des soldats témoignent aussi de la violence de la guerre. N'oubliez pas de les décrire.

Les civils sont aussi la cible de violences extrêmes. Quand ils sont proches de ligne de front, ils subissent, comme les soldats, des bombardements massifs qui n'épargnent rien : villes, hôpitaux et villages sont touchés, parfois complètement rasés, surtout dans le Nord-Est de la France. Dans les zones occupées, les violences touchent aussi les populations civiles, victimes de confiscations, de viols et de déplacements forcés. Sur tous les territoires en guerre, les pénuries alimentaires rendent la vie des civils très pénible. Dans l'Empire ottoman, dans un contexte de guerre totale, une forme de violence extrême touche la population arménienne à partir de 1915. Le gouvernement ottoman subit de lourdes défaites contre l'Empire russe. Il accuse alors les Arméniens de l'Empire d'avoir trahi. Cela lui fournit un prétexte pour éliminer cette population et commettre un génocide : les soldats sont fusillés et les civils sont déportés dans le désert où la plupart meurent de soif et de fatigue. Plus d'un million d'Arméniens sont victimes de ce génocide.

Gagnez des points !

N'oubliez pas le génocide arménien qui est la violence la plus extrême subie par des civils pendant cette guerre.

Les violences extrêmes de la Première Guerre mondiale ont provoqué la mort d'environ dix millions de personnes, combattants et civils. Des millions de soldats sont mutilés et traumatisés. La guerre laisse des millions de veuves et d'orphelins dans une Europe meurtrie.

2

1

Indépendance de l'Algérie
1962

2

Création de l'ONU
1945

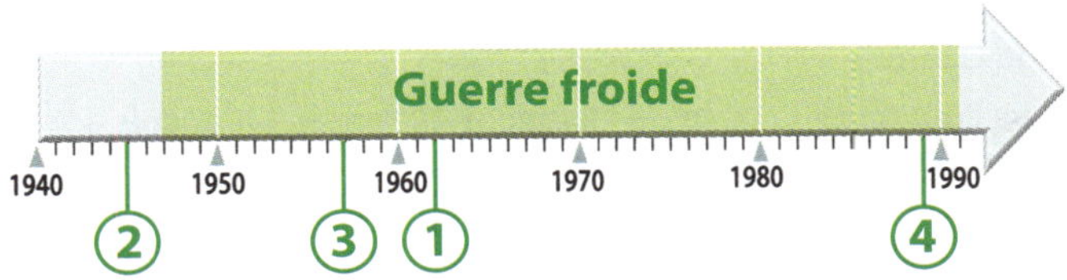

3

Traité de Rome
1957

4

Chute du mur de Berlin
1989

Sujet 2 France métropolitaine, juin 2018

50 pts 2 heures

Exercice 1 Analyser et comprendre des documents

HISTOIRE

→ corrigé p. 28

La France défaite et occupée. Régime de Vichy, collaboration, Résistance

45 min **20 pts**

Document Témoignage de Jean-Jacques Auduc, né le 9 juillet 1931, près du Mans

Mon travail était de récupérer les messages. Je venais à bicyclette, de chez ma grand-mère. Je récupérais les messages ; j'en récupérais d'autres que me donnait André Dubois. Et je rentrais à Foulletourte[1]… 25 kilomètres à l'aller, 25 kilomètres au retour. J'avais 12 ans. Je franchissais les barrages allemands sans être inquiété. Je cachais les messages dans la pompe de mon vélo.

Outre mes activités d'agent de liaison, on m'envoyait aussi dans les endroits où les adultes ne pouvaient pas aller. Par exemple, les Allemands avaient positionné sur le terrain d'aviation du Mans trois escadrilles de bombardiers « Junker ». Les Anglais les avaient repérées et ça les inquiétait. [...] On m'a envoyé avec un cerf-volant et je me suis approché le plus près possible. Les gardes – c'étaient de vieux soldats allemands – se sont même mis à jouer avec moi. À un moment, en me baissant, je me suis aperçu que les avions en question étaient en bois… C'était des leurres ! J'ai signalé ça. Les Anglais ont été rassurés. [...] Il n'y avait qu'un enfant qui pouvait s'approcher sans éveiller la méfiance des soldats. C'était le 21 septembre 1943 ; pour cette action, je recevrai, le 13 juin 1945, la Croix de guerre avec étoile de vermeil. [...] En novembre 1943, mes parents ont donc été arrêtés sur dénonciation. Moi, j'étais parti chez ma grand-mère pour apporter des plis. Les voisins m'attendaient au bout de la rue : « Surtout tu rentres pas chez toi parce que la Gestapo t'attend. » Les Allemands voulaient absolument me prendre pour me faire parler.

On avait prévu, en cas d'arrestation, que j'aille à Chartres, chez un commandant d'aviation. Je suis parti, sans argent, sans ticket d'alimentation,

HISTOIRE

sans papiers ! Traqué par la Gestapo. Ne sachant pas ce que mes parents étaient devenus. [...]

Entre-temps, mes parents avaient été déportés. La Gestapo ne s'intéressait plus à moi. J'ai pu rentrer chez ma grand-mère. J'ai repris l'école avec l'idée de m'engager dans les FFI[2] pour aller libérer les camps et mes parents. C'est ce que j'ai fait à l'automne 1944. J'ai rejoint les FFI de Foulletourte. On traquait les Allemands en déroute. Mais je ne suis pas allé plus loin. J'étais trop jeune pour m'engager chez le général Leclerc[3]. Les Anglais m'ont récupéré, encore une fois. Ils m'ont emmené en Angleterre. J'ai vécu dans une famille d'officiers jusqu'au retour de mes parents.

D'après Philippe Chapleau, *Des Enfants dans la Résistance (1939-1945)*, Éditions Ouest France, 2008.

1. *Foulletourte :* commune située dans l'ouest de la France.
2. *Forces Françaises de l'Intérieur :* regroupement des principaux réseaux de résistants combattant en France.
3. *Général Leclerc :* officier général des Forces Françaises Libres devenues l'Armée française de la Libération à partir d'août 1943.

Questions

1 Présentez l'auteur de ce témoignage.

2 Décrivez la situation de la France au moment des faits racontés.

3 Indiquez les différentes missions confiées à Jean-Jacques Auduc et la raison pour laquelle la Résistance fait appel à lui.

4 Relevez les principaux acteurs de la lutte contre les Allemands avec lesquels il a été en contact.

5 Expliquez pourquoi les actions de la Résistance pouvaient être dangereuses.

Sujet 2 Corrigé

EXERCICE 1

→ énoncé p. 308

Les clés pour réussir

Bien lire le document

Identifier sa nature

Ce document est un témoignage tiré d'un ouvrage intitulé *Des Enfants dans la Résistance (1939-1945)* édité en 2008 et écrit par Philippe Chapleau. À l'intérieur de ce livre, on trouve différents témoignages dont celui de Jean-Jacques Auduc. Ce dernier revient, 65 ans après les faits, sur son enfance pendant la guerre et notamment sur ses actions en tant que résistant. → Fiche 7

Repérer les éléments importants

- Le titre du document qui donne le nom et la date de naissance du témoin.
- Le texte exprimé à la première personne qui montre que c'est un témoignage.
- « J'avais 12 ans » qui permet de comprendre, dès le début du texte, que l'on est en 1943.
- Les « [...] » qui montrent que des coupes ont été faites dans ce témoignage.
- Les différents paragraphes qui correspondent à différents moments dans les actions de ce jeune résistant.

Bien comprendre les questions

Question 1

On vous demande de présenter l'auteur de ce témoignage. Ne vous contentez bien sûr pas de donner son nom, mais servez-vous de toutes les informations fournies par le texte : sa date de naissance, son âge pendant la guerre, son âge au moment où il témoigne, pourquoi il témoigne...

Question 2

La question 2 vous demande de décrire la situation de la France pendant la Seconde Guerre mondiale. Cette situation n'est qu'évoquée dans le texte. Vous avez donc besoin de connaissances personnelles.

Question 3

Vous pouvez trouver trois types de missions dans le document. Citez directement le texte (sans oublier les guillemets) ou bien expliquez par vous-mêmes en quoi consistent ces missions. Les deux premières missions sont décrites dans les deux premiers paragraphes, la dernière à la fin du texte.

Question 4

On vous demande ici de « relever » les principaux acteurs de la lutte contre les Allemands avec lesquels il a été en contact. Il s'agit donc de trouver les différentes personnes ou groupes de personnes qui luttaient contre les Allemands, avec lesquels il a résisté ou qu'il a pu rencontrer.

Question 5

Pour cette question, vous avez besoin de connaissances personnelles, mais il faut aussi vous appuyer sur les exemples donnés par Jean-Jacques Auduc. Ne vous contentez pas de dire que les résistants risquaient leur vie, mais expliquez précisément ce qui pouvait leur arriver s'ils étaient arrêtés.

Les mots-clés

- **Agent de liaison** : personne chargée de transmettre des messages à la Résistance.
- **Déportation** : déplacement forcé dans un camp de concentration ou d'extermination.
- **Déroute** : fuite désordonnée d'une armée vaincue.
- **Gestapo** : police politique du régime nazi, chargée notamment de surveiller la population.
- **Leurres** : ici, ce sont de faux avions destinés à faire croire à l'ennemi que le lieu est protégé.
- **Résistance** : ensemble des mouvements et réseaux menant des actions clandestines contre l'Allemagne nazie et contre le Régime de Vichy.
- **Ticket d'alimentation** : ticket de rationnement distribué pendant la guerre en raison des pénuries et qui limite les rations données à chaque famille.

1 L'auteur de ce témoignage est Jean-Jacques Auduc qui est né le 9 juillet 1931 près du Mans. La publication de son témoignage date de 2008 et il raconte son activité de résistant pendant la Seconde Guerre mondiale, à partir de 1943, alors qu'il n'avait que 12 ans.

Gagnez des points !

Indiquez à quelle date Jean-Jacques Auduc a livré ce témoignage. Cela permet de comprendre qu'il a 77 ans lorsqu'il parle de son enfance.

L'astuce du prof

Soyez le plus précis possible dans le vocabulaire utilisé.
Utilisez vos connaissances pour décrire la situation complexe de la France à cette époque.

2 Au moment des faits racontés, la France est occupée par l'Allemagne nazie. Elle a perdu la bataille de France en 1940 et a donc été envahie. Le Gouvernement de Vichy, dirigé par le maréchal Pétain, a signé l'armistice et collabore avec l'Allemagne, par exemple en leur livrant les juifs présents en France afin qu'ils les déportent ou en luttant contre les résistants. En effet, des Français choisissent de résister à l'Allemagne nazie et au gouvernement de Vichy. Certains rejoignent le général de Gaulle et les Forces Françaises Libres à Londres ; d'autres, à l'intérieur du territoire national, résistent en entrant dans des réseaux ou des mouvements qui agissent localement.

3 Jean-Jacques Auduc a participé à différentes missions de résistance. Tout d'abord, en 1943, il est devenu agent de liaison, c'est-à-dire qu'il transportait pour la Résistance des messages, cachés dans sa pompe à vélo. En effet, en raison de son jeune âge, les Allemands ne le fouillaient pas aux différents barrages. De même, il remplissait des tâches d'espionnage et de renseignement, comme lorsqu'il a indiqué aux Anglais que des avions allemands stationnés près de chez lui étaient en fait en bois. Là encore, les Allemands ne se méfiaient pas d'un enfant de 12 ans. Enfin, après l'arrestation de ses parents, à la fin de la guerre, il s'est engagé dans les FFI, notamment pour « traquer les Allemands en déroute ».

L'astuce du prof

Séparez bien les deux missions qui lui ont été confiées avant l'arrestation de ses parents de celle qu'il a menée ensuite.

4 Les principaux acteurs de la lutte contre les Allemands avec lesquels Jean-Jacques a été en contact sont des membres de réseaux ou de mouvements de résistance à qui il transmet des messages, des Anglais qui continuent à mener la guerre contre l'Allemagne puis, à la fin de la guerre, des FFI, Forces Françaises de l'Intérieur, qui regroupent les principaux réseaux de résistants combattant en France. En revanche, il est trop jeune pour s'engager dans les FFL, l'Armée de la Libération menée par le général Leclerc.

Gagnez des points !

Vous pouvez mentionner les FFL, mais uniquement pour montrer qu'il n'en a pas fait partie, même s'il a peut-être été en contact avec eux.

5 Les actions de la Résistance pouvaient être très dangereuses. On voit ici que les parents de Jean-Jacques ont été arrêtés après avoir été dénoncés. Cette arrestation a conduit à leur déportation dans un camp de concentration, d'où on ne revenait que rarement. D'autres résistants étaient même fusillés sans être déportés. De plus, lorsque Jean-Jacques risque d'être arrêté, il dit que « les Allemands voulaient absolument (le) prendre pour (le) faire parler ». S'il avait été arrêté, il aurait probablement été torturé par la Gestapo, la police politique nazie, afin qu'il dénonce d'autres résistants avec qui il avait été en contact. Beaucoup de résistants ont ainsi été torturés pendant de longs jours dans les locaux de la Gestapo.

Gagnez des points !

Ne vous contentez pas de citer le texte, mais utilisez vos connaissances pour expliquer ce que risquaient les résistants français.

Sujet 3 — Un monde bipolaire

45 min

Asie, juin 2017

Exercice 2 Maîtriser différents langages

20 pts

1 Rédigez un texte structuré d'une vingtaine de lignes présentant le monde bipolaire au temps de la Guerre froide (dates, définitions, acteurs, manifestations).

2 Sur la frise chronologique ci-dessous, placez les dates de début et de fin de la Guerre froide et donnez-en un événement majeur que vous placerez également sur la frise.

Le monde bipolaire de la Guerre froide

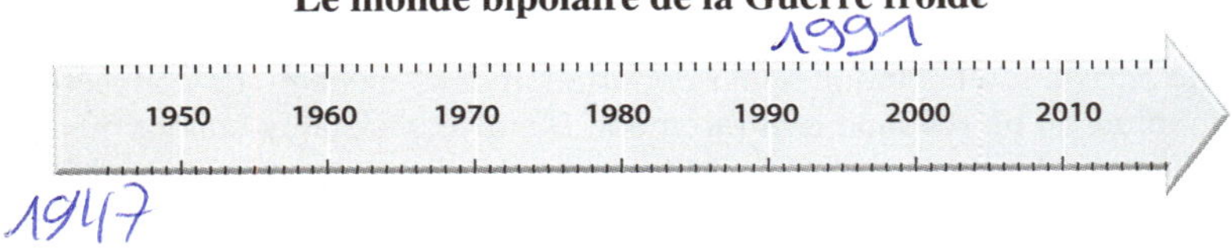

Sujet 3 Corrigé

Les clés pour réussir

Bien comprendre les consignes

Consigne 1

- L'analyse du sujet n'est pas très facile, surtout à cause des mots entre parenthèses (« dates, définitions, acteurs, manifestations »). Ce n'est bien sûr pas un plan à suivre. Vous devez **insérer ces informations dans votre développement construit**.
- Les dates sont les **dates repères du programme** (bornes chronologiques de la Guerre froide et date d'une crise importante de ce conflit). Les définitions sont **les termes particuliers**, appris en cours, qui se rapportent à la Guerre froide. Les acteurs sont les **deux grandes puissances**, ainsi que leurs principaux dirigeants. Par manifestations, le sujet entend les **formes d'affrontement** entre les deux blocs, que ce soient des crises, des conflits ou des rivalités.

- Le sujet vous invite à « présenter » le monde bipolaire au temps de la Guerre froide. Cela signifie que vous devez décrire comment le monde se divise en **deux blocs opposés**, puis comment ces deux blocs s'affrontent. D'autres structures sont possibles, l'essentiel étant que vous organisiez vos connaissances.

Consigne 2

- Attention de bien placer les dates en précisant l'événement qui correspond. Pour la fin de la Guerre froide, deux dates peuvent être acceptées : soit celle de la chute du mur de Berlin, soit celle de l'éclatement de l'URSS.

Les mots-clés

Monde bipolaire • Guerre froide • Communisme • Capitalisme • Démocratie • Rideau de fer • OTAN • Pacte de Varsovie • Dissuasion nucléaire

1 Dès la fin de la Seconde Guerre mondiale, des tensions apparaissent entre les États-Unis et l'URSS : la Guerre froide commence et dure jusqu'en 1989. Comment se présente le monde bipolaire au temps de la Guerre froide ?

Gagnez des points !

Présentez le sujet et donnez les bornes chronologiques du sujet (début et fin de la Guerre froide).

À partir de 1947, le monde est véritablement coupé en deux. On parle alors d'un monde bipolaire. L'idéologie des États-Unis et celle de l'URSS, les deux grands vainqueurs de la Seconde Guerre mondiale, sont en effet incompatibles : démocratie et capitalisme pour les États-Unis ; communisme pour l'URSS de Staline. Dans les pays d'Europe de l'Est qu'elle a libérés, cette dernière impose des dictatures communistes. Le président américain, Harry Truman, réagit en proposant l'aide économique du Plan Marshall pour insérer dans sa zone d'influence les pays d'Europe de l'Ouest. L'Europe est donc divisée par un « rideau de fer », une frontière infranchissable. Chacun des deux Grands cherche en fait à étendre sa zone d'influence en tentant de limiter celle du camp opposé. Deux blocs d'alliance militaire opposés se mettent en place à l'échelle mondiale : l'OTAN pour le bloc de l'Ouest et le Pacte de Varsovie pour le bloc de l'Est. En 1949, la victoire des communistes de Mao Zedong semble renforcer encore le bloc communiste.

L'astuce du prof

Comme vous le demande le sujet, utilisez bien les définitions précises apprises en classe.

Malgré ces tensions très fortes, les États-Unis et l'URSS ne s'affrontent jamais directement. C'est une guerre « froide ». À partir de 1949, l'URSS se dote à son tour de l'arme atomique. Un « équilibre de la terreur » se met en

HISTOIRE

place grâce à la dissuasion nucléaire : aucun des deux Grands n'ose déclencher un conflit qui risquerait de les détruire en même temps que leur ennemi. Parfois cependant, on est proche de l'affrontement : c'est le cas à Berlin lors de la construction du mur en 1961 ou lors de la crise de Cuba en 1963. En dehors de ces crises, le conflit prend d'autres formes. Les États-Unis et l'URSS rivalisent dans tous les domaines. Ils mènent une guerre idéologique et culturelle à travers tous les arts qui deviennent des outils de propagande. Ils mènent aussi une guerre technologique, notamment avec la conquête spatiale : en 1959, l'URSS envoie le premier homme dans l'espace, mais ce sont les Malgré ces tensions très fortes. les États-Unis et l'URSS ne s'affrontent jamais directement. C'est une guerre « froide ». À partir de 1949, l'URSS se dote à son tour de l'arme atomique. Un « équilibre de la terreur » se met en place grâce à la dissuasion nucléaire : aucun des deux Grands n'ose déclencher un conflit qui risquerait de les détruire en même temps que leur ennemi. Parfois cependant, on est proche de l'affrontement : c'est le cas à Berlin lors de la construction du mur en 1961 ou lors de la crise de Cuba en 1963. En dehors de ces crises, le conflit prend d'autres formes. Les États-Unis et l'URSS rivalisent dans tous les domaines. Ils mènent une guerre idéologique et culturelle à travers tous les arts qui deviennent des outils de propagande. Ils mènent aussi une guerre technologique, notamment avec la conquête spatiale : en 1959. l'URSS envoie le premier homme dans l'espace, mais ce sont les États-Unis qui marchent les premiers sur la Lune dix ans plus tard. Enfin les deux Grands s'affrontent également indirectement lors de conflits locaux comme lors de la guerre de Corée de 1950 à 1953 ou de la guerre du Vietnam dans les années 1960.

Pendant la Guerre froide, le monde bipolaire voit donc s'affronter deux grands blocs d'alliance menés par les États-Unis et l'URSS. Après la chute du mur de Berlin en 1989, le bloc de l'Est se disloque peu à peu jusqu'à l'éclatement de l'URSS en 1991.

Gagnez des points !
Expliquez rapidement comment s'est terminée la Guerre froide.

2

Le monde bipolaire de la Guerre froide

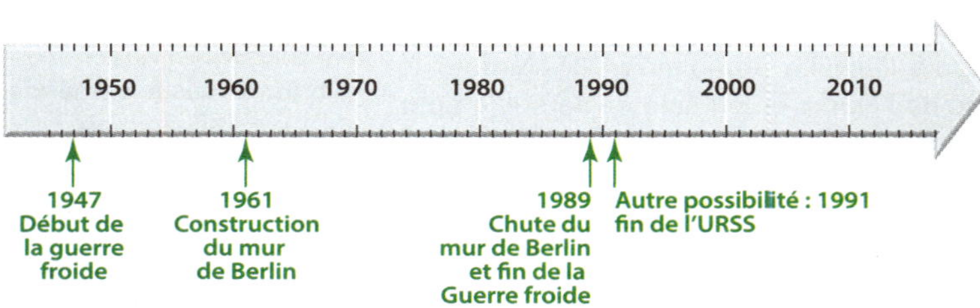

Sujet 4 L'Allemagne au temps de la Guerre froide

45 min

Amérique du Nord, juin 2018

Exercice 1 Analyser et comprendre des documents 20 pts

Document 1 Berlin, Checkpoint Charlie (1961)

Checkpoint Charlie est un point de passage entre Berlin-Ouest et Berlin-Est. Le 25 octobre 1961, les gardes-frontières de Berlin-Est refusent le passage d'un ambassadeur américain. Des chars américains et soviétiques se retrouvent face à face. Après plusieurs heures, ils se retirent sans qu'aucun coup de feu n'ait été tiré.

© R.Hesse, Bundesarchiv, 1961.

HISTOIRE

Document 2 **L'Allemagne au temps de la Guerre froide**

Au cours de la Guerre froide, la famille Berdau (composée de quatre sœurs – Käthe, mariée à Heinz, Traute, Rose-Marie et Anneliese – ainsi que leurs parents) est séparée par les évènements.

En 1959, en RDA, Heinz et Käthe Krause sont arrêtés, accusés d'avoir voulu fuir à l'Ouest. Le jeune géologue est condamné à douze mois de prison, elle [Käthe, sa femme] est détenue vingt-quatre heures et perd son travail.
[...] Heinz et Käthe sont décidés. Ils vivent « avec une valise sous le lit ». Le jeune couple demande l'autorisation de partir en vacances sur la presqu'île de Hela, en Pologne. En réalité ils vont à Berlin. En 1960, le mur n'a pas encore été construit et un train régional circule entre deux destinations de l'Est, avec quelques arrêts très surveillés dans Berlin-Ouest. « Mon mari était très courageux, il a pris l'initiative », raconte Käthe, les yeux brillants. Au premier arrêt dans le district ouest, il dit à sa femme : « On sort ! ». Ils descendent sans rien dire, attendant qu'on les arrête, mais on ne les remarque pas. [...]
Quand le Mur est construit en 1961, Traute vit à Hambourg (RFA), Rose-Marie en Autriche, Käthe à Waiblingen (RFA), seule Anneliese est restée à Greifswald (RDA) avec leur mère. « On était séparés, peut-être pour toujours ». Anneliese et Käthe restent très proches. « On échangeait des photos, mais les lettres étaient contrôlées. On ne pouvait pas parler de nos vies. Les paquets étaient fouillés. En trente ans, les visites se comptent sur les doigts d'une main. [...] En 1989, on n'avait pas idée que le Mur pouvait tomber. On ne se rendait pas compte que c'était proche. »

N. Lacube, « En Allemagne, les sœurs Berdau ont vécu au rythme de l'histoire », *La Croix*, 15 janvier 2011.

Questions

1 D'après le *document 1*, quelles sont les deux principales puissances rivales au cours de la Guerre froide ?

2 D'après le *document 2*, qu'ont décidé Heinz et Käthe ? En quoi cela permet-il d'expliquer la construction du mur de Berlin ?

3 Montrez que la Guerre froide a rendu difficile la vie quotidienne des Allemands (au moins deux éléments attendus).

4 Relevez dans le *document 2*, en indiquant sa date, l'événement qui correspond à la fin de la Guerre froide.

5 Montrez, à l'aide des deux documents, que la situation à Berlin et en Allemagne illustre les tensions entre l'Est et l'Ouest pendant la Guerre froide.

Sujet 7 Corrigé

EXERCICE 1

Les clés pour réussir

Bien lire les documents

Identifier les documents

- Le *document 1* est une photographie de Checkpoint Charlie à Berlin, accompagnée d'un petit texte qui explique la situation particulière de la journée du 25 octobre 1961.
- Le *document 2* est un témoignage recueilli par une journaliste du journal *La Croix* en 2011 sur la vie de quatre sœurs en Allemagne pendant la Guerre froide.

Repérer les éléments importants

- La **présentation de la photographie**, qui permet ensuite de comprendre la scène et notamment le face-à-face des chars américains et russes en plein cœur de Berlin.
- La **présentation du *document 2***, qui permet d'identifier les personnages mentionnés dans le texte.
- Le **premier paragraphe du texte**, qui contient l'information essentielle pour comprendre le *document 2*.
- Le **deuxième paragraphe**, qui explique comment on pouvait passer de Berlin-Est à Berlin-Ouest avant la construction du Mur.
- Le **dernier paragraphe**, qui rappelle les difficultés rencontrées par cette famille pour rester unie et en contact, malgré la Guerre froide et ses conséquences pour l'Allemagne.

Bien comprendre les questions

Question 1

- Ces deux grandes puissances sont mentionnées dans la présentation du *document 1*, car elles s'affrontent et se menacent au moyen de leurs chars d'assaut. Vos connaissances doivent par ailleurs vous permettre de répondre à cette question très facile.

Question 2

- La décision de Heinz et Käthe est expliquée dans le premier paragraphe. Vous devez ici montrer votre capacité à faire le lien entre vos connaissances et l'exemple du document, en mettant en relation les raisons de la construction du Mur et le témoignage de Heinz et Käthe.

Question 3

- Vous devez ici vous appuyer essentiellement sur le *document 2* pour répondre à cette question. Attention toutefois de ne pas paraphraser le document en vous contentant d'en recopier des extraits : vous devez rédiger vous-même la réponse ou citer le texte en utilisant des guillemets.

Question 4

- Vous devez ici relever la date qui vous est donnée dans le texte, et faire le lien avec un événement que vous devez trouver dans vos connaissances personnelles.

Question 5

- Il s'agit ici de rédiger une réponse assez développée, car elle est notée sur 8 points. Vous devez exposer vos connaissances de manière détaillée en respectant le sujet donné. En effet, la consigne vous demande de montrer que Berlin et l'Allemagne ont été des lieux de tensions pendant la Guerre froide entre les deux grandes puissances rivales de ce conflit. Il ne faut donc pas raconter la Guerre froide, ce qui serait hors sujet, mais centrer votre développement sur Berlin et l'Allemagne. Exposez d'abord leur situation, héritée de la Seconde Guerre mondiale, puis décrivez les principales tensions ou crises qui s'y sont déroulées.

Les mots-clés

- **Checkpoint** : point de passage militarisé entre Berlin-Est et Berlin-Ouest avant la construction du Mur. Checkpoint Charlie était le plus important et le plus célèbre d'entre eux.
- **Monde bipolaire** : désigne la situation géopolitique du monde pendant la Guerre froide, divisé en deux blocs par la rivalité entre deux grandes puissances : les États-Unis et l'URSS.
- **Ouest** : désigne l'Allemagne de l'Ouest et, plus généralement, les pays qui appartiennent au bloc allié derrière les États-Unis.
- **RDA** : République démocratique d'Allemagne (Allemagne de l'Est), république communiste sous contrôle de l'URSS.
- **RFA** : République fédérale d'Allemagne (Allemagne de l'Ouest), république libérale sous l'influence des États-Unis.

1 Les deux puissances rivales au temps de la Guerre froide sont l'URSS et les États-Unis.

2 Heinz et Käthe ont décidé de quitter la RDA pour passer à l'Ouest, c'est-à-dire en RFA. Pour cela, ils décident de passer par Berlin. Ils prennent un train à Berlin-Est et descendent, malgré la surveillance, au premier arrêt dans Berlin-Ouest. Ce témoignage permet d'expliquer la construction du mur de Berlin en 1961. En effet, il nous montre que comme la frontière, « le rideau de fer », entre la RDA et la RFA était infranchissable, environ 3 millions d'Allemands de l'Est, comme Heinz et Käthe, avaient choisi Berlin pour passer à l'Ouest entre 1949 et 1961.

> **Gagnez des points !**
> Utilisez vos connaissances pour développer votre réponse et montrer la portée historique de ce témoignage.

3 La Guerre froide a rendu la vie quotidienne des Allemands difficile pour plusieurs raisons. Tout d'abord, les Allemands n'étaient pas libres de se déplacer et de circuler comme ils le voulaient. En RDA, ils étaient surveillés et pouvaient, comme Käthe et Heinz, être emprisonnés ou perdre leur travail s'ils voulaient se rendre à l'Ouest. Ensuite, les liens de famille étaient rendus compliqués en raison de la situation politique de la région. Les familles ne pouvaient plus se voir, ou difficilement, quand elles étaient dispersées entre l'Est et l'Ouest, comme c'est expliqué dans le témoignage. Enfin, les familles ne pouvaient pas même correspondre ou communiquer comme elles le voulaient, car elles savaient que leurs courriers seraient lus et fouillés, notamment en RDA.

> **L'astuce du prof**
> Montrez votre bonne compréhension des documents en donnant plus de deux exemples de difficultés quotidiennes rencontrées par les Allemands.

4 L'événement qui correspond à la fin de la Guerre froide dans le texte est la chute du mur de Berlin en novembre 1989.

> **Gagnez des points !**
> Préciser le mois de la chute du mur de Berlin pour valoriser vos connaissances personnelles.

5 La situation à Berlin et en Allemagne illustre les tensions entre l'Est et l'Ouest pendant la Guerre froide. En effet, en 1945, l'Allemagne et la ville de Berlin sont coupées en deux : les deux grands vainqueurs de la Seconde Guerre mondiale, l'URSS et les États-Unis, se les partagent. En 1949, la partie occupée par l'URSS devient la RDA et adopte le communisme sur le modèle soviétique, tandis que la partie occupée par les États-Unis devient la RFA et adopte la démocratie libérale sur le modèle américain, reflétant la rivalité idéologique entre les deux grandes puissances de la Guerre froide.

> **Gagnez des points !**
> Utilisez vos connaissances pour rédiger une réponse développée sur la situation de Berlin et les différentes crises qu'elle a connues, sans oublier de faire référence aux documents proposés.

Dès lors, la ville de Berlin, qui se trouve au milieu du territoire de la RDA, devient une source régulière de tensions entre les deux puissances rivales qui s'y font face. En 1948, l'URSS tente un blocus de Berlin-Ouest ; les États-Unis démontrent leur force et leur détermination en organisant un pont aérien pour le contourner. En 1961, l'URSS construit un mur en quelques jours, pour isoler Berlin-Est et stopper une émigration massive. Kennedy, président des États-Unis, en fait le « mur de la honte », transformant le coup de force de l'URSS en victoire idéologique pour les États-Unis.

Enfin, c'est la chute du mur de Berlin en novembre 1989 qui marque la fin de la Guerre froide. Celui-ci tombe sans aucune réaction de l'URSS, au grand étonnement des Allemands, comme nous le montre le *document 2*. Il symbolise l'écroulement du bloc de l'Est et la victoire incontestée des États-Unis dans ce long conflit larvé.

Sujet 5 Mouvement démocratique féminin

45 min

Amérique du Nord, juin 2017

Exercice 1 Analyser et comprendre des documents 20 pts

Document Tract du Mouvement démocratique féminin, diffusé à Paris en juin 1968

Depuis le début du mois de mai 1968, les étudiants manifestent contre le gouvernement du président de Gaulle.

Étudiante,
Tu as été sur les barricades, la police t'a chargée et matraquée comme les étudiants, tes camarades.
Tu participes aux discussions, aux travaux des commissions, aux grandes manifestations populaires. Des lycées de filles, des instituts féminins ont parfois entraîné les autres établissements et, parmi les dix millions de grévistes, les travailleuses tiennent aussi leur place.
Or, au cours de ces journées décisives, soit dans les grands rassemblements, soit à la radio ou à la télévision, aucune femme n'est apparue comme porte-parole. Dans les pourparlers entre syndicats, patronat et gouvernement, nul n'a réclamé formellement l'égalité de rémunération entre travailleuses et travailleurs, nul n'a envisagé la création de services collectifs et de crèches pour soulager les femmes de leur double journée de travail.
Dans l'immense débat qui s'est instauré à travers tout le pays, dans la grande remise en cause des structures et des valeurs, aucune voix ne s'élève pour déclarer que le changement des rapports entre les hommes implique aussi le changement des rapports entre les hommes et les femmes. Les étudiants et les jeunes veulent une morale identique pour les filles et les garçons. C'est un aspect du changement. Ce n'est qu'un aspect. […] Il faut que la société qui va se construire soit l'œuvre des femmes aussi bien que des hommes, qu'elle donne à toutes les femmes des chances égales à celles des hommes.
Si tu es d'accord là-dessus qu'es-tu disposée à faire ? Viens en discuter avec nous.

Christine Fauré, *Mai 68 jour et nuit*, 2008.

HISTOIRE

Questions

1 Quelle est la nature de ce document ? À qui est-il destiné ?

2 Relevez au moins deux inégalités hommes-femmes mentionnées dans le document.

3 Quels éléments du texte montrent l'engagement politique et syndical des femmes au moment des événements de Mai 1968 ?

4 Quel droit politique a été acquis par les femmes avant 1968 et n'est pas mentionné dans le texte ?

5 En vous appuyant sur vos connaissances, proposez trois exemples d'évolutions qui ont changé la situation des femmes depuis 1968.

Sujet 5 Corrigé

Les clés pour réussir

Bien lire le document

Identifier sa nature

- Un tract est un papier que l'on distribue pour **informer** ou **mobiliser** la population. Ici, il s'agit d'un tract du mouvement démocratique féminin, c'est-à-dire un tract **féministe**. Le féminisme est un mouvement social qui se développe à la fin des années 1960 et qui réclame une **égalité entre les femmes et les hommes** dans tous les domaines.

Repérer les éléments importants

- La **présentation** du tract qui situe le **contexte historique** dans lequel il a été écrit.
- Le **début** du tract qui montre **à qui il s'adresse**, ainsi que le **tutoiement**, qui expliquent pourquoi tout est accordé au féminin.
- Les **trois parties** qui correspondent à **l'engagement des femmes** pendant Mai 68, leurs critiques et leurs revendications.

Bien comprendre les questions

Question 1

- Quand on demande la nature d'un document, il faut dire de quel **type** de document il s'agit (une carte, un tableau, une image, un texte...), en étant le plus précis possible (quel type de carte ? quel type de texte ?). Pour savoir à qui il est destiné, il faut repérer à qui il s'adresse.

Question 2

- On vous demande ici de « relever » deux inégalités hommes-femmes. Vous devez donc prélever dans le texte des **extraits** qui montrent des inégalités. N'oubliez pas de mettre des guillemets en les citant. Les informations répondant à cette question se trouvent principalement dans le paragraphe commençant par « Or ».

Question 3

- Là encore il s'agit de prélever des informations dans le texte qui montrent **l'engagement** des femmes pendant les événements de Mai 68. Cette fois-ci, c'est le début du texte qui contient les éléments pour répondre à cette question.

Question 4

- Pour cette question, il vous faut faire le **lien** avec le chapitre du programme intitulé : **« 1944-1947 : refonder la République, redéfinir la démocratie »**. Le document ne vous permet pas de répondre à cette question. Il vous faut donc utiliser vos connaissances.

Question 5

- La dernière question vous demande de vous appuyer sur des **connaissances personnelles** issues du dernier chapitre d'Histoire du programme : **« Femmes et hommes dans la société des années 1950 aux années 1980 : nouveaux enjeux sociaux et culturels, réponses politiques ».**
- Il s'agit de décrire trois évolutions, c'est-à-dire **trois changements dans la situation des femmes** depuis 1968. Ces changements peuvent être des lois, mais pas nécessairement. La consigne est très large. Vous pouvez aussi vous appuyer sur vos connaissances d'EMC pour décrire une réduction des inégalités entre les femmes et les hommes en France dans les domaines professionnel, familial, social, scolaire...

Les mots-clés

- **Barricades** : entassement de matériaux (pavés, poutres...) destinés à bloquer les rues et à se protéger lors d'insurrections ou de révoltes populaires.
- **Féminisme** : mouvement cherchant à défendre les droits et la cause des femmes dans la société.
- **Syndicat** : association de personnes qui défend les droits des travailleurs.
- **Pourparlers** : négociations, discussions.
- **Rémunération** : salaire.
- **Double journée de travail** : expression qui met l'accent sur le fait que ce sont les femmes qui prennent en charge l'immense majorité des tâches ménagères en plus de leur journée de travail.

1 Ce document est un tract du Mouvement démocratique féminin diffusé à Paris en juin 1968. Il est destiné aux étudiantes qui participent aux manifestations contre le gouvernement du général de Gaulle depuis le début du mois de mai 1968.

> **Gagnez des points !**
> Citez la date et le lieu de diffusion de ce tract, ce qui permet de mieux situer le contexte.

2 Plusieurs inégalités hommes-femmes apparaissent dans ce document :
– « Au cours de ces journées décisives [...], aucune femme n'est apparue comme porte-parole. »
– « Nul n'a réclamé formellement l'égalité de rémunération entre travailleuses et travailleurs. »
– « Nul n'a envisagé la création de services collectifs et de crèches pour soulager les femmes de leur double journée de travail. »

3 Pendant les événements de Mai 68, les femmes se sont engagées politiquement et syndicalement. Le texte cite plusieurs exemples de cet engagement :
– « Tu as été sur les barricades. »
– « Tu participes aux discussions, aux travaux des commissions, aux grandes manifestations populaires. »
– « Des lycées de filles, des instituts féminins ont parfois entraîné les autres établissements. »
– « Parmi les dix millions de grévistes, les femmes tiennent aussi leur place. »

> **L'astuce du prof**
> Comme pour la question 2, il s'agit en fait de relever des éléments du texte.

4 Le droit politique acquis par les femmes avant 1968 est le droit de vote, obtenu en 1944 lors de la refondation républicaine qui suit la Libération de la France.

> **Gagnez des points !**
> Précisez dans quel contexte les femmes ont obtenu le droit de vote pour exposer vos connaissances sur ce sujet.

5 Depuis 1968, la situation des femmes a beaucoup changé dans la société française :
– La mixité, qui se généralise dans les établissements scolaires au cours des années 1970, permet aux jeunes femmes de bénéficier du même enseignement que les jeunes garçons et donc d'avoir « des chances égales à celles des hommes ».
– La légalisation de la contraception, puis de l'avortement en 1975 permet enfin aux femmes de disposer librement de leurs corps et donc d'obtenir « une morale identique pour les filles et les garçons ».
– La loi Roudy en 1983 tente d'établir une parité et une égalité entre les femmes et les hommes dans le domaine professionnel, afin de réduire les écarts de salaires et de changer les « rapports entre les hommes et les femmes ».

> **L'astuce du prof**
> Essayez de lier les exemples que vous donnez à des citations du texte.

Sujet 6

La Vᵉ République à l'épreuve de l'alternance

45 min

Sujet inédit

Exercice 2 Maîtriser différents langages 20 pts

1 Sous la forme d'un développement construit d'une vingtaine de lignes, en vous appuyant sur des exemples précis, décrivez les principales caractéristiques de la Vᵉ République puis la politique menée par son fondateur, le général de Gaulle.

2 Complétez la frise ci-dessous :

a. Placez les années de la présidence du général de Gaulle.

b. Placez ces présidents de la Vᵉ République en inscrivant leurs noms au bon endroit dans la frise : François Mitterrand, Jacques Chirac et François Hollande.

c. Coloriez en rouge une présidence qui illustre l'alternance pendant la Vᵉ République.

d. Placez une période de cohabitation dans la frise en indiquant les années de début et de fin et le nom du Premier ministre.

Document La Vᵉ République à l'épreuve de l'alternance

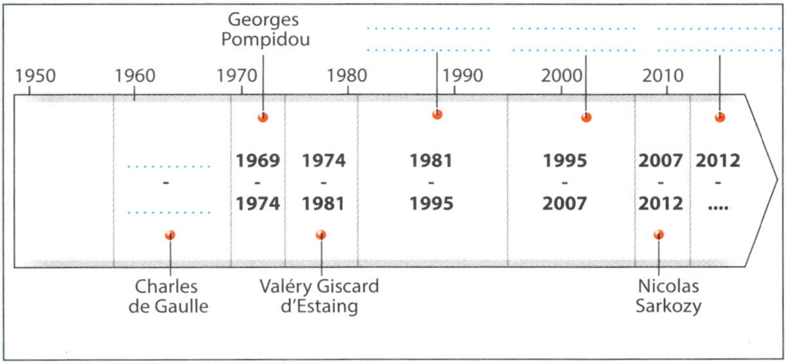

HISTOIRE

Sujet 6 Corrigé

Les clés pour réussir

Bien comprendre les consignes

Consigne 1

- La consigne vous demande de connaître les caractéristiques d'une description en histoire pour rédiger un développement d'une vingtaine de lignes. Il faut donc être méthodique et réussir à organiser vos connaissances pour les présenter de manière structurée et cohérente.
- La description de la Vᵉ République doit commencer par sa mise en place par le général de Gaulle.
- Vous devez décrire la politique de grandeur de ce dernier permise par les institutions de la Vᵉ République.

Consigne 2

- Il faut compléter la frise chronologique avec les différentes présidences que vous devez savoir replacer dans le bon ordre, quelques présidents devant être pour vous des repères historiques à connaître précisément.
- Vous devez maîtriser les notions de la leçon, alternance et cohabitation pour pouvoir les placer sur la frise. Il y a eu trois cohabitations sous la Vᵉ République ; placez celle dont vous connaissez le mieux les dates.

Les mots-clés

Régime présidentiel • Régime parlementaire • Référendum • Accords d'Évian • Coup d'État • Constitution • Suffrage universel • Politique de grandeur • Force de dissuasion nucléaire • OTAN • Construction européenne • Influence américaine • Conservateur • Crise de mai 1968

L'astuce du prof

Utilisez vos connaissances d'EMC pour compléter votre description de la Vᵉ République.

1 En 1958, après une tentative de coup d'État menée par les généraux en Algérie, de Gaulle apparaît comme le seul homme capable de redresser la situation. Il est rappelé au pouvoir et fonde une nouvelle République : la Vᵉ République.

La constitution proposée par de Gaulle est approuvée par les Français lors d'un référendum. Elle donne l'essentiel des pouvoirs au président de la république. La Vᵉ République est donc un régime présidentiel. Le rôle du président est encore renforcé à partir de 1962 quand de Gaulle met en place l'élection du président au suffrage universel direct.

Le rôle du président selon de Gaulle est de redonner sa grandeur et sa puissance à la France. Critiquée et affaiblie par la guerre d'Algérie, celle-ci doit mettre fin rapidement à ce conflit. De Gaulle signe donc les Accords d'Évian avec le FLN. Il entame aussi une politique d'indépendance vis-à-vis des États-Unis en se retirant du commandement militaire de l'OTAN et en se dotant d'une force de dissuasion nucléaire propre. Il se rapproche au contraire des autres pays européens notamment de l'Allemagne dans le cadre de la construction européenne.

Gagnez des points !
Placez ici des connaissances sur le contexte de la guerre d'Algérie ou de la Guerre froide sans toutefois tomber dans le hors-sujet.

Réélu en 1965, de Gaulle doit affronter trois ans plus tard la révolte des étudiants qui le jugent trop conservateur et surtout trop autoritaire. Lorsque les ouvriers rejoignent les étudiants en mai 1968, de Gaulle doit faire face pour la première fois à une grave crise sociale qui remet en cause son gouvernement. Affaibli, il décide de quitter le pouvoir en 1969.

2

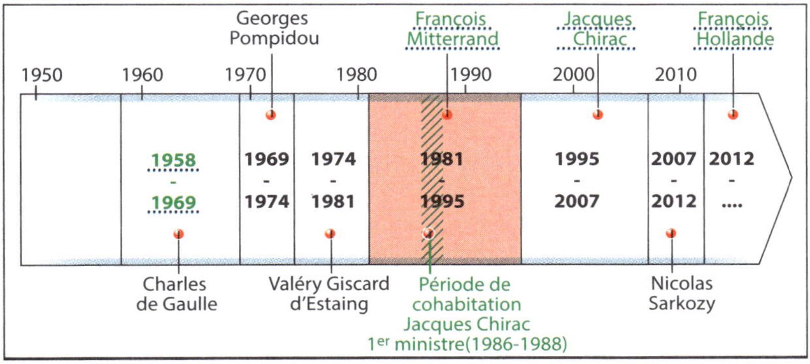

HISTOIRE

Sujet 7 Les aires urbaines en France

45 min

Liban, juin 2017

Exercice 1 Analyser et comprendre des documents 20 pts

Document 1 Un exemple de mobilité au quotidien

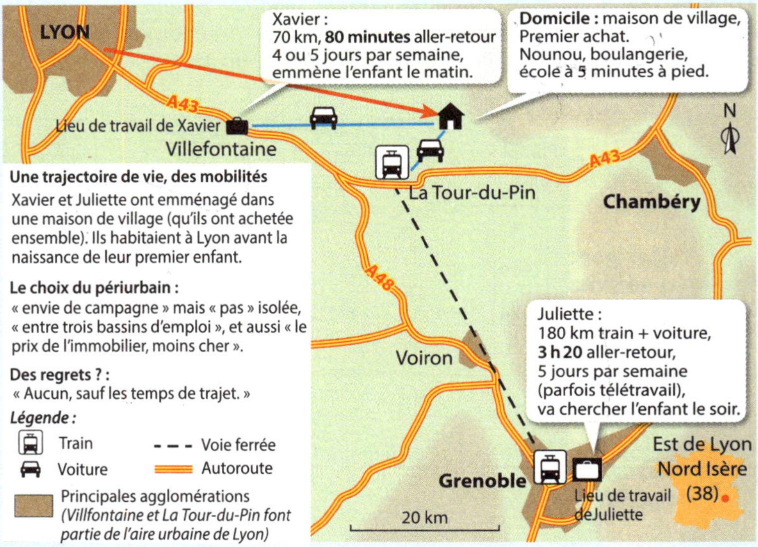

D'après J.-B. Bouron et P.-M. Georges, *Les Territoires ruraux en France*, 2015.

Document 2 Des Français hyper-mobiles

L'augmentation des vitesses qui favorise les déplacements a permis une dissociation des lieux de vie et d'habitat, de travail, de consommation et de loisirs. Chaque individu va ainsi pouvoir construire son territoire au sens d'espace de vie. Ce territoire va pouvoir varier au cours du temps.

C'est à l'échelle locale que les transformations sont les plus visibles […]. Certains individus vivent à l'échelle de leur quartier quand d'autres parcourent chaque jour des dizaines de kilomètres pour se rendre à leur travail. Pour certains, les déplacements domicile-travail se font entre des villes distantes de plusieurs centaines de kilomètres : ils « navettent » grâce au train à grande vitesse ou à l'avion.

« La France, une géographie en mouvement », Magali Reghezza-Zitt, *La documentation photographique*, n° 8096, 2013.

Questions

Document 1

1 Identifiez le lieu où Juliette et Xavier ont habité et le lieu où ils habitent aujourd'hui. **2 pts**

2 Expliquez deux raisons de ce changement de lieu de vie. **6 pts**

3 Relevez une contrainte liée à ce choix de lieu de vie.

Documents 1 et 2

4 Sélectionnez la proposition qui caractérise le mieux les déplacements de Xavier. Recopiez-la et justifiez votre choix. **4 pts**

– Proposition A : « Certains individus vivent à l'échelle de leur quartier. »
– Proposition B : « D'autres parcourent chaque jour des dizaines de kilomètres pour se rendre à leur travail. »
– Proposition C : « Pour certains, les déplacements domicile-travail se font entre des villes distantes de plusieurs centaines de kilomètres. »

5 Expliquez pourquoi les mobilités favorisent la croissance des aires **6 pts**

Sujet 7 Corrigé

Les clés pour réussir

Bien lire les documents

Identifier leur nature

- Le dossier est composé de deux documents. Le document 1 est une **carte légendée** accompagnée d'un encadré contenant les témoignages d'un couple de périurbains dans l'aire urbaine de Lyon. Le document 2 est un **extrait de texte** écrit par une géographe en 2013, décrivant les mobilités des Français.

Repérer les éléments importants

- **Dans le document 1 :**

– les bulles sur la carte qui présentent le lieu de domicile et les lieux de travail de Xavier et de Juliette ;
– l'encadré à gauche qui explique pourquoi Juliette et Xavier ont fait le choix d'habiter dans la couronne périurbaine ;
– la légende qui permet de mieux situer les différents espaces et de mieux comprendre les déplacements de Xavier et Juliette.

- **Dans le document 2 :**

– le premier paragraphe qui explique la dissociation des lieux d'habitat et de travail ;
– le second paragraphe qui explique que certains individus font le choix de limiter leurs déplacements quand d'autres ne cessent de les rallonger.

Bien comprendre les questions

Question 1

- Attention de bien lire la consigne. Il s'agit d'abord de trouver où ils habitaient **par le passé**. Vous pouvez trouver cette information dans les **témoignages** de Xavier et de Juliette. Ensuite, on vous demande de trouver où ils habitent **aujourd'hui**. Pour cela vous devez bien **observer la carte et sa légende** pour trouver le figuré qui correspond à leur lieu de vie.

Question 2

- Il s'agit ici de relever dans les témoignages **deux raisons** qui expliquent leur changement de lieu de vie. Vous pouvez trouver plusieurs raisons dans les **témoignages**, mais aussi sur la carte **dans la bulle qui présente leur domicile**.

Question 3

- Une **contrainte** est un inconvénient, **un élément négatif lié à leur choix, qui rend leur vie plus difficile**. Cette contrainte est visible **dans les bulles** qui présentent les lieux de travail de Xavier et de Juliette, mais aussi dans leur **témoignage**.

Question 4

- Attention de bien sélectionner la bonne proposition, mais aussi de la recopier avec ses guillemets. La question porte sur les déplacements de **Xavier** et pas sur ceux de Juliette. Une fois la proposition trouvée, vous devez **justifier votre choix** : il s'agit donc de trouver dans le document 1 une information qui vérifie ce qu'affirme la proposition que vous avez choisie.

Question 5

- Pour cette question, vous devez utiliser vos **connaissances personnelles**. Le document 2 ne cite pas les notions essentielles étudiées en cours. Commencez par définir les termes de la question : « mobilités » et « croissance des aires urbaines ». La croissance des aires urbaines ne désigne pas la croissance de leur population ou de leur richesse, mais leur extension.

Les mots-clés

- **Aire urbaine** : ensemble formé par une ville, ses banlieues et les communes périurbaines dont au moins 40 % des habitants travaillent dans la ville-centre et ses banlieues.
- **Ville-centre** : ville au centre d'une aire urbaine.
- **Banlieues** : communes d'une aire urbaine situées en périphérie immédiate de la ville-centre.
- **Couronne périurbaine** : communes d'une aire urbaine située en périphérie du pôle urbain (ville-centre et banlieues).
- **Mobilités** : différents déplacements de population à l'intérieur d'un territoire.
- **Migrations pendulaires** : déplacements quotidiens des actifs entre leur lieu de vie et leur lieu de travail.
- **Périurbanisation** : urbanisation de la périphérie des villes.
- **Étalement urbain** : extension de la ville sur l'espace rural.
- **Bassins d'emploi** : espaces où se concentrent de nombreux emplois.
- **Agglomérations** : pôles urbains (villes et banlieues).

1 Juliette et Xavier ont habité dans la ville-centre de Lyon avant la naissance de leur premier enfant. Depuis, ils ont emménagé dans une maison de village située en Isère, à l'Est de Lyon.

2 Ce changement de lieu de vie s'explique par une « envie de campagne », mais « pas isolée » ; et aussi par « le prix de l'immobilier, moins cher » car Juliette et Xavier ont eu un enfant et ont besoin d'espace.

> **Gagnez des points !**
> Expliquez les raisons en fonction de la situation familiale de Juliette et Xavier.

3 La contrainte principale liée à ce choix de vie est l'allongement des temps de trajet entre leur domicile et leurs lieux de travail. Ces migrations pendulaires sont très longues : 3 h 20 en train et en voiture pour Juliette et 80 minutes de voiture pour Xavier.

> **Gagnez des points !**
> Citez le terme de « migrations pendulaires » et appuyez-vous sur les durées de trajet de Juliette et Xavier.

4 La proposition qui caractérise le mieux les déplacements de Xavier est la proposition B : « D'autres parcourent chaque jour des dizaines de kilomètres pour se rendre à leur travail. » En effet il fait 70 km par jour aller-retour entre son domicile et son lieu de travail à Villefontaine.

> **L'astuce du prof**
> Commencez par donner la bonne proposition, puis n'oubliez pas de justifier votre choix à l'aide du kilométrage donné par le document 1.

5 Les mobilités – c'est-à-dire les déplacements de population – dans les aires urbaines sont favorisées par la grande diversité des offres de moyens de transport et l'augmentation des vitesses de déplacement. Des autoroutes et des voies ferrées relient la ville-centre aux banlieues et aux communes de la couronne périurbaine. Comme ces espaces sont mieux reliés entre eux et que les prix de l'immobilier dans la ville-centre ne cessent d'augmenter, les habitants des aires urbaines font le choix, comme Juliette et Xavier, de s'éloigner de la ville-centre et de s'installer dans un village de la couronne périurbaine. C'est pourquoi les aires urbaines s'étalent de plus en plus sur les campagnes : c'est le phénomène de périurbanisation.

L'astuce du prof

Pensez à utiliser le vocabulaire géographique appris en cours. Vous devez impérativement parler de « périurbanisation » et d'« étalement urbain ».

Sujet 8 Les espaces agricoles

45 min

Amérique du Nord, juin 2017

Exercice 2 Maîtriser différents langages 20 pts

1 Rédigez un texte structuré d'une vingtaine de lignes décrivant les transformations d'un espace productif français pour s'adapter à la mondialisation (cet espace peut être un espace productif agricole OU un espace productif industriel OU un espace productif touristique OU un espace productif d'affaires). Vous pourrez vous appuyer éventuellement sur un exemple étudié en classe.

Sujet 8 Corrigé

Les clés pour réussir

Bien comprendre les consignes

Consigne 1

- La consigne vous demande de décrire les **transformations d'un espace productif pour s'adapter à la mondialisation**.
- Vous devez rédiger un texte structuré, c'est-à-dire un **développement construit**. Votre texte doit donc comporter une introduction, plusieurs parties et une conclusion. Au brouillon, organisez vos connaissances et vos exemples, sans nécessairement rédiger.
- Attention de bien **lire le sujet** : on vous demande de choisir **un seul type d'espace productif** : SOIT un espace industriel, SOIT un espace agricole, SOIT un espace touristique, SOIT un espace d'affaires. Vous avez donc le choix, mais vous ne devez pas mélanger ces différents types d'espaces productifs. Nous avons choisi de traiter des espaces agricoles, car ils ont dû profondément se transformer pour s'adapter à la mondialisation.
- Appuyez-vous sur un exemple traité en cours. On attend de vous que vous citiez au moins un espace précis, lié à une activité économique que vous devez décrire.

GÉOGRAPHIE

Les mots-clés

● Espace productif ● Mondialisation ● Innovation ● Productivité ● Mécanisation ● Spécialisation ● Réseaux de transports ● Métropole ● Industrie agroalimentaire ● Agriculture productiviste ● Agriculture biologique ● Agriculture raisonnée

1 En France, les espaces productifs, des espaces aménagés pour produire de la richesse, ont dû se transformer pour s'adapter à la mondialisation. Quelles sont ces transformations dans un espace productif agricole ?

L'astuce du prof

Prenez le temps de définir les termes du sujet (espace productif et mondialisation), au moins sur votre brouillon.

Pour s'adapter à la mondialisation, les espaces productifs agricoles ont augmenté leur productivité en s'appuyant d'abord sur des innovations technologiques. Les agriculteurs utilisent de plus en plus de machines : c'est la mécanisation. Dans les exploitations laitières du Grand Ouest, les trayeuses mécaniques permettent aux exploitants agricoles de posséder d'immenses troupeaux de vaches laitières. De la même manière, ils utilisent de plus en plus de produits chimiques et de médicaments pour augmenter leur production et leur productivité. La mondialisation pousse également les espaces productifs agricoles à se spécialiser toujours davantage. Ainsi, le Grand Ouest se tourne aujourd'hui presqu'exclusivement vers l'élevage intensif de vaches laitières, sélectionnées pour leur productivité.

Gagnez des points !

Pensez à bien citer un espace précis, ici le Grand Ouest laitier.

Pour être compétitifs dans la mondialisation, les espaces agricoles doivent être bien reliés aux grands réseaux de transport et de communication. Ainsi, ceux qui sont proches des grandes métropoles, des grands axes routiers, des voies ferrées et des aéroports sont favorisés par rapport aux espaces de montagne ou du centre de la France, plus isolés. Cette bonne insertion dans les réseaux de transports permet à ces espaces productifs d'accueillir des usines agroalimentaires qui transforment les produits agricoles en produits industriels avant de les exporter partout en Europe et dans le monde. Dans le Grand Ouest, une véritable filière agroalimentaire s'est mise en place avec l'implantation de grandes FTN comme Danone qui transforment le lait en produits laitiers, par exemple des yaourts ou du lait en poudre, destinés au marché mondial.

D'autres espaces agricoles répondent à la concurrence mondiale par des choix radicalement opposés à l'agriculture productiviste. C'est le cas des espaces se spécialisant dans l'agriculture biologique ou

L'astuce du prof

Pensez à parler des espaces agricoles se spécialisant dans l'agriculture biologique, car c'est aussi une forme d'adaptation à la mondialisation.

raisonnée. Ces espaces agricoles fonctionnent avec des circuits courts, c'est-à-dire que les agriculteurs limitent les transports entre lieux de production et lieux de consommation. Ainsi, la culture maraîchère se développe autour des grandes métropoles. De même, l'agriculture bio tente de s'appuyer davantage sur la qualité que sur la quantité, en renonçant à utiliser les produits chimiques.

Grâce à ses espaces agricoles productifs, la France est bien intégrée aux marchés internationaux et reste la première puissance agricole européenne.

Gagnez des points !

Dites que la France est la première puissance agricole européenne.

Sujet 9 France métropolitaine, juin 2018

45 min

Exercice 2 Maîtriser différents langages

Géographie

→ corrigé p. 31

Pourquoi et comment aménager le territoire ?

45 min 20 pts

1 Rédigez un développement construit d'environ vingt lignes pour montrer les problèmes spécifiques rencontrés par les territoires ultra-marins français et les aménagements réalisés pour tenter d'y remédier. Vous pouvez prendre appui sur un exemple étudié en classe.

2 L'organisation du territoire français :

a. Complétez la légende des figurés A, B, C et D en choisissant des couleurs adaptées pour montrer les inégalités de dynamisme des quatre espaces.

b. Coloriez la carte à l'aide de la légende.

c. Complétez la légende en indiquant l'information qui correspond au figuré hachuré.

d. Localisez et nommez quatre aires urbaines de votre choix.

e. Expliquez le choix du figuré pour les façades maritimes.

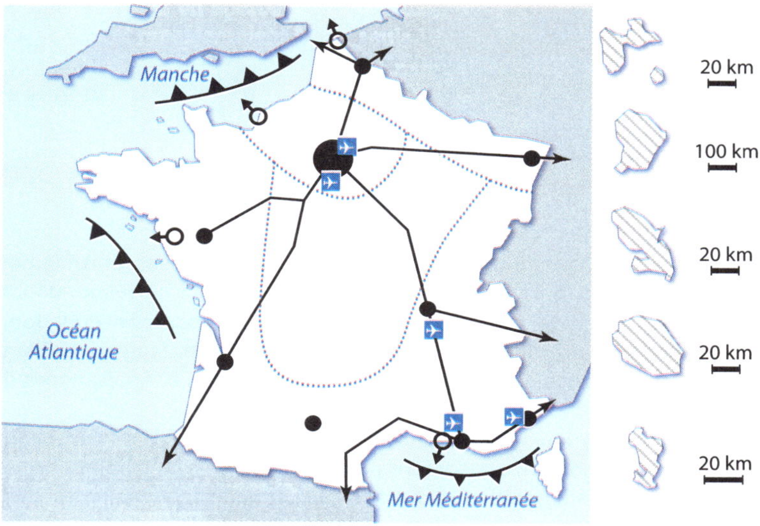

L'organisation du territoire français

1. Des territoires dynamiques

- **A** Le cœur économique du pays
- **B** Espaces périphériques dynamiques
- ● Métropole mondiale
- • Principales aires urbaines
- → Ouverture vers les pays voisins
- ▲▲ Principales façades maritimes

2. Des espaces en difficultés

- **C** Régions industrielles anciennes
- **D** Espaces ruraux peu reliés au monde
- (hachures) ....

3. Des infrastructures de transport inégalement réparties

- — Principaux axes terrestres
- O→ Principaux ports
- ✈ Principaux aéroport

Sujet 9 Corrigé

EXERCICE 2

→ énoncé p. 25

Les clés pour réussir

Bien comprendre les consignes

Consigne 1

- Le développement demandé doit se construire autour des « problèmes spécifiques à ces territoires » et des « aménagements » correspondants.
- Vous devez rédiger un texte structuré. Votre paragraphe doit donc comporter une introduction qui reprend les termes du sujet, plusieurs parties et une conclusion. Au brouillon, organisez vos connaissances et vos exemples, sans nécessairement rédiger.
- Dans la première partie, vous devez montrer que les DROM-COM sont des territoires particuliers, différents des territoires métropolitains et qui, à cause de leur situation géographique, connaissent des problèmes spécifiques.
- Dans la seconde partie, vous devez expliquer comment les aménagements réalisés permettent de surmonter en partie ces contraintes. N'oubliez pas d'expliquer comment ces territoires sont rendus accessibles par ces aménagements.
- Vous devez impérativement citer les acteurs qui interviennent dans ces aménagements, ainsi que des exemples précis étudiés en cours. → Fiche 29

Consigne 2

- Pour cette consigne, vous devez suivre chacune des étapes qui vous demandent de compléter la carte et sa légende.
- Pour le **a.**, choisissez des couleurs adaptées. Plus la couleur choisie est chaude, plus le territoire est dynamique. De la même manière, choisissez une couleur adaptée pour les espaces ruraux.
- Dans le **b.**, vous devez colorier la carte à l'aide des couleurs choisies dans le **a.**
- La consigne **c.** vous demande de compléter la légende en indiquant l'information qui correspond au figuré hachuré. Regardez bien sur la carte sur quels territoires apparaît ce figuré.
- Pour la consigne **d.**, vous avez le choix entre neuf aires urbaines indiquées sur la carte. Choisissez celles dont vous êtes sûrs.
- Dans la consigne **e.**, on attend de vous que vous expliquiez le choix du figuré pour les façades maritimes. Observez bien ce figuré qui pointe vers l'extérieur du territoire.

Les mots-clés

Territoires ultramarins • DROM-COM • Contraintes • Aménagements • Territoire métropolitain • Insularité • Collectivités territoriales

L'astuce du prof

L'énoncé du sujet vous invite à organiser votre développement construit autour de deux parties, l'une sur les problèmes spécifiques aux DROM-COM, l'autre sur leurs aménagements.

1 Les territoires ultramarins français, les DROM-COM, sont des territoires éloignés du continent européen qui rencontrent donc des problèmes spécifiques. Quels sont ces problèmes et quels sont les aménagements réalisés pour tenter d'y remédier ?

La plupart des territoires ultramarins, à l'exception de la Guyane, sont des îles très éloignées du territoire métropolitain, dans la zone intertropicale ou dans les régions polaires. Elles subissent donc l'isolement lié à leur insularité. La Guyane, bordée par l'océan Atlantique et la forêt amazonienne, est également difficile d'accès et reste très isolée du reste du continent américain. De plus, l'économie des DROM-COM est très fragile, les taux de chômage y sont très élevés, et dépendante de la métropole et des aides de l'UE. De même, l'essentiel des produits de première nécessité est importé. Ces territoires, notamment les départements et régions d'outre-mer (DROM), sont situés dans la zone intertropicale et connaissent donc un climat tropical chaud et humide toute l'année. C'est ce climat qui explique la forte présence de la forêt tropicale, difficile à pénétrer. C'est également lui qui amène le passage régulier de tempêtes et de cyclones causant d'importants dégâts. Les séismes, tsunamis et éruptions volcaniques, qui touchent régulièrement ces espaces et peuvent avoir des conséquences catastrophiques, sont aussi des problèmes spécifiques aux DROM-COM. Le changement climatique qui provoque la montée du niveau des océans rend ces régions encore plus fragiles.

Pour lutter contre ces contraintes, ces territoires sont aménagés par l'État et les collectivités territoriales. Le but de ces aménagements est de réduire leurs inégalités en les intégrant mieux à la métropole et aux pays qui les entourent. Par exemple, l'État français, les collectivités territoriales et l'UE ont construit des aéroports et des ports modernes qui permettent de mieux relier les DROM entre eux ainsi qu'à la métropole, notamment à Paris. Grâce à leurs hôtels, leurs clubs de vacances, leurs centres de plongée, les littoraux de la Martinique et de la Guadeloupe accueillent de nombreux touristes venus de métropole tout au long de l'année, notamment pendant l'hiver européen. De même, des infrastructures routières ont été aménagées pour améliorer la circulation dans ces territoires où les espaces montagneux et forestiers sont nombreux. Ainsi, la nouvelle route du littoral, sur l'île de La Réunion, est un projet colossal qui nécessite la construction de digues et d'un viaduc, mais qui permettra de relier plus facilement la capitale régionale, Saint-Denis, avec les villes de La Possession et du Port, où se situent les principales infrastructures portuaires de l'île. Enfin des aménagements sont également réalisés pour réduire les inégalités entre les côtes, où se situe la majorité de la population et des activités, et l'intérieur des terres souvent plus sauvage. Ces aménagements permettent le développement d'un nouveau type de tourisme, plus durable et proche de la nature.

Les DROM-COM connaissent donc de nombreux problèmes spécifiques liés à leurs contraintes naturelles. Les différents aménagements tentent d'y remédier et de mettre en valeur leurs atouts.

Gagnez des points !

Citez un aménagement précis que vous avez étudié en cours, comme celui de la route du littoral à La Réunion.

2 Ce figuré des façades maritimes a été choisi car il montre que les façades maritimes sont des espaces d'échanges dynamiques tournés vers l'extérieur.

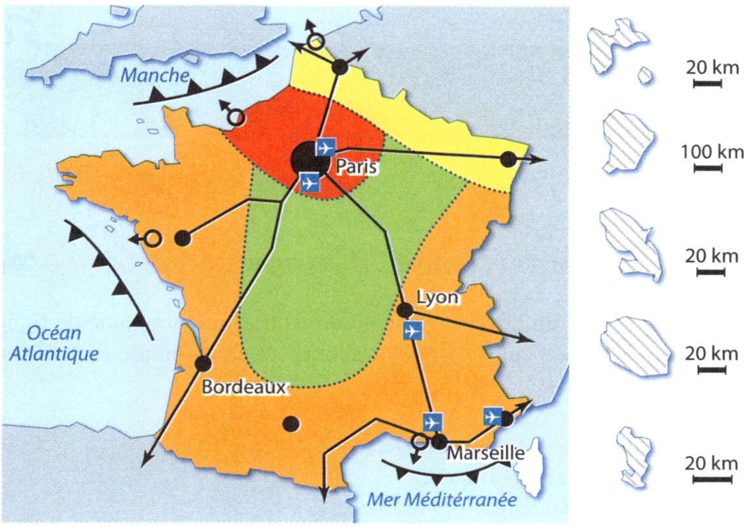

L'organisation du territoire français

1. Des territoires dynamiques

- A — Le cœur économique du pays
- B — Espaces périphériques dynamiques
- Métropole mondiale
- Principales aires urbaines
- Ouverture vers les pays voisins
- Principales façades maritimes

2. Des espaces en difficultés

- C — Régions industrielles anciennes
- D — Espaces ruraux peu reliés au monde
- DROM

3. Des infrastructures de transport inégalement réparties

- Principaux axes terrestres
- Principaux ports
- Principaux aéroport

GÉOGRAPHIE

Sujet 10 La France, une influence mondiale

45 min

Polynésie, juin 2017

Exercice 2 Maîtriser différents langages

20 pts

1 Sous la forme d'un développement construit d'une vingtaine de lignes, expliquez l'influence culturelle, géopolitique et économique de la France dans le monde. 15 pts

2 Sur le planisphère ci-dessous : 5 pts
– hachurez la Polynésie française ;
– nommez l'océan Pacifique ;
– nommez la France métropolitaine ;
– nommez un État voisin de la France métropolitaine ;
– nommez l'Asie.

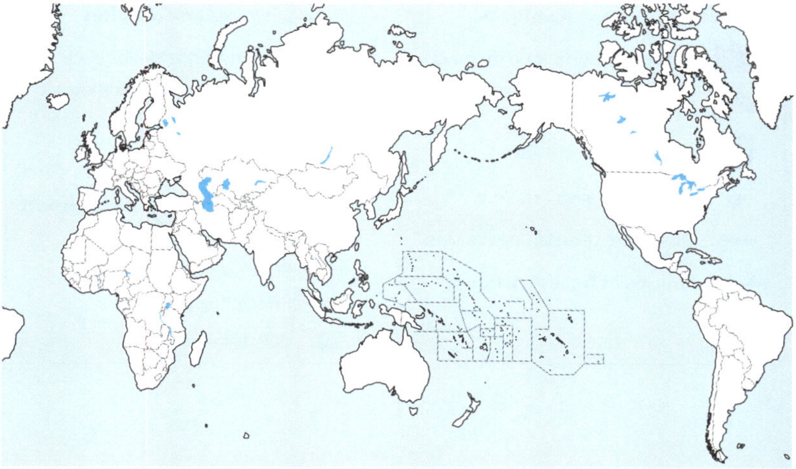

Sujet 10 Corrigé

Les clés pour réussir

Bien comprendre les consignes

Consigne 1

- Ce sujet de développement construit est assez classique, car il reprend la partie du programme sur l'**influence mondiale de la France**. Il vous demande de décrire cette influence dans **trois domaines différents**, ce qui vous indique comment organiser votre développement. Cette influence n'est pas d'égale importance selon les domaines. Essayez de mobiliser vos connaissances sur le sujet, notamment pour donner un ou deux chiffres significatifs de l'influence de la France, par exemple sa place dans le tourisme mondial ou dans un autre domaine.
- N'oubliez pas de faire une ou deux phrases d'introduction et une phrase de conclusion. Sautez des lignes entre chaque partie pour bien montrer que vous organisez votre réponse.

Consigne 2

- Ce sujet s'adresse aux collégiens de **Polynésie**. Le planisphère est donc centré sur l'océan Pacifique et représente tous les archipels de cet océan. Chaque archipel est entouré d'un trait. Localiser la Polynésie au milieu des autres archipels est difficile pour des élèves métropolitains.
- Utilisez des **couleurs et des graphies (majuscules/minuscules) différentes** selon le type de réponse. Les noms d'océans et de continents doivent s'écrire en majuscules et plus grands que les noms de pays. Ces derniers doivent également s'écrire en majuscules, mais plus petites. Les noms d'océans doivent s'écrire en bleu. Les hachures doivent se faire à la règle et doivent être bien parallèles.

Les mots-clés

France métropolitaine • Influence • Francophonie • DROM-COM • Patrimoine • Tourisme • ONU • OTAN • Puissance nucléaire • ZEE • FTN • Balance commerciale

1 La France est un petit pays de plus de 65 millions d'habitants, mais qui a une réelle influence mondiale. Comment s'exerce cette influence dans les domaines culturel, géopolitique et économique ?

Gagnez des points !

Rédigez votre introduction en présentant la France et en posant le sujet sous la forme d'une question.

GÉOGRAPHIE

La France a d'abord une forte influence culturelle dans le monde. La langue française est parlée dans de nombreux pays qui se regroupent au sein de la Francophonie. Elle est ainsi la cinquième langue la plus parlée au monde, relayée par les centres culturels (Alliance française) et plus de 490 écoles et lycées français dans 130 pays. Grâce à ses DROM-COM, elle est présente sur tous les continents. Riche d'un patrimoine littéraire, artistique, architectural et gastronomique exceptionnel, elle est au premier rang des destinations touristiques internationales.

L'influence de la France est également importante dans le domaine géopolitique. Elle est présente dans toutes les grandes organisations internationales, notamment au Conseil de sécurité de l'ONU où elle dispose d'un siège de membre permanent. Puissance nucléaire et militaire, elle participe à de nombreuses missions internationales dans le cadre de l'ONU ou de sa principale alliance militaire, l'OTAN. Membre fondateur de la construction européenne, elle est un des moteurs, avec l'Allemagne, de l'Union européenne. Enfin elle dispose d'un réseau très important d'ambassades à l'étranger ce qui lui permet d'entretenir des relations diplomatiques avec presque tous les pays du monde.

L'astuce du prof

Utilisez vos connaissances d'Histoire et d'EMC pour développer le rôle de la France à l'ONU et dans l'OTAN.

Enfin la France a une influence économique non négligeable. C'est la sixième puissance économique au monde et elle est au troisième rang européen derrière l'Allemagne et le Royaume-Uni. Son économie est largement ouverte sur le monde. De nombreuses entreprises étrangères y sont installées, notamment dans l'aire urbaine parisienne. Elle possède de grandes FTN présentes dans le monde entier. Ses DROM-COM lui permettent de posséder la deuxième ZEE au monde. Pourtant cette influence économique reste limitée. La France est surtout une puissance économique régionale en Europe. Sa balance commerciale est très déficitaire, notamment parce qu'elle importe énormément de matières premières (pétrole, gaz, etc.).

La France a donc une influence culturelle et géopolitique importante dans le monde, mais son influence économique est plus limitée.

2

Gagnez des points !

Respectez bien les consignes données par le sujet : des hachures pour la Polynésie, un seul État voisin de la France (limitez-vous aux États ayant une frontière avec la France).

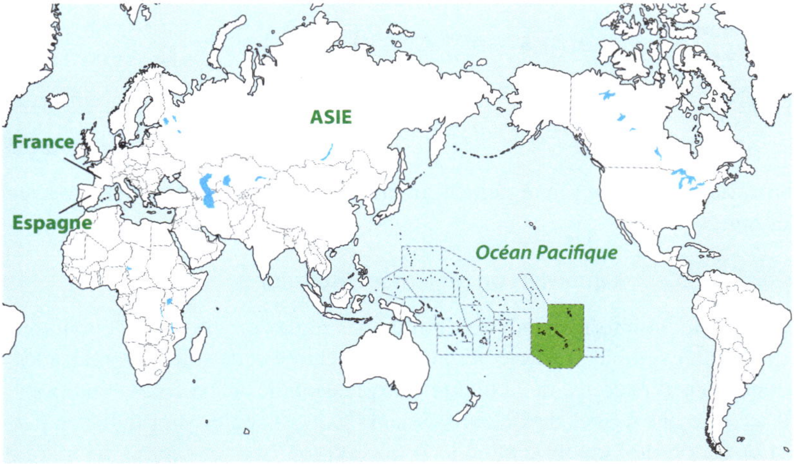

45 min

Sujet 11 France métropolitaine, juin 2018

Exercice 3 Enseignement moral et civique

EMC

→ corrigé p. 35

Le droit et la règle

30 min **10 pts**

Situation pratique : le règlement intérieur : des principes pour vivre avec les autres

Document 1 À quoi sert un règlement intérieur ?

Le règlement intérieur fixe l'ensemble des règles de vie dans l'établissement. Par exemple, il édicte[1] les horaires d'entrée et de sortie et précise les conditions d'exercice de la liberté d'expression des élèves, les conditions d'accès et les usages de l'établissement. [...] Les règles sont rédigées par la direction de l'établissement, en concertation avec les autres membres de la communauté éducative [...]. C'est sur ce document que vous saurez ce qui est interdit ou non. L'interdiction de certains vêtements (casquette, short, etc.) peut être prévue ainsi que les sanctions qui s'y rattachent. C'est aussi dans ce document que sont autorisés ou non le téléphone portable, les baladeurs, les casques… Le principe demeure que ce qui n'est pas interdit par le règlement intérieur est permis, si, bien entendu, cela est aussi permis à l'extérieur. [...] Le règlement intérieur garantit la liberté d'information et d'expression, les principes de laïcité et de pluralisme, le cadre disciplinaire applicable à chaque établissement, l'interdiction de certaines pratiques comme le bizutage, et prévoit les sanctions applicables.

Centre d'informations et de documentation Jeunesse (CIDJ), 2016.

1. *Foulletourte :* impose.

Document 2 Extrait du règlement intérieur d'un collège

Le règlement intérieur met en application :
– la liberté d'information et d'expression ;
– le principe de neutralité politique, idéologique et religieuse ;
– le respect des principes de laïcité et de pluralisme ;

– le devoir de tolérance et le respect d'autrui ;
– les garanties de protection contre toute agression physique ou morale et contre toutes discriminations. Il en découle pour chacun le devoir de n'user d'aucune forme de violence ;
– l'égalité des chances et de traitement entre filles et garçons.

Site Internet du collège de Rousset (Bouches-du-Rhône).
Consulté le 05/07/2018.

1 Relevez deux valeurs de la République auxquelles font référence les deux documents.

2 Nommez un texte qui garantit ces valeurs pour tous les citoyens.

3 Reproduisez sur votre copie le tableau ci-dessous. À partir des deux documents, complétez le tableau en donnant deux interdictions et deux garanties présentes dans un règlement intérieur.

Le règlement intérieur interdit…	Le règlement intérieur garantit…
– –	– –

4 Vous accueillez dans votre collège des élèves de CM2. À un écolier qui vous dit que « connaître le règlement intérieur ne sert pas à grand-chose », vous répondez en lui montrant ce qui fait l'intérêt du règlement et la nécessité de bien le connaître.
Votre réponse ne comportera aucune information d'identité ou de signature.

Sujet 11 Corrigé

EXERCICE 3

→ énoncé p. 27

Les clés pour réussir

Bien comprendre les questions

Question 1

Pour cette question, vous devez savoir ce que sont les valeurs de la République. Ne les confondez pas avec les principes de la République qui sont également, pour certains, présents dans les documents. Pour les valeurs, reportez-vous à la devise de la République française.

Question 2

Il existe plusieurs textes qui garantissent ces valeurs pour tous les citoyens. Vous pouvez, comme nous en avons fait le choix, choisir le texte fondateur de notre République, mais vous pouvez aussi en citer un plus ancien qui date de 1789.

Question 3

- Pour cette consigne, vous avez le choix entre plusieurs éléments interdits et plusieurs éléments garantis par le règlement intérieur.
- Le règlement intérieur interdit ainsi le bizutage, les discriminations, les baladeurs et les casques dans certaines situations. À l'opposé, il garantit le principe de neutralité politique, idéologique et religieuse, la laïcité et le pluralisme, c'est-à-dire la diversité des opinions.

Question 4

- Dans cette situation pratique, vous devez imaginer que vous accueillez de futurs collégiens. Appuyez-vous sur des exemples précis, des situations dont vous avez été témoins ou qui peuvent arriver au collège.
- Attention de bien distinguer les deux parties de la consigne. Vous devez d'abord trouver un exemple qui montre l'intérêt du règlement, c'est-à-dire qu'il « sert à quelque chose », qu'il est utile. Puis, mentionnez un autre exemple pour montrer qu'il est nécessaire de bien le connaître, donc que cela peut se retourner contre nous si on ne le connaît pas.

Les mots-clés

Valeurs • Principes • Règles • Liberté d'expression • Laïcité • Pluralisme • Neutralité • Tolérance • Discriminations • Égalité des chances

1 Les deux valeurs de la République auxquelles font référence les deux documents sont la liberté et l'égalité.

2 Ces valeurs sont garanties dans la Constitution de la Vᵉ République adoptée en 1958.

L'astuce du prof

Attention, il n'existe que trois valeurs de la République française. Ici deux apparaissent seulement.

3

Le règlement intérieur interdit…	Le règlement intérieur garantit…
– certains vêtements ou certaines tenues ; – toute agression physique ou morale.	– l'égalité des chances et de traitement entre filles et garçons ; – la liberté d'information et d'expression.

Gagnez des points !

Rédigez votre réponse en faisant comme si vous complétiez la phrase commencée dans le titre de chaque colonne du tableau.

4 « Écoute, l'année prochaine, quand tu rentreras au collège, il sera utile pour toi que tu connaisses le règlement intérieur. Imagine qu'un grand commence à te taper chaque jour quand tu arrives dans la cour. Si tu en parles à un surveillant ou à un prof, il sera convoqué par le CPE. Alors là, c'est sûr qu'il dira que c'était pour rigoler, que vous êtes copains et que ce n'est rien du tout. On pourra alors lui rappeler le règlement intérieur qui dit que "toute agression physique ou morale est interdite", notamment le "bizutage". Du coup, tu vois que le règlement intérieur est là pour te protéger, sinon dans la cour et dans les couloirs, ce serait la loi du plus fort.

En plus, tu dois absolument connaître le règlement intérieur, sinon tu risques d'être puni. Par exemple, les téléphones portables sont interdits. Si tes parents t'appellent et que tu réponds dans la cour, tu vas te le faire confisquer et avoir une sanction. Tu pourras toujours dire que c'est tes parents qui voulaient te joindre et que tu ne savais pas que c'était interdit, tu seras quand même sanctionné. »

L'astuce du prof

Utilisez un langage parlé, mais pas trop familier.

Sujet 12 L'exercice de la laïcité

30 min

Amérique du Nord, juin 2017

Exercice 3 Enseignement moral et civique

10 pts

Document 1 **Affiche défendant le principe de la laïcité (affiche récompensée par le Prix de la laïcité de la République française en 2015)**

Document 2 **Charte de la laïcité à l'École (2013)**

Article 1

La France est une République indivisible, laïque, démocratique et sociale. Elle assure l'égalité devant la loi, sur l'ensemble de son territoire, de tous les citoyens. Elle respecte toutes les croyances

Article 2
La République laïque organise la séparation des religions et de l'État. L'État est neutre à l'égard des convictions religieuses ou spirituelles. Il n'y a pas de religion d'État.

Article 14
Dans les établissements scolaires publics, les règles de vie des différents espaces, précisées dans le règlement intérieur, sont respectueuses de la laïcité. Le port de signes ou tenues par lesquels les élèves manifestent ostensiblement une appartenance religieuse est interdit.

Questions

1 Montrez que l'affiche et la Charte de la laïcité défendent la liberté d'avoir ou non une religion en France.

2 Expliquez ce que signifie dans le document 2, l'expression « séparation des religions et de l'État ».

3 En début d'année, pour se présenter chacun leur tour durant l'heure de vie de classe de leur collège public, Sophie, Étienne, Manuelle, Yves, Tanguy, Ismaël, Théo et Dounia doivent réaliser un portrait qui sera affiché dans la salle de cours. Ils se demandent s'ils peuvent se présenter en classe en évoquant leur religion. Quelles réponses proposent les documents 1 et 2 ?

Sujet 12 Corrigé

Les clés pour réussir

Bien comprendre les consignes

Consigne 1

- Il s'agit pour cette consigne de prendre des éléments tirés des deux documents pour démontrer qu'en France, les habitants sont libres d'avoir ou non une religion. Le document 1 est une **affiche** de l'Observatoire de la laïcité. Des étudiants ont mélangé des prénoms et des religions afin de montrer que **toutes les croyances, y compris l'athéisme, sont représentées dans la République française**. Le document 2 est composé d'extraits d'articles de la **Charte de la laïcité** à l'École présente dans tous les établissements scolaires. Elle **interdit** notamment les **signes religieux « ostensibles »**, c'est-à-dire les signes religieux destinés à être vus et remarqués de tous, tout en réaffirmant le **respect de toutes les croyances**.

- Vous devez vous servir de ces deux documents, mais vous ne pouvez pas vous contenter de les citer. Il vous faut **expliquer** votre réponse.

Consigne 2

- Vous devez expliquer l'expression « **séparation des religions et de l'État** ». En France, les religions et l'État sont séparés : qu'est-ce que cela signifie **concrètement** dans votre vie quotidienne, notamment à l'école ? Essayez d'être le plus précis possible, en vous appuyant sur vos connaissances personnelles.

Consigne 3

- Cette consigne imagine une situation concrète dans une classe d'un collège public. Les élèves, qui doivent réaliser leur portrait sur une affiche, se demandent s'ils ont le droit d'évoquer leur religion. Sentez-vous libre de répondre à cette consigne sous la forme que vous voulez. Il faut simplement vous appuyer sur les deux documents, qui se complètent en apportant deux éléments de réponse différents.

Les mots-clés

- Laïcité • République • Croyances • Athée • Liberté religieuse • Signes ostensibles

1 Sur cette affiche défendant le principe de laïcité en 2015, toutes les grandes religions sont citées, ainsi que le fait d'être athée. De même, la Charte de la laïcité à l'École, qui date de 2013, dans son article 1, affirme que la France est une République qui « respecte toutes les croyances ». Ces deux documents défendent donc la liberté d'avoir ou non une religion en France.

> **L'astuce du prof**
> Citez la Charte de la laïcité pour appuyer votre démonstration, en n'oubliant pas les guillemets.

2 La Charte de la laïcité à l'École parle de « séparation des religions et de l'État ». Depuis la loi de 1905, l'État et la religion sont séparés. Cela signifie qu'il n'y a pas de religion officielle, « pas de religion d'État ». Ainsi, la République doit rester neutre tout en protégeant chaque religion de manière égale.

> **Gagnez des points !**
> Citez la loi de 1905 sur la séparation de l'Église et de l'État.

3 Lors de l'heure de vie de classe dans leur collège public, les élèves de la classe de 5e 2 doivent se présenter. Ils se demandent s'ils peuvent le faire en évoquant leur religion. Un débat commence parce que tous ne sont pas d'accord.

> **L'astuce du prof**
> Rédigez un dialogue entre les différents élèves qui peuvent se lancer dans un débat, en défendant chacun un point de vue.

Yves : « Moi, je vais écrire sur mon affiche : "Je m'appelle Yves, j'ai 13 ans et je suis protestant". »
Ismaël : « Eh, t'as pas le droit de parler de ta religion en classe. »
Yves : « Pourquoi ? C'est parce que t'as pas de religion que tu me dis ça ? »
Ismaël : « Non, c'est parce qu'on est dans un collège laïc. T'as pas lu la Charte de la laïcité dans ton carnet ? »
Dounia : « Oui, Ismaël a raison. On n'a pas le droit de parler de religion en classe. »
Théo : « Mais, si on a le droit, car toutes les croyances sont acceptées à l'école. D'ailleurs, on a étudié l'islam au début de l'année en histoire. »
Étienne : « Vous n'avez rien compris, ce sont les signes religieux qui sont interdits à l'école. Et encore, que ceux qui sont super visibles. C'est ça que veut dire "ostensiblement" ».
Yves : « Oui, mais quand je me présente, je dis ma religion, c'est important pour moi ! Ça fait partie de mon identité. »
Sophie : « Moi, je pense qu'on peut dire sa religion sur l'affiche, mais que ça doit pas prendre trop de place, parce qu'on est des élèves avant tout. »
Manuella : « Moi, je suis d'accord. Si on met tous notre religion sur l'affiche, et même si Ismaël dit qu'il est athée, dans ce cas il n'y a pas de favoritisme, ce sera bien, on verra que toutes les croyances sont représentées et qu'on s'entend tous bien, qu'on respecte les croyances de tout le monde. »

SOMMAIRE

L'épreuve orale expliquée

Caractéristiques de l'épreuve

• **L'épreuve orale** de soutenance d'un projet est l'une des trois épreuves obligatoires de l'examen terminal du brevet. Elle prend appui sur un travail engagé dans le cadre de **l'Histoire des arts**, d'un **Enseignement Pratique Interdisciplinaire (EPI)** ou d'un **parcours éducatif (Avenir, Citoyen ou Éducation artistique et culturelle)**.

• Vous pouvez choisir de présenter l'épreuve individuellement ou en groupe, dans la limite de trois élèves par groupe. Dans tous les cas, **la notation est individuelle**.

• Cette épreuve peut vous inquiéter car vous avez rarement passé un oral devant un jury. Cependant, si le sujet est bien préparé, il n'y a aucune de raison d'échouer. Les examinateurs sont là pour **valoriser votre travail** et pour **orienter l'entretien.**

• L'épreuve orale évalue votre capacité à :

– **maîtriser votre expression orale** (50 points) ;

– **maîtriser le sujet présenté** (50 points).

Déroulement de l'épreuve

• L'épreuve orale se présente sous la forme d'un entretien oral de 15 minutes avec un **jury constitué de deux enseignants.**

• L'oral se déroule en deux temps :

– un **exposé** ;

– un **entretien avec le jury**.

• Dans le cas d'une épreuve individuelle, l'oral prend la forme d'un exposé d'environ cinq minutes par l'élève suivi, d'un entretien d'une dizaine de minutes avec le jury, la durée totale de l'épreuve ne pouvant dépasser quinze minutes.

• Si l'épreuve est collective, elle consiste en un exposé de dix minutes pendant lesquelles chaque élève intervient ; l'exposé est suivi d'un entretien d'environ quinze minutes avec l'ensemble du groupe. Le **temps de parole** doit être **réparti de manière équilibrée entre chaque élève**.

A savoir

Les examinateurs seront des professeurs de votre collège, que vous connaissez sûrement déjà.

	Durée de l'exposé	Durée de l'entretien
Un **élève**	5 minutes	10 minutes
Deux ou trois **élèves**	10 minutes	15 minutes

• Les examinateurs veillent à ce que leur questionnement relie constamment les acquis disciplinaires et culturels à la **vision globale, interdisciplinaire, du projet**.

Compétences évaluées

- L'objectif de cette épreuve est d'évaluer votre **capacité à vous exprimer à l'oral** et à **appréhender un projet**.
- L'évaluation de l'expression orale prend en compte la **capacité à s'exprimer clairement et correctement**, la richesse et la précision du vocabulaire employé, l'aptitude à développer un propos, à **présenter une argumentation solide**, à échanger et à donner son avis.
- La maîtrise du sujet est évaluée en considérant votre capacité à présenter le projet, à en **dresser un bilan critique** et à expliquer ce qu'il vous a apporté en termes de **compétences** et de **connaissances**.

Piège à éviter

Ce qui est évalué n'est pas le projet lui-même mais ce qu'il vous a permis d'apprendre, ainsi que votre capacité à le présenter, convenablement.

Astuce

Renseignez-vous pour savoir si vous aurez à votre disposition un vidéoprojecteur et un ordinateur le jour de l'oral. Si c'est le cas, vous pourrez vous appuyer sur un diaporama.

La méthode pour le Brevet

La préparation

- La préparation d'un diaporama et d'éventuelles fiches pour accompagner votre exposé **prend du temps**. Ne travaillez surtout pas à la dernière minute.
- **Relisez plusieurs fois** les documents que vous allez présenter afin de vérifier qu'il ne reste **pas de fautes d'orthographe** et que tout est bien clair.

A savoir
Réaliser un diaporama de qualité d'une dizaine de diapositives vous prendra au moins quatre ou cinq heures.

- La veille de l'épreuve orale, **couchez-vous tôt** et prévoyez d'arriver en avance en programmant votre réveil plus tôt que d'habitude.
- Le jour de l'épreuve, n'oubliez pas la **clé USB** contenant le diaporama accompagnant votre exposé, votre **carte d'identité** et votre **convocation** ! Pensez également à soigner votre tenue.
- Juste avant l'épreuve, **restez zen** et **détendez-vous**. Jetez votre chewing-gum si vous en mâchez un.

L'exposé

- Soyez attentif à votre posture : **tenez-vous droit**, n'ayez pas l'air trop tendu et n'hésitez pas à **sourire**. Regardez le jury dans les yeux.
- Parlez **distinctement et clairement**, assez fort pour être entendu, et adoptez un débit ni trop rapide ni trop lent. Prenez le temps de formuler vos phrases et veillez à **bien vous faire comprendre**.

Gagnez des points
Évitez d'utiliser des termes complexes que vous ne sauriez pas expliquer ensuite !

- Utilisez un **vocabulaire clair et précis**, avec un lexique adapté à votre sujet.
- Veillez à adopter un registre courant ou soutenu, tout en restant naturel. Pour cela, faites des **phrases simples et courtes** : votre exposé gagnera en fluidité et en clarté, et le jury aura plus de facilité à vous suivre.
- Gardez à l'esprit que vous avez 10 minutes au maximum pour présenter votre projet : **gérez correctement votre temps** et synthétisez.
- Si un professeur vous indique qu'il vous reste peu de temps, ne paniquez pas et **allez à l'essentiel**. Vous aurez le temps de compléter votre présentation au cours de l'entretien.

L'entretien

- Ne vous précipitez pas pour répondre aux questions qui vous seront posées : **prenez le temps de bien réfléchir au sens de chaque question**. N'hésitez pas à demander aux enseignants de reformuler une question si elle ne vous semble pas claire.
- **Donnez des réponses précises et détaillées** : ne vous contentez pas de répondre par « oui » ou par « non ». Appuyez-vous toujours sur des éléments précis pour expliquer et **justifier votre réponse**.

Astuce

Il vaut mieux répondre « Je ne sais pas » plutôt que d'inventer une réponse au hasard.

- **Répondez avec des éléments dont vous êtes absolument sûr**. Evitez les approximations.
- Si le jury vous le demande, n'ayez pas peur de **donner votre avis**. Peu importe que vous ayez apprécié le projet ou non, le jury cherche à déterminer votre capacité à argumenter et à justifier votre avis et vos choix.
- Rappelez-vous que le but du jury n'est pas de vous piéger, mais simplement d'évaluer vos connaissances, votre travail et votre capacité à vous exprimer : **gardez la tête froide** et **répondez clairement et calmement**.

Sujet 1 L'accès à l'eau potable

15-25 min

Sujet inédit

Exposé

Seul : 5 min En groupe : 10 min

Projet

Parmi les parcours et les EPI que nous avons étudiés tout au long du cycle 4, nous avons choisi de vous expliquer pourquoi l'accès à l'eau potable est une nécessité pour les êtres humains. Puis nous avons étudié ce qui pourrait être fait pour améliorer l'accès à l'eau potable dans les camps pour réfugiés ou migrants.

EPI Sciences, technologie et société
Discipline Physique-Chimie et SVT
Titre du projet L'accès à l'eau potable
Objectif du projet Rechercher et exploiter des documents scientifiques liés à une problématique sociétale

Doc. 1 **Les camps pour réfugiés ou migrants dans le monde**

ORAL

Traquées par la guerre, la misère ou les tragédies humanitaires, douze millions de personnes vivent regroupées dans des camps pour réfugiés ou migrants partout dans le monde [...] « De la bâche plastique à l'ingénierie urbaine, en passant par les villages consolidés ou les quartiers pérennisés, les camps sont l'enjeu d'une architecture spécifique et variée », estime l'anthropologue Michel Agier. Contre toute attente, l'urgence humanitaire ne rime pas nécessairement avec anarchie et désordre. Ainsi, agissant en véritable maître d'œuvre, le Haut-Commissariat des Nations Unies pour les réfugiés (HCR) requiert désormais l'intervention de spécialistes dès la fondation d'un camp, afin de rationaliser au mieux les installations.

D'après « Recherches : Camps et réfugiés : un monde de transformations, décembre 2014- janvier 2015 », *Sciences au Sud*, n° 77.

Doc. 2 Les actions des associations humanitaires

En Somalie comme dans d'autres pays, l'eau potable manque dans les camps pour réfugiés ou migrants. Des actions sont alors mises en œuvre par des associations humanitaires :
– travaux et actions permettant aux populations d'avoir accès à de l'eau potable (construction et réhabilitation de puits, distribution de filtres en céramique, distribution d'eau par camion, création et maintenance d'un stock de plaquettes de chlore distribuées en cas d'urgence) ;
– travaux assurant aux populations une meilleure situation sanitaire (construction de latrines[1], organisation de séances de promotion à l'hygiène, distribution de kits de première nécessité non alimentaires).

1. Latrines : W.-C.

D'après www.solidarites.org/missions/Somalie/action-humanitaires.html

Doc. 3 Les maladies liées à l'eau

Dans la nature, l'eau n'est pas toujours source de vie, loin s'en faut. Elle véhicule en particulier nombre de micro-organismes, bactéries et virus en tout genre, qui y vivent et s'y développent, ainsi que nombre de parasites qui ont besoin d'eau pour vivre ou se reproduire. Or de tels organismes peuvent engendrer des maladies parfois graves lorsqu'ils pénètrent dans le corps humain. L'eau est ainsi le vecteur de transmission privilégié de ces maladies que l'on dit hydriques.
Les micro-organismes abondent dans les eaux souillées par les déjections animales et humaines, et leur transmission à l'Homme se fait par simple ingestion d'eau infectée. Ils se propagent donc rapidement dans les pays qui ne disposent pas de bonnes conditions d'hygiène. Certaines bactéries

déclenchent de fortes diarrhées. Aujourd'hui, ces épidémies sont surtout le drame des pays chauds qui ne disposent pas de latrines septiques, ni de traitements des eaux. Dans ces conditions en effet, les matières fécales des personnes malades contaminent rapidement les eaux de boisson consommées par les personnes saines [...].
Ces maladies hydriques sont à l'origine de la mortalité très élevée des populations des pays en voie de développement. Dans le monde, environ 6 millions d'enfants meurent chaque année des suites de gastro-entérites et 100 millions de personnes souffrent en permanence de gastro-entérites hydriques. La raison principale de cette situation catastrophique est la pauvreté. Nombre de populations ne disposent pas d'eau potable, les aménagements indispensables aux traitements des eaux usées et à la fabrication d'eau potable étant trop coûteux, ni même des soins que ces affections nécessitent, les infrastructures médicales n'étant pas suffisantes.

D'après http://www.cnrs.fr, CNRS : Centre national de recherches scientifiques

Doc. 4 Dispositifs de traitement de l'eau

Les filtres céramiques pour le traitement des eaux sont en usage depuis plusieurs siècles [...] Ils ont souvent la forme d'un pot de fleur ou d'un bol et sont imprégnés de fines particules colloïdales[1] en argent servant de désinfectant et empêchant la prolifération des bactéries dans le filtre. [...] Les tests en laboratoire ont montré que ces dispositifs, s'ils sont bien conçus et bien fabriqués, peuvent éliminer ou désactiver presque toutes les bactéries et parasites protozoaires. Leur efficacité contre les virus est inconnue.
Le nettoyage et la maintenance du filtre sont critiques : [...] il est recommandé d'y joindre un programme éducatif sur un stockage salubre, le nettoyage du filtre et d'autres actions recommandées.
Les avantages des filtres céramiques sont leur facilité d'emploi, leur longue durée de vie (s'ils ne se cassent pas) et leur coût relativement bas. Les inconvénients comprennent une possible recontamination de l'eau conservée sans chlore résiduel et un débit faible, en général un à deux litres par heure.

---

1. Colloïdale : solution liquide contenant un corps dispersé sous forme de particules minuscules en suspension.

D'après http://drinking-water.org, site Internet de l'Académie nationale des sciences, Washington, USA

Doc. 5 Quelques paramètres de potabilité d'une eau

Pour être consommée, l'eau doit répondre à des critères de qualité très stricts :

Paramètres	Critères de qualité	Normes
Micro-biologiques	– Parasites – Virus – Bactéries	Présence non tolérée
Chimiques	– Sels minéraux – Substances chimiques toxiques	– Présence possible – Normes très sévères (quantités très limitées)
Physiques et gustatifs	– Aspects – Saveur, odeur	– Limpide – Non désagréables

D'après http://www.lesagencesdeleau.fr

Entretien avec les examinateurs

Voici des questions que pourrait vous poser le jury :

1 Où y a-t-il des camps pour réfugiés ou migrants ?

2 Pourquoi ne doit-il pas y avoir de parasites dans une eau potable ?

3 Pourquoi les filtres céramiques ne permettent-ils pas d'éliminer les virus ?

Sujet 1 Corrigé

Les clés pour réussir

L'essentiel à savoir

- Les **critères de potabilité** d'une eau portent sur les **paramètres micro-biologiques, chimiques, physiques et gustatifs** de cette eau.
- Les **micro-organismes** sont des organismes microscopiques, généralement unicellulaires, tels que les bactéries et les levures.
- Certains micro-organismes sont **pathogènes** et peuvent provoquer des maladies.
- Les **virus** sont de taille beaucoup plus petite que les micro-organismes.
- Un **parasite** vit aux dépens d'un individu chez lequel il provoque des troubles plus ou moins importants en consommant ses tissus et ses molécules.
- La **contamination** est l'envahissement d'un organisme vivant ou d'un milieu par des micro-organismes.

- Des **filtres céramiques** peuvent être employés pour traiter l'eau dans les pays en voie de développement. Ils permettent d'éliminer la plupart des parasites et des bactéries, mais leur efficacité sur la destruction des virus présents dans l'eau n'est pas démontrée.
- Des **pastilles de chlore** permettent d'éviter une **contamination** trop rapide de l'eau traitée.

Exploiter les documents

Doc. 1 : sa lecture permet de se rendre compte du nombre de réfugiés ou de migrants en 2015. Ce nombre a malheureusement augmenté aujourd'hui.

Doc. 2 : il précise quelques actions menées par des associations humanitaires dans des camps pour réfugiés ou migrants.

Doc. 3 : il décrit les maladies dues à l'eau polluée et donne des informations sur les modes de contamination de cette eau.

Doc. 4 : plusieurs dispositifs de traitement de l'eau adaptés aux pays en voie de développement sont détaillés dans ce document.

Doc. 5 : plusieurs paramètres de potabilité d'une eau sont donnés dans ce document.

Préparer un exposé

Exposer la problématique et la méthodologie suivie

Expliquez pourquoi vous avez choisi d'étudier l'accès à l'eau potable dans les camps pour réfugiés ou migrants, puis comment vous avez travaillé pour rechercher et analyser les documents présentés précédemment.

Répondre à la problématique

Le jury attend un exposé en deux parties :

I. Pourquoi l'accès à l'eau potable est-il une nécessité pour les êtres humains ?

II. Comment améliorer l'accès à l'eau potable dans les camps pour réfugiés ou migrants ?

Exposé

Comme vous le savez, **plus de douze millions de personnes**, traquées par la guerre, la misère ou les tragédies humanitaires, **doivent vivre dans des camps pour réfugiés ou migrants**. La **situation** de ces populations est **souvent préoccupante en matière d'accès à l'eau potable**. Nous avons donc décidé d'étudier l'importance de l'accès à l'eau potable pour les

L'astuce du prof

Prenez le temps de bien expliquer pourquoi vous avez choisi de présenter cet EPI.

êtres humains avant de nous intéresser à son acheminement dans les camps pour réfugiés ou migrants de certains pays du Sud notamment. Pour cela, nous avons recherché des documents portant sur ce sujet avant de les analyser et d'en faire une synthèse que nous vous présentons aujourd'hui.

Gagnez des points !

Reprenez dès que possible les données chiffrées des documents.

La consommation d'eau non potable entraîne de très **nombreuses maladies graves** comme des gastro-entérites et des diarrhées qui **tuent** énormément de **personnes**, déjà affaiblies par la dénutrition. D'après un document du CNRS traitant des maladies liées à l'eau, environ **6 millions d'enfants meurent chaque année dans le monde suite à ces maladies hydriques**. En effet, les habitants de certains pays disposent de très peu de latrines septiques et ne sont pas en mesure de traiter l'eau, ce qui explique les micro-organismes, les parasites et les virus retrouvés dans l'eau consommée, en raison notamment de la présence dans l'eau de matières fécales de personnes malades.

Malheureusement, dans les pays du Sud, comme la Somalie, l'eau potable manque souvent dans les camps pour réfugiés et migrants, et l'eau utilisée par les populations pour boire ou se laver peut être souillée. Les normes de potabilité ne sont pas respectées et des parasites, des virus et des bactéries sont présents dans l'eau. Il est donc indispensable de traiter cette eau souillée qui est un vecteur très important de maladies. Pour cela, **des filtres céramiques** peu coûteux et relativement simples d'utilisation permettent d'éliminer la plupart des parasites et des bactéries dans l'eau. Leur efficacité sur la destruction des virus présents dans l'eau n'est toutefois pas démontrée, et des intervenants doivent être formés pour éduquer la population à l'utilisation correcte de ce matériel. De plus, l'envoi de ce matériel doit être accompagné de **plaquettes de chlore** qui permettent de **mieux conserver l'eau déjà filtrée** et qui peuvent peut-être mieux traiter l'eau en éliminant éventuellement les virus (des tests devront être mis en place pour le vérifier). Cependant, si l'envoi de ce matériel pour traiter les eaux polluées est indispensable pour pallier les situations d'urgence, ce traitement des eaux avec des filtres à céramiques et du chlore n'est pas satisfaisant à long terme. En effet, l'eau traitée contient encore des virus et peut-être d'autres substances chimiques toxiques. Pour améliorer cette situation à plus long terme et pour éviter au maximum la pollution des eaux, il est alors nécessaire :

– de **construire des latrines** afin d'éviter que les déjections polluent l'eau et de limiter la propagation de germes d'origine fécale ;

– de **construire ou** de **réhabiliter des puits** pour augmenter le nombre d'accès directs

L'astuce du prof

Ne mélangez pas les différentes parties de votre argumentation : parlez d'abord des mesures d'urgence avant de développer les solutions plus pérennes.

à l'eau potable. Cela permettrait aussi de mieux irriguer les cultures afin d'améliorer le rendement des surfaces agricoles ;
– de **distribuer des notices d'éducation** à l'hygiène pour que les habitants comprennent mieux le lien entre les déjections dans l'environnement, la pollution des eaux et les maladies hydriques ;
– d'**augmenter le nombre de personnels** soignants et non soignants dans les camps pour réfugiés et migrants afin d'accompagner, de soigner et de former les populations.

En espérant vous avoir convaincu de l'urgence de la situation, nous vous remercions pour votre écoute attentive.

Entretien avec les examinateurs

Les réponses aux questions posées par les examinateurs peuvent être les suivantes :

1 Il y a malheureusement des camps de réfugiés ou migrants **partout dans le monde** : en Afrique, en Europe, en Asie, en Amérique...

2 Il ne doit pas y avoir de parasites dans une eau potable, car ils occasionnent des **troubles plus ou moins importants** dans les organismes des êtres vivants en consommant leurs tissus et leurs molécules.

3 Les filtres céramiques ne permettent pas d'éliminer les virus, car ces derniers sont **beaucoup plus petits** que les micro-organismes.

Sujet 2 Eras, Rappeur entouré de crânes

15-25 min

Sujet inédit

Exposé

Seul : 5 min En groupe : 10 min

Projet

Parmi les choix de parcours et les EPI que nous avons étudiés tout au long du cycle 4, nous avons choisi de vous présenter l'œuvre d'art *Rappeur entouré de crânes* d'Eras.

EPI Culture et création artistique
Discipline Français – Histoire des arts
Titre du projet Eras, *Rappeur entouré de crânes*
Objectif du projet Analyser une peinture murale éphémère

Document **Eras,** Rappeur entouré de crânes**, 2008. Peinture murale éphémère, rue Ordener, Paris, XVIIIe arrondissement**

Entretien avec les examinateurs

Voici des questions que pourrait vous poser le jury :

1 Pourquoi avez-vous choisi de nous présenter cette œuvre ?

2 Dans quelle tradition de l'histoire de l'art peut-on inscrire cette œuvre ?

Sujet 2 Corrigé

Les clés pour réussir

Replacer l'œuvre dans son contexte

- **Le lieu d'exposition de l'œuvre** est important ici car il est indissociable de l'œuvre. Cette peinture murale a été réalisée sur dans le XVIIIe arrondissement de Paris sur un mur de la rue Ordener.
- Depuis 2003, c'est un mur d'expression libre qui accueille des fresques monumentales et éphémères, les œuvres étant vite recouvertes par de nouveaux graffitis.

Décrire la scène

- Demandez-vous ce que l'artiste a voulu représenter à travers sa peinture. Commencez par identifier qui est le personnage au centre de l'œuvre.
- Il peut également être utile de vous interroger sur **la mise en scène des relations entre les personnages** : ici, le pantin et la main du marionnettiste.
- Dans cette œuvre, **le décor fait partie intégrante de la scène**. Observez attentivement les crânes et décrivez les différents éléments qui les caractérisent.

Expliquer la signification de l'œuvre

- Pour expliquer une œuvre, il vous faut **identifier les symboles** présents dans l'œuvre et les interpréter. Par exemple ici, les crânes, les billets, la fumée ou encore le bijou autour du cou du pantin.
- Pensez à faire des liens entre les thèmes traités dans l'œuvre présentée et d'autres œuvres que vous connaissez.

Exposé

Cette œuvre intitulée ***Rappeur entouré de crânes*** est une **peinture murale réalisé par le graffeur Eras en 2008**. Elle se trouve sur le mur de la rue Ordener, dans le XVIIIe arrondissement de Paris.

L'auteur est un « graffeur » qui signe « Eras » et participe au street art ou art urbain, mouvement artistique contemporain qui existe depuis les années 1960. Le street art regroupe toutes les formes d'art réalisées dans la rue ou dans des endroits publics, et comprend diverses techniques telles que le graffiti, le pochoir ou les stickers. C'est un art éphémère vu par un très large public.

Sur la peinture, la main d'un **marionnettiste** aux doigts violets fait danser un **rappeur-pantin** de bois à la tête baissée, coiffé d'une casquette et tenant dans une main un micro et dans l'autre des **billets** de 500 euros. Son cou est orné d'un **lourd collier en or** et d'une médaille en forme d'euro.

Pièges à éviter

La partie « décrire » ne doit pas être trop longue : ne faites pas une liste sans fin de chaque détail de l'œuvre, mais relevez les éléments les plus importants et que vous pourrez ensuite expliquer.

À gauche, des **crânes** sont entassés et portent les marques de morts violentes : l'un est poignardé, l'autre présente un impact de balle en plein front, un troisième est transpercé par un os, et du dernier, ouvert en son sommet, sortent des billets de 500 euros. À droite, on voit d'autres crânes aux **allures menaçantes**, tous sont brisés et laissent s'échapper une fumée blanchâtre.

Le rappeur est manipulé par un marionnettiste dont les doigts ont tellement touché l'argent qu'ils ont la couleur des billets de 500 euros. Le chanteur en récupère quelques-uns pour se donner une **illusion de réussite** : celle-ci est symbolisée par un bijou *bling-bling,* signe extérieur de richesse ostentatoire et éloigné des véritables valeurs artistiques. On peut donc voir dans ce graff une **œuvre de contestation**, dénonçant les dérives du show-business qui oublie trop souvent le spectacle au profit du « business ».

Cependant, le rappeur devient vite **esclave de cette richesse qui l'enchaîne** et l'attire inexorablement vers le sol… et vers **la mort qui sera la véritable gagnante**, puisque c'est finalement dans le crâne que s'entassent les billets violets.

Cette peinture murale reprend ainsi tous les thèmes des tableaux baroques appelés **vanités**, qui suggèrent par de nombreux symboles que l'existence humaine est « vaine », c'est-à-dire vide, fragile et soumise aux apparences. Selon la devise latine *memento mori* (« souviens-toi que tu vas mourir »), l'homme ne doit pas oublier qu'il est mortel pour ne pas perdre son temps à de vaines activités. Les symboles usuels des vanités sont bien présents ici :

– l'argent et les bijoux : **vanité des richesses**,
– les crânes, la fumée, les armes : **fragilité de la vie humaine**,
– le micro (la musique) : **vanité des plaisirs**.
– enfin, le street art, par essence éphémère, puisque destiné à être bientôt recouvert, est une sorte de **mise en abyme du caractère transitoire de la vie humaine**, thème majeur des vanités.

Entretien avec les examinateurs

1 J'ai choisi cette œuvre parce que je suis sensible à toutes les formes d'art urbain (graffitis, slam, rap...) qui s'adressent de façon explicite à tout le monde. Ce sont des œuvres éphémères, mais qui auront un très large écho. J'aime aussi l'idée que l'art vienne à notre rencontre sans que l'on ait soi-même décidé du moment (à la différence de la visite d'un musée par exemple).

2 Cette œuvre s'inscrit dans un parcours culturel qui montre la permanence de certaines grandes questions humaines que l'on retrouve à travers différentes formes d'expression artistique. La tradition des vanités questionne sur le rapport de l'homme au temps et sur la meilleure façon d'en profiter. Cette œuvre invite à se recentrer sur l'essentiel, qui doit primer sur une certaine « tyrannie » des apparences. On retrouve d'ailleurs ce thème dans la poésie dès l'antiquité avec le *Carpe Diem* d'Horace, plus tard avec les sonnets de Ronsard et au XXe siècle sous la plume de R. Queneau dans sa chanson « Si tu t'imagines ».

Sujet 3 Les métiers de l'informatique

15-25 min

Sujet inédit

Exposé

Seul : 5 min En groupe : 10 min

Projet

Parmi les parcours et les EPI que nous avons étudiés tout au long du cycle 4, nous avons choisi de reprendre le travail que nous avons effectué dans le cadre des parcours Avenir en vous présentant différents métiers dans le domaine de l'informatique, ainsi que les compétences à acquérir au collège pour les exercer.

Parcours Avenir
Titre du projet Les métiers de l'informatique
Contenu du projet Connaître les compétences à acquérir pour travailler dans l'informatique

Doc. 1 Technicien(ne) de maintenance en informatique

Une carte son à changer ? Un ordinateur à installer ? Un écran noir ? Polyvalent, le technicien de maintenance en informatique est capable de faire face à de nombreux problèmes. Et ce, avec le plus de rapidité et d'efficacité possible.

Pour devenir technicien de maintenance en informatique, un métier qui ne connaît pas la crise, les formations se situent à deux niveaux : bac professionnel et bac + 2. Actuellement, ce dernier a souvent la préférence des recruteurs. La maîtrise de l'anglais technique est requise.

Après la 3e : Bac pro SEN (systèmes électroniques numériques), spécialité télécommunications et réseaux.

Après le baccalauréat :
– BTS systèmes numériques ou services informatiques aux organisations ;
– DUT informatique, réseaux et télécommunications ou génie électrique et informatique industrielle ;
– DEUST maintenance et installation de réseaux ;
– Licence professionnelle, mention métiers de l'informatique.

D'après http://www.onisep.fr/Ressources/Univers-Metier/Metiers/technicien-technicienne-de-maintenance-en-informatique

Doc. 2 **Entretien avec un ingénieur informatique dans le domaine du traitement d'images**

Dans le domaine du traitement d'images, Pierre, ingénieur informatique en recherche et développement, est amené à développer des algorithmes, des applications et à concevoir des systèmes d'acquisition (éclairage, caméra). Les applications sont variées : réalité augmentée, robotique, biométrie, imagerie médicale, etc.

Quelles sont les compétences requises pour exercer le métier d'ingénieur informatique ?

L'informaticien résout des problèmes techniques et scientifiques tout en utilisant le travail réalisé par des millions d'autres informaticiens à travers le monde. L'évolution constante et l'émergence de nouvelles technologies imposent de se former en continu et d'acquérir de nouvelles compétences : nouveau langage informatique, nouveau système d'exploitation, etc.

Dans ce métier, il est également très important de savoir chercher de l'information sur Internet et de maîtriser l'anglais scientifique, qui est la langue d'échange dans ce milieu.

Quelle formation avez-vous suivie ?

Après un baccalauréat scientifique, j'ai continué mes études à l'université. J'y ai obtenu un Master en « Systèmes Intelligents et Communicants » recouvrant des domaines tels que l'informatique embarquée et le traitement du signal et de l'image.

En quoi vos connaissances scientifiques sont-elles utiles dans votre pratique quotidienne ?

Je travaille dans le secteur de la biométrie et plus particulièrement dans celui de la reconnaissance d'iris de l'œil. Le système d'acquisition utilisé pour la reconnaissance d'iris est constitué d'une caméra et d'un éclairage spécifique, ce qui permet de distinguer la texture de l'iris, même pour les gens ayant les yeux sombres. S'en suit une étape de détection de l'iris dans l'image, basée sur des algorithmes de traitement d'images. D'autres algorithmes permettent de comparer cet iris à un ou plusieurs millions d'autres iris sur un *smartphone*, un ordinateur ou un supercalculateur.

Qu'aimez-vous dans votre métier ?

La diversité : je peux travailler sur des sujets très variés, dans différents domaines d'application et pour différents supports (téléphones, robots, caméras, etc.). Au quotidien, je développe de nouvelles applications qui seront utilisées par des centaines de personnes.

Entretien avec les examinateurs

Voici des questions que pourrait vous poser le jury :

1. Faut-il forcément suivre des études scientifiques pour travailler dans l'informatique ?
2. Les métiers de l'informatique sont-ils réservés aux garçons ?
3. Qu'est-ce que la biométrie ?

Sujet 3 Corrigé

Les clés pour réussir

L'essentiel à savoir

- Une **carte son** est une carte d'extension d'un ordinateur. La principale fonction de cette carte est de gérer tous les sons reçus ou émis par l'ordinateur, pour les envoyer vers les haut-parleurs. Cette carte se présente sous la forme d'un périphérique que l'on peut connecter à l'ordinateur.
- Un **algorithme** est une suite d'opérations ou d'instructions qui permettent de résoudre un problème.
- Un **système d'exploitation** est un ensemble de programmes qui dirige l'utilisation des capacités d'un ordinateur. C'est l'intermédiaire entre le système informatique et les logiciels utilisés par les êtres humains.
- Un **œil** est constitué notamment d'un **iris**, qui limite la lumière pénétrant dans l'œil par la pupille.

Exploiter les documents

Doc. 1 : ce document de l'Onisep précise les différentes formations que l'on peut suivre pour devenir technicien(ne) de maintenance informatique.

Doc. 2 : l'entretien avec Pierre, ingénieur informatique, permet de mieux comprendre la réalité de son métier.

Préparer un exposé

Exposer la problématique et la méthodologie suivie

Expliquez pourquoi vous avez choisi d'étudier les métiers de l'informatique, puis comment vous avez travaillé dans votre parcours Avenir pour rechercher des documents et pour réaliser l'entretien avec Pierre, ingénieur informatique.

Répondre à la problématique

Pour cet exposé, le jury attend un exposé en deux parties :

I. Les différents métiers de l'informatique

II. Les compétences à acquérir au collège pour pouvoir travailler plus tard dans l'informatique

Exposé

L'informatique recrute ! Nous nous sommes donc intéressé(e)s à ce **secteur porté par des innovations constantes** : robots programmés en médecine, logiciels de commande d'avion, système de commerce électronique... Pour cela, nous avons recherché des documents au CDI avec le professeur documentaliste sur les métiers de l'informatique et nous avons également rencontré Pierre, un ingénieur informatique dans le domaine du traitement d'images.

Gagnez des points !

N'hésitez pas à insister sur les initiatives que vous avez prises en dehors du collège, par exemple la rencontre avec un ingénieur informatique.

Présent dans tous les domaines et porté par les innovations technologiques, le secteur informatique **génère de nombreux débouchés. Du niveau baccalauréat au niveau bac + 5**, les informaticiens sont recherchés pour leurs connaissances pointues dans un domaine en **perpétuelle évolution**. En effet, des bureaux d'étude aux services administratifs, en passant par les usines et les hôpitaux, les entreprises ne fonctionneraient plus sans l'informatique. Les logiciels interviennent pendant la conception et la fabrication des produits et gèrent également des flux d'information à travers le monde (achats de matières, stocks, ventes, congés, paies, etc.). Internet a également permis le développement du commerce électronique, du multimédia et des jeux vidéo. Ainsi, de nombreuses embauches sont attendues dans les années à venir, notamment dans le Web et le e-commerce. Aujourd'hui, près de la moitié des informaticiens travaillent pour des éditeurs de logiciels ou des sociétés de services. Les autres exercent pour des entreprises qui mettent l'informatique au service de leurs métiers, notamment le secteur public avec l'e-administration (déclaration sur Internet, dossier médical informatisé dans les hôpitaux...), la bancassurance, les transports, l'énergie... **Derrière le terme « informaticien » se cache donc aujourd'hui une multitude de métiers, au niveau technicien ou ingénieur**.

L'astuce du prof

Ne cherchez pas à être exhaustif. Le but n'est pas de faire la liste de tous les métiers existants liés à l'informatique.

Si l'on souhaite s'orienter vers les métiers de l'informatique, il faut **acquérir dès le collège de nombreuses compétences**. Par exemple, **en mathématiques et en technologie**, il est indispensable de comprendre toutes les parties du programme sur la **programmation informatique**. Il est nécessaire de **savoir écrire, mettre au point et exécuter un programme,** mais aussi de c**omprendre le fonctionnement d'un réseau informatique**, c'est-à-dire d'être capable :

– d'analyser les composants et l'architecture d'un réseau ;

– d'**étudier les notions de protocole, d'organisation de protocoles en couche, d'algorithme de routage ;**

– de comprendre le fonctionnement d'Internet…

De plus, si l'acquisition de ces compétences scientifiques est indispensable, cela n'est pas suffisant. Il faut absolument **travailler le français mais aussi l'anglais** pour être **capable de communiquer** convenablement avec l'ensemble de ses interlocuteurs. Enfin, de façon générale, il est important de travailler l'ensemble des disciplines enseignées au collège, car il est nécessaire aujourd'hui d'avoir au minimum le baccalauréat ou un bac + 2 pour travailler dans le secteur informatique.

En conclusion, ce travail sur les métiers de l'informatique a conforté notre idée de travailler dans ce secteur plus tard, ce qui nous a motivé(e)s encore davantage pour obtenir de bons résultats au collège !

Entretien avec les examinateurs

Les réponses aux questions posées par les examinateurs peuvent être les suivantes :

1 Pour travailler dans l'informatique, il faut **suivre des études scientifiques** pour être ingénieur, technicien ou développeur informatique. Cependant, il existe des **exceptions** : une personne ayant fait des études artistiques peut travailler dans le domaine informatique pour rédiger un scénario ou pour créer les personnages d'un jeu vidéo par exemple.

2 Comme quasiment tous les métiers aujourd'hui, l'informatique n'est **pas réservée aux garçons**. Les filles peuvent réussir aussi bien que les garçons dans ce milieu.

3 La biométrie signifie « **mesure du vivant** » ; elle désigne dans un sens très large l'étude quantitative des êtres vivants. L'usage de ce terme se rapporte aujourd'hui de plus en plus à l'usage de techniques informatisées à des fins de **reconnaissance, d'authentification et d'identification**, comme par exemple la reconnaissance de l'iris d'un œil, tel que cela est expliqué par Pierre, l'ingénieur informatique.

Sujet 4 Aménagement des territoires français et engagement citoyen

15-25 min

Sujet inédit

Exposé

Seul : 5 min **En groupe : 10 min**

Projet

Dans le cadre du « Parcours citoyen » que nous avons suivi au collège, nous avons choisi de nous intéresser à la place et au rôle des citoyens dans la mise en œuvre des mesures prises en matière d'aménagement des territoires français.

Parcours Citoyen

Titre du projet Aménagement des territoires français et engagement citoyen

Contenu du projet Comprendre le rôle des citoyens dans l'aménagement des territoires

Document **Manifestation contre le projet d'aéroport de Notre-Dame des Landes à Nantes en janvier 2016**

Entretien avec les examinateurs

Voici des questions que pourrait vous poser le jury :

1 Quel est le principal mode d'expression de la citoyenneté dans la démocratie ?

2 À quelle liberté fondamentale peut-on associer le droit de manifester ?

Sujet 4 Corrigé

Les clés pour réussir

Présenter le sujet

- Le parcours Citoyen a pour double objectif de vous faire connaître les valeurs de la République et de vous conduire à devenir des citoyens responsables et libres : il faut donc montrer d'emblée aux examinateurs que votre sujet répond à ces deux exigences.
- Compte tenu de l'ampleur du sujet et du temps imparti, il convient de préciser au jury que vous ne pourrez pas multiplier les exemples dans le cadre de l'exposé (en prévoyant d'en citer d'autres au moment de l'entretien...).

Croiser les différentes approches disciplinaires

- La dimension géographique du sujet est essentielle. Elle relève principalement du Thème 2 du programme « Pourquoi et comment aménager le territoire ? ».
- Pour autant, n'oubliez pas que l'exposé et l'entretien doivent également mobiliser les connaissances et les compétences que vous avez construites dans d'autres champs disciplinaires (en histoire et en EMC notamment) tout au long de votre scolarité dans le cycle 4. Il s'agit donc d'employer certaines expressions-clés telles que « modèle social républicain », « liberté », « démocratie », « conquête des droits politiques »...

Exposé

Les inégalités sociales et économiques s'observent à toutes les échelles du territoire français. Ces disparités ont tendance à s'accentuer depuis quelques décennies sous l'effet de la métropolisation, de l'intégration européenne et de la mondialisation. Pour en atténuer la portée, l'État et les collectivités territoriales mettent en œuvre des **politiques d'aménagement du territoire**. Les mesures correspondantes ne sont pas toujours acceptées par les citoyens. Certains

> **Gagnez des points !**
> Inscrivez votre réflexion dans une perspective suffisamment large pour vous permettre d'apporter de nouvelles informations pendant l'entretien ; n'oubliez pas de « problématiser » l'exposé en terminant l'introduction par une question.

d'entre eux s'engagent alors dans une démarche de contestation parfois virulente... **Comment s'exerce la citoyenneté des Français en matière d'aménagement du territoire ?**

Envisageons l'exemple du projet de construction d'un nouvel aéroport international dans l'ouest de la France, à Notre-Dame-des-Landes. Le projet a été envisagé dès les années 1960 pour remplacer l'actuel aéroport de Nantes. Il a été relancé dans les années 2010 afin de répondre à la croissance attendue des flux aériens.

Depuis, ses détracteurs multiplient les initiatives pour que les autorités publiques renoncent à sa construction. Ils dénoncent en particulier les conséquences économiques et environnementales du projet. Privés de leurs terres et de leurs exploitations, les agriculteurs n'auraient en effet d'autre choix que de partir ; les paysages ruraux du territoire concerné en seraient profondément bouleversés.

Dans cette lutte, de simples citoyens unissent leurs efforts à ceux des militants de mouvements écologistes, de partis politiques ou d'organisations syndicales. Ils utilisent des moyens variés pour arriver à leurs fins : occupation de la ZAD (zone d'aménagement différé), pétitions, manifestations, blocages des voies de communication... En niant l'intérêt général et en refusant les nuisances subies par les riverains, les opposants sont accusés d'avoir un comportement de type « Nimby » ou « Banana ».

L'expression de cette opposition est pourtant un signe de bonne santé de la démocratie en France : elle montre qu'un dialogue est possible entre citoyens et pouvoirs publics. L'exercice du débat contradictoire entre citoyens d'une part, et avec ceux qui les représentent d'autre part, garantit le respect des libertés fondamentales des Français.

Cette forme d'exercice de la citoyenneté se heurte à certaines limites comme en témoignent des actes de violence et de sabotage commis à l'occasion de manifestations récentes. C'est alors à la justice d'appliquer les règles de droit ; c'est également à elle de rendre un jugement quand les négociations entre l'État et ses opposants n'ont pas permis de trouver un compromis.

Gagnez des points !

Pour montrer l'étendue de vos connaissances et prendre appui sur l'actualité, vous pouvez établir des parallèles entre cette manifestation et d'autres mouvements d'opposition à des projets d'aménagement du territoire : installation de lignes à haute tension, construction du centre d'enfouissement des déchets nucléaires dans la Meuse...

Gagnez des points !

« Banana » (de l'anglais *build absolutely nothing anywhere near anyone*, soit « ne rien construire nulle part ni près de personne ») et « Nimby » (*not in my backyard*, soit « pas dans mon arrière-cour ») sont des acronymes qui désignent la résistance de la population locale face à des décisions d'aménagement de l'État.

Entretien avec les examinateurs

1 Le vote au suffrage universel est un élément fondamental de la citoyenneté : c'est le fondement de la République française.

2 Manifester relève de la liberté d'expression, droit fondamental de tout citoyen français.

3 Cette question est l'occasion de démontrer que vous vous intéressez à la vie de votre commune, de votre département ou de votre région et que vous en serez bientôt un citoyen actif et éclairé. Vous pouvez en outre préciser de quelle manière les médias locaux ont rendu compte des arguments en présence pour aborder le rôle joué par la presse dans la vie sociale et politique du territoire concerné.

Sujet 5 Otto Dix, Les Joueurs de skat

15-25 min

Sujet inédit

Exposé

Seul : 5 min **En groupe : 10 min**

Projet

Dans le musée virtuel que nous avons élaboré dans notre Parcours Éducation culturelle et artistique, nous avons choisi *Les Joueurs de skat* d'Otto Dix. Nous vous présentons cette œuvre.

Parcours Éducation culturelle et artistique

Titre du projet Otto Dix, *Les Joueurs de skat*

Contenu du projet Savoir analyser une œuvre d'art

Document **Otto Dix,** Les Joueurs de skat**, 1920.**
Huile sur toile, 110 x 87 cm, Neue Nationalgalerie, Berlin

Entretien avec les examinateurs

Voici des questions que pourrait vous poser le jury :

1 Pourquoi avez-vous choisi de nous présenter cette œuvre ?

2 Pouvez-vous développer un peu plus la biographie d'Otto Dix et nous dire ce qui lui est arrivé quand Hitler est arrivé au pouvoir en Allemagne ?

3 Connaissez-vous d'autres tableaux qui ont le même thème que celui d'Otto Dix ?

4 Connaissez-vous d'autres tableaux qui concernent la Première Guerre mondiale ?

Sujet 5 Corrigé

Les clés pour réussir

Présenter le document

- Pour présenter un tableau, il vous faut relever le nom du peintre, le titre de l'œuvre, la date de sa création, ses dimensions, la technique utilisée et le type de support (ici, une peinture à l'huile sur une toile).
- Le lieu d'exposition de l'œuvre, indiqué ici, est moins indispensable.

Décrire les personnages et le décor

- Pour décrire les personnages, demandez-vous qui ils sont, ce qu'ils font et comment ils sont représentés.
- Il vous faut également vous demander comment le peintre place ses personnages dans le tableau, ce qu'il met dans la lumière et ce qu'il laisse dans l'ombre. Il faut donc s'interroger sur la « mise en scène », c'est-à-dire la composition du tableau choisie par le peintre.
- Vous pouvez essayer de repérer les lignes directrices du tableau, sa perspective, etc. Ici, il faut remarquer que l'espace est déformé.

Expliquer le tableau

- Pour expliquer un tableau, il faut se demander pourquoi le peintre a représenté cette scène et éventuellement si son tableau porte un message critique sur la société dans laquelle il vit.
- Pour *Les Joueurs de skat,* il existe un décalage entre le titre de l'œuvre qui semble nous présenter une scène conviviale de la vie quotidienne et son sens réel.
- Demand ez-vous pourquoi Otto Dix a peint ce tableau et faites le lien entre vos observations et vos connaissances personnelles tirées du cours.

Exposé

Ce tableau intitulé ***Les Joueurs de skat*** est **une peinture d'Otto Dix datant de 1920**. C'est une **huile sur toile**, dont les dimensions sont de **1 m 10 sur 87 cm** ; c'est donc une peinture relativement petite. Otto Dix est lui-même un ancien combattant allemand de la Première Guerre mondiale. On l'a rattaché au mouvement expressionniste allemand qui cherchait à provoquer l'émotion du spectateur en déformant la réalité.

Les personnages présents ici ont tout le **corps mutilé et déformé**. Ce sont **d'anciens combattants, des « gueules cassées »** qui jouent aux cartes (au skat). Par exemple, le personnage de gauche n'a plus d'œil ; un conduit auditif posé sur la table lui sert d'oreille ; il a une main mécanique et tient ses cartes avec son pied. **Les autres personnages sont tout aussi déformés** ; celui de droite est juste posé sur sa chaise, dépourvu de jambes. **La déformation des corps est accentuée par la déformation de l'espace** : les chaises s'entremêlent à la table et aux jambes artificielles ; **des journaux rappelant des événements de la guerre** semblent être affichés au-dessus des têtes. **La lumière d'une ampoule électrique éclaire fortement la scène et souligne encore davantage la déformation des corps.**

À travers cette scène, Otto Dix dénonce **la violence des combats et le traumatisme subi par les anciens combattants**. Les mutilations sont là pour rappeler l'horreur des combats et **la brutalisation qu'a entraînée l'armement moderne**. Ces « gueules cassées » sont exclus de la société : ils ne peuvent plus que jouer aux cartes. **Otto Dix dénonce donc la guerre, mais aussi ses conséquences sur la société d'après-guerre**. Le traumatisme est physique, mais aussi psychologique et ne s'effacera jamais.

Gagnez des points !
Mobilisez vos connaissances d'histoire des arts pour mieux présenter le tableau et son auteur. Si vous connaissez le courant artistique auquel il se rattache, n'hésitez pas à l'insérer dans votre réponse.

Pièges à éviter
La partie « décrire » ne doit pas être trop longue : ne faites pas une liste sans fin de chaque détail du tableau, mais relevez les éléments les plus importants et que vous pourrez ensuite expliquer.

Gagnez des points !
Pensez à utiliser un vocabulaire précis appris en cours : « mutilés », « gueules cassées », « traumatisme », « brutalisation », etc.

FSC MIXTE Papier issu de sources responsables FSC® C022030

Nathan est un éditeur qui s'engage pour la préservation de son environnement et qui utilise du papier fabriqué à partir de bois provenant de forêts gérées de manière responsable.

Dépôt légal : août 2018 - N° de projet : 10249945
Imprimé en France par Maury-Imprimeur
45330 Malesherbes
N° d'imprimeur : 228471

IMPRIM'VERT